“十三五”国家重点图书出版规划项目
交通运输科技丛书·运输服务

公路甩挂运输关键技术

交通运输部公路科学研究院
交通运输部规划研究院　编著
中集车辆(集团)有限公司

人民交通出版社股份有限公司
China Communications Press Co.,Ltd.

内 容 提 要

本书依托交通运输部重大科技专项《公路甩挂运输关键技术与示范》研究成果进行编写，共分九章。其中，第一章从甩挂运输的起源和定义入手，概述了甩挂运输的构成要素及国内外发展现状；第二章通过梳理当前甩挂运输法规制度，给出甩挂运输发展政策建议及甩挂运输标准发展规划；第三章至第六章，分别对甩挂运输车辆的匹配技术、运行安全评价与测试技术、轻量化技术、模块化技术进行了详细的阐述；第七章、第八章，分别介绍了甩挂运输站场的优化技术和甩挂运输组织与管理技术；第九章介绍了甩挂运输关键技术的应用情况，同时总结了甩挂运输开展的成效并对推广前景进行了展望。

本书可供货物运输行业从事甩挂运输领域科研、设计、应用及教学的技术人员参考使用，也可作为大专院校、科研院所、货运企业读者的学习参考书。

图书在版编目(CIP)数据

公路甩挂运输关键技术 / 交通运输部公路科学研究院，交通运输部规划研究院，中集车辆(集团)有限公司编著．—北京：人民交通出版社股份有限公司，2016.9

ISBN 978-7-114-13084-7

Ⅰ．①公… Ⅱ．①交… ②交… ③中… Ⅲ．①公路运输—拖挂运输 Ⅳ．①U492.3

中国版本图书馆 CIP 数据核字(2016)第 127800 号

"十三五"国家重点图书出版规划项目
交通运输科技丛书·运输服务

书　　名：公路甩挂运输关键技术
著 作 者：交通运输部公路科学研究院　交通运输部规划研究院　中集车辆(集团)有限公司
责任编辑：戴广超　钟　伟
出版发行：人民交通出版社股份有限公司
地　　址：(100011)北京市朝阳区安定门外外馆斜街 3 号
网　　址：http://www.ccpress.com.cn
销售电话：(010)59757973
总 经 销：人民交通出版社股份有限公司发行部
经　　销：各地新华书店
印　　刷：北京市密东印刷有限公司
开　　本：787×1092　1/16
印　　张：22.75
字　　数：514 千
版　　次：2016 年 9 月　第 1 版
印　　次：2016 年 9 月　第 1 次印刷
书　　号：ISBN 978-7-114-13084-7
定　　价：150.00 元
(有印刷、装订质量问题的图书由本公司负责调换)

《公路甩挂运输关键技术》编写委员会

总 序

科技是国家强盛之基,创新是民族进步之魂。中华民族正处在全面建成小康社会的决胜阶段,比以往任何时候都更加需要强大的科技创新力量。党的十八大以来,以习近平同志为总书记的党中央作出了实施创新驱动发展战略的重大部署。党的十八届五中全会提出必须牢固树立并切实贯彻创新、协调、绿色、开放、共享的发展理念,进一步发挥科技创新在全面创新中的引领作用。在最近召开的全国科技创新大会上,习近平总书记指出要在我国发展新的历史起点上,把科技创新摆在更加重要的位置,吹响了建设世界科技强国的号角。大会强调,实现“两个一百年”奋斗目标,实现中华民族伟大复兴的中国梦,必须坚持走中国特色自主创新道路,面向世界科技前沿、面向经济主战场、面向国家重大需求。这是党中央综合分析国内外大势、立足我国发展全局提出的重大战略目标和战略部署,为加快推进我国科技创新指明了战略方向。

科技创新为我国交通运输事业发展提供了不竭的动力。交通运输部党组坚决贯彻落实中央战略部署,将科技创新摆在交通运输现代化建设全局的突出位置,坚持面向需求、面向世界、面向未来,把智慧交通建设作为主战场,深入实施创新驱动发展战略,以科技创新引领交通运输的全面创新。通过全行业广大科研工作者长期不懈的努力,交通运输科技创新取得了重大进展与突出成效,在黄金水道能力提升、跨海集群工程建设、沥青路面新材料、智能化水面溢油处置、饱和潜水成套技术等方面取得了一系列具有国际领先水平的重大成果,培养了一批高素质的科技创新人才,支撑了行业持续快速发展。同时,通过科技示范工程、科技成果推广计划、专项行动计划、科技成果推广目录等,推广应用了千余项科研成果,有力促进了科研向现实生产力转化。组织出版《交通运输建设科技丛书》,是推进科技成果公开、加强科技成果推广应用的一项重要举措。“十二五”期间,该丛书共出版72册,全部列入“十二五”国家重点图书出版规划项目,其中12册获得国家出版基金支持,6册获中华优秀出版物奖图书提名奖,行业影响力和社会知名度不断扩大,逐渐成为交通运输高端学术交流和科技成果公开的重要平台。

“十三五”时期,交通运输改革发展任务更加艰巨繁重,政策制定、基础设施建设、运输管理等领域更加迫切需要科技创新提供有力支撑。为适应形势变化的需要,在以往工作的基础上,我们将组织出版《交通运输科技丛书》,其覆盖内容由建设技术扩展到交通运输科学技术各领域,汇集交通运输行业高水平的学术专著,及时集中展示交通运输重大科技成果,将对提升交通运输决策管理水平、促进高层次学术交流、技术传播和专业人才培养发挥积极作用。

当前,全党全国各族人民正在为全面建成小康社会、实现中华民族伟大复兴的中国梦而团结奋斗。交通运输肩负着经济社会发展先行官的政治使命和重大任务,并力争在第二个百年目标实现之前建成世界交通强国,我们迫切需要以科技创新推动转型升级。创新的事业呼唤创新的人才。希望广大科技工作者牢牢抓住科技创新的重要历史机遇,紧密结合交通运输发展的中心任务,锐意进取、锐意创新,以科技创新的丰硕成果为建设综合交通、智慧交通、绿色交通、平安交通贡献新的更大的力量!

杨传堂

2016年6月24日

序

近年来，我国高度重视节能减排工作，在国家层面研究、制定并出台了一系列与节能减排相关的综合性规划与工作方案，并积极倡导新的运输组织方式，推进甩挂运输发展。国务院以及交通运输部、国家发展改革委、财政部等部委先后在《中华人民共和国国民经济和社会发展第十一个五年规划纲要》、《关于进一步加强节油节电工作的通知》（国发〔2008〕23号）、《物流业调整和振兴规划》（国发〔2009〕8号）、《国务院关于进一步加大工作力度确保实现“十一五”节能减排目标的通知》（国发〔2010〕12号）、《国民经济和社会发展第十二个五年规划纲要》、《国务院办公厅关于促进物流业健康发展政策措施的意见》（国办发〔2011〕38号）、《国务院关于印发节能减排“十二五”规划的通知》（国发〔2012〕40号）、《关于促进甩挂运输发展的通知》（交运发〔2009〕808号）、《关于印发〈甩挂运输试点工作实施方案〉的通知》（交运发〔2010〕562号）等文件中明确要求优化道路运输组织管理、积极发展公路甩挂运输。

尽管公路甩挂运输已在国外实施多年，但鉴于前期研究基础以及中国国情实际，十二五期间启动了全国甩挂运输试点工程与相关关键技术研究同步实施工作，以确保甩挂运输这种先进运输组织形式在中国落地生根、健康发展。

为了有效解决发展甩挂运输中存在的技术难题，促进甩挂运输的快速发展，提升甩挂运输车辆安全水平，提高道路货物运输的组织化，显著提高我国道路货物运输效率、质量与安全水平，加快现代交通运输业发展，交通运输部公路科学研究院、交通运输部规划研究院、中集车辆（集团）有限公司等几家具有较强科研技术实力的企事业单位于2011年联合承担了交通运输重大科技专项《公路甩挂运输关键技术与示范》，集中开展相关技术研究工作。

在几年研究过程中，相关科研成果已分别在各级交通运输主管部门以及148个甩挂运输试点项目中陆续得以应用，满足了甩挂运输试点工程的需要。车辆交强险、挂车报废制度的修订以及专项资金补贴管理办法的实施深受甩挂运输企业欢迎;各项标准规范的发布实施明显改善了企业内部设施配备、作业与管理的科学性、规范性;甩挂运输轻量化车型和利用软硬件技术遴选出的推荐车型得到甩挂运输试点单位认可并批量选购;站场优化技术以及运营组织相关技术已在甩挂运输试点单位工可方案的编制过程中普遍应用,效果良好;智能调度与运行分析系统按计划在甩挂运输示范单位和交通运输行业主管部门推广、应用,为主管部门提供了第一手可靠的数据来源。

公路甩挂运输作为一种先进的运输组织方式,也是发展多式联运的基础,是综合运输的一个核心组成部分。为加快四个交通建设,促进交通运输业转型发展,交通运输部印发的《交通运输标准化“十三五”发展规划》中提出了构建综合客货运枢纽、货物多式联运、载运工具及换装设备、综合运输统计与评价等综合交通运输领域标准规范的重点任务;在交通运输部发布的《交通运输信息化“十三五”发展规划》中,也提出了推进互联网+高效物流的重点任务。

《公路甩挂运输关键技术》是一本集法规政策、标准、理论和软硬件技术与应用实践于一体的公路甩挂运输技术领域高水平学术专著,内容广泛详尽,全面系统,并附有相关的应用实例和前瞻性技术。相信本书的出版必将为物流行业技术进步和车辆装备水平提升提供帮助,有效推动综合货物运输技术的研究应用与健康发展。

交通运输部总工程师:周伟

前　言

近年来我国道路货物运输业发展迅速，但由于长期以来的粗放式发展，整体呈现出“三低一高”的态势。“一低”是集约化程度低：我国道路货运业经营主体具有明显的“小、散、弱”特点，缺乏引领行业规模化、网络化经营的骨干龙头货运企业，难以组织实施高效的运输组织形式。“二低”是车辆标准化程度低：牵引车与半挂车分属不同的企业，进行单独研发与产销管理；针对牵引车与半挂车匹配及连接的标准内容不全面或缺失，导致牵引车与半挂车不能充分互换，动力性、经济性、制动性、通过性等匹配不合理；各类车型结构繁多，性能、质量参差不齐，标准化程度低，互换性差，导致牵引车与半挂车挂不上、甩不开，无法实现高效运输。“三低”是运输效率低：实载率较欧美发达国家的专业运输企业低1/3左右；平均有效的车日行程只有发达国家的1/3到1/2，运输组织效率明显偏低。“一高”即单位能耗高：我国道路货物运输车辆能源利用效率与世界先进水平相比明显偏低，同类车辆吨百公里油耗水平大约比欧洲高25%、比日本高20%、比美国高10%。总之，道路货物运输发展现状已难以适应现代物流业发展的整体要求，难以适应建设资源节约型、环境友好型社会的总体要求。只有加快转变道路货运业发展方式，调整发展战略，优化运力结构，才能实现畅通、高效、安全和绿色道路货物运输的发展目标。

甩挂运输是指牵引车按照预定的运行计划，在货物装卸作业点甩下所拖的挂车，换上其他挂车继续运行的运输组织方式。甩挂运输是世界公认的提高物流及运输效率的有效手段，与传统运输方式相比，甩挂运输具有明显优势：一是减少装卸等待时间，加快牵引车周转，提高运输效率和劳动生产率；二是减少车辆空驶和无效运输，降低能耗和废气排放；三是节省货物仓储设施，方便货主，减少物流成本；四是便于组织水路滚装运输、铁路驮背运输等多式联运，促进综合运输的发展；五是优化货运组织管理模式和运力结构，规范货运市场秩序。

正是由于甩挂运输具有传统单体货车、定挂汽车列车无法比拟的优势，甩挂运输已成为欧、美、日、韩、澳等发达国家，以及巴西、菲律宾等发展中国家的主流运输方式，是道路货运业组织化、规模化、网络化、信息化和标准化发展水平的集中体现。由于受发展阶段、体制机制、专业技术、政策措施等诸多因素的制约，我国公路甩挂运输尚处于起步阶段，如何借鉴国外先进技术和成功经验，加快我国公路甩挂运输发展，是道路运输业面临的一项重要而紧迫的战略任务。

正是基于对甩挂运输技术优势的科学认识，国家高度重视甩挂运输发展，将其列为国家一项重要的战略举措。国务院在2008年印发的《关于进一步加强节油节电工作的通知》（国发〔2008〕23号）中明确要求："要加强运输节能管理，……，鼓励发展甩挂运输。"在2009年3月国务院印发的《物流业调整和振兴规划》（国发〔2009〕8号）中也明确提出，要"大力发展大吨位厢式货车和甩挂运输组织方式，推广网络化运输"。为全面推进我国道路货物甩挂运输的发展，2009年11月，交通运输部等5部委联合印发了《关于促进甩挂运输发展的通知》（交运发〔2009〕808号），2010年10月交通运输部和国家发改委又联合发布了《关于印发〈甩挂运输试点工作实施方案〉的通知》（交运发〔2010〕562号），在全国选择10个省（市），率先开展甩挂运输试点。2011年，国务院发布的《国民经济和社会发展第十二个五年规划纲要》中，再次明确要求"大力发展节能环保的运输工具和运输方式，积极发展公路甩挂运输"。

为了解决甩挂运输发展中的主要技术难题，促进现代交通运输业发展，交通运输部于2011年将"公路甩挂运输关键技术与示范"作为重大科技专项开展研究。专项研究以推进甩挂运输快速发展为主要目标，立足于破解甩挂运输实施中的法规政策障碍，攻克甩挂运输中的运输装备技术、运输效能与安全评价技术、运输车辆轻量化技术、货物/装备的快速接驳与有效装固技术、场站设施配套技术、运营组织与管理技术、信息化平台建设及运行统计分析技术等方面的多项难题，进行相关标准体系建设及标准制修订，实现自主研发与集成创新相结合的各项成果在甩挂运输试点单位的有效应用，为行业管理部门提供及时、准确、充分的统计分析数据，为甩挂运输的推广与发展提供技术支持。

本书是在专项研究过程中收集、归纳相关技术资料，经过大量理论研究、技术分析、试验验证、示范应用所形成的主要成果基础上编写而成，全文分为9章，由易振国、张红卫担任主编，进行全文策划、技术指导、编著统稿。第一章介绍了常见的货物运输方式，并对甩挂运输的起源和定义进行了介绍，分析了其构成要素和国内外的应用现状，主要由宗成强参与编写；第二章介绍了我国公路货物甩挂运输法规制度和发展政策，并构建了我国甩挂运输标准体系，主要由李弢、魏永存、张学礼参与编写；第三章介绍了甩挂运输车辆的基本性能匹配技术、互换性匹配技术以及装载单元的匹配技术，主要由张浩参与编写；第四章介绍了甩挂运输车辆动力性、经济性、制动性、行驶稳定性、通过性的测试评价技术，并对甩挂运输车辆的效能评价进行了论述，主要由董金松参与编写；第五章从新材料、新结构的应用技术出发，介绍了甩挂运输轻量化样车的研制与验证评价，主要由宋延文、高玉广参与编写；第六章对道路货物运输模块化系统的建设及其推广应用策略进行了论述，主要由区传金参与编写；第七章从站场功能、作业工艺、站场布局、设施设备等方面系统阐述了甩挂运输站场的优化技术，主要由耿蕤、姜山参与编写；第八章介绍了甩挂运输的组织模式及技术条件，并对甩挂运输智能调度技术、统计与运行分析技术进行了阐述，主要由李弢、蹇峰参与编写；第九章针对甩挂运输轻量化车型、技术标准、测试设备、专用装置以及其他各项成果的应用情况进行了全面分析与系统介绍，主要由周刚参与编写。

本书由原交通运输部总工程师周海涛担任主审，他对本书初稿进行了认真仔细的审阅，并提出了宝贵的修改意见。北京航空航天大学、武汉理工大学、山东交通学院、南京智真电子科技有限公司、青岛奥博坦车辆装备有限公司、中国交通通信信息中心等单位的有关同志参与了专项相关内容的研究工作，谨此一并表示衷心感谢。

由于作者水平有限，书中难免有疏漏与不足之处，敬请读者批评指正。

编写组

目　录

第一章　甩挂运输概论

货物运输是社会生产、流通、分配、消费各环节正常运转和协调发展的先决条件，是国民经济发展的基础性、先导性和保障性产业，对保障国民经济持续、稳定、健康发展，不断改善人民生活和促进国防现代化建设具有十分重要的作用[1]。

第一节　常见货物运输方式

货物运输包括5种不同的运输方式，即水路运输、铁路运输、公路运输、航空运输和管道运输。各种运输方式特点各异，对运送货物的类型有不同侧重，因此，在货运总量中的所占比例也不尽相同。便捷高效、安全绿色的现代化交通运输体系是支撑经济运行、促进经济增长和提高发展质量必不可少的基础，更是经济发展和社会进步的重要前提条件。

一、货物运输方式分类

(一)水路运输

水路运输简称水运，是指利用船舶航行于水域，完成旅客与货物运送的经济活动[2]。水路运输在所有运输方式中是运价最低、运输速度最慢的运输方式。

水路运输的主要技术经济特征是：运输能力强，能源消耗低，单位运输成本低，劳动生产率高，续航能力强，但易受气候和商港限制，可及性低，航速低，运输时效差。

(二)铁路运输

铁路运输有着近200年的发展历史，铁路运输系统的建设有其时代意义及历史背景，某些特征是其他运输方式所不能取代的[3]。

铁路运输的主要技术经济特征是：适应性较强，单次运输能力较强，列车运行速度较高，能耗低，运输成本较低，运行平稳，安全环保性能好，可有效地利用土地，但前期固定投资大，设施设备的维护较为繁杂。

(三)公路运输

公路运输是在公路上运送旅客和货物的运输方式，具有机动灵活、简捷方便的特点，是交通运输系统的组成部分[4]。在现代社会，公路运输❶一般指汽车运输，为中、短途运输的

❶依据《中华人民共和国公路法》，公路分为国道、省道、县道和乡道，且包括公路桥梁、公路隧道和公路渡口。依据《中华人民共和国道路交通安全法》，道路是指公路、城市道路和虽在单位管辖范围但允许社会机动车通行的地方，包括广场、公共停车场等用于公众通行的场所。由于本书的主要技术内容围绕运行在干线公路上的甩挂运输车辆及相关标准法规、配套设施展开，除个别专业性术语(如统计数据、宏观概念)使用道路运输外，其余均为公路运输。

主要形式，发挥着运输干线作用。在地势崎岖、人烟稀少、铁路和水运不发达的边远和经济落后地区，公路运输为主要运输方式。

公路运输的主要技术经济特征是：原始投资较少，货损货差较小，覆盖区域广，转运方便，但运输成本较高，环保性能较差。

（四）航空运输

航空运输是指以固定翼航空器或直升机经营国际或国内航线，定期、不定期从事客、货、邮件运送的方式。

航空运输的主要技术经济特征是：运输速度快，安全可靠性高，基础设施整体投资不高，但设施维护费用高，运输成本高，受气候条件影响大，运输能力小，运输能耗高。

（五）管道运输

管道运输是一种用管道作为运输工具的长距离输送液体和气体等物资的运输方式，专门用于输送石油、天然气、矿浆、煤和化学产品等，是干线运输的特殊组成部分[5]，在国民经济和社会发展中起着十分重要的作用。管道运输可省去水运或陆运的中转环节，缩短运输周期，降低运输成本，提高运输效率。

管道运输的主要技术经济特征是：运量大，运输成本低，能耗低，损耗少，安全可靠，且土地占用少，投资较小，运营费用低，但适用货物范围有限。

二、我国货物运输发展现状

近年来，随着我国经济的快速发展，社会对生产、生活物资需求不断增大，货物运输量呈现逐年快速增长的趋势。2006～2014 年，我国货物运输量和货物周转量分别从 203.7 亿 t、8.9 万亿 t·km 增加至 438.1 亿 t、18.5 万亿 t·km，年平均增长率分别为 10.0% 和 9.6%，相关统计数据如图 1-1 所示。

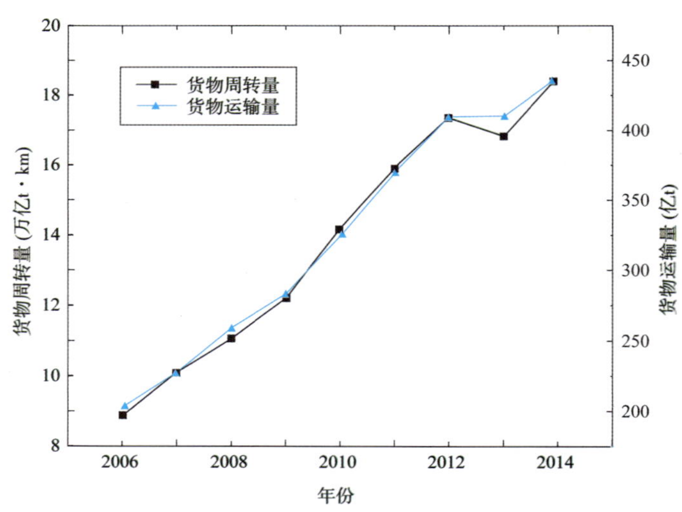

图 1-1　2006～2014 年我国货物运输量和货物周转量

在 5 种运输方式中，除了水路运输货物运输量稳步增长外，其他运输方式的增长趋势基本类似，如图 1-2 所示。公路运输的货物运输量在整个货运量的比例平均保持在 74%，其次为水路和铁路，所占比例分别约为 14% 和 11%。

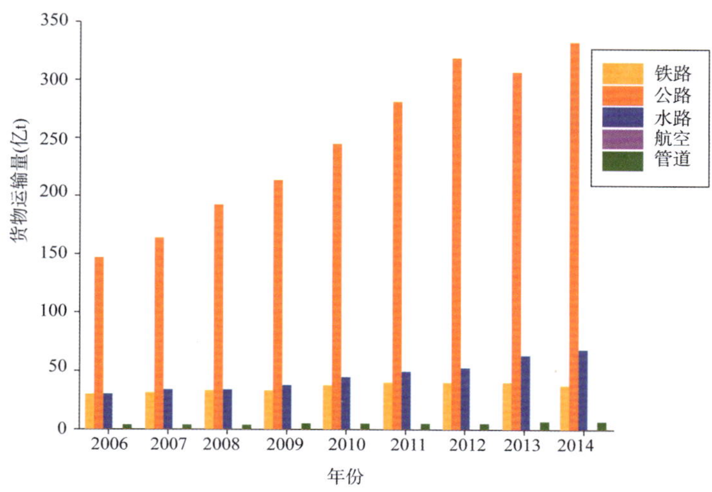

图 1-2　2006～2014 年不同运输方式的货物运输量

通过对近几年不同运输方式的货物周转量分析可知，水路运输的货物周转量最高，其次为公路运输、铁路运输。水路运输货运周转量高的主要原因是远洋运输运量大、运距远，且部分大型货轮无法行驶至相关水域，需要进行中转。各类运输方式货物周转量情况如图 1-3 所示。

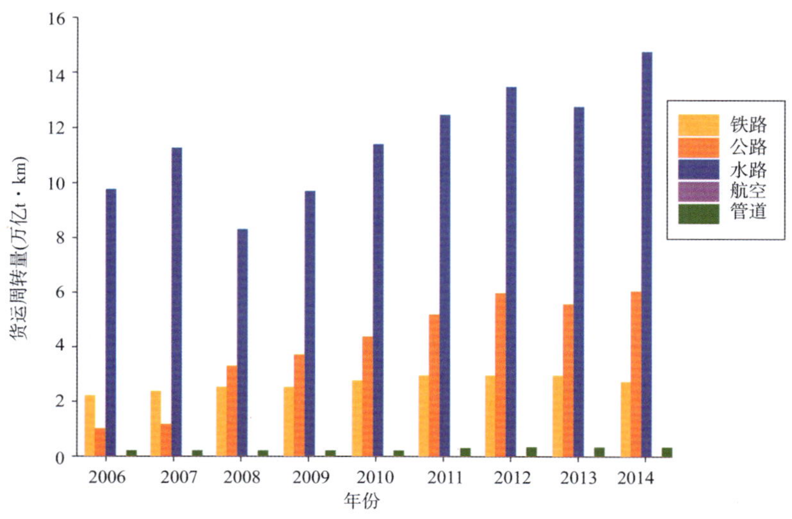

图 1-3　2006～2014 年不同运输方式的货物周转量

2006～2014 年我国营运载货汽车拥有量从 640 万辆增加至 1453 多万辆，年平均增长率约 9.5%，载货汽车的吨位数也由 2823 万 t 增加至 10292 万 t，年平均增长率达到 15.5%，单车平均载货吨位也由 2006 年的 4.4t 增加至 2014 年的 7.1t。近年我国营运载货汽车及载货吨位数情况如图 1-4 所示。

在对近几年不同运输方式的货物运输量、货物周转量，营运载货汽车拥有量与平均吨位数分析的基础上，借鉴欧美等发达国家公路运输行业的发展趋势与经验，通过对大量物流企业走访调研发现，目前我国公路运输行业处于转型升级发展中，迫切需要开展甩挂运输组织模式的探索与应用。

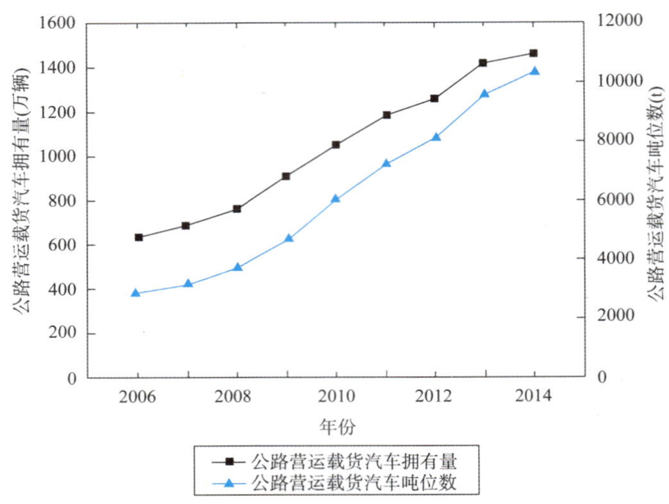

图 1-4　2006～2014 年我国营运载货汽车拥有量及吨位数统计

第二节　甩挂运输起源与定义

如果把大吨位车辆、厢式车、集装箱的推广使用视为公路运输发展史中运输设备的革新，那么甩挂运输则是基于既有设备的一种创新型公路运输组织形式[6,7]。发达国家甩挂运输的大量采用可追溯至 20 世纪 40 年代，其出发点是满足多式联运中滚装运输和驮背运输等的需要，随后又被推广到一些大型汽车运输企业内[6,8]。

甩挂运输是一种用牵引车辆拖带挂车至目的地，将挂车甩下后牵引另一挂车继续作业的运输组织方式[9]，如图 1-5 所示。在甩挂运输实践中，货运企业使牵引车或牵引车辆（带牵引装置的载货汽车）与半挂车/中置轴挂车/全挂车能够自由分离与接合，通过牵引车辆、半挂车、中置轴挂车和全挂车的合理调度与搭配，缩短因装卸货物而造成的牵引车或牵引车辆的停靠时间，提高牵引车辆的利用率[10]。

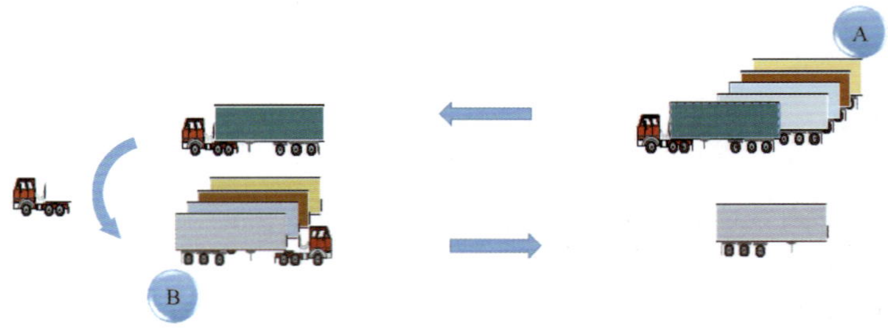

图 1-5　典型甩挂运输组织方式

甩挂运输之所以能在一些国家及大型企业内获得稳步发展，主要是因为甩挂运输可以产生可观的经济效益和社会效益[6]。甩挂运输的产生与发展是大吨位货运车辆发展的必然结果。这是因为提高汽车货运效率的重要途径是提高车辆的平均行驶速度、燃料经济性和装载能力，而最现实的措施就是使用大吨位货运车辆且采用甩挂运输的组织方式。大吨位货运车辆在满足上述几方面的性能要求上已经达到较高水平，而继续提高汽车货运效率或运输经济效益则需着眼于货运车辆之外的途径。甩挂运输是提高汽车货运效率和运输经济效益的另一种思路，它能够增加牵引车辆的有效工作时间并降低牵引车辆的购置数量及费用[11]。

甩挂运输的基本工作模式是一部牵引车按计划或调度指令，分时段拖挂不同的挂车，从而提高牵引车辆的有效工作时间。对于某些货运企业，车辆实际工作时间内的行驶时间低于或者基本等于货物的装卸时间和待装卸时间之和，在这种情况下，甩挂运输的应用使得2辆或2辆以上的挂车可由同1辆牵引车辆根据需要在不同时段牵引，从而有效减少牵引车辆的保有量。

与传统运输方式相比，甩挂运输具有明显优势[12,13]：一是减少装卸等待时间，加速牵引车辆周转，提高运输效率和劳动生产率；二是减少车辆空驶和无效运输，降低能耗和废气排放；三是节省货物仓储设施，方便货主，减少物流成本；四是便于组织水路滚装运输、铁路驮背运输等多式联运，促进综合运输的发展；五是优化货运组织管理模式和运力结构，规范货运市场秩序。

第三节 甩挂运输构成要素

甩挂运输运营模式的成功运作需要多方面的协调配合，主要包括法律法规与标准、车辆装备、站场设施、运营组织与智能调度技术等方面。

一、法规及标准

法律制度的稳定、规范和先导作用对甩挂运输的发展至关重要。美国自1935年开始着手建立甩挂运输相关法规，历经多次调整，直至1995年才彻底放宽对汽车运输业的管制。而我国原有交通安全法律法规主要是对传统单体货车管理的制度，已经严重不适应大力发展汽车列车和甩挂运输的形势和要求[14]，包括挂车属性定位、挂车交强险、挂车报废、挂车牌证管理、全挂和双挂汽车列车上路行驶等法律规范有待修改完善，相关法律、法规、部门规章以及国家强制性技术标准应同步予以研究、配套解决。

此外，明确配套的政策支持是甩挂运输持续发展的保障。甩挂运输需要标准化货运车型、现代化作业站场、信息化管理手段、网络化运营组织作为基础支撑。货运车型标准化、站场设施标准化、数据接口标准化是不同货运企业间顺利合作的必要前提。

二、车辆装备

货物在道路上的通畅运输离不开运输载体——车辆装备。甩挂运输车辆装备包括不同类型的牵引车辆、半挂车、全挂车及中置轴挂车，以及由其组合而成的汽车列车。

(一)牵引车辆

牵引车辆是汽车列车的动力源,用以牵引挂车来实现汽车列车的运输作业。根据结构与功能,牵引车辆可分为三类[15]:

(1)半挂牵引车。用于牵引半挂车,通过鞍式牵引座承受半挂车的前部载荷,并且锁住牵引销,拖带半挂车行驶[16]。

(2)牵引货车。用于牵引全挂车、中置轴挂车和特种挂车。牵引货车车架上装有货厢,车架后端的支承架处安装牵引钩等连接装置,通过牵引钩等连接装置和挂环使牵引货车与全挂车、中置轴挂车连接;拖带特种挂车的牵引货车车架上装有回转式鞍座,采用可伸缩的牵引杆同特种挂车连接,在运送超长尺寸货物时,也可通过货物本身将牵引货车与特种挂车连接起来。

(3)站场用牵引车。用于站场作业区域内,可牵引半挂车、全挂车、中置轴挂车等,完成货物运送和车辆滚装运输作业。站场用牵引车机动性好,行驶速度低,能满足不同货物高度和不同行驶速度的要求[16]。

(二)挂车

挂车是汽车列车的主要载货部分,挂车车身可按运载货物的不同要求制成各种专用结构,如厢式挂车、集装箱挂车、罐式挂车等[15,16]。根据车辆结构特点和牵引连接方式,挂车可分为三大类:

(1)半挂车。半挂车是一种车轴置于车辆重心(货物均匀装载时)后面,并且装有可将水平力或垂直力传递到牵引车连接装置上的挂车,其连接到半挂牵引车后,部分质量通过鞍式牵引座由半挂牵引车承担。

(2)全挂车。全挂车是完全靠拖挂的车辆,通过牵引钩和挂环与牵引货车相连,其本身的质量和装载质量均不在牵引货车上。为减少轮胎的侧滑、磨损和汽车列车的转向阻力,一般将全挂车前轴设计成转向轴。

(3)中置轴挂车。牵引装置不能垂直移动(相对于挂车),车轴位于紧靠挂车重心(货物均匀装载荷时)的挂车,这种车辆只有较小的垂直静载荷作用于牵引货车,且其不超过相当于挂车最大质量的10%或10kN的载荷(两者取较小者)。

(三)汽车列车

根据国际标准化组织和我国相关标准,汽车列车被定义为牵引车辆(载货汽车或牵引车)与一辆或一辆以上挂车的组合。牵引车辆是汽车列车的动力来源,而挂车是被拖挂车辆,本身不带动力源[16]。根据结构形式,常见汽车列车可分为以下3种:

(1)半挂式汽车列车。由半挂牵引车与一辆半挂车组合而成,又称铰接式汽车列车。

(2)全挂式汽车列车。由汽车(一般为载货汽车)与一辆全挂车组合而成。

(3)中置轴式汽车列车。由汽车(一般为载货汽车)与一辆中置轴挂车组合而成。

在此基础上,应用一些专用结构和装备进行组合,可形成双挂汽车列车甚至是多挂汽车列车,如图1-6所示。

三、站场设施

甩挂运输站场分为零担甩挂运输站场、整车甩挂运输站场、多式联运甩挂运输站场、集装箱甩挂运输站场等 4 种类型。

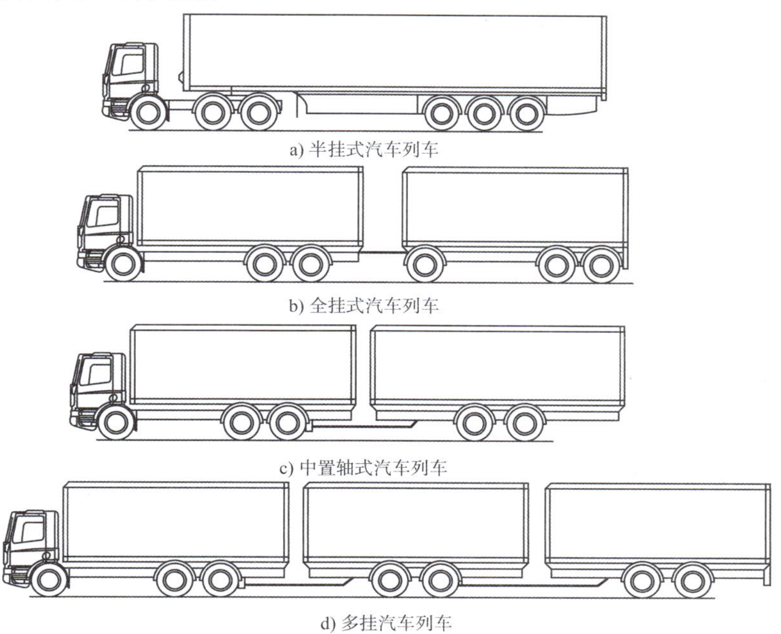

a) 半挂式汽车列车

b) 全挂式汽车列车

c) 中置轴式汽车列车

d) 多挂汽车列车

图 1-6　典型的汽车列车

甩挂运输站场应具备运输组织、中转和储运、中介代理、通信信息、辅助服务等功能。各特定站场还应具备以下具体功能:零担甩挂运输站场应具备装卸作业功能、分拣作业功能和牵引车辆、挂车中转停放功能;整车甩挂运输站场应具备车辆调度功能和牵引车辆、挂车停放功能;多式联运甩挂运输站场应具备牵引车辆、挂车停放功能、挂车或厢体装卸功能、挂车或厢体加固功能;集装箱甩挂运输站场应具备集装箱堆存功能、拆装箱功能和牵引车辆、集装箱挂车停放功能。

此外,不同站场可根据具体业务类型配备相关办公设施、生产设施、生产辅助设施和生活服务设施等。

四、运营组织与智能调度

美国、欧洲、日本、澳大利亚等国家及地区甩挂运输的成功运作离不开相对完善的运输组织技术,正是基础设施、运载工具、信息技术与现代化的组织管理技术的相互配合,共同构建了甩挂运输成功运作的基础。它需要运用系统工程的原理和方法,充分利用各种运输方式的优点,扬长避短,选择合理的运输路线和运输工具,以最短的距离、最少的环节、最快的速度、最省的费用以及最好的服务,组织物品的运输和配送活动,安全高效地将货物从生产地运到消费地[17]。

在车辆调度过程中,要考虑很多既定的影响因素和很多随机出现的问题对车辆调度的影响,主要影响因素包括货物、车型、站场、客户、运输网络、约束条件和目标函数等。智能调度技术需要以运输企业的信息技术和管理优势为基础,依托健全的信息技术和现代管理手段,科学合理地对牵引车和挂车进行调度,实现牵引车辆和挂车之间的高效衔接运作[18]。

第四节　国内外甩挂运输发展现状

一、国外甩挂运输现状

经济发达国家早在20世纪40年代就已经开展甩挂运输，这种先进的运输组织形式被大多数规模较大的货物运输企业所采用[19]。为了促进甩挂运输的发展，发达国家在甩挂运输政策、车辆装备、站场设施、信息化等方面进行了广泛深入的研究与应用。

（一）甩挂运输法规政策

美国为了保障车辆和运输的安全性，针对车辆安全制定了严格的法规及技术标准。1935年通过的《汽车运输经营法》，授权州际商务委员会对汽车运输实施严格的车队数量、货物种类、经营线路、运输价格等控制[19]。1980年美国通过了新版《汽车运输法案》，开始放松对汽车运输的管制，具体体现在放宽了经营许可条件，取消以数量控制为特征的市场准入门槛，不再对运价实施管控，市场优化配置资源的作用开始发挥，在有序竞争中运输成本有所降低（1986年比1979年每吨运输成本下降了22%）。1995年通过的《运输管制改革法》进一步促使各州放宽对汽车运输业的管制[19]。

针对甩挂运输，美国对车辆的相关管理规定如下[19]：

（1）在车辆定性上，明确挂车不属于载货汽车。根据联邦法典的定义，载货汽车包括轻型载货汽车和牵引车，但不包括挂车；挂车自身没有动力，只有与牵引车组合上路行驶才构成汽车列车。

（2）在商用运输登记注册方面，只限于牵引车注册，挂车不用注册。所有获准从事州际载货汽车运输的承运商都会有一个唯一的联邦商用车辆注册码（US DOT Number）和一个州的注册码，法律规定必须喷涂在载货汽车或牵引车车门两侧，这是载货汽车获准从事州际运输的资格标志，但挂车则无需喷涂这样的注册码。

（3）挂车管理简便，且税费比较低。美国在过去20多年时间内逐渐把车辆监管的重点从挂车转向牵引车，挂车作为“可移动载货工具”越来越广泛地被工商企业作为临时仓储设备使用。政府努力减少挂车使用成本，以注册费为例，牵引车必须每年年检并缴纳注册费（3000美元/年），而挂车只需在初次办理牌照时一次性缴纳手续费（约20美元），之后在使用寿命期内不再缴纳任何规费。

（4）挂车无需缴纳交通事故责任强制保险，美国的交通事故责任保险分为强制保险和自愿保险两类，大部分州实行强制保险。对于甩挂汽车列车的车辆强制保险，均以牵引车为主体，并覆盖到所牵引的挂车，挂车无需缴纳任何强制保险，所有交通事故责任及赔付均由牵引车承担。

美国车辆管理技术法规体系由安全、环保、噪声、节能和防盗等5类构成。其重型载货汽车列车分为两类：一类是通用汽车列车（Common Combination Vehicles，简称CCV，多为5轴半挂或全挂列车），另一类是较长汽车列车（Longer Combination Vehicles，简称LCV，7轴、8轴、9轴、10轴双挂或三挂列车）。“超长汽车列车”仅允许在一些特定高等级公路或者收费公路上通行，最大车货总质量超过联邦法律原规定的80000磅（36.29 t）限值，具体总质量、外廓尺寸范围由各州确定[20]。

欧盟于2001年发布了欧盟交通运输政策白皮书,推动了甩挂运输在欧盟内的发展。欧盟技术法规主要是采用颁布指令的形式,欧盟委员会发布了96/53/EC(Road safety: authorized dimensions and maximum weights for trucks, buses and coaches)指令,该指令规定了欧盟成员国内和国际道路范围内运营车辆适用的法定尺度和从事国际运输的法定载质量标准。目前联合国欧洲经济委员会已正式制定颁布的联合国欧洲经济委员会汽车法规(ECE法规)共有135项,其中针对汽车产品(M、N、O类车辆)的ECE法规108项。针对挂车及汽车列车产品的法规主要有ECE R102,R55及R4等20余项,主要涉及挂车及汽车列车的制动、挂车的轮胎气压、汽车列车机械与电气连接等方面的内容。

德国非常注重甩挂运输在构建高效物流体系中的作用,通过政策管制、财政政策及政府拨款援助等方式,大力促进甩挂运输有效发展。在《德国货运与物流规划(2008~2012年)》中明确提出:要加大对甩挂运输新建设施以及既有设施改建的投资力度,由当前金额为6250万欧元的年投资水平提高至1.15亿欧元;制定差别通行费费率;对使用现代技术降低机动车车辆噪声进行财政资助;增加高速公路载货车辆的停车区域;改进货运业的工作环境和培训条件,制定相关培训计划等。

日本在1997年4月制定了指导日本货运业现代化发展的《综合货运业施策大纲》。为了实现大纲要求的目标,制定了部分关键性控制参数(如货运托盘使用率、临时停留场所的滞留时间等),着手货物运输系统的技术升级[如物流系统信息化:进出口和港口手续无纸化,电子数据交换(Electronic Data Interchange, EDI)推进等],推行物流系统的标准化(集装箱、托盘标准的JIS国际整合)等[21]。为了确保大纲得以落实,日本政府有关部门通力合作建立了一套政策推进体制,以确保中央部门、地方政府、企业、货主等各方面能够合作实施有关政策。这一体制包括中央政府各有关部门之间的合作;地方政府之间的合作;根据实施状况每年进行跟踪调查等[21]。2005年,日本政府发布了《新综合物流施策大纲》,并成立了由国土交通省等相关政府部门组成的综合物流政策推进委员会,以确保各项政策措施的落实[22],具体政策措施包括:促进综合物流效率提高,优化道路环境和通行时间;促进物流标准化、信息化;培养综合物流人才;促进国际物流与国内物流的一体化;发挥运输枢纽作用,完善港口和公路干线附近的物流节点,提高货物集散能力;促进都市物流圈建设,实现物流网络化;改革关税制度,有利于综合物流发展;提高物流安全性和应对灾害的能力;推动建立了“合作执行”机制,以推进物流企业之间的联合等。2013年6月,日本政府又发布了《综合物流施策大纲(2013~2017年)》,主要内容包括:致力于构建支撑产业活动与国民生活的高效物流体系;致力于进一步降低环境压力;致力于建立安全、安心的物流体系等几个方面[23]。

(二)甩挂运输车辆与装备

1.国外甩挂运输车辆与装备发展情况

据统计,在经济发达国家,汽车列车承担着整个国家的大部分货物运输任务。经过长达半个多世纪的经验积累和技术验证,美国、日本、欧洲和澳大利亚等经济发达国家及地区针对挂车、牵引车辆和汽车列车的型谱、车辆技术要求等方面的研究已取得了丰硕成果,经过多年应用，对车辆技术水平的升级、公路运输安全保障与运输效率的提高等方面起到非常大的促进作用，推动了现代物流业的发展。

针对汽车列车行驶稳定性控制，早在 1937 年德国斯图加特汽车研究所的 L. Hubert 和 O. Dietz 就进行了汽车列车横向稳定性研究[24]；20 世纪 60 ~ 80 年代，以美国密歇根大学公路安全研究中心为代表的众多科研机构和学者，围绕着商用车辆制动性能范围、商用车辆可获得的最大制动性能，以及对制动性能、最大制动性能和受限制动性能的影响等进行了货运车辆和铰接汽车列车制动性能的研究与应用；从 20 世纪 90 年代至今，在汽车列车制动折叠、侧翻控制和防抱制动系统（Antilock Brake System，ABS）等方面的研究与应用取得了较大的进展。

美国是世界上物流最发达的国家之一，汽车列车的牵引车、挂车分类管理模式调动了运输企业和工商企业普遍联手推行甩挂运输的积极性，甩挂运输得到普遍使用，货物运输车型以厢式半挂汽车列车为主，其牵引车与半挂车保有量的比例（拖挂比）约为 1∶3，比例最大的是 6 ×4/6 ×2 牵引车匹配 2 轴厢式半挂车的汽车列车，以及部分双半挂汽车列车，分别占到厢式半挂汽车列车的 90% 和 8% 左右[25]。其干线公路两旁随处可见停满挂车的仓储设施或停车场，挂车既作为运载工具，也作为临时周转“仓库”的功能得到充分利用[20]，如图 1-7 所示。据了解，早在 2010 年美国世能达公司（Schneider National）就拥有各类牵引车 1.25 万辆、挂车 3.4 万辆，拖挂比为 1∶2.72，其中 70% 的车辆应用于甩挂运输。作为整车运输公司，世能达公司将一定数量挂车事先放置在客户端，待客户装满货后，及时调度牵引车拖来新的空挂车、拉走装好货物的满载挂车，实现甩挂运输。美国 UPS 干线运输车队拥有 6700 辆牵引车和 2.21 万辆挂车，拖挂比达到 1∶3.3。作为零担运输的典型模式，主要依托自有货运站场进行甩挂作业。货运站场是重要的集散中心，站场至客户端用轻型载货汽车接、送货物，站场与站场之间的干线运输使用汽车列车，并在两端及多个站场实施甩挂作业[19]。

图 1-7　美国重型汽车列车及停车场

在欧洲，陆路范围内74%的货物运输是由载货汽车及汽车列车来完成，甩挂运输已实施多年。在北欧地区，甩挂运输车辆多采用一个牵引车拖带一个半挂车，半挂汽车列车后面再拖带一个全挂车或中置轴挂车等双挂列车模式，列车总长度为25.25m，以扩大装货容积或总质量，减小轴荷，降低对路面的压力，减少路面损坏并提高运输效率[26]。特别是近年来，正在开展一车双挂/一车三挂的超长汽车列车试运行，列车总长度为27～32m，总质量可达60t以上，进一步提高了运输效率。

在新加坡、菲律宾、韩国、巴西等国家，甩挂运输作业应用也较为广泛，如港口、大型堆场以及大型仓库之间的集散运输[19]。只要运距适当和装卸条件具备，甩挂运输均可发挥良好的作用[27]。

2. 国外车辆标准和新技术应用情况

在甩挂运输车辆技术与标准的研究、应用方面，各经济发达国家都做出了很多实践。

1）在车辆技术标准方面，欧洲、美国已形成了体系较为完善的甩挂运输车辆标准

美国标准中对牵引车、挂车单车的要求，牵引车和挂车组合的方式，以及各种连接部件与操作都进行了统一规范。20世纪70年代提出了桥梁承载车辆总质量的公式，确定了轴荷对桥梁的影响，并把轴距和质量联系在一起[25]，图1-8给出了桥梁满足的五轴汽车列车载荷及轴荷分布情况具体要求。

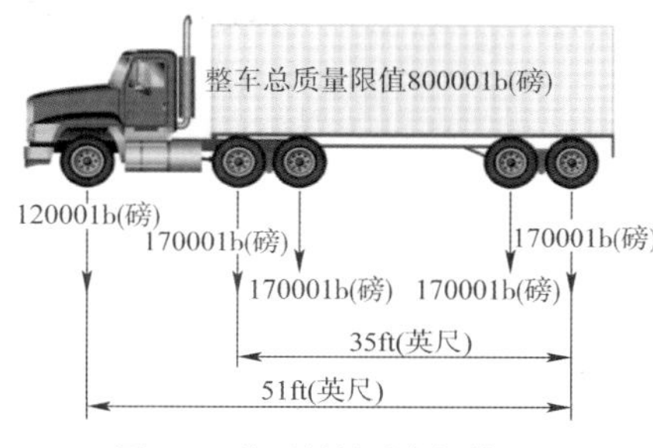

图1-8　美国桥梁对车辆轴距、质量限值要求

20世纪80年代，美国联邦公路法规定：半挂车长度的最大限值不小于14.63m（48英尺）；半挂车总宽度限值为2.6m（102英寸）；半挂车总高度限值4.115m（13英尺6英寸）[25]。美国联邦法规对半挂车总尺寸的规定有一个渐进放大的趋势，正在探讨将长度放大到18.3m（60英尺）的可行性。

美国牵引车与半挂车尺寸匹配方面的标准规定：牵引车空载鞍座高度（Coupler Height）为1194～1245mm，以保证甩挂运输中牵引车与半挂车的互换性。《商用挂车和半挂车牵引主销》（Upper Coupler Kingpin—Commercial Trailers and Semitrailers，SAE J700）对牵引销的尺寸进行了规定，保证甩挂运输半挂车的挂接牵引销的互换性。

在欧盟境内同样存在关于车辆尺寸与质量限值、车辆安全等相关标准。自1993年欧盟成立以来，一直重视相关标准的制定。欧盟颁布相关指令，以便相关条款在欧盟国家内强制执行。此外，各个国家也可以根据自己的道路与实际情况制定符合本国的车辆通行技术要求，但若相关技术要求超出欧盟指令限值时，该车型只能在本国境内行驶，不能从事跨国运输业务。

欧盟指令96/53/EC中规定了在欧盟范围内运输车辆的外廓尺寸和质量限值，普通车辆及普通铰接汽车列车的长度与质量限值均进行了单独的规定，其中铰接汽车列车不大于16.5m，货车列车的长度不大于18.75m，总质量不超过40t（集装箱列车总质量为44t）。联合国欧洲经济委员会（the United Nations Economic Commission for Europe，UNECE）的多式联运和物流工作组（the Working Party on Intermodal Transport and Logistics，WP. 24）曾对在荷兰、丹麦、芬兰、挪威、瑞典等北欧国家发展的由“1个长单元+1个短单元”组合而成，总长不

超过 25.25m，总质量不超过 60t 的双挂汽车列车进行了说明，如图 1-9 所示。由于其综合效益更优，但总长不符合欧盟标准的缘故，双挂汽车列车的使用必须经过特殊批准，且对通行条件有一定要求。目前相关车辆已进行了充分技术论证，且在不同国家进行了大量试验运行，运行效果良好，欧盟正在考虑修改相关强制性法规。

为使欧盟境内的车辆能够更好地在不同国家内从事货物运输，欧洲经济委员会（Economic Commission of Europe，ECE）提出了 R55 法规（关于批准汽车列车机械连接件的统一规定），该法规中明确提出了相关连接件的标识与匹配尺寸。此外，欧盟对重型车辆尾部标志板提出了 R70 法规、对侧向防护装置强度提出了 R73 法规等。

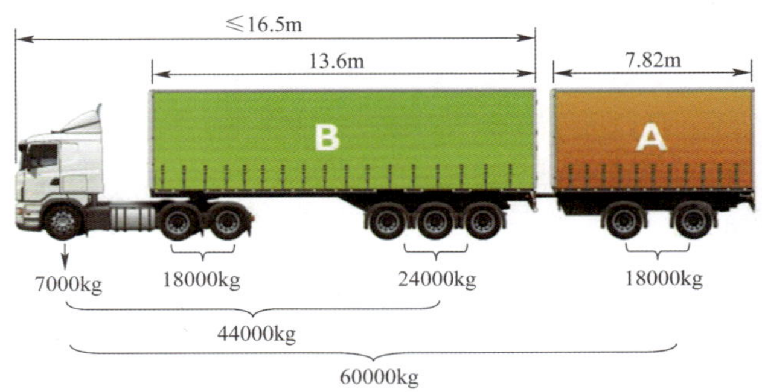

图 1-9　欧盟部分国家双挂汽车列车限值要求

2）电子技术在甩挂运输车辆上得到了普遍运用

在公路运输安全保障方面，1998 年美国政府规定重型载货汽车和挂车必须安装 ABS，部分新型重型载货汽车还安装了电控制动系统（Electronically Braking System，EBS）装置，使得重型载货汽车驾驶员踩下制动踏板的反应跟小汽车一样灵敏，制动距离缩短约 15%。此外，还有危险物辨识距离增加 2 倍的红外线夜视系统、翻车警告系统等。

在欧洲，电子制动力分配（Electronic Brakeforce Distribution，EBD）装置已被大量装备到重型商用车辆上，其可改变两侧车轮的制动力，使得车辆制动更为平稳。车身电子稳定系统（Electronic Stability Control，ESC）的控制单元通过采集对应传感器的信号对车辆的运行状态进行判断，进而发出控制指令。ESC 程序可对不同车轮分别实施制动来对动力和转矩进行补充或是对车轮施加制动力，来确保车辆的正常行驶状态。此外，车道偏离预警系统（Lane Departure Warning System，LDWS），自适应巡航控制装置（Adaptive Cruise Control，ACC）等先进的电子装置也被大量使用。

甩挂运输智能管理方面，货运车辆普遍安装卫星通信和跟踪系统，以确定车辆运行位置，并对车辆状态实施远程监控，驾驶员可随时与调度员沟通信息，实现了车辆的智能调度管理。

3）轻量化技术与应用渐趋成熟

欧洲对运输车辆更偏重于提高运输效率，降低运输成本，欧洲制造商在产品轻量化设计方面也不遗余力。厢式半挂车是欧洲公路运输主力车型，其中具有整备质量轻、成本低、便于装卸的侧帘半挂车约占 38%。例如 Kögel Cargo MAXX 侧帘半挂车整备质量为 6150 kg，Euro Cooler 保温篷布半挂车整备质量为 6790 kg。然而，“减肥”的不仅是厢式挂车和保温挂车，Schmitz 自卸半挂车侧墙采用铝板后质量降低 700 kg。

欧洲半挂车"轻量化"的主要途径包括：一是采用高强度合金钢，自重降低约 30%；二是将钢铁的替代材料如铝合金、玻璃钢、工程塑料等应用于半挂车零部件；三是采用创新的结构设计，如无副梁的半挂自卸车、无大梁的厢式半挂车[28]；四是单宽胎和空气悬架等新技术的普遍应用。图 1-10 为前墙使用铝合金材料的侧帘厢式半挂车，前轴为提升桥，车辆在空载或者轻载时提起，以便减少轮胎的磨损。

图 1-10　前墙使用铝合金材料的侧帘厢式半挂车

4）其他新技术的应用

欧洲内陆运输常用一种多功能集装箱半挂骨架车，其车型结构复杂，零部件数量多，外形精巧，自动化程度较高，可自动伸缩车架长度以适应约 6.1 ~ 13.7m（20 ~ 45 英尺）集装箱[28]，如图 1-11 所示。为了适应不同结构、尺寸的集装箱，转角锁设计为可翻转结构，如图 1-12 所示。

a）半挂车车架未伸长状态

b）半挂车车架伸长后状态

图 1-11　欧洲可变尺寸集装箱半挂骨架车

（三）甩挂运输站场

1. 零担站场网络体系

美国从事零担运输的承运商一般都建有专门用于集散、中转货物的货运站场，大型零担运输企业均构建起自己庞大的站场网络体系。

图 1-12　前端梁可翻转角锁

以 UPS Freight 为例，基于零担货运特点，UPS 高度重视集散、中转货运站场建设，已经在北美地区构建起 200 多个用于干线运输的集散、中转货运站场。最成功的案例为 UPS 芝加哥地区包裹检索集散中心（Chicago Area Consolidation Hub，CACH）[20]。为了优化从美国西南海岸到东北地区的包裹物流运输组织，降低物流成本，UPS 在 20 世纪 80 年代即寻求在芝加哥附近建设一个大型包裹集散中心，如图 1-13 所示。该中心于 2005

年3月投入使用，紧邻伊利诺伊州的高速公路和铁路，占地97万m^2，是美国最大的陆路运输配送中心，也是全球最大的陆路包裹分拣中心，拥有发达的自动分拣、包裹配载、自动跟踪、实时查询等功能的管理信息系统[19]。

2.与铁路站场衔接的布局

CACH的站场作业普遍采用甩挂模式，每天有超过1900辆牵引车和3500辆挂车在这里周转。CACH的一个显著特点在于充分利用多式联运，为了发挥铁路运量大、速度快、成本低的优势，CACH依托紧邻的铁路，积极拓展驮背运输，如图1-14所示，其集散中转的包裹一般640km以上使用驮背运输，640km以下主要依靠公路货车运输，目前两种方式集散运输比例各占50%左右[19]。

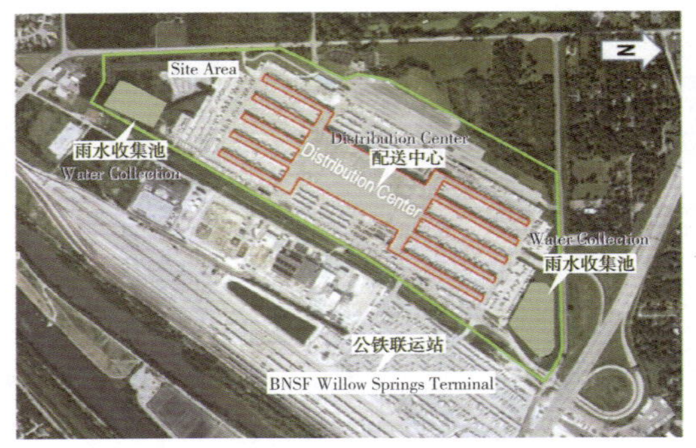

图1-13　UPS的芝加哥地区包裹检索集散中心

图1-14　CACH的公铁联运作业模式

不来梅货运中心是德国最大、欧洲第二大货运中心，共占地472万m^2，拥有库房120万m^2，现有入驻企业150家，员工8000人，货运中心以其高效的运输组织和多式联运享誉欧洲，其综合绩效长期蝉联德国35个货运中心之首，如图1-15所示。货运中心具备公路、铁路、水路转运条件。中心内设有专门的公铁集装箱联运站，联运站拥有10km路轨、8条轨道可停放整装列车，联运站的每台大型龙门吊可以同时装卸4个集装箱，同时装卸两列800m长的火车，目前联运站日装卸能力达1000个标准箱(Twenty-feet Equivalent Unit，TEU)，装好一列整装列车用时2.5h。由于货运中心对不同货物实行了分类定点高效管理，大大提高了货物的多式联运中转效率，目前货运中心每日进出货车7000辆次，火车货运班列20～25列。

图1-15　不来梅货运中心

3. 站场物流服务设施

德国货运中心规划分为州际货运中心和市域货运中心两个层次，全国共规划了州际货运中心 16 个，市域货运中心 40 个。物流园区内有完善的基础设施，平均规模在 140 万 m^2。德国物流园区的服务水平较高，服务内容全面。物流园区除提供仓储、运输、配送、包装等物流增值服务之外，还往往配套建设了海关、金融、保险等机构[29]。此外，物流园区内还建有维修厂、加油站、餐厅等服务设施，为物流需求者提供全方位的服务。

4. 广泛使用的挂车池

为了更高效、更从容地调度运力，一般货运企业都要根据客户分布情况在货主所在地（或就近地区）建设或租用停车场。其中专用做挂车运力储备的停车场地被称为挂车池（类似于集装箱中转站）——即为了满足货主对挂车尤其是空挂的需求，由货运企业储备足够的挂车以备及时调用。挂车池在平衡和调剂运力、满足客户“零库存”的要求、吸纳小型个体承运商加盟等方面体现出巨大的优势[20]。美国许多大型货运企业将规划建设挂车池作为进一步优化甩挂运输组织模式、增强自身竞争力的重要举措。

（四）甩挂运输运营组织

美国、欧洲、日本、澳大利亚等国家及地区甩挂运输的成功运作离不开相对完善的运输组织技术，正是站场设施、车辆装备、信息技术与现代化的组织管理技术有机整合，共同构成了甩挂运输成功运作的基础。国外甩挂运输运营组织模式主要存在以下 3 种类型。

1. 网络型循环甩挂运输

从国外来看，依托广泛布局的不同层次中转节点，以及连接这些节点的货运线路所形成的甩挂运输网络，构成了国外零担、快运企业最为核心的布局和经营形态。利用集零为整的转运以及网络内部运输的有效组织和衔接，最大限度地发挥网络优势[30]。通过网络化运作可以提高挂车的利用率，降低运输的空驶率，最大限度提高运输的效率和规模效益。因此，依托稳定货源和运营网络所形成的网络型循环甩挂是国外甩挂运输的主要模式[31]。

这种模式的典型案例的是荷兰 TNT 快运，在全球建立了 546 个邮件集散点（中心），857 个速递集散点（中心），拥有约 845 万 m^2 的陆运分拨中心，如图 1-16 所示。图 1-17 为 TNT 集团欧洲陆运网络，短途集散、长途干线转运的网络构成了零担、快运企业的普遍形态。

图 1-16 TNT 集团欧洲陆运分拨中心

2. 多式联运（公铁、公水）甩挂模式

依托铁路、港口等多式联运枢纽节点，围绕公铁、公水联运，开展与铁路、水路对接的集疏运甩挂作业[32]。从国外来看，甩挂运输已经成为多式联运体系的重要组成部分。

从其甩挂组织模式来看，主要依托港口、铁路货运站为甩挂节点，将挂车运至站场后，甩下挂车，等待铁路编组，或者牵引至滚装船舱后甩下挂车，牵引车挂上已经装卸好的挂车开展第二次运输，如图 1-18，图 1-19 所示。甩挂组织主要是“一线两点”甩挂作业模式，其网络形态主要呈现以铁路、港口等核心的一点多线放射状分布形式。

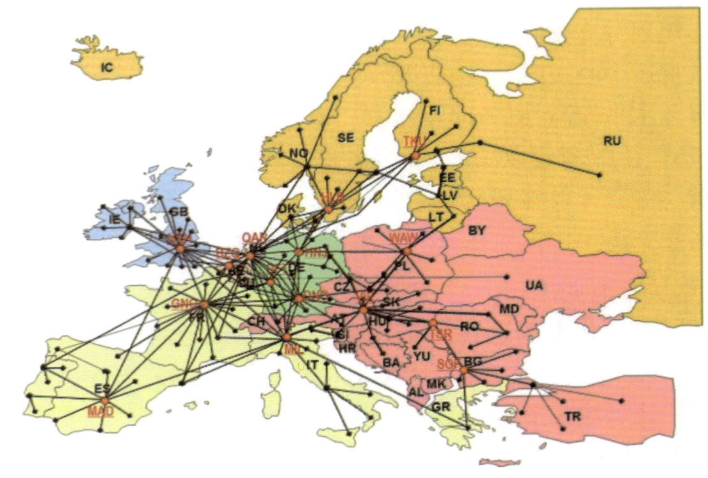

图 1-17　TNT 集团欧洲公路货运网络构架图

图 1-18　美国公铁联运甩挂模式

图 1-19　美国公水联运甩挂模式

3. 客户端甩挂模式

在降低物流成本的总体导向下，国外货主纷纷采取零库存的运作模式，在这种模式下，高效率、低库存的甩挂作业方式成为货主的必然选择，挂车既作为运载工具、也作为临时周转“仓库”的功能得到充分利用。在货主的工厂储备若干空挂车，作为临时仓库，产品下生产线后直接装车，或者将重载半挂车甩在货主工厂，货主根据生产需要直接将挂车内的各类材料送上生产线，从而减少企业的库存费用。从国外经验来看，工厂的客户端甩挂是现代物流业发展的重要基础支撑。

为了促进甩挂运输作业的顺利开展，美国联邦政府以法规形式颁布了“挂车互换协议”（Trailer Interchange Agreement），明确各相关方的法律责任，使各个运输企业之间可以相互使用挂车，在发生质量事故或交通事故的情况下，避免出现责任赔偿纠纷。挂车互换协议是由货运企业与客户共同约定的有关挂车相关事项[19]，具体内容见表1-1。

美国挂车互换协议简介及典型条款[19]　　表1-1

挂车互换协议简介	挂车互换协议典型条款
挂车互换协议：依据美国联邦法典49 §376.31所订立的一种书面协议，当挂车的使用权与责任由一方转交给另一方时适用该协议。与牵引车互换相比，应用于挂车互换的规定是很简单的：①书面的合同、租赁或其他协议；②详细描述要互换的设备；③互换内容，如资产转交地点；④设备使用方；⑤任何关于使用的赔偿；⑥协议必须由各方签订	√合同各方；√互换内容 √设备检查；√返回时设备状况 √途中维修；√设备磨损 √使用约定；√缴税约定 √保险约定；√赔偿约定 √收费约定；√独立合同商资格 √法律适用与地点选择

（五）甩挂运输信息化

1. 美国甩挂运输信息化发展概况

1）对牵引车和挂车实现智能化调度

美国最大的整车运输企业世能达公司承运了宝洁、沃尔玛、通用等世界500强企业约2/3的货运量，以上述大型零售、制造企业的稳定货源为依托，以运输企业的信息技术和管理优势为基础[33]，依托健全的信息技术和现代管理手段科学合理地对牵引车和挂车进行调度，实现牵引车和挂车之间的高效衔接运作[18]。该公司对每个牵引车安装了卫星通信接收终端，用来接收和发送信息，与公司调度指挥中心建立直接联系。公司车辆调度中心在接收到货运信息后，利用相关软件，对运输路线进行优化后，通过实时通话系统传递给驾驶员，驾驶员按照中心指令进行运输[33]。公司开发了挂车跟踪管理系统，在每一个挂车上安装有信息发射装置，能够及时将车辆状态、地理位置等信息传输到公司的车辆调度指挥中心，便于中心及时进行调度。

美国世能达公司广泛采用了具有卫星定位和技术参数采集、传输功能的主挂车配套使用的信息采集器，以及相应的数据分析、管理系统，针对甩挂运输车辆建立了一套基于MCP-200（用于牵引车）和Trailer-tracs（T2，用于挂车）的载货汽车运输信息网络平台，公司使用该信息系统（每6min数据采集发送一次）进行车辆安全技术参数监控、运输信息及调度控制[20,32]。

该信息系统功能较全、使用技术培训规范，信息采集、传输、统计分析、调度管理高效实用，具有车辆跟踪、多模式通信、短信息传递、视频发布、导航、在线交互式培训、挂车跟踪等多种功能。图1-20所示为世能达公司部分车辆调度管理系统界面。

2）车货匹配管理

美国罗宾逊公司是典型的采用无车承运人运营模式，该公司高度重视信息技术和人力资源投入，其确立的核心竞争优势在于IT（信息系统）、People（人力资源）和Process（流程），信息化已成为整个公司有效运作的基础，所有业务均通过信息系统办理[19]。

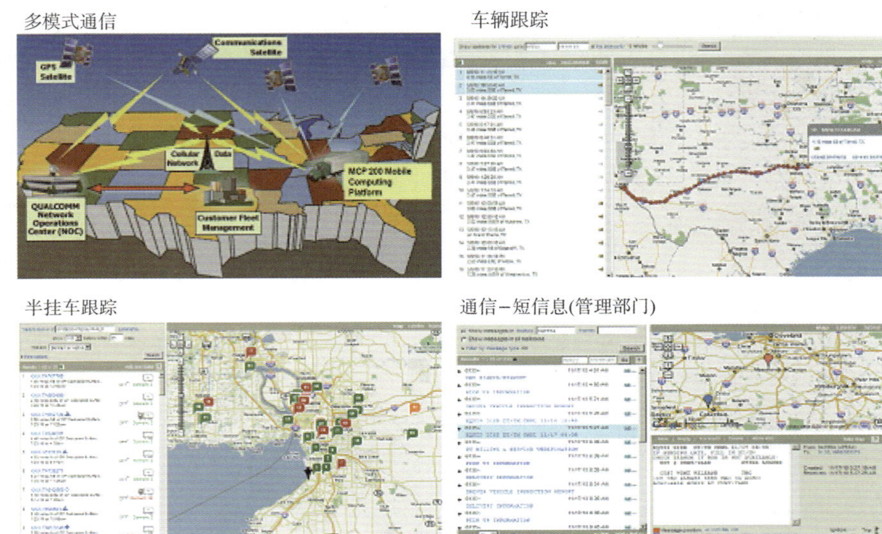

图 1-20　世能达公司车辆监管应用系统

1999 年罗宾逊公司组建了 TMC(Transportation Management Center),负责维护和运营公司开发的运输管理信息系统(Transportation Management System,TMS),为客户提供全方位的运输信息管理和第三方物流信息服务。通过信息化技术的应用实现了全球 235 个业务网点的联网,达到了信息的互联互通,实现了 3.5 万个货主客户和 4.7 万个承运商的管理。在性能优良的信息咨询与销集方案的指导下,通过技术咨询和方案运作服务后可使运输成本再下降 5% ~20%,并为海运、铁路运输形成的多式联运奠定了良好的基础。信息系统将铁路运营、包裹运输管理、车辆调度等有机结合,运转高效。2011 年还投资近 1 亿美元用于 Memory gate 的 IT 项目,完善的信息化管理系统是其提供中介服务的重要基础[19]。

3)信息系统的技术开发

在 20 世纪 80 年代后期,UPS 竞争对手(如 FedEx)的信息网络优势一度使 UPS 面临巨大的市场压力。此后 UPS 加大了信息化投资力度,在过去十几年里,UPS 在信息技术上的投资超过 110 亿美元,并且还在以每年 10 亿美元的速度继续增加,包括信息主干网的建设、PC 和手提计算机、无线通信和移动数据交换系统的建设等,并逐渐建立起全球最庞大、最先进的包裹分拣、检索、追踪、查询管理系统[19,34],如图 1-21 所示。

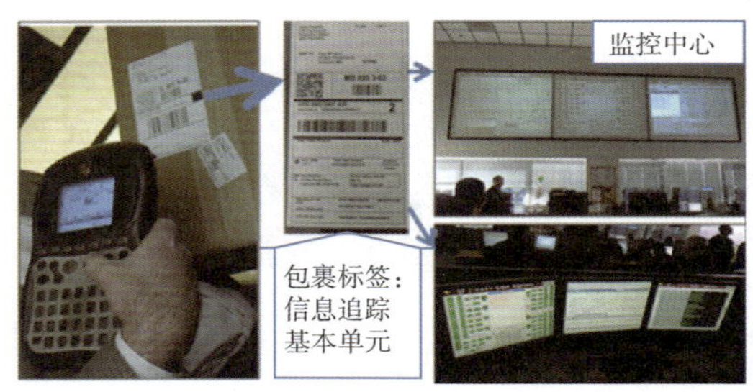

图 1-21　UPS 车辆监管应用系统

2. 欧洲甩挂运输信息化发展概况

2007 年,欧盟提出《欧洲交通运输能源战略》,其中包括实施改善所有运输方式效能、提高综合运输的运用等手段。2009 年,《欧盟物流行动计划》中提出一系列措施旨在改善欧盟货物运输的效率和可持续性、降低成本并且节约时间和能耗,并将电子化货物运输和智能运输系统(E-Freight & Intelligent Transport Systems)列在首位。电子化货物运输的主要特征是:

信息流实现无纸化、电子化；简单协调的实现对货物流的支撑过程；实现门到门、各种方式的货物跟踪；不同企业之间、企业与监管部门之间、不同监管部门之间实现自动化、电子化的信息交换。

在车辆信息采集技术方面，英国应用 Eureka 411 标签系统，在牵引车、挂车和其他车辆上安装了 2250 个标签，实现对国内和国际物流车辆运输情况的监控，提高了运输服务水平和效率。北大西洋公约组织（NATO）建立了识别跟踪军用物资的物流系统，通过在集装箱和装备上的射频识别（Radio Frequency Identification，RFID）标签，并在一些检查点上（如门柱上、桥墩旁等）以及仓库、车站、码头、机场等关键地点设置射频接收装置，实时跟踪集装箱和装备的位置信息，实现货物信息的实时监管，保障了运输的高效快捷，提高了运输服务质量。

二、我国甩挂运输现状

甩挂运输作为一种先进的运输组织方式，在我国已逐步受到交通运输行业的关注，并得到相关政府部门的支持。尤其是自 2010 年 10 月以来，交通运输部与国家发改委、财政部等部委共同组织开展了全国性的甩挂运输试点工程，有效地促进了甩挂运输的推广应用。

（一）全国公路甩挂运输试点工程的实施背景

1. 市场背景

我国甩挂运输发展相对滞后，但潜在的需求市场巨大。目前我国甩挂运输的应用范围有限，主要在沿海港口地区，配合港区进行集疏运甩挂运输，在货源充足的地区开展零担快运专线甩挂，在渤海湾开展陆海联运甩挂等[32]，而在广大的中西部地区，甩挂运输发展仍较为缓慢，公路货运仍以轻型载货汽车和固定的“一车一挂”形式为主。

在车辆装备方面，我国挂车数量明显不足，拖挂比较低。2014 年我国共有营运载货汽车 1453 万辆，但牵引车只有 155 万辆（仅占 10.7%），挂车仅 164 万辆（仅占 11.3%），拖挂比为 1∶1.05，距世界发达国家 1∶2.5 以上的比例仍有较大差距，远远不能适应“一拖多挂”的甩挂运输发展需要。在站场设施方面，除甩挂运输试点企业外，大部分货运站场没有依据甩挂运输特点进行设计，无法满足甩挂运输的要求。在信息化方面，大部分企业仍在使用比较简单、传统的管理手段，甩挂运输管理系统应用较少，信息化水平较低[32]，缺乏政府管理部门的相关考核与管理体系。但随着甩挂运输工作的不断推进，公路货运企业对信息化建设的认识程度逐步提高，部分企业利用全球导航卫星系统（Global Navigation Satellite System，GNSS）、地理信息系统（Geographic Information System，GIS）、RFID 等先进技术，搭建了车辆智能调度系统，实现了车辆跟踪监控功能[18]，但只适用于企业内部使用，各类信息不能互联互通，无法实现资源共享。整体来看，我国仍处在甩挂运输发展的初级阶段，车辆与装备技术水平及数量配置、站场设施配套、运营组织与管理、信息化建设等方面仍有较大的提升空间。

从需求上看，我国发展甩挂运输不仅市场潜力巨大，而且企业积极性很高。除港口集装箱集疏运外，在零担运输、滚装运输、区域物流配送等领域实行甩挂作业的客观需求旺盛，部分企业内部已组织了相关形式的甩挂运输，如图 1-22 所示，一些规模化的物流企业已将发展甩挂运输作为新的经济增长点。

2. 政策背景

自 1996 年国家经济贸易委员会和交通部、公安部共同发布《关于开展集装箱牵引车甩挂运输的通知》后，各部门对甩挂运输这种运输组织方式的重视和呼吁力度在逐步加强[32]。2008 年国务院印发《关于进一步加强节油节电工作的通知》，提出“通过发展甩挂运输来加强运输节能管理”的路线。2009 年交通运输部会同国家发展和改革委员会、公安部、海关总署、中国保险监督管理委员会联合发布《关于促进甩挂运输发展的通知》，初步消除了挂车检验、保险、海关监管、通行费征收、车辆生产、挂车证件管理等方面的政策障碍，提出了鼓励甩挂运输发展的部分措施，为甩挂运输试点创造了基本条件[32]。尽管上述举措对优化甩挂运输发展的政策环境产生了较好的影响，但总体而言，政策的系统性、连续性乃至可操作性上，仍然存在一些不尽如人意的缺陷。

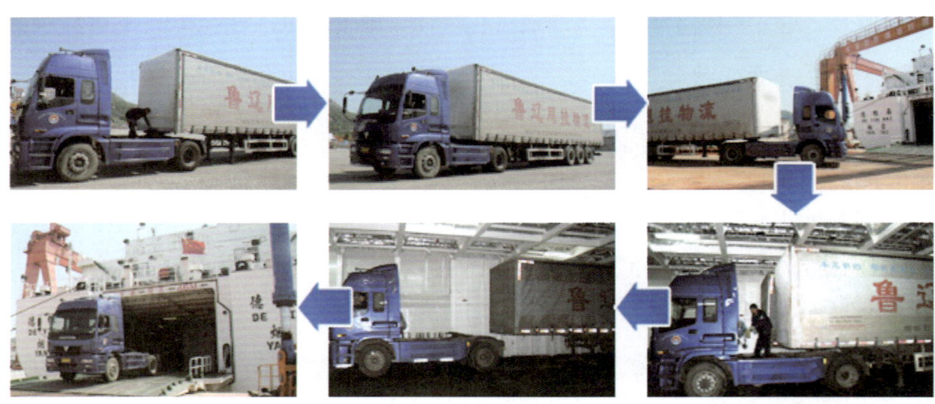

图 1-22　渤海湾烟大航线滚装甩挂示意图

3. 技术背景

在甩挂运输技术研究方面，我国政府部门、科研机构等已开展了相关研究。

一是地方交通运输主管部门和行业协会组织了甩挂运输的技术研究，形成了诸如《浙江省甩挂运输发展研究》、《山东省汽车甩挂运输运作模式与发展对策研究》、《河南省促进道路甩挂运输发展策略研究》、《关于发展甩挂运输的建议》、《关于延长半挂车使用年限的建议》等成果，但研究成果大多局限于地区甩挂运输发展的思路与对策，缺乏政府层面的引导和管理要求。

二是国内很多学者对我国公路甩挂运输（以下简称甩挂运输）发展状况及问题、甩挂运作模式、甩挂运输技术条件、发展的对策措施等，有过一些不同层面、不同角度的认识和思考。已经形成的一些包括《道路甩挂运输组织理论与实践》、《我国发展甩挂运输的问题与对策》、《促进道路货运甩挂运输发展的策略》等成果，对甩挂运输的技术特点和优势、中国甩挂运输发展现状和问题、发展方向和对策等，均有不同程度的分析。但由于缺乏系统、全面的规划和研究支撑，仅限于一些现象的归纳和个人的认识与思考，需进行全面系统的梳理、分析、凝练，形成具有行业指导意义的理论方法。

三是国内科研院所和高校以及相关企事业单位陆续开展了一些相关的科研项目，制定和修订了部分急需的甩挂运输技术标准，主要科研成果有：谢良富针对半挂车的互换性参数对甩挂运输影响的问题进行了研究，分析了半挂汽车列车匹配的主要技术参数对甩挂运输的影响，并给出了相关建议；郭正康研究了汽车列车制动稳定性，建立了半挂汽车列车和全挂汽车列车制动时产生折叠和甩尾摆动现象的模型以及制动失稳时的汽车列车模型；宋年秀等运用动力学理论与虚拟样机仿真软件，建立了半挂汽车列车整车模型，分析了在弯道行驶极限工况下，半挂汽车列车折叠角、侧向加速度、横摆角速度、车速、轮速、轮胎侧偏角随时间的变化关系；刘宏飞等建立了包含鞍座阻尼的半挂汽车列车系统动力学模型，通过仿真研究了挂车相对牵引车侧倾角、横向加速度等运动参数的变化响应，并通过施加鞍座阻尼力矩来改善系统的横向稳定性；刘兴源等研究了牵引车与半挂车连接的互换性参数以及相互干涉的结构关系，提出了关于甩挂运输车型需要解决的技术结构和匹配互换性特征参数的设计规范；张红卫对我国汽车货运装载与固定技术的发展现状、存在的问题进行了系统分析，阐述了欧洲标准规定的栓紧力情况以及加拿大公路货运装载安全及检查规定，有针对性地提出了多项改善我国货运装载与固定技术的建议。交通运输部公路科学研究院参与制定了《道路车辆外廓尺寸、轴荷及质量限值》(GB 1589)，并组织制修订了《道路车辆　货运挂车试验方法》(GB 13873)、《汽车列车性能要求及试验方法》(GB/T 26778)、《挂车支承装置》(JT/T 476)等多项国家与行业技术标准。全国汽车标准化技术委员会挂车分技术委员会近年来组织行业力量研究制定了《汽车挂车、列车标准体系》，制定和修订了数十项挂车与列车产品及使用管理技术标准。交通运输部汽车挂车质量监督检验测试中心研制了挂车支承装置性能试验台、挂车车轴性能试验台及汽车列车制动性能参数测试样机，镇江宝华半挂车部件有限公司购置了牵引座动态性能试验装置、吉林大学研制了汽车列车横向稳定性测试系统等，为未来试验验证的开展提供了技术保障。

在甩挂运输车辆轻量化方面，车辆制造企业与宝山钢铁股份有限公司等国内大型钢厂合作开发了适合半挂车使用的高强度钢材料，并对焊接工艺等方面进行了深入研究，积累了大量经验。在栏板式半挂车、集装箱半挂车和厢式半挂车上已经广泛使用了屈服强度为550MPa、610MPa的高强度钢。在挂车产品结构设计方面，一些挂车生产企业改变传统设计观念，调整横梁结构，将直梁改为W梁，在保持原有强度的情况下，降低了车辆自重。在零部件方面，通过采用空气悬架系统、铝合金轮毂、单宽断面轮胎以及真空轮胎，达到了降低车辆整备质量的目的。但从实际用户需求来看，由于超限超载运输和货运市场竞争激烈所致，用户仍偏爱于超载能力强、技术水平低的普通车辆，新技术的应用有待于相关行政管理办法与鼓励政策的出台。

(二)全国公路甩挂运输试点工程5年来的成效

交通运输部、国家发展和改革委员会于2010年10月联合印发了《关于印发〈甩挂运输试点工作实施方案〉的通知》(交运发〔2010〕562号)，在全国范围内开始了甩挂运输试点工程的全面部署。依据《甩挂运输试点工作实施方案》，交通运输部联合国家发展和改革委员会、财政部已先后在全国开展了4批累计178个甩挂运输试点项目，大量的货运企业参与到甩挂运输试点项目中，调动了企业的积极性，达到了预期效果。

在甩挂运输试点项目开展的同时，财政部、交通运输部于2012年印发了《关于印发〈公路甩挂运输试点专项资金管理暂行办法〉的通知》(财建〔2012〕137号)，对甩挂作业站场、管理信息系统、车辆更新购置等按照项目总投资额进行定额/比例补助。

此外，2012年12月《机动车交通事故责任强制保险条例》、《机动车强制报废标准规定》等法规条例进行了修订，明确挂车不投保机动车交强险，并延长挂车使用年限，为甩挂运输的推进提供了法律保障。

2015年10月，交通运输部发布了《道路运输标准体系》、《汽车挂车标准体系》，为运输服务的标准化指明了方向。

为配合甩挂运输试点工作顺利推进，于2011年启动的交通运输重大科技专项——公路甩挂运输关键技术与示范（以下简称科技专项），经过近4年的研究，解决了目前甩挂运输发展中存在的主要障碍，并针对国外甩挂运输现状，进行了前瞻性调研。科技专项于2015年4月通过验收，研究成果总体上达到了国际先进水平，部分成果达到了国际领先水平，研究成果获得2015年中国公路学会科学技术奖一等奖。

1. 甩挂试点工程实施概况

2010年10月至2013年8月，交通运输部联合国家发展和改革委员会、财政部在全国先后组织开展了3批甩挂运输试点工程，共筛选确定了148个试点项目，覆盖了全国28个省（区、市），形成了东、中、西均衡发展，全面推进的局面，目前各试点项目顺利推进并已取得初步成效。2015年10月，交通运输部、财政部又确定了公路甩挂运输第四批试点工程，来自24个省（区、市）的90家企业参与到30个试点项目中。

此外，有关省份交通运输主管部门以部级甩挂运输试点工程为契机，积极争取省内相关部门的支持，相继出台了促进本地区公路甩挂运输发展的政策措施，积极开展省级甩挂运输试点、加大资金补助力度、落实通行费优惠政策，进一步扩大了试点的影响力和整体效果。其中山东省、江苏省对甩挂运输试点企业车辆购置均按照牵引车4万元/辆、挂车2万元/辆的标准进行补助，江苏省迄今已经开展了4批共计50个省级甩挂运输试点项目；福建省对试点企业牵引车给予购置总费用15%～25%的补助，挂车每辆给予2万～3万元的补助，对符合条件的甩挂运输试点企业给予50万～200万元的奖励。

截至目前已完成第一批甩挂运输试点项目以及第二批部分甩挂运输试点项目的验收与资金补助工作，试点项目的车辆运行效率大幅提升，平均运输成本明显降低，节能减排效果十分显著。

2. 科技专项概况

为了解决发展甩挂运输中的技术难题，促进甩挂运输的快速发展，为甩挂运输车辆安全运行提供保障，提高道路货物运输组织化水平，显著提高我国道路货物运输效率、质量与安全水平，加快现代交通运输业发展，交通运输部于2011年设立“公路甩挂运输关键技术与示范”科技专项。科技专项包括“甩挂运输车辆与装备关键技术研究及示范应用”、“汽车列车效能安全评价与测试技术研究”、“甩挂运输车辆轻量化技术研究”、“甩挂运输站场布局优化及设备配置关键技术研究”、“甩挂运输运营组织与智能调度关键技术研究及示范应用”“甩挂运输运行分析信息系统研究”6个项目，分别由交通运输部公路科学研究院、交通运输部规划研究院和中集车辆（集团）有限公司3个单位牵头，联合北京航空航天大学、中国交通通信信息中心、武汉理工大学、山东交通学院、南京智真电子科技有限公司、一汽解放汽车有限公司、青岛奥博坦车辆装备有限公司、福建省盛辉物流集团有限公司、许昌万里运输（集团）有限公司、深圳市美泰国际物流有限公司和上海新杰货运有限公司等十余个单位共同参与项目的实施。

项目的研究内容主要围绕着甩挂运输发展中迫切需要解决的问题，从4个领域，23个具体内容开展研究，研究的整体流程如图1-23所示。

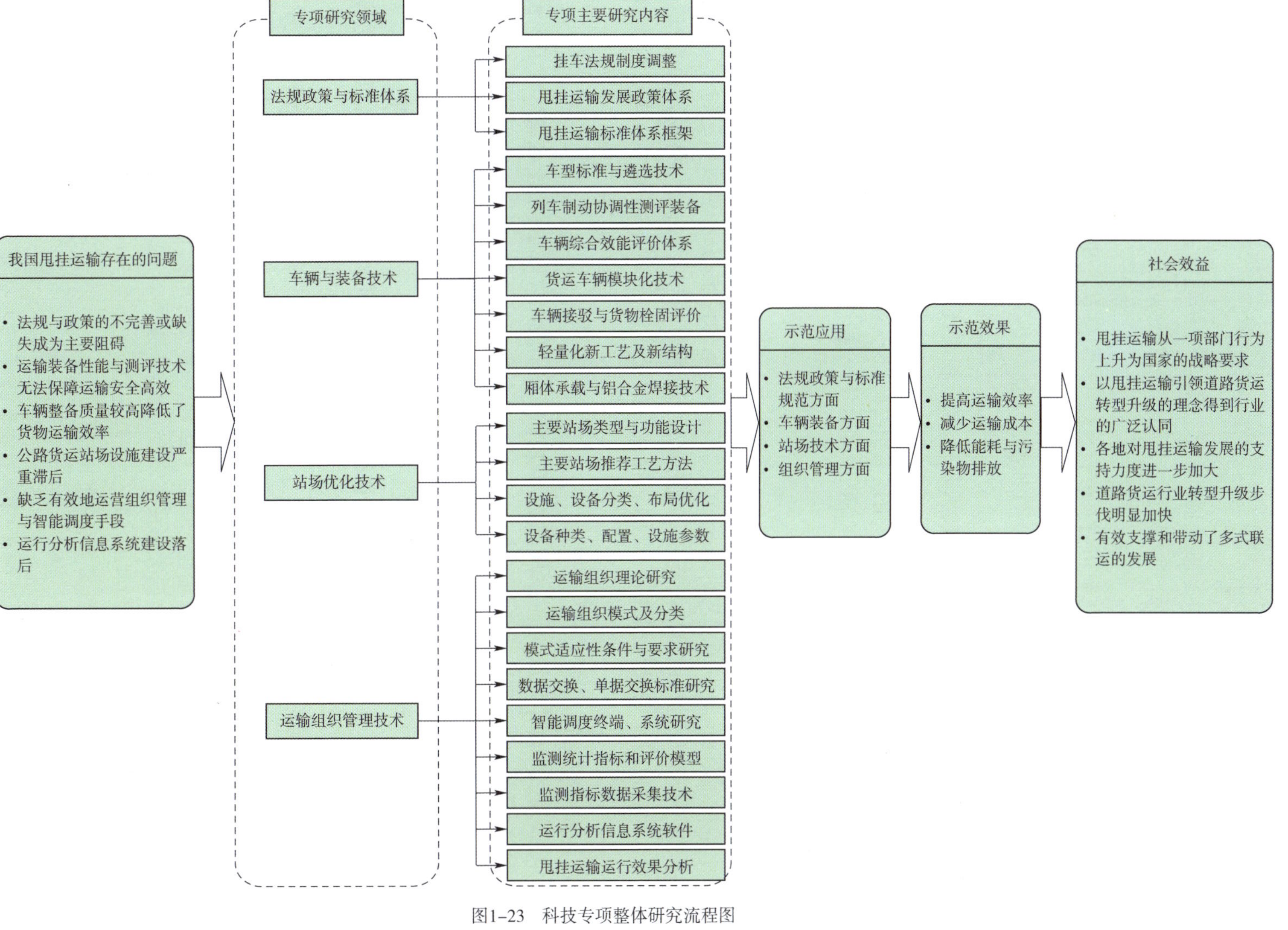

图1-23　科技专项整体研究流程图

科技专项研究内容主要包括以下几个方面。

1)法规政策与标准规范

研究提出修改限制我国甩挂运输发展的相关法律法规的建议;研究提出促进我国道路货物甩挂运输发展的政策建议;研究编制我国公路甩挂运输标准体系框架与发展规划。

2)车辆与装备技术

从车辆结构、功能设计角度,利用仿真分析、试验匹配等方法开展甩挂运输车辆匹配合理性与安全性研究,形成甩挂运输推荐车型/标准车型技术要求;从满足甩挂运输车辆匹配评价需求的角度出发,开展甩挂运输车辆性能测试方法与专用设备研究;开发快速接驳专用设备,制定相关技术标准、操作规程及评价方法,提升甩挂运输接驳效率与安全性;开展货运托盘与车辆适应性以及货物装载、固定技术研究,制定相关技术标准、操作规程及评价方法,提升货物装载效率与运输安全;开展甩挂运输牵引车、半挂车轻量化技术研究,开发轻量化零部件,研究轻量化设计结构、新材料应用技术,开发轻量化牵引车和半挂车样车,进一步提高甩挂运输车辆的运输效率;开展前瞻性研究,如双挂/全挂汽车列车、超限集装箱运输车辆与道路适应性研究。

3)站场优化技术

总结评价我国甩挂运输站场发展现状和存在问题,开展甩挂运输站场类型划分、不同类型站场的功能设计及其生产工艺研究;研究甩挂运输站场的设施构成、参数确定和布局优化方法;根据不同类型甩挂运输站场装卸设备需求,研究提出甩挂运输站场装备设备种类和配置要求以及仓储设施的设计参数;在全国选择适宜的甩挂运输站场,将研究成果进行示范应用。

4)运输组织与管理技术

客观评估分析我国甩挂运输发展现状,开展适合我国需求特点的甩挂运输运营组织模式与适应性研究,明确甩挂运输典型模式及其适用性条件;对不同组织模式的运营组织技术要求进行研究明确;场内装卸流程控制与优化技术研究;制定甩挂运输信息交换相关标准,并在试点单位进行运营组织模式的示范应用。开展甩挂运输智能调度技术研究,开发甩挂运输车辆智能调度系统软件,并在试点单位进行示范应用;开展甩挂运输运行效果评价指标及测算方法、数据采集技术与统计方法、甩挂运输运行效果评价模型等方面研究,开发甩挂运输运行分析信息系统,并进行甩挂运输试点工程实施效果的应用评价。

科技专项以6个项目研究为基础,在6个项目研究成果的基础上进行技术凝练与提升。经过3年多的深入研究,顺利完成了各项研究任务,满足全部考核指标,解决了目前甩挂运输发展中存在的主要障碍,并针对国外甩挂运输现状,进行了前瞻性调研。全部项目于2014年12月通过专家验收与评审,技术研究整体上达到了国内领先水平,部分车辆装备技术研究处于国际先进水平。科技专项研究形成了制度/政策建议7项,其中5项建议已被相关政府部门采纳,形成标准/规程/指南共15项,试制样车/样机8套,申请设备专利12项,获得软件著作权5项,分析系统与软件2套,论文67篇。

3.发展现状与新需求

从我国货运行业现状来看,目前我国物流企业以中小型企业居多,没有像欧洲TNT、DHL,美国世能达、UPS这样的全球性超大型运输企业。相关统计数据显示,目前我国有几十万家物流企业分布在全国范围内，不同企业间技术水平不一，车辆技术状况存在差别，造成了这些物流企业间集团性、规模化的运输组织方式较少。此外，企业间无法整车互换、物流互通的重要原因在于甩挂运输的发展和推动中存在着相关制约因素和瓶颈，例如法规政策有限制、车辆管理制度不完善、牵引车与挂车匹配技术及检测要求不健全、运输组织与管理手段落后、运输站场的布局与配置不合理等。

近年来，随着国际集装箱运输快速发展和大量外资物流企业进入，甩挂运输也得以起步，目前主要集中在华东和华南港口城市（如上海、宁波、广州、深圳、厦门等）的港区集装箱集疏运。厦门港集装箱牵引车和挂车的拥有数量比例约为1∶4，福州港约为1∶3，深圳港约为1∶2.5，这些局部地区发展甩挂运输有较好的条件。

在科技专项研究过程中，有关车辆交强险，挂车报废制度等，已通过部文的形式下发，极大地破除了旧有法律/法规中相关条款障碍；资金补贴管理办法的实施，有效激发了企业参与热情；标准规范的有效实施已明显提升了企业内部设施配备、作业与管理的科学性、规范性。截至2015年4月，采用研究成果指导发布的3批93个牵引车和51个半挂车甩挂运输推荐车型的销量已达4万余辆，产品集中度高，车辆匹配互换性能良好。站场布局及运输组织相关成果已成功应用于交通运输部第二、第三批121个甩挂运输试点项目实施方案的制定，研究提出的甩挂运输运营模式已在3批148个试点项目中有所应用，运行分析信息系统已在29个省、市、区的交通运输主管部门以及10个甩挂运输试点重点联系企业的信息上报工作中得以应用，为主管部门提供了一手可靠的数据来源。

截至2015年4月，试点项目共开通甩挂运输线路757条，在试点线路上共配置牵引车7853辆、挂车14636辆，甩挂运输车辆与挂车比达到1∶1.86，远高于1∶1.20的行业平均水平。试点项目共完成甩挂运输货物运输量7.95亿t、周转量551.50亿t·km，2014年甩挂运输试点项目货物运输量占全国道路货物运输量的比例提高到1.66%。

在全国开展甩挂运输试点工程的同时，江苏省、广东省等地已经有部分大型企业间达成内部共识，在几个企业之间进行甩挂运输，即以降低车辆空行驶率为前提，通过合理调配集装箱资源，实现企业之间的甩挂。

我国在甩挂运输部署阶段参照了国内外的运输形式，选取了几种现阶段较为主要的运输组织方式，但随着甩挂运输的深入开展，结合装备发展趋势，还需要在以下两方面深入开展：

（1）甩挂运输试点工程参与单位仍以单一企业内部甩挂作业为主，应进一步推动企业之间甩挂运输协作、区域之间甩挂运输联盟、驮背、滚装甩挂运输等先进的作业模式，提升站场布局和功能，促进综合运输的发展。

（2）针对欧美正在推行的甩箱运输、多挂运输、多式联运等高效运输方式，可结合我国现有道路条件以及车辆装备的技术水平，开展相关适应性运行与验证，以便推广这些更先进的甩挂运输模式。

本章参考文献

[1] 余振刚，王强，金学慧. 后奥运时代北京可持续绿色、科技和人文交通发展[J]. 重庆交通

大学学报(社会科学版),2012,01:28-31.

[2] 杨浩. 交通运输概论[M]. 北京:中国铁道出版社,2009.

[3] 马桂贞. 铁路运输[M]. 成都:西南交通大学出版社,1998.

[4] 郭啟阳. 物流业对区域经济增长的推动作用研究[D]. 重庆:西南大学,2013.

[5] 黄樱. 中原经济区新形势下河南省交通运输人才需求预测研究[D]. 西安:长安大学,2012.

[6] 李亚茹. 提高道路运输效率的有效途径——甩挂运输[J]. 公路交通科技,2004,04:119-122.

[7] 肖献法. 我国推行"甩挂运输"新的进展情况[J]. 商用汽车,2010,S3:64.

[8] 范宁宁. 烟大滚装甩挂运输牵引车调度优化研究[D]. 大连:大连海事大学,2012.

[9] 中华人民共和国国家质量监督检验检疫总局,中国国家标准化管理委员会. 道路运输术语:GB/T 8226—2008 [S]. 北京:中国标准出版社,2008.

[10] 王江峰. 重庆市公路煤炭跨省运输研究[J]. 中国水运(理论版),2006,08:135-136.

[11] 康元春,肖润谋. 山西公路煤炭跨省运输研究[J]. 山西交通科技,2005,05:79-80.

[12] 于占波. 多项措施出台:甩挂运输终于迎来春天——5 部门联合下发《关于促进甩挂运输发展的通知》[J]. 商用汽车,2010,02:66-67.

[13] 李凤阁. 关于货物甩挂运输可持续性发展的措施[J]. 交通世界(运输车辆),2011,06:128-129.

[14] 谭小平. 发展甩挂运输 政策法规需先行[J]. 港口经济,2011,06:15-16.

[15] 高洪涛,李红启. 道路甩挂运输组织理论与实践[M]. 北京:人民交通出版社 ,2010.

[16] 赵贺强,张伟. 汽车列车的组合形式及应用[J]. 专用汽车,2000,02:38-39.

[17] 苏明. 基于运输合理化理论的多式联运方案决策研究[D]. 长沙:中南大学,2011.

[18] 张学礼,刘梦雅,周刚,等. 公路甩挂运输标准体系研究[J]. 交通标准化,2013,09:8-12.

[19] 徐亚华. 道路货运现代化架构研究[D]. 西安:长安大学,2011.

[20] 徐亚华,谢家举,谭小平. 美国卡车货运及甩挂运输发展的经验与启示[J]. 交通建设与管理,2011,03:36-40.

[21] 逄锦聚,严建援. 从日本政府的物流政策导向看日本物流业的发展——赴日考察报告[J]. 天津经济,2001,02:54-58.

[22] 范学谦. 日通仓储定位武汉经济开发区的思考[J]. 物流工程与管理,2010,10:73-75.

[23] 野尻俊明,李晓晖. 关于日本综合物流施策大纲的研究[J]. 中国流通经济,2014,01:24-26.

[24] 陈荫三. 汽车列车直线行驶的稳定性[J]. 长安大学学报(自然科学版),1979,04:8-44.

[25] 李永福,马凯. 美国的道路货物运输[J]. 交通标准化,2006,11:138-141.

[26] 张学礼,刘凤玲,周刚. 甩挂运输标准体系框架研究[J]. 商用汽车,2012,16:17-20.

[27] 肖九梅. 甩挂运输是现代物流行业科学发展的一个创新[J]. 港口科技,2011,04:5-10.

[28] 毕振兴,张志勇. 北美、欧、澳半挂车市场环境及技术特点[J]. 专用汽车,2007,08:11-14.

[29] 薄文宾. 德国政府支持物流园区发展的角色定位分析[D]. 石家庄:河北师范大学,2011.
[30] 冯建丽. 山东省物流运输服务体系发展的国外借鉴[J]. 企业研究,2013,12:159-160.
[31] 于小婉. 甩挂运输的理论分析与实践研究[D]. 西安:长安大学,2013.
[32] 范蕾. 甩挂运输节能减排效益评估研究[D]. 武汉:武汉理工大学,2012.
[33] 习江鹏. 道路货物运输网络化理论与应用研究[D]. 西安:长安大学,2011.
[34] 韩玥. 优化物流运作降低物流成本[J]. 科技情报开发与经济,2005,15(14):90-91.

第二章　甩挂运输法规政策与标准体系

我国近年甩挂运输已开始起步，但由于受法制、经济、技术等多方面因素制约，发展步履维艰，究其根源，主要在于相关法制政策滞后以及标准系统的缺失。健全的甩挂运输法规制度和全面的政策，有利于激发甩挂运输市场活力、创造良好的环境条件，促进甩挂运输发展。同时，通过甩挂运输标准体系的建立，促进运输车辆与装备、运输组织与管理、运输场站设施及信息化等基本要素标准化，充分发挥标准指导、规范行业发展的作用，是甩挂运输这一先进的运输组织方式在我国广泛推行的技术基础。

第一节　甩挂运输法规

甩挂运输是发达国家道路货运普遍的运输组织模式，大力发展甩挂运输也是当前我国社会经济发展的重要战略举措。目前我国挂车的交强险、牌证管理、车辆通行管理、安全检验要求、汽车报废等制度设计与挂车的非机动性不相适应，从而带来了挂车登记注册缴费、缴纳保险费用过高、挂车检验次数过于频繁、挂车报废年限过短等一系列问题，阻碍了“一拖多挂”的甩挂运输发展。因此，要推进甩挂运输试点工作，为甩挂运输发展创造良好的环境，首要关键问题就是实现法规制度障碍的突破。

一、甩挂运输主要法规制度

为了规范道路运输业的发展，我国制定了道路货物运输的相关法规制度，其中涉及挂车管理的法规制度主要体现在法律法规、部门规章和技术标准等几个层面。

（一）法律法规层面

在法律法规层面上《中华人民共和国道路交通安全法》、《中华人民共和国道路交通安全法实施条例》、《中华人民共和国道路运输条例》、《机动车交通事故责任强制保险条例》涉及到挂车属性、运营管理和机动车责任险等几方面内容。

1. 相关法律

《中华人民共和国道路交通安全法》（以下简称《道路交通安全法》）（2003 年 10 月 28 日第十届全国人民代表大会常务委员会第五次会议通过；根据 2007 年 12 月 29 日第十届全国人民代表大会常务委员会第三十一次会议《关于修改〈中华人民共和国道路交通安全法〉的决定》第一次修正；根据 2011 年 4 月 22 日第十一届全国人民代表大会常务委员会第二十次会议《关于修改〈中华人民共和国道路交通安全法〉的决定》第二次修正，自 2011 年 5 月 1 日起施行）规定，中华人民共和国境内的车辆驾驶人、行人、乘车人以及与道路交通活动有关的单位和个人必须遵守相关的内容，维护道路交通秩序，预防和减少交通事故，保护人身安全，保护公民、法人和其他组织的财产安全及其他合法权益，提高通行效率。《道路交通安全法》对挂车的属性进行了明确的分类，也对挂车作出了其他相关规定，明确指出"'机动车'，是指以动力装置驱动或者牵引，上道路行驶的供人员乘用或者用于运送物品以及进行工程专项作业的轮式车辆。"

2. 行政法规

（1）《中华人民共和国道路交通安全法实施条例》（以下简称《道路交通安全法实施条例》）（国务院令 2011 年第 405 号，自 2004 年 5 月 1 日起施行），主要对中华人民共和国国境内的车辆驾驶人、行人、乘车人以及道路交通活动有关的单位和个人作出相关规定，条例规定了牵引车等只允许牵引 1 辆挂车，也对半挂车的牵引条件作出了其他多项规定。如"机动车驾驶人在实习期内不得驾驶公共汽车、营运客车或者执行任务的警车、消防车、救护车、工程救险车以及载有爆炸物品、易燃易爆化学物品、剧毒或者放射性等危险物品的机动车；驾驶的机动车不得牵引挂车"。

（2）《中华人民共和国道路运输条例》（以下简称《道路运输条例》）（2004 年 4 月 14 日国务院第 48 次常务会议通过，2004 年 4 月 30 日中华人民共和国国务院令第 406 号公布，自 2004 年 7 月 1 日起施行；根据 2012 年 11 月 9 日中华人民共和国国务院令第 628 号公布、自 2013 年 1 月 1 日起施行的《国务院关于修改和废止部分行政法规的决定》修正），主要对从事道路运输运营（包括道路旅客运输经营和道路货物运输经营）及道路运输相关业务（包括站场经营、机动车维修经营、机动车驾驶员培训）作出相应的规定，维护道路运输市场秩序，保障道路运输安全，保护道路运输有关各方当事人的合法权益，促进道路运输业的健康发展。

（3）《机动车交通事故责任强制保险条例》（2006 年 3 月 21 日以中华人民共和国国务院令第 462 号公布，自 2006 年 7 月 1 日起施行；根据 2012 年 12 月 17 日中华人民共和国国务院令第 630 号公布的《国务院关于修改〈机动车交通事故责任强制保险条例〉的决定》第二次修订），规定在中华人民共和国境内道路上行驶的机动车的所有人或者管理人，应当依照《中华人民共和国道路交通安全法》的规定投保机动车交通事故责任强制保险，明确了机动车交通事故责任强制保险的定义。同时在修改《机动车交通事故责任强制保险条例》后，增加一条"挂车不投保机动车交通事故责任强制保险。发生道路交通事故造成人身伤亡、财产损失的，由牵引车投保的保险公司在机动车交通事故责任强制保险责任限额范围内予以赔偿；不足的部分，由牵引车方和挂车方依照法律规定承担赔偿责任。"

（二）部门规章

《机动车登记规定》、《机动车交通事故责任强制保险费率方案》（2008 版）、《机动车强制报废标准规定》以及《道路危险货物运输管理规定》等部门规章分别在登记方面、保险费率方面、机动车报废以及危险货物运输方面对牵引车和挂车作出了相关的规定和标准。

（1）《机动车登记规定》（2008 年 5 月 27 日以中华人民共和国公安部令第 102 号发布，自 2008 年 10 月 1 日起施行；根据 2012 年 9 月 12 日中华人民共和国公安部令第 124 号公布的《公安部关于修改〈机动车登记规定〉的决定》修正），规定了公安机关交通管理部门作为规定的实施主体,并对负责办理机动车登记的车辆管理所的权利责任做了详细规定。同时,《机动车登记规定》明确“车辆管理所办理全挂汽车列车和半挂汽车列车注册登记时,应当对牵引车和挂车分别核发机动车登记证书、号牌和行驶证。”

(2)《机动车交通事故责任强制保险费率方案》(2008 版)(中国保险行业协会制定,2008 年 2 月 1 日零时起执行),由机动车交通事故责任强制保险基础费率表及说明、机动车交通事故责任强制保险费率浮动办法、保险费的计算办法和解除保险合同保费计算办法等4个部分组成,对用于牵引集装箱箱体(货柜)的集装箱拖头费率提出了明确的标准。

(3)《机动车强制报废标准规定》(2012 年 12 月 27 日,商务部、国家发展和改革委员会、公安部、环境保护部令 2012 年第 12 号公布,自 2013 年 5 月 1 日起施行新规定。),规定了根据机动车使用和安全技术、排放检验状况,国家对达到报废标准的机动车实施强制报废,对半挂牵引车报废做出如下规定“其他载货汽车(包括半挂牵引车和全挂牵引车)使用 15 年”,对半挂车规定“全挂车、危险品运输半挂车使用 10 年,集装箱半挂车 20 年,其他半挂车使用 15 年”。

(4)《道路危险货物运输管理规定》(2013 年 1 月 23 日中华人民共和国交通运输部令 2013 年第 2 号公布,自 2013 年 7 月 1 日起施行),要求从事危险货物道路运输的活动必须遵守此规定,《道路危险货物运输管理规定》中规定了“使用牵引车运输货物时,挂车载货后的总质量应当与牵引车的准牵引总质量相匹配”,同时也对罐式挂车提出了应当到具备危险货物道路运输车辆维修资质的企业进行维修。

(三)技术标准

在甩挂运输的技术标准上,在安全技术方面有《机动车运行安全技术条件》(GB 7258—2012),在车辆外廓尺寸、轴荷及质量等方面有《道路车辆外廓尺寸、轴荷及质量限值》(GB 1589—2004),在车辆相关的术语和定义方面有《汽车和挂车类型的术语和定义》(GB/T 3730.1—2001)和《机动车类型术语和定义》(GA 802—2014)等。

(1)《机动车运行安全技术条件》(GB 7258—2012)是我国机动车运行安全管理最基本的技术标准,是进行注册登记检验和在用机动车检验、机动车查验、事故车检验的主要技术依据,同时也是我国机动车新车定型强制性检验、新车出厂检验及进口机动车检验的重要技术依据之一。该标准适用于在我国道路上行驶的所有机动车,但不适用于有轨电车及并非为在道路上行驶和使用而设计和制造、主要用于封闭道路和场所作业施工的轮式专用机械车。

(2)《道路车辆外廓尺寸、轴荷及质量限值》(GB 1589—2004)主要规定了汽车、挂车及汽车列车的外廓尺寸、轴荷及质量的限值。该标准适用于在道路上使用的汽车(最大设计总质量超过 26000kg 的汽车起重机除外)、挂车及汽车列车,不适用于军队装备的专用车辆。

(3)《汽车和挂车类型的术语和定义》(GB/T 3730.1—2001)主要对汽车、挂车和汽车列车的类型给出术语和定义,适用于在道路上运行而设计的汽车、挂车和汽车列车。

(4)《机动车类型术语及定义》(GA 802—2014)主要规定了机动车类型分类的规格术语、结构术语及机动车使用性质术语,其主要适用于道路交通管理。

二、甩挂运输发展的法制障碍

发展甩挂运输是加快转变道路货运发展方式，适应市场需求和符合科学发展的重大举措，但国家法规层面上对甩挂运输的制约，却令我国甩挂运输发展缓慢，虽然近期已解决了挂车交强险、挂车报废等法规问题，但仍需突破双挂、全挂等汽车列车产品许可、道路通行及检测、海关监管等问题上的障碍。

（一）挂车交强险制度问题

1. 挂车是否需要单独投保问题

甩挂运输客观需要“一拖多挂”的运力配置，但根据我国原有的《机动车交通事故责任强制保险条例》和《道路交通安全法实施条例》的规定，挂车也需要单独缴纳交强险，因而，只要企业增加挂车数量，就要增加高额的保险成本，尤其是进行双挂甚至三挂的时候，挂车的保险费用将会大大增加，从而增大了企业运营成本，严重制约了企业购置挂车的积极性。

2012 年 12 月 17 日，国务院对《机动车交通事故责任强制保险条例》作如下修改：增加一条，作为第四十三条，其中包括“挂车不投保机动车交通事故责任强制保险”，该决定自 2013 年 3 月 1 日起施行，这为甩挂运输发展多挂提供了良好的发展条件。

2. 汽车列车发生交通事故时牵引车和挂车的事故责任认定问题

当牵引车拖带挂车运行发生交通事故时，牵引车和挂车的事故责任认定是交强险赔付时首先考虑的问题，根据《中国保监会关于印发〈机动车辆保险条款解释〉和〈机动车辆保险费率规章解释的通知〉》（保监发〔2000〕102 号）中《机动车辆保险条款解释》第九条第三款规定“挂车投保后与主车视为一体。发生保险事故时，挂车引起的赔偿责任视同主车引起的赔偿责任。”因为挂车没有动力，没有单独的驾驶员，所以不管挂车投保与否，如果牵引车和挂车是一起使用时，即牵引车和挂车是由同一个驾驶员操作控制的，此时交通事故的责任主体只能是人，即该车驾驶员，不能是物体——牵引车和挂车。

因此，当驾驶员驾驶牵引车拖带挂车时发生交通事故，则认为该交通事故的责任主体是驾驶员，而且是唯一的责任主体，不存在牵引车和挂车两个责任主体；但是当牵引车和挂车处于分离状态时发生交通事故，即牵引车和挂车分别在不同驾驶员的控制之下，或者虽然牵引车和挂车由同一驾驶员控制却与不同的相对方发生交通事故，则认为发生了两起交通事故，牵引车和挂车的控制人是两起交通事故的责任主体[1]。

在汽车列车的交通事故责任认定方面，由于挂车本身没有动力，不能自行上路，需要牵引车拖带行驶，所以当挂车与牵引车相连时，世界各国普遍将其视为一辆机动车，事故责任均由牵引车负担。我国目前在涉及汽车列车发生的交通事故时，没有采用事故责任均由牵引车负担的方式，而是采取的由牵引车和挂车分担事故责任的方式，既不合理也无相关法律依据。首先，对挂车所有人而言不公平，因为事故发生时，对甩挂运输中非自有挂车并非由所有人所控制，而是通过租赁等方式处于使用人控制范围内，因此让挂车所有人承担其自身无法控制的风险显然并不合理；其次，在事故中由于无法明确区分交通事故中牵引车与挂车的责任，实践中可能造成当事各方的责任推诿，理赔纠纷不断，降低了理赔的效率和企业进行挂车租赁的积极性，也增加了甩挂运输推广的困难度；再者，无论是《道路交通安全法》、

《道路交通安全法实施条例》还是《机动车交通事故责任强制保险条例》都没有对汽车列车的交通事故责任认定给出明确规定，只是公安交警部门在实践中的现行做法要求两者分担责任。

2012年12月17日，国务院对《机动车交通事故责任强制保险条例》作出了调整，在增加的第四十三条里规定"发生道路交通事故造成人身伤亡、财产损失的，由牵引车投保的保险公司在机动车交通事故责任强制保险责任限额范围内予以赔偿；不足的部分，由牵引车方和挂车方依照法律规定承担赔偿责任"。这是首次在《机动车交通事故责任强制保险条例》上明确了牵引车拖带挂车发生交通事故造成人身伤亡、财产损失时关于赔偿责任的规定。

（二）挂车归类、属性认定及其行政管理问题

早在20世纪80年代初，国家对挂车等重要工业产品实施生产许可证制度，1989年5月，中国汽车工业联合会、公安部联合发布的《全国汽车、民用改装车和摩托车生产企业及产品目录管理暂行规定》规定："凡国内生产汽车、改装车和摩托车的企业及产品，不分隶属部门和地区，均应纳入目录管理"，产品生产许可证管理与产品目录管理共存。1993年，国家经济贸易委员会、国家技术监督局撤销了挂车的生产许可限制，挂车产品目录管理继续有效。2001年1月，国家经贸委以《车辆生产企业及产品公告》对挂车进行管理。2003年5月1日起，所有汽车产品必须符合CCC认证要求并通过认证后方可生产和销售。2003年前半挂车必须与固定的牵引车一起方可进行营运，营运证发放时只对整车进行发放，半挂车不被视为机动车。2004年《道路交通安全法》及与此配套的法规开始把挂车纳入机动车管理范畴，并实行与其他机动车辆完全相同的管理方式，如在车辆的登记注册、安全检测、保险制度、报废等方面采用相同标准，从而大幅增加了挂车的购置和使用成本，影响了甩挂运输在我国的发展。

由于半挂车牌证管理的不合理，制约了半挂车的机动流转，阻碍了大范围综合利用社会车辆资源。打破牵引车和挂车之间的固定搭配，使牵引车能够与不同的半挂车组合是发展甩挂运输的前提条件。我国目前对于隶属于不同企业间、不同行政区域间的牵引车和半挂车能否自由组合，并没有统一明确的规定，各地在执行中存在很大的差异，有的地方要求牵引车和挂车必须属于同一家企业，否则就不允许其上路行驶[2]。目前牵引车拖带挂车运营需要随身携带的证件包括：挂车4证（车辆行驶证、车辆购置税证、道路运输证、车辆保险单）一单（二级维护单），牵引车6证（车辆行驶证、车辆购置税证、道路运输证、车辆保险单、机动车驾驶证、驾驶员身份证）。在甩挂运输中，因为牵引车没有固定搭配的挂车，而挂车的各种证件和手续必须随车携带，由于证件过多，在交接和保管上手续烦琐，增加了企业经营和管理的难度，大大降低了企业发展甩挂运输的积极性，也阻碍了甩挂运输在全国的推广[3]。

2012年7月16日，工业和信息化部下发《关于全挂车产品实施〈公告〉管理有关事项的通知》（工信部产业〔2012〕344号）。这份发给各省、市、区工信主管部门、有关车辆生产企业、检测机构的文件称：为进一步完善《车辆生产企业及产品公告》（下简称《公告》）管理，规范挂车生产企业及产品的准入管理，维护挂车产品市场竞争秩序，提高挂车产品的安全性能和生产一致性管理水平，根据工业和信息化部、公安部《关于进一步提高大中型客货车安全技术性能，加强车辆〈公告〉管理和注册登记管理工作的通知》（工信部联产业〔2011〕632号），决定对全挂车产品实施《公告》管理，并自2012年9月1日起实施。这是自2001年半挂车进入《公告》以来，首次将全挂车也纳入到《公告》当中，将全挂车的生产秩序统一管理起来。

（三）双挂、全挂车等汽车列车通行问题

《道路交通安全法》及其配套法规限制、甚至封杀了汽车列车的发展。《道路交通安全法实施条例》第56条中规定："载货汽车、半挂牵引车等，只允许牵引一辆挂车。"从而使得双挂、多挂等汽车列车在我国丧失了基本的发展空间。《道路交通安全法》第67条规定："全挂拖斗车不得进入高速公路。"这表明，带一个全挂拖斗的汽车列车可以合法存在，但只允许其在普通公路上行驶。这就极大限制了在国外早已普及的全挂汽车列车的发展。而在国外尤其是发达国家，全挂、双挂乃至多挂汽车列车，已经普遍存在且被视为提高干线运输效率、促进节能减排的重要抓手之一。

（四）其他相关制度

目前，我国在车辆管理上将挂车与牵引车同等对待，挂车与牵引车适用同样的管理制度，不仅挂车也要缴交强险、实行强制报废，而且还限制双挂和全挂汽车列车上路，并且检测制度、海关监管和牌证管理上的一些规定，增加了企业负担，制约了甩挂运输优势的充分发挥[4]。此外，涉及危险品运输的牵引车和半挂车，不能与普通货物运输的牵引车和半挂车有条件互换，也在一定程度上不利于车辆资源的充分、高效利用。

1. 挂车检测问题

目前对挂车的年度安全检测要求和牵引车相同，一般1年需要办理的各种年检手续，按《道路交通安全法实施条例》规定，"载货汽车和大型、中型非营运载客汽车10年以内每年检验1次；超过10年的，每6个月检验1次"，根据《道路运输车辆维护管理规定》第二十一条"对达到二级维护里程或间隔时间的车辆，道路运输经营业户应自觉按时维护，道路运输管理机构要及时督促道路运输经营业户按时维护"的规定，目前，在我国许多省市的营运机动车除了每年要进行1次安全技术检验外，还要进行1次以上的所谓综合性能检测。据测算，如果1辆牵引车配3辆挂车，1辆挂车年检一般共占7个工作日，则全年车辆检测大约需要占用牵引车21个工作日。显然这种年检规定，对于行驶里程明显低于牵引车且不具备动力的半挂车是没有必要的。甩挂运输本来是通过提高车辆的使用率来提升运输效率，但是车检会在一定程度上影响到车辆的调配。

2. 挂车海关监管问题

按照现行制度，海关将牵引车、挂车、集装箱视为一体进行监管，牵引车和挂车不能分离，而且集装箱的海关报关检验需要较长的等待时间。而从实施甩挂运输角度看，将集装箱及半挂车放在海关监管区域等待报关，而牵引车继续运输其他货物，这样就会大大提高运输效率[4]。

3. 挂车报废问题

由于甩挂运输一车多挂，牵引车配备的所有挂车行驶时间的总和等于牵引车的行驶时间，挂车的耗损速度偏低，挂车的使用年限不应低于牵引车。而之前挂车的使用年限是按照普通货车的标准（即10年）来计算的，这种"一刀切"的车辆报废制度不符合资源节约的原

则，也增加了企业的资本投入。此外，单一的车辆报废年限制度也不利于企业采用技术先进的牵引车[4]。

2012 年 12 月 27 日，《机动车强制报废标准规定》（商务部、国家发展和改革委员会、公安部、环境保护部令 2012 年第 12 号）发布，规定中的第五条第十项，对挂车报废年限的规定改为："全挂车、危险品运输半挂车使用 10 年，集装箱半挂车 20 年，其他半挂车使用 15 年"，该规定于 2013 年 5 月 1 日起施行。这是国家在设定报废年限时，首次将半挂车同牵引车区别对待，为半挂车单独制定使用年限。在寿命允许的范围内，延长挂车报废期，既可以减少浪费，使用户投入的成本更低，又可以推动厂家提升生产质量。当用户对车辆的期望值从 10 年上升到 15 年时，其对购买车辆技术的要求也会提升，会倾向于选择质量更可靠的挂车产品。

三、甩挂运输法规制度建设建议

为扫除甩挂运输发展的障碍，并促使其在全国推广，我国道路货物运输相关的法规制度需要做出一定的调整。首先需要明确挂车的属性，将其与机动车和非机动车区分开来，补充规定其监管原则；其次，免除挂车的交强险，将其从交通事故责任主体中解放出来；同时，解除有关全挂、双挂、三挂汽车列车的通行限制以及解决其他在挂车检测、报废和海关监管等限制甩挂运输发展的问题。只有扫除上述障碍，甩挂运输才能更好地发展起来。

（一）挂车的"非机动车"属性调整

修改《道路交通安全法》及《道路交通安全法实施条例》，参照国外立法实践，可增列一类"被牵引车"，补充规定其监管原则，包括车辆保险、检测、登记、牌照申领等[5]。

修改《道路交通安全法》第一百一十九条，将第二款"'车辆'，是指机动车和非机动车。"修改为"车辆"是指机动车、非机动车、被牵引车等；将第三款"'机动车'，是指以动力装置驱动或者牵引，上道路行驶的供人员乘用或者用于运送物品以及进行工程专项作业的轮式车辆。"修改为"机动车"是指以动力装置驱动，上道路行驶的供人员乘用或者用于运送物品以及进行工程专项作业的轮式车辆；另外增加一款，"被牵引车"，是指依靠机动车牵引，具有被牵引的构造装置的运载工具。"被牵引车"只有在被"牵引车"牵引上路行驶时，才构成机动车的一部分。

（二）全挂、双挂、三挂汽车列车通行限制

适时取消有关对全挂、双挂、三挂汽车列车的法律限制，其安全技术要求通过强制性技术标准予以规范约束，根据不同的道路技术条件，规定相应的车辆通行要求等[4]。根据中国当前实际，近期宜以取消对双挂、全挂汽车列车的禁止性规定为首要任务。

（1）修改《道路交通安全法》第六十七条，取消对全挂汽车列车通行的法律限制。具体方案：将第六十七条"行人、非机动车、拖拉机、轮式专用机械车、铰接式客车、全挂拖斗车以及其他设计最高时速低于七十公里每小时的机动车，不得进入高速公路。高速公路限速标志标明的最高时速不得超过一百二十公里每小时。"修改为"行人、非机动车、拖拉机、轮式专用机械车、铰接式客车以及其他设计最高时速低于七十公里每小时的机动车，不得进入高速公路。高速公路限速标志标明的最高时速不得超过一百二十公里每小时。"。

(2)修改《道路交通安全法实施条例》第五十六条,解决双挂、三挂列车通行问题。具体方案:把现行条例第五十六条第一款"机动车牵引挂车应当符合下列规定:(一)载货汽车、半挂牵引车、拖拉机只允许牵引1辆挂车。挂车的灯光信号、制动、连接、安全防护等装置应当符合国家标准"修改为"机动车牵引挂车应当符合下列规定:(一)载货汽车、拖拉机只允许牵引1辆挂车,半挂牵引车最多可以牵引3辆挂车。挂车的灯光信号、制动、连接、安全防护等装置应当符合国家标准"。

(3)在《道路交通安全法实施条例》相关条款中,增加以下内容规定:"全挂、双挂、三挂汽车列车只能在高速公路或者满足一定技术条件的其他特定公路及路段上行驶,具体公路及路段的确定由国务院交通运输主管部门或者其授权的机构确定、发布"。

(三)其他相关法规制度的调整

以重新定位挂车的法律属性为基础,把挂车单列为一类"被牵引车"后,应当相应配套推进挂车登记注册、安全检验、报废年限标准等部门规章的修订和完善,逐步建立起一整套挂车市场监管的规制体系。

1.修改《道路运输条例》及配套规章,解决挂车的安全技术检验问题

目前,对挂车的年度安全检测要求和牵引车一样,一般1年需要办理的各种年检手续包括:1次年检(安全技术检验),3次季度检(二级维护),1次营运检(综合性能检测)。据深圳集装箱运输协会提供的资料,深圳市每辆牵引车、挂车每年都要分3个部门进行检测:海关1次(抽检),交警1次,交通运输部门4次(3次二级维护和1次综合性能检测),检测次数较多,且由于牵引车、挂车检测时间往往不一致,为按时完成检测,牵引车每年要跑10多次。实行甩挂运输,挂车数量远多于牵引车,每年安全检测时需要牵引车一趟一辆拉往检测站检测,占用大量生产时间,耗时耗力,减少企业的运力,浪费能源,增加污染。据测算,如果1辆牵引车配备3辆挂车,全年车辆检测大约需要占用牵引车21个工作日,大大地耗费了生产力。显然这种年检规定,对行驶里程偏低,且结构相对简单的挂车来说过于频繁,是没有必要的,不利于甩挂运输的发展,应当进行调整。

相比而言,其他地区的半挂车检测制度则设计较为合理和简单,如香港的牵引车和半挂车只需每年各进行1次检测,并在检测时出示保险证明,检测合格后相关部门即可发放行车证。故对此问题,建议挂车1年只进行1次关于技术安全状况的年检,尽量保证牵引车和挂车检测时间和检测场所的一致性,简化办理手续。

2.其他需要修改完善的问题

一是对于挂车牌证管理问题,各地执法部门在执行中只要牵引车和挂车符合安全技术条件即可允许上路行驶,不必要求牵引车和挂车隶属于同一家企业、同一注册地。

二是对于挂车的海关监管问题,可将牵引车、挂车、集装箱分开报关,充分发挥甩挂运输优势,将集装箱及半挂车放在海关监管区域等待报关,而牵引车继续运输其他货物,促进牵引车的高效使用。

三是对于特定领域(如危险品运输)牵引车、挂车不能与普货运输牵引车、挂车互换问题,可通过修改《道路交通安全法实施条例》及《道路危险货物运输管理规定》,明确运输危险货物的牵引车可以牵引其他挂车。

第二节　甩挂运输发展政策

一、甩挂运输发展的政策体系

根据公共政策及其激励机制的相关理论分析，以及对市场要素、生产要素的论述，推动甩挂运输发展政策的构成应包括：标准车型的引导政策、站场建设投资倾斜政策、甩挂运输信息系统支持政策、运营组织模式创新激励政策四大领域，每个政策领域又包含5方面内容：

(1)政策作用的对象：甩挂运输车辆购置，甩挂作业站场的基础设施建设或改造、甩挂运输管理信息系统建设或改造以及组织模式创新。

(2)政策依据：分析现有产业政策的基调（如鼓励发展汽车列车、厢式半挂车等）。

(3)政策引导方向及目标：引导目标和期望目标。

(4)政策渠道：淘汰老旧车型政策、节能减排政策、运力结构优化政策以及综合物流园区发展政策等。

(5)政策手段：包括经济手段、行政手段、法律手段以及技术手段等。

按照上述分析，搭建甩挂运输发展政策的基本体系框架，见表2-1。

甩挂运输发展政策基本体系框架　　　　表2-1

政策作用领域	政策作用对象	政策依据	政策引导方向	政策激励目标	政策渠道	政策手段
甩挂运输车辆更新购置	牵引车	国家鼓励多轴重型汽车列车、厢式半挂车发展	大功率、满足节能减排要求	符合车型标准；符合能耗和排放要求	淘汰老旧车辆政策；节能减排政策；运力结构优化政策等	经济手段：财政补贴补助、通行费优惠政策，车辆购置优惠政策等； 法律手段：差别化市场准入、甩挂运输推荐车型制度等
	挂车		厢式化、轻量化	符合技术标准		
甩挂作业站场建设或改造	适合挂车作业的装卸平台	国家支持具有布局集中、用地节约、产业集聚、功能集成、经营集约为特征的货运枢纽（站场）的升级改造；支持和鼓励仓储、转运设施的标准化建设和改造；支持集装技术和单元化装载技术的推广、应用；鼓励研发推广高性能货物搬运设备和货物快速分拣技术	与甩挂作业相关的生产型服务设施	满足甩挂运输作业要求、装备先进的标准化、专业化、现代化货运站场	节能减排政策；车辆购置税支持货运枢纽（物流园区）发展政策；技术改造政策等	经济手段：财政资金补助、税费优惠、土地保障等； 行政手段：选择一批有代表性和示范意义的甩挂运输站场开展试点示范； 技术手段：大力推广先进的装卸、中转技术；甩挂运输站场设施设备标准规范等
	甩挂作业仓储设施		引导企业采用标准化托盘和集装单元			
	甩挂车辆中转需要的作业场地及厂区道路		先进装卸、运输、仓储设施建设（改造）			
	甩挂作业必要的装卸设备、标准化托盘和辅助设施					

续上表

<table>
<tr><th>政策
作用领域</th><th>政策
作用对象</th><th>政策依据</th><th>政策
引导方向</th><th>政策
激励目标</th><th>政策渠道</th><th>政策手段</th></tr>
<tr><td rowspan="5">甩挂运输管理信息系统建设或改造</td><td>车辆智能调度系统</td><td rowspan="5">国家大力推广应用现代信息技术；支持企业改造升级现有物流信息系统；支持货物跟踪定位、可视化技术、移动信息服务、智能交通和位置服务等关键技术攻关；加强库存监控、配送管理、安全追溯等智能物流应用</td><td rowspan="3">与甩挂运输作业相关的信息系统的建设（改造）</td><td rowspan="3">实现甩挂运输服务的全过程有效监控和智能化管理</td><td rowspan="5">节能减排政策；车购税支持物流信息平台发展政策；中央财政促进服务业发展政策等</td><td rowspan="5">经济手段：财政资金补助；
行政手段：开展多省共建的省内试点；
技术手段：甩挂运输通用软件的开发和应用等</td></tr>
<tr><td>作业站场管理信息系统</td></tr>
<tr><td>运输组织与订单管理系统</td></tr>
<tr><td>甩挂运行实时监控系统</td><td rowspan="2">鼓励开展以运输路径优化、动态导航管理、视频监管、运力调配指挥、信息资源共享等为主要内容的信息技术应用</td><td rowspan="2">实现货运信息在供应链上下游之间有效交换和快速流转，不断提高甩挂运输服务的信息化、智能化水平</td></tr>
<tr><td>甩挂运输油耗监测系统</td></tr>
<tr><td rowspan="5">运营组织模式创新</td><td>一线多点甩挂模式</td><td rowspan="5">国家大力发展甩挂运输组织方式，推广网络化运输；深入推进铁水联运、空陆联运，积极发展滚装运输、驮背运输；鼓励中小企业联盟发展</td><td rowspan="3">鼓励跨区域网络化甩挂运输；积极探索以半挂车为标准荷载单元的铁路驮背运输、水路滚装运输</td><td rowspan="3">引导企业积极创新营运组织管理方式，探索形成适合不同区域、不同货类的若干种甩挂运输典型模式</td><td rowspan="5">节能减排政策；车购税支持运输组织模式创新政策；中央财政支持创新发展政策等</td><td rowspan="5">行政手段：开展渤海湾、长江沿线等重点区域的滚装甩挂；公铁联运甩挂、网络化甩挂、甩挂运输联盟等试点示范
经济手段：财政资金补助
技术手段：制定挂车互换的有关制度和规范</td></tr>
<tr><td>循环甩挂模式</td></tr>
<tr><td>网络型甩挂模式</td></tr>
<tr><td>多式联运甩挂模式</td><td rowspan="2">鼓励中小物流企业建立甩挂运输联盟</td><td rowspan="2">运输市场结构不断优化；运输组织的网络化、集约化程度大大提高</td></tr>
<tr><td>甩挂运输联盟模式</td></tr>
</table>

二、甩挂运输政策引导方向

（一）甩挂运输市场主体培育政策

在甩挂运输市场主体培育方面的政策主要体现在以下几方面。

1. 深入推进甩挂运输试点工作

开展渤海湾、长江沿线等重点区域的滚装甩挂运输、公铁联运甩挂运输、跨区域网络化甩挂运输和甩挂运输联盟等示范工程，鼓励发展挂车租赁，制定挂车互换的有关制度和规范[6]。

2. 大力培育扶持龙头骨干甩挂运输企业

按照国务院和职能部门的有关要求，引导运输资源向骨干企业集中，逐步形成"以中小企业为基础、以大企业为主体，以大带小、以小固大"的良性市场格局，支撑货运市场的集约化运作；大型甩挂运输企业要在提高运输组织化程度，提高信息化和技术装备水平，安全运行、规范服务、诚信经营等方面发挥带头和示范作用，以货源为纽带，整合社会运力资源，加强与中小企业的合作，带动全行业整体服务质量和管理水平的提高[7]。

3. 加大甩挂运输试点的资金扶持力度

利用车辆购置税专项资金和政府配套资金等，重点对甩挂运输试点企业开展站场基础设施建设、运输装备更新、运输组织模式创新、科技信息应用和安全环保投入等方面给予一定比例的补助资金。同时，对积极参与资质或级别评定、企业兼并、异地设点、保险和燃料集中采购等行为的企业给予必要的支持。

4. 加强制度建设，营造良好的甩挂运输市场秩序

首先要建立健全物流运输市场质量信誉考核体系。以道路运输质量信誉考核管理制度为基础，延伸和拓展质量信誉监管的领域，依托各地交通物流信息平台，构建省级物流运输行业质量信誉管理体系。同时，建立相应的奖惩机制，对于服务水平高、诚信记录好的企业，在政府引导投资、信贷政策等方面给予一定的倾斜；对于存在严重诚信经营问题的企业，要按照法律法规限制其业务发展。其次是建立和完善对物流市场的制度监管体系，立足于对物流市场细分和特点，建立完善物流企业的准入、退出和运营等相关的规制体系，全面履行对物流市场的监管职能，维护物流市场公平公正的竞争环境。再次是清理阻碍交通物流发展的有关行政法规，打破地域封锁，逐步建立统一开放、竞争有序的物流服务市场。

相关政策的具体实施方案建议：

(1)搭建平台，推进合作。一是积极推动甩挂运输试点企业与国内外知名物流企业的合作、合资，引进其先进的管理经验和技术，加速国内企业成长。二是积极推动与大型制造企业、商贸流通企业的融合，共同构建物流服务体系，实现物流企业经营主体、投资主体的多元化和物流服务形式的多样化，达到利益共享、联动发展。三是积极推动有条件的运输、仓储、配送、货运代理、多式联运等企业通过参股、兼并、联合、合资等多种形式进行重组，加快服务延伸和功能整合。四是积极推动行业协会，定期组织甩挂运输龙头企业管理者参观考察、职业经理人沙龙、物流管理人才培训等活动，向物流龙头企业管理者灌输现代物流观念和先进管理思想与管理技术。五是积极推动银行等金融机构和龙头物流企业的合作。在加快推进和完善交通物流企业信用评定和资质认定工作的基础上，与金融机构内共享物流企业信用信息，增强优质物流企业获得信用贷款的能力。推动金融机构对信用记录好、有竞争力、有市场、有订单的物流企业予以信贷支持，特别是针对交通物流企业在提供物流服务中要给客户垫付大量资金，且账款回收周期较长，积极探索以"应收账款质押"等模式来协助物流企业

贷款。

(2)协调解决税收掣肘。通过与税务管理部门协商,妥善解决困扰甩挂运输试点企业发展的营业税重复缴纳、自开票纳税人资格、跨区域经营企业所得税合并缴纳等问题,同时适当减免地方性税收,减轻物流企业负担。

(二)甩挂运输车辆装备优化升级政策

在甩挂运输车辆装备优化升级方面的政策主要体现在以下几方面。

1. 加大引导性资金投入

对于满足一定条件的运输企业购置列入交通运输部甩挂运输推荐车型或标准车型范围的牵引车和半挂车的,给予适当的财政补贴。可以争取的补贴资金有3种:一是国家和省政府节能减排专项资金;二是省级公共财政资金,在燃油税资金中,列支运输车辆技改专项资金;三是车辆购置税交通专项资金。

2. 降低通行费征收标准或购置税税率

通过适当降低车辆通行费征收标准的方式,鼓励重型车辆、厢式车辆、集装箱运输车等甩挂运输专用车辆的推广和使用[8],协调财税部门出台相应的购置税减征政策。

3. 通过强制性的行政或法律手段,推动运力结构调整

如通过制定市场准入标准,严格运力许可,禁止中小型非封闭式载货汽车从事长途干线运输业务[8];通过出台限制敞式货车上高速公路行驶的方式,实现淘汰敞篷货运车辆,推动货运车辆向厢式化方向发展的目的;加大对非标车、黄标车的治理,推动在用车辆的技术更新与运力结构调整进程;加强甩挂运输推荐车型及标准车型的推广应用,建立健全车型标准化工作协同机制;大力推广集装技术和单元化装载技术;系统研究鼓励发展节能环保车型的相关支持政策[6],推进轻量化车型及LNG、CNG等节能环保车型的应用。采取行政强制和经济引导相结合的手段,加速老旧货运运力的更新淘汰。一方面严格执行相关国家标准,强化车辆的强制报废制度,另一方面加大报废车辆的更新引导力度,利用经济手段引导运输业户自主对车辆进行更新,鼓励物流企业采用新能源车辆,对采购新能源车辆的企业予以政策扶持、资金补贴或车购税优惠[8];

4. 通过治理超载及非法改装等手段,营造运力结构调整的良好市场环境

开展“大吨小标”、非法改装货运车辆的清理工作,把重新核定的载质量及相关参数信息作为检查的依据。

(三)甩挂运输站场建设及改造升级政策

1. 抓好试点示范

对纳入甩挂运输试点站场的建设项目,采取直接补助、贴息、股权投资等多种方式,重点针对货运站场内适合挂车作业的装卸平台、甩挂作业仓储设施,满足汽车列车摘挂和回转要求、可供甩挂车辆中转需要的作业场地及场区道路,甩挂作业必要的装卸设备、标准化托盘和辅助设施等给予补助。

2. 加大投入,建立甩挂运输站场建设或改造项目资金长效保障机制

借鉴东部其他发达省份经验并有所创新,由仅对试点示范项目给予资金支持扩展到全

行业,探索建立甩挂运输站场建设资金长效保障机制。具体包括:一是从中央车辆购置税、港建费补助资金以及省燃油税转移支付资金、地方财政配套资金等现有交通建设专项经费中提取一定比例支持甩挂运输站场建设,并列入年度财政预算,同时积极争取地方各级政府和部门对甩挂运输发展的资金支持;二是多渠道拓展扶持资金来源,引导金融机构对大型的甩挂运输站场给予重点支持,鼓励外资和民间资本参与项目建设;三是各地交通运输主管部门,在国家的统一部署下,积极争取地方政府的支持,落实好相应的配套资金,对纳入试点的甩挂运输站场建设项目,给予一定的资金支持,同时,要加强资金的监管,保障资金的科学、合理、有效使用。

3. 积极协调有关各方,争取其他要素支持

积极协调发改、财政、国土、税务等管理部门和地方政府,争取对甩挂运输站场建设或改造用地、资金、税收、海关等方面的支持。一是与地方政府探索建立甩挂运输站场规划建设联动保障机制;二是建立甩挂运输站场项目确认和备案制度;三是强化重点甩挂运输站场项目的用地保障。

(四)甩挂运输信息系统建设(改造)政策

1. 建立甩挂运输信息平台可持续发展的运营管理模式

探索建立"政府建立基础、企业主导运营、依托增值服务实现可持续发展"的运营管理模式,充分发挥行业和社会各方面的积极性,逐步形成"政府适当投入、企业运作、全社会共同参与"的良好格局。

2. 加大扶持力度

鼓励甩挂运输企业加大信息化投入,对于与甩挂运输业务密切相关的车辆智能调度系统、作业站场管理信息系统、运输组织与订单管理系统、甩挂运输实时监控系统、甩挂运输燃料消耗监测系统等投入给予适当的补助,鼓励交通运输行业内从事甩挂运输相关经营活动的业户使用成熟的甩挂运输信息系统,对加入和使用所推荐系统的业户,给予培训和入网费用的资金补助;对选用所推荐甩挂运输管理软件的业户给予软件购置和使用费用的资金补贴。

3. 开展多省共建的试点

以共建方案为基础,制定甩挂运输信息平台建设的规划和实施方案,并多方整合已有资源,争取最大化减少时间和资金投入,达到向市场提供综合服务的目的。以区域性重点物流枢纽为龙头,以园区为载体,以中小型企业为切入点,进行多省共建的省内试点工作,建设数据处理中心、选取部分标准化软件,在个性化开发基础上进行软件推广。

三、甩挂运输发展政策的实现路径与推进措施

结合政策需求与政策供给的可行性、现实性、操作性,可形成如下几个方面的实现路径与推进措施。

(一)将甩挂运输纳入国家节能减排行动计划的方案

可由国家发展和改革委员会和交通运输部联合组织开展公路运输节能减排专项行动计

划，并协调财政部从中央财政中列专款予以支持，具体包括站场建设补贴、车辆购置补贴和信息系统建设补贴等方面。

(1)对满足甩挂运输作业要求的站场建设或改造给予一定资金投入，不足由地方政府配套，国家投资比例为项目总投资的30%，以此鼓励企业进行符合甩挂作业条件的站场建设或对原有的站场进行符合甩挂作业的改造。

(2)对符合国家节能减排标准、列入交通运输部推荐车型或标准车型范围的牵引车和半挂车进行补贴，补贴比例为车辆购置费用的10%～20%。通过车辆补贴，促进挂车和牵引车的更新购置，推广甩挂运输的发展。

(3)对建立区域性甩挂运输公共信息平台，并具有车源货源信息发布、运输交易、货物跟踪、车辆调度等功能的，对每个试点企业进行一定额度的信息系统建设补贴。信息系统建设是甩挂运输高效化运作的关键，只有通过公共信息平台将车辆、货源、线路等信息互联互通，才能做到实时调度，充分利用运输资源，达到节能减排的目的。

(4)国家发展和改革委员会和交通运输部投入专项资金用于甩挂运输相关技术标准和规范的试验、研究、编制和推广，包括建设技术研究中心、中试生产基地以及相关科研活动的必要经费等。在充分学习借鉴国际先进经验的基础上，紧密结合我国的实际情况，抓紧组织制定甩挂运输相关的政策法规和标准规范。出台适用于甩挂作业的专业化站场建设标准、甩挂运输信息系统建设技术要求和数据交换标准、甩挂牵引车和挂车参数匹配与连接标准、甩挂运输专用设备技术标准、甩挂运输经营规范等，以进一步规范和统一牵引车、挂车的甩挂运输全过程相关产品与活动。

具体实施方法步骤：为促进甩挂运输政策的发展和推进实施，可以通过试点培育示范企业，培育出一批具有较大影响力的规模化、网络化企业；可以通过推动公共基础设施建设，为甩挂运输的发展提供良好的外部条件；可以通过针对站场设施、运力配置、信息系统建设等制定系统性的专项政策，以对推动甩挂运输的全面发展。

(1)通过试点项目培育示范企业。首先在经济发达地区重点扶持10个左右具备良好发展潜力和一定基础条件的甩挂运输项目，并支持参与企业加快形成普及甩挂运输的生产组织能力。此后分批扩大项目试点数量和企业参与规模，逐步培育起一批具有规模化、网络化效应的甩挂运输骨干企业。

(2)通过区域试点推进公共基础设施建设。在项目试点取得初步成效的基础上，适时扩大试点范围，选择环渤海、长三角、珠三角、成渝都市圈等地区推动区域甩挂运输试点，在这些地区推广建设建设区域性公共甩挂运输站场、甩挂运输公共信息平台、挂车资源共享系统等，加快甩挂运输范围的扩大和推广。

(3)系统制定专项政策全面推进甩挂运输发展。在项目试点和区域试点基础上，对试点成效进行评估，系统地完善推进甩挂运输发展的各项专门政策，包括站场设施、运力配置(或更新)、信息系统等的建设、改造以及相关技术标准体系等，以推进甩挂运输的全面发展。

(二)将甩挂运输纳入车购税专项资金政策支持的方案

1.专项资金的补助范围

专项资金的支持范围，主要用于对支撑甩挂运输发展最为关键但完全依靠企业投入难以获得快速发展的重要环节上。根据首批甩挂运输试点的进展情况，当前甩挂作业站场、甩挂运力装备、信息系统滞后是制约甩挂运输发展的主要因素。鉴于站场、车辆、信息系统初期投入较大，政府的引导资金十分必要将此次专项资金的支持范围限定在甩挂作业站场建设或改造、甩挂运输车辆更新购置、甩挂运输管理信息系统建设或改造3个方面，并对补助的具体内容进行明确规定，以最大限度地发挥政府资金引导和带动作用。

2. 专项资金的投入方式

（1）根据首批甩挂运输试点工作的运作实际情况，对于专项资金的投入方式，采用以奖代补、事后补助的方式进行。采取以奖代补，既可以充分调动试点企业积极性，又能确保专项资金全额用于试点项目，有效发挥资金的引导作用。

（2）关于具体补助额度，主要根据项目投入运营后实际发生的建筑安装费和设备购置费的投资总额进行核定。为此，方案规定试点企业在申报专项资金时需提交相关的投资额证明材料，以供财政部门和交通部门进行审核。

（3）为发挥补助资金的引导带动作用，更好地体现"多投入、多受益"的公平原则，方案规定在核定补助额度时，根据不同情况，采用定额补助、比例补助两种方式。对于投资总额小于1亿元的，采用比例补助方式；对于投资额大于1亿元的，采用定额补助方式，单个补助总额不超过1000万元。按照此办法，对首批试点项目补助额度进行测算，其补助总额要低于全部按照定额补助的额度，体现了补助的公平性。

（三）大力推进物流企业的组织创新与发展

努力通过各种政策手段加强行业整合，创造有利于企业做大做强的环境和条件，加快培育形成一批运输龙头企业和骨干企业。同时，也可参照国家扶持小微型货运企业健康发展的有关政策，鼓励中小型运输企业以物流联盟的形式开展合作，实现资源和运力的优化共享和调配。此外，从技术改造、信息化建设等方面对企业给予积极引导，加强对企业业务和管理等方面的培训，提高企业精细化管理水平，促进企业运作模式向规模化、集约化、网络化方向转型。

（四）近期工作进展

2014年出台的《财政部 交通运输部 商务部关于印发〈车辆购置税收入补助地方资金管理暂行办法〉的通知》（财建〔2014〕654号）确定了车购税收入补助地方资金用于交通运输节能减排、公路甩挂运输试点、老旧汽车报废更新项目中，为国家鼓励甩挂运输发展明确了资金补助来源，并规定了甩挂运输试点项目的申报条件、申报材料、程序和补助标准等。

2015年7月，交通运输部、国家发展和改革委员会决定开展多式联运示范工程，在其《交通运输部 国家发展改革委关于开展多式联运示范工程的通知》（交运发〔2015〕107号）中，提出"优先考虑'一带一路'、长江经济带等物流大通道、京津冀等重点区域和已有铁水联运、甩挂运输等试点示范项目线路区域"，这是从多式联运项目上扩大甩挂运输试点项目开展以来的成果，并通过多式联运的探索使甩挂运输往一种新的模型发展。

第三节　甩挂运输标准体系

标准是通过标准化活动，按照规定的程序经协商一致制定，为各种活动或其结果提供规则、指南或特性,供共同使用和重复使用的文件[9]。标准化是为了在既定范围内获得最佳秩序,促进共同效益,对现实问题或潜在问题确立共同使用和重复使用的条款以及编制、发布和应用文件的活动。标准体系是一定范围内的标准按其内在联系形成的科学的有机体[10]。公路甩挂运输标准体系是构成公路甩挂运输各环节、各要素中的标准按其相互关系进行分门别类,并通过标准体系框架图和标准体系表显现,形成的科学有机体。通过对国内外公路甩挂运输模式的研究,梳理公路甩挂运输各环节、各要素之间的关系,按照标准体系建立的原则,形成公路甩挂运输标准体系。公路甩挂运输标准体系的建立,是制定公路甩挂运输标准规划的基础性技术工作,能够有效指导公路甩挂运输标准化工作顺利开展,有力促进甩挂运输的规模化、规范化运作。

一、国内外甩挂运输标准体系现状

甩挂运输作为一种先进的、集约化的运输组织方式,与传统运输方式相比,具有提高运输效率和劳动生产率、降低能耗和废气排放、节省货物仓储设施、降低物流成本等多方面的明显优势[11]。通过分析欧美公路货物运输发展历程,发现其经历了长达半个多世纪的经验积累和技术验证,已经建立起了一整套完善的甩挂运输车辆匹配评价及测试技术。在汽车、挂车及汽车列车的技术性能、运行安全、机械连接、电气连接、相关连接互换性方面以及公路甩挂运输的站场设施、组织调度等方面形成了一系列的标准、规范,构建了健全、完善的公路甩挂运输标准体系。我国公路甩挂运输发展相对较晚,公路甩挂运输标准化工作相对落后,在推进公路甩挂运输发展过程中,存在着货运车辆与装备、运营组织、车辆与货物调度及站场等多方面的技术障碍,更缺乏相关技术标准与规范的指导。发展公路甩挂运输,应首先建立健全标准体系,制定和修订相关技术标准与规范。

车辆及运输装备是货物运输的载体和必要工具,在我国现阶段公路甩挂运输车辆一般包括半挂牵引车和半挂车,中置轴挂车和全挂车由于受相关法律法规等因素限制,用于公路甩挂运输的还比较少见。运输装备一般是指货物托盘、栓固工具以及集装器具等,这些装备的应用能够提高运输效率、充分利用车厢空间、减少运输货物损伤以及保证运输安全,进而提高运输效益。运输组织是货物运输的承运人,也就是我们通常说的运输公司,承担着对运输车辆及相关人员的管理,负责着货物从甲地到乙地的安全送达和车辆运行调度等。运输站场是公路甩挂运输的枢纽,应具备车辆停放、货物集散、货物分理以及货物装卸、车辆加油、人员休息等功能,建设投资较大,我国对于货运场站的建设有基本的规划和建设要求。甩挂运输信息化贯穿于整个公路甩挂运输过程中,包括货物信息采集和发布、短信息传递、车辆和货物识别、信息数据统计分析、车辆运行动态、燃料消耗量等项目监控等,还包括市场供需分析、订单和财务管理等项目。人员是甩挂运输有效运行的主体,是整个甩挂运输过程的关键,一般包括管理人员、车辆驾驶人员、货物装卸操作人员以及各种服务人员,其业务水平和职业素质高低直接影响着甩挂运输的效率和安全性。因此,针对公路甩挂运输关键要素进行技术研究,梳理、分析当前各领域各环节标准工作现状与要求,针对存在的问题,借鉴国内外先进经验并根据相关要求,研究建立我国公路甩挂运输标准体系框架,形成我国的甩挂运输标准体系,用于指导我国公路甩挂运输标准化工作的开展,对于解决当前我国公路甩挂运输推广中急需的标准缺失问题具有现实指导意义。

二、甩挂运输标准体系建立的原则

《标准体系表编制原则和要求》(GB/T 13016—2009)就标准体系及标准体系表的建立给出了“目标明确、全面成套、层次适当、划分清晰”的4项原则，并将标准体系定义为“一定范围内的标准按其内在联系形成的科学的有机体”，标准体系表定义为“一定范围的标准体系内的标准按一定形式排列起来的图表”。因此标准体系表是标准体系的具体呈现。标准体系表定义中的“一定形式”是指标准体系的层次结构形式、功能归口型结构形式和序列型结构形式，公路甩挂运输标准体系的建立也应遵循以下4项基本原则。

1. 目标明确

标准体系的建立和标准体系表的编制应首先明确目标，不同的目标可以建立不同的标准体系。甩挂运输标准体系建立的目的，一是系统地了解国内外甩挂运输技术标准，了解国际上现有标准体系的组成、标准内容、特点和水平；找出我国公路甩挂运输领域内标准的现状、与国际标准之间的差距，从而提出发展规划。二是指导公路甩挂运输标准制定、修订计划的编制。做到有目的地抓住主攻方向，安排好轻重缓急，避免计划的盲目性，减少重复劳动，节省人力、物力、财力，加快标准的制定速度。三是标准体系的制定能给公路甩挂运输行业内企业提供便利，可以快速地查询甩挂运输相关标准，有利于甩挂运输企业的标准化建设。

2. 全面成套

标准体系表的全面成套应围绕着标准体系的目标展开，体现出系统整体性。甩挂运输标准体系表应力求全面成套，首先应尽量要求全，只有全才能使标准体系表成为一种现有和预计应发展的标准全面蓝图；其次更重要的是预计应发展的标准，因此应对甩挂运输全过程、各种组织方式、各要素等进行全面系统分析。当然所提的“全”，是相对而言，是指在一定时间段内可能预计到的“全”，因此，不能将公路甩挂运输标准体系表变成仅包括现有标准的“标准目录”，或者仅包括预计应发展标准的“标准制定、修订计划表”。

标准体系表与标准制定、修订计划表的相互关系，前者是制定后者的依据和基础，后者是实现前者的手段和措施。应积极通过编制年度、5年或10年计划或规划表，并根据现有的实施条件和需要逐步地、积极地求得实现。不能以内容太多，目前差距太大和难以实现，就将标准体系表变成5年或10年的计划表。也不能只根据现有的条件，仅列出3~5年内可实现的预计应发展的标准项目，这样也不是真正的标准体系表。

3. 层次适当

列入标准体系表内的每一项标准都应安排在恰当的层次上。一方面，如果同一门类的产品标准各自都重复一遍相同的共性内容，而不是将共性特征制定成共性标准，然后个性标准只对共性标准作简单引用，势必造成这些同一门类的产品标准间的大量重复和因此带来的矛盾和不统一。另一方面，对同一共性内容，如果只顾在自己范围内通用，而不考虑到应在大范围内统一，势必造成同一共性标准分别在几个不同的范围内各自重复制定，因而也造成大量重复劳动和混乱。只有通过标准体系研究和编制标准体系表，将每一个标准都安排在恰当的位置上，才能使标准体系组成由重复、混乱走向科学、合理和简化。一般来说，应尽量扩大共性标准的适用范围，即尽量将标准安排在较高的层次上，另外也要注意不要不恰当的扩大标准的适用范围。

4. 划分清晰

标准体系表内的子体系或类别划分，主要应按行业、专业或门类等标准化活动性质的同一性，而不宜按行政机构的管辖范围而划分。划分明确有两方面的意义，其一是标准的制定归属于哪个行业、专业或门类，划分应明确。依据“行业”的定义，即按经济活动的同一性而不是按行政管理系统而划分。其二是避免将一个标准的同一事物或概念分别在几个不同的行业、专业主管部门的管理范围内重复制定或相反无人制定。由于学科的交叉，当不同的技术委员会对某些标准的制定、修订和颁布有争议时，必须进行协调和做出明确化分。

三、甩挂运输标准体系基本框架

标准体系的建立是制定甩挂运输标准规划的基础性工作。推进公路甩挂运输必须以标准化作为技术基础，这就需要建立公路甩挂运输标准体系的基本框架，为公路甩挂运输标准的全面、系统制定和修订提供思路和方向，相关甩挂运输的标准化工作将在标准体系框架的前提下相继展开。制定标准体系基本框架，应分析国内外标准化现状和体系内各关联要素及其关系。为此，通过对国内外公路甩挂运输现状及其标准对比分析，以及通过对公路甩挂运输全过程、各环节要素的研究，结合道路运输标准体系框架、汽车及挂车标准体系框架的结构与设置内容、范围，建立了公路甩挂运输标准体系基本框架，如图 2-1 所示。

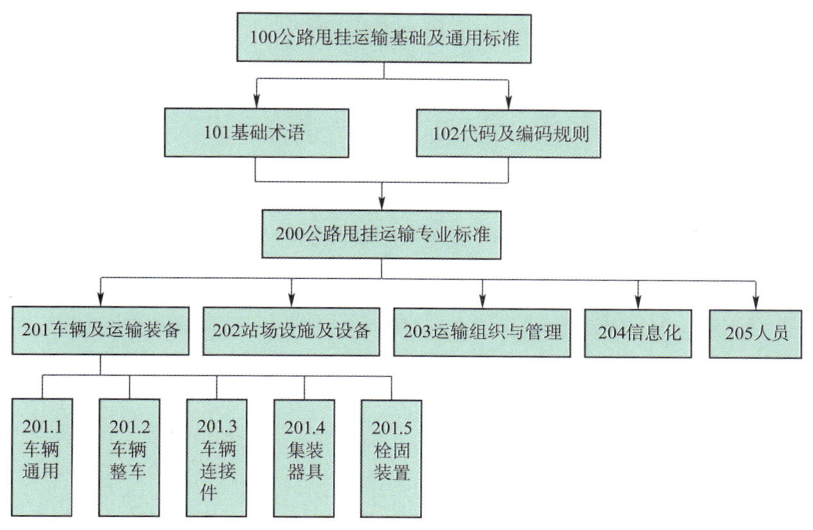

图 2-1　公路甩挂运输标准体系基本框架

公路甩挂运输标准体系基本框架及体系表与道路运输标准体系框架及体系表的关系，一是公路甩挂运输标准体系保持了道路运输标准体系基本结构的协调一致性，实际上公路甩挂运输也是道路运输中的货物运输方式的一种先进运输方式。二是基于甩挂运输是道路货物运输的先进运输方式，所以，甩挂运输标准体系是道路运输标准体系的丰富和补充。三是公路甩挂运输标准体系为满足综合运输的发展需求进行了积极的探索。

公路甩挂运输标准体系基本框架是甩挂运输标准体系核心内容的提炼，基本框架分为基础及通用标准和专业标准两个层次。基础及通用标准由基础术语、代码及编码规则两部分组成。其中专业标准是主体部分，主要包括车辆及运输装备、站场设施及设备、运输组织与管理、信息化和人员5个方面。这5个方面是构成公路甩挂运输作业的主要环节和要素，涵盖了公路甩挂运输的全过程，它们从硬件因素、软件因素两个层面共同支撑着我国公路甩挂运输的发展，为开展公路甩挂运输标准化工作指明了方向。

下面对甩挂运输专业标准说明如下。

1. 车辆及运输装备专业标准

甩挂运输车辆及装备标准是专业标准的重要组成部分，它包括车辆通用、车辆整车、车辆连接件、集装器具和栓固装置5部分。车辆通用标准主要是与牵引车辆、挂车及主要部件相关的车辆通用技术标准；车辆整车标准主要是牵引车、挂车及汽车列车相关技术要求等标准；车辆连接件标准主要是牵引车与挂车之间机械、电气、控制等主要连接件的要求标准；集装器具标准主要是货运托盘、货物包装等相关技术标准；栓固装置标准主要是针对货物在车辆上的栓固要求、装载要求及栓固装置等相关技术标准。关于公路甩挂运输车辆，包括了车辆的尺寸、质量等基本参数要求、车型要求以及甩挂运输车辆连接装置的互换性要求等。关于甩挂运输车辆性能要求，需要制定甩挂运输汽车列车技术标准，对匹配后列车的动力性、燃料经济性、制动协调性及行驶稳定性等使用性能提出要求。关于甩挂运输车辆的连接件方面需要制定和修订牵引车牵引座、挂车支承装置、气制动连接器、电气连接器以及牵引车与挂车之间各连接线位置布置等标准。关于运输货物装载和固定，应对货物的装载与固定的条件、方式、产品、技术和操作等方面制定统一规范。道路货物运输的首要目的就是要保障运输货物的安全性，货物的正确装载与有效固定是保障货物运输安全的必要条件。

2. 站场设施及设备专业标准

站场设施与设备方面的标准主要有货运站场的级别划分、建设、设施设备要求、功能设置和工艺要求等标准构成。在站场设施方面，主要包括了站场的硬件设施及设备的标准化建设要求。在场站的硬件设施方面，应制定公路甩挂运输站场的建设标准，明确布局合理、流程优化、功能完善、匹配衔接、管理高效的总体建设目标。在站场设备方面，应对甩挂运输站场设备配置提出标准要求，包括与中转、装卸、储运和理货功能，货运代理功能，信息服务功能和辅助服务功能相适应的设施及设备要求。

3. 运输组织及管理专业标准

运输组织及管理方面的标准主要有运输企业开业、考核评定及内部运营管理等标准构成。在这些方面，应对公路甩挂运输的组织管理、工作流程、作业规范等方面提出标准化要求。应有先进、高效、节能的公路甩挂运输运营组织模式及其适应性条件和技术要求，不同甩挂运输模式的运营组织方式、企业条件、站场条件、制度规范等标准。针对不同的甩挂运输运营模式，制定公路甩挂运输站场作业工艺与流程标准，对甩挂运输站场作业各环节进行规范，将装卸、搬运、理货和标识等每一项作业都纳入引导和限制的范畴，使其有章可循，形成标准化作业流程。

4. 信息化专业标准

信息化方面的标准主要包括运输计划、运输统计、货物信息以及交易结算等相关标准。公路甩挂运输要充分发挥效益，应做到全过程、全范围的安全监控和高效调度，包括货物运输量、运输成本、货物运输位置等；必须走集约化、规范化的道路，必须借助和利用互联网的重要作用，应大力发展信息化，制定和修订相关信息化标准。

5. 人员专业标准

甩挂运输人员专业标准主要由人员资质、评价、考核及安全等标准构成。甩挂运输从业人员的业务水平和职业素质直接影响运输的效率、安全性和诚信性，应当建立公路甩挂运输从业运行操作人员的资质条件标准。

四、甩挂运输标准发展规划

规划是组织制定的比较全面、长远的发展计划，发展规划作为一种战略性、前瞻性、导向性的发展思路和方向，在发展过程中具有基础性和指导性作用。公路甩挂运输标准发展规划主要从甩挂运输领域、根据发展需要制定的一定时期内的标准化发展目标。

通过对国内外公路甩挂运输车辆及装备、站场设施及设备、运输组织及调度以及信息化等现状及标准状况的研究分析，结合我国标准体系建立的原则与相关要求，初步建立了我国公路甩挂运输标准体系框架，形成了公路甩挂运输标准体系表，为公路甩挂运输标准的制定和修订指明了方向。

我国公路甩挂运输标准化发展规划应按照以下 4 个要求制定。

(1)要充分借鉴国外先进的公路甩挂运输经验。经验是宝贵的知识和财富，充分借鉴和应用能使我们少走弯路，尽快实现预期目标，但也要结合我国的实际国情辩证的消化和吸收；

(2)要充分了解和掌握国内需求。需求是发展的源动力，只有国内需要，制定的标准和规划才能有效实施，才能指导公路甩挂运输行业的健康发展。

(3)要转化和采用国际先进标准(ISO 或 ECE)。紧跟国际先进标准并及时采用国际标准，才能够使制定的标准不落后于国内外，才能使我国的相关公路甩挂运输要求与国际接轨，实现道路运输的国际化。

(4)根据需求分出轻重缓急逐步制定相关标准，以满足甩挂运输发展需要并进一步完善标准体系。

近几年，相关研究机构和标委会应根据我国发展和推进公路甩挂运输的实际需要，及时解决甩挂运输发展过程中存在的技术标准缺失的问题。在基础标准方面，应制定《道路甩挂运输标准化导则》等标准。在车辆及运输装备方面应制定国家标准《道路车辆　牵引车与挂车之间的电气和气动连接位置》，解决甩挂运输过程中牵引车与挂车互换时气连接线、电连接线等的交叉问题；制定国家标准《道路甩挂运输车辆技术条件》，以解决现有车辆在甩挂运输过程中存在的"甩不下、挂不上"的车辆匹配问题，在调研分析、试验验证等工作的基础上制定交通运输行业标准《中置轴挂车通用技术条件》、《半挂牵引拖台技术要求》，并转化国际标准《适宜滚装船舶运输的道路车辆上的栓固点布置和固定方式　一般要求　第 2 部分：

半挂车》(ISO 9367-2:1994)为国家标准,以增加甩挂运输过程中挂车的种类和甩挂运输方式,实现多式联运、双挂或多挂模块化运输。在站场设施及设备方面,应制定《甩挂运输站场作业要求》、《甩挂运输站场设施设备配置要求》以及《公路货运站货物堆垛规范》等交通运输行业标准,以指导甩挂运输站场应急需要;制定交通运输行业标准《道路运输行业节能评价方法》,实现国家相关管理部门对甩挂运输企业节能的评价。在运输组织与管理方面,应制定《货运挂车租赁互换协议》、《道路运输企业安全管理评价规范》等行业标准,解决甩挂运输过程中运输企业之间挂车互甩的技术前提。在信息化方面,制定《甩挂运输数据交换》等系列行业标准,主要包括运输场站信息、运单信息、车辆信息和从业人员信息等。在人员管理方面,主要制定《营运车辆驾驶人从业资格证 IC 卡通信协议》、《道路运输驾驶员夜间行车安全要求》、《道路运输驾驶员行车规范》等交通运输行业标准,以实现对驾驶员的诚信体系建设和对道路交通安全的保障。

自 2009 年交通运输行业启动并推进甩挂运输工作以来,甩挂运输标准化工也同步推进。截至 2015 年 12 月,已发布《道路车辆　牵引座通用技术条件》(GB/T 31879—2015)、《道路甩挂运输车辆技术要求》(JT/T 886—2014)等国家和交通运输行业标准 10 余项;已报批《甩挂运输站场设施设备配置要求》、《甩挂运输站场作业要求》等两项交通运输行业标准,其他标准制定和修订工作正在有序开展,具体情况详见标准体系表(附录)。

本章参考文献

[1] 陈万金. 牵引车与挂车第三者责任险若干问题探析[EB/OL]. (2011-11-09)[2015-03-10]. http://lawyer. 110. com/14485/article/show/type/1/aid/253928/.

[2] 柯雯. 甩挂运输:推广正当时[J]. 专用汽车,2009,08:12-14.

[3] 郑伟伟. 甩挂运输:戴着镣铐跳舞[N]. 中国食品报,2010-09-30(005).

[4] 董翰强. 道路甩挂运输生产组织模式研究[D]. 西安:长安大学,2011.

[5] 徐亚华. 道路货运现代化架构研究[D]. 西安:长安大学,2011.

[6] 于占波. 交通运输部发布《关于交通运输推进物流业健康发展的指导意见》[J]. 商用汽车,2013,13:31-32.

[7] 冯正霖. 深入开展公路甩挂运输试点 加快推动道路货运转型升级——在公路甩挂运输试点推进工作会议上的讲话[J]. 运输经理世界,2012,06:20-24.

[8] 余艳春,解晓玲,朱志强,等. 提高我国道路运输装备水平的政策建议[J]. 综合运输,2010,02:57-59.

[9] 中华人民共和国国家质量监督检验检疫总局. 标准化工作指南　第 1 部分:标准化和相关活动的通用术语:GB/T 20000. 1—2014[S]. 北京:中国标准出版社,2014.

[10] 中华人民共和国国家质量监督检验检疫总局. 标准体系表编制原则和要求:GB/T 13016—2009[S]. 北京:中国标准出版社,2009.

[11] 交通运输部等 5 部门发布《关于促进甩挂运输发展的通知》[J]. 集装箱化,2010,04:31-32.

第三章 甩挂运输车辆匹配技术

甩挂运输车辆的匹配主要包括半挂牵引车与半挂车基本性能的匹配、半挂牵引车与半挂车连接与互换性的匹配、车辆装载单元的匹配等。甩挂运输车辆匹配技术旨在优化车辆的各项性能,使得车辆达到最佳状态,为实现甩挂运输过程中半挂牵引车与半挂车安全、快速地脱离与连接,并安全高效运行的目标,需明确半挂牵引车与半挂车匹配时的结构尺寸、装备配置互换性要求,以及半挂汽车列车技术协同性匹配要求。在运输过程中,为了实现合理装载,提高半挂汽车列车的运输效率,往往采用托盘的形式进行装载,这就需要判断托盘和车辆是否匹配,确定合理的车辆尺寸,能够装载更多的托盘以提高运输和装载的效率。同时,为了确保车辆在运输过程中轴荷分配合理,需对货物装载、码垛的位置进行确定,使用恰当的固定方式,以实现安全、高效的货物运输。

第一节 甩挂运输车辆基本性能匹配技术

甩挂运输车辆基本性能匹配是甩挂运输车辆的基本要求,是确保车辆安全运行的前提和保障。现阶段,我国开展甩挂运输的车辆主要以半挂汽车列车为主。用于甩挂运输的半挂汽车列车基本性能的要求主要包括动力性、燃料经济性、制动协调性、行驶通过性、平顺性、操纵稳定性等。

目前,针对车辆基本性能匹配技术的研究主要以计算机仿真分析为主,辅以相关的实车验证评价。根据半挂汽车列车运动学和动力学相关理论,应用 Matlab/Simulink、TruckSim 等仿真软件,建立半挂汽车列车运动学及动力学仿真模型,研究半挂汽车列车的基本性能匹配特性,提出半挂汽车列车性能参数的匹配区间。

一、动力性匹配

动力性评价指标主要包括最高车速、加速性能(原地起步加速时间、超车加速时间)、最大爬坡度、比功率、直接挡最低稳定车速、牵引车载荷系数和动力因数等[1]。在此,结合实际运输过程对半挂汽车列车的具体要求,确定最高车速、加速性能(原地起步加速时间)、爬坡性能等三个主要指标,进行动力性匹配分析。

(一)纵向力平衡模型的建立

动力性匹配的核心之一是建立半挂汽车列车纵向力平衡(驱动力—行驶阻力平衡)模型。半挂汽车列车的动力性能是指在驱动力输入情况下的响应特征,即半挂汽车列车的行驶阻力与驱动力的平衡关系[1]。其数学模型见式(3-1)。

$$F_t = F_f + F_w + F_i + F_j$$

$$\frac{T_{tq} i_g i_0 \eta_T}{r} = (G_1 f_1 + G_2 f_2) + \frac{C_d A u_a^2}{21.15} + (G_1 + G_2) i + \delta m a \tag{3-1}$$

式中：F_t——驱动力，N；

F_f——滚动阻力，N；

F_w——空气阻力，N；

F_i——坡度阻力，N；

F_j——加速阻力，N；

T_{tq}——发动机转矩，N·m；

i_g——变速器的传动比；

i_0——主减速器的传动比；

η_T——传动系统的机械效率；

r——车轮行驶半径，m；

G_1——半挂牵引车重力，N；

G_2——半挂车重力，N；

f_1——半挂牵引车滚动阻力系数；

f_2——半挂车滚动阻力系数；

C_d——空气阻力系数；

A——车辆的迎风面积，m^2；

u_a——车辆行驶速度，km/h；

i——道路坡度；

δ——车辆旋转质量换算系数；

m——半挂汽车列车的总质量，kg；

a——半挂汽车列车的加速度，m/s^2。

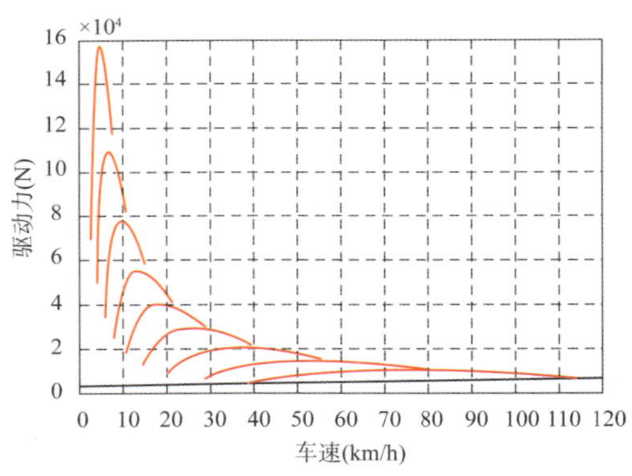

图 3-1　半挂汽车列车驱动力—行驶阻力平衡图

通常可以把 $F_t-(F_f+F_w+F_i)$ 称为“富裕驱动力”。“富裕驱动力”越大，加速能力越强，半挂汽车列车的加速度越大[1]。利用 Matlab 软件仿真可得到半挂汽车列车的驱动力—行驶阻力平衡图，针对某甩挂运输推荐车型参数，得到的半挂汽车列车驱动力—行驶阻力平衡图，如图 3-1 所示。

从图 3-1 可以得到半挂汽车列车在不同车速时驱动力和行驶阻力之间的关系。某甩挂运输半挂汽车列车的半挂牵引车使用的是 9 挡变速器，第 9 挡为直接挡。当半挂汽车列车以直接挡行驶时，F_t 曲线与 (F_f+F_w) 曲线的交点便是半挂汽车列车的最高车速 $u_{a\max}$。F_t 曲线与 (F_f+F_w) 曲线的纵坐标之差，即为半挂汽车列车在平坦路面上用于加速的驱动力，或在坡道上的用于爬坡或(和)加速的驱动力。

(二)最高车速

半挂汽车列车最高车速可由其纵向力平衡模型确定,即最大驱动力曲线与总行驶阻力曲线的交点对应的车速即为甩挂运输半挂汽车列车最高车速。驱动力—行驶阻力平衡图描述了不同挡位、不同车速条件下驱动力和常见行驶阻力的关系。利用驱动力—行驶阻力平衡图可方便地确定半挂汽车列车的最高车速 $u_{a\max}$,即最高挡驱动力曲线 F_t-u_a 和常见行驶阻力曲线 $(F_f+F_w)-u_a$ 的平衡点(两曲线交点)对应的车速。半挂汽车列车在最大车速下行驶时,可不考虑加速阻力和坡度阻力。因此,驱动力—行驶阻力平衡方程式(3-1)可简化为:

$$F_t = F_f + F_w \tag{3-2}$$

由式(3-1)、式(3-2),可得出 $u_{a\max}$ 的表达式为:

$$u_{a\max} = \sqrt{\frac{21.15\left[\dfrac{T_{tq}i_g i_0 \eta_T}{r} - (G_1 f_1 + G_2 f_2)\right]}{C_d A}} \tag{3-3}$$

由图 3-1 可知,该半挂汽车列车直接挡(第 9 挡)驱动力曲线与行驶阻力曲线交点的车速 115km/h,即为半挂汽车列车的最高车速,如图 3-2 所示。

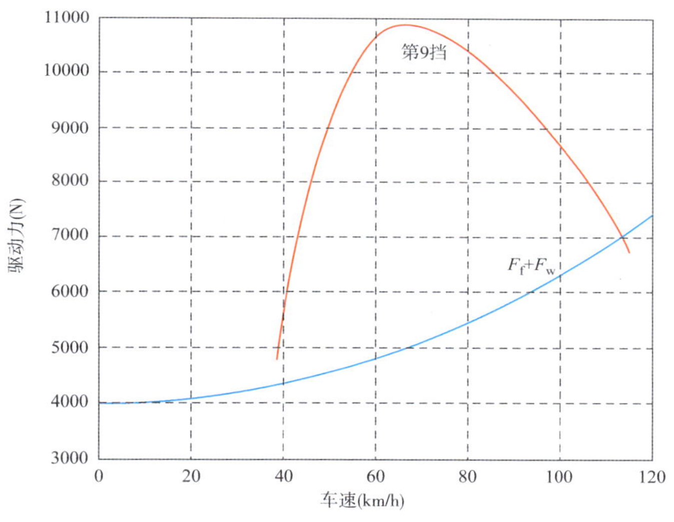

图 3-2 甩挂运输半挂汽车列车最高车速

(三)加速时间

为了获得最大的加速性能,在此工况下半挂汽车列车的坡度阻力可忽略不计。由半挂汽车列车纵向力平衡模型可得半挂汽车列车从 0 车速加速到 u 的加速时间为:

$$\frac{T_{tq}i_g i_0 \eta_T}{r} = (G_1 f_1 + G_2 f_2) + \frac{C_d A u_a^2}{21.15} + \delta m \frac{du_a}{dt}$$

$$t = \frac{1}{3.6}\int_0^u \frac{\delta m}{\dfrac{T_{tq}i_g i_0 \eta_T}{r} - \left(G_1 f_1 + G_2 f_2 + \dfrac{C_d A u_a^2}{21.15}\right)} du_a \tag{3-4}$$

在起步连续换挡加速过程中,驾驶员需要从最低挡不断变换挡位以确保加速度始终为最大值，因此最佳换挡时间选择原则为：若相邻两挡的加速度曲线有交点，则在交点对应车速处换挡；若不相交，则在前一挡加速行驶至发动机转速达到最高转速时换入下一挡。仿真可获得半挂汽车列车速度与加速时间以及加速距离的对应曲线关系。某甩挂运输半挂汽车列车在满载状态下，车速由原地起步加速至60km/h 时，所用时间为 $t=73.9\text{s}$，所经过的路程为 $S=832.2\text{m}$。

（四）最大爬坡度

最大爬坡度是半挂汽车列车动力性能的又一个重要评价指标[1]。它是指半挂汽车列车满载时，在良好路面上用最低挡行驶的最大爬坡能力[1]，即半挂汽车列车在良好路面上克服行驶阻力 F_f+F_w 后剩余的全部力用来克服坡道阻力时，所能爬上的最大坡度 i_{max}。此时半挂汽车列车的加速度为零，半挂汽车列车纵向力平衡方程可简化为：

$$i_{max}=\tan\left\{\arcsin\left[\frac{1}{G_1+G_2}\left(\frac{T_{tq\,max}i_{g\,max}i_0\eta_T}{r}-\left(G_1f_1+G_2f_2+\frac{C_dAu_a^2}{21.15}\right)\right)\right]\right\} \tag{3-5}$$

仿真计算得到某半挂汽车列车的最大爬坡度 $i_{max}=27.32\%$。

二、燃料经济性匹配

燃料经济性评价指标主要有等速行驶百公里燃料消耗量、多工况燃料消耗量、直接挡全油门加速燃料消耗量、限定条件下的平均使用燃料消耗量等[1]。半挂汽车列车作为交通运输工具，除在设计生产阶段满足相关的要求外，更要满足实际甩挂运输中的使用要求和管理要求。因此，按照《营运货车燃料消耗量限值及测量方法》（JT 719—2008），将等速百公里燃料消耗量综合值作为经济性的评价指标进行分析。

（一）综合百公里燃料消耗量

对于半挂汽车列车，按照《营运货车燃料消耗限值及测量方法》（JT 719—2008）进行满载工况综合燃油消耗量计算分析。半挂汽车列车等速百公里燃料消耗量与发动机有效功率、燃料消耗率等关系见式（3-6）。

$$Q=\frac{\sum_i\left(\frac{Pb}{1.02\gamma\cdot u_a}\times k_i\right)}{c} \tag{3-6}$$

式中：Q——综合燃料消耗量，L/100km；

P——发动机功率与发动机转矩的关系模型，$P=T_{tq}i_gi_0u_a/3.6r$；

b——燃料消耗率，g/（kW·h）；

γ——燃料的密度，N/L；

c——燃料消耗量修正系数；

k_i——在第 i 个车速下的等速燃料消耗量的权重。

将发动机的功率、转矩和燃料消耗率以及发动机转速之间的函数关系以曲线表示，则此曲线称为发动机万有特性曲线。在发动机万有特性三维图上作等高线，投影到转矩和转速所在坐标平面上，即得发动机的等燃料消耗率曲线，如图 3-3 所示。利用插值法在半挂牵引车发动机的万有特性图等燃料消耗率曲线上，确定在某一转速下发动机发出一定功率时的燃料消耗率。采用 Matlab 仿真软件计算得出某半挂汽车列车的综合燃料消耗量为 35.53L/100km。

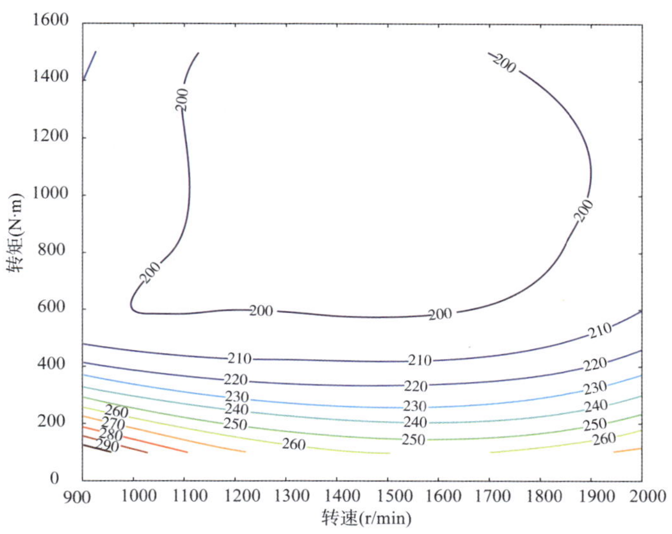

图 3-3 发动机万有特性图

(二)仿真匹配案例

为了验证仿真分析的有效性,针对甩挂运输轻量化半挂汽车列车的动力性、燃料经济性进行了试验,车辆的基本参数见表3-1。仿真计算结果和试验结果对比见表3-2。不难发现,仿真计算结果与实际测试结果基本一致,误差在5%之内。综合考虑道路条件、气候条件、驾驶水平以及设备的测量精度等,可以认为仿真计算结果能够体现甩挂运输轻量化半挂汽车列车的动力性能与燃料经济性能。

甩挂运输轻量化车辆基本参数　　表 3-1

车辆类型	半挂牵引车	半挂车
车辆型号	CA4250P66K2L0T1AE	ZJV9405XXYTH
整备质量(kg)	8140	7700
外廓尺寸(长×宽×高)(mm)	6780×2495×3980	14600×2550×3980
轮距(前/后)(mm)	2020/1830	2040
前悬/后悬(mm)	1470/760	1660/2290
轴距(mm)	3200+1350	1310

仿真计算结果和试验结果对比　　表 3-2

性能	评价指标	仿真计算结果	试验结果	误差率
动力性	最高车速(km/h)	115	110	4.54%
	加速时间(s)	73.90	77.77	4.98%
	加速路程(m)	832.20	813.70	2.27%
	最大爬坡度	27.30%	—	—
燃料经济性	综合燃料消耗量(L/100km)	35.53	34.61	2.66%

通过对甩挂运输半挂汽车列车的动力性、燃料经济性匹配分析,可以发现基于发动机外特性及万有特性曲线、牵引车和半挂车的质量、配置及技术参数,通过仿真计算可以较为准

确地模拟甩挂运输半挂汽车列车的动力性和燃料经济性。

半挂汽车列车的比功率是其半挂牵引车发动机功率与列车总质量的比值。对于总质量一定的半挂汽车列车,存在最佳的比功率。比功率过小,半挂牵引车发动机动力储备不足,导致加速性能差;比功率过大,可能会增加整车总质量和购置成本,也可能使半挂牵引车发动机功率利用率下降,导致料耗增加。因此,通过对半挂汽车列车进行仿真计算以及实车道路试验分析,在保障半挂汽车列车动力性、燃料经济性综合效能最优的前提下,其比功率不小于5.4kW/t。

三、制动协调性匹配

半挂汽车列车制动协调性,是指半挂车的制动力随半挂牵引车制动力的变化而变化,并保证半挂牵引车和半挂车各车轴制动力有正确的分配,以确保半挂汽车列车具有良好的制动稳定性。半挂汽车列车的制动性能包括直线制动性能和曲线制动性能两方面。半挂汽车列车的直线制动性能是在没有转向输入的情况下,保证在一定的距离内将半挂汽车列车停住并不发生较大的侧滑、跑偏现象的性能。半挂汽车列车的曲线制动性能主要是在弯道制动时按预定路线行驶的能力,即半挂汽车列车在转向和制动联合作用下的行驶能力。为提高半挂汽车列车的制动安全性,进行半挂汽车列车的转弯制动协调性分析,可为半挂牵引车和半挂车的设计、生产与使用匹配提供参考和技术支持。

(一)半挂汽车列车制动协调性模型构建

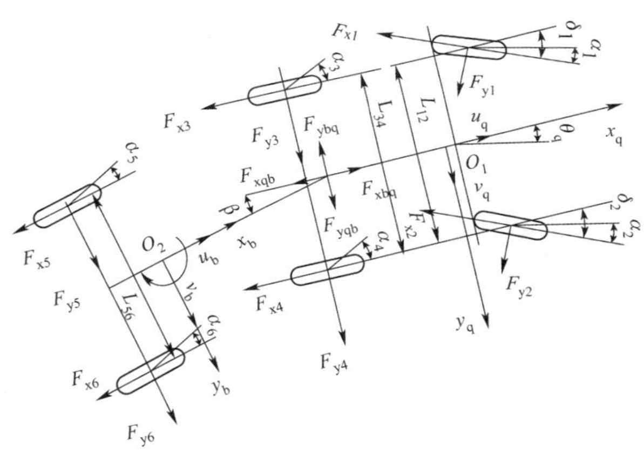

图3-4 半挂汽车列车坐标系示意图

以研发的轻量化半挂牵引车和半挂车为样本车型,运用动力学理论,半挂牵引车坐标系 $o_1x_qy_qz_q$ 和半挂车坐标系 $o_2x_by_bz_b$ 分别以各自质心为坐标原点,整车坐标系与大地固连,定义车辆前进方向为 x 轴,y 轴指向驾驶员右侧,按照右手法则确定 z 轴垂直向下,如图3-4所示。图中 α_1、α_2、α_3、α_4 分别为半挂牵引车左前轮、右前轮、左后轮、右后轮侧偏角,α_5、α_6 分别为半挂车左前轮、右后轮侧偏角,Q_q 为质心侧偏角。

对半挂汽车列车行驶过程进行受力分析,建立了包括轮胎模型在内的半挂汽车列车制动非线性动力学模型,其中半挂牵引车动力学模型见式(3-7),半挂车动力学模型见式(3-8)。利用 Matlab/Simulink 软件编制半挂汽车列车制动过程仿真程序,并进行仿真分析。

$$\begin{cases} -m_q(\dot{u}_q - v_q r_q) = (F_{x1}+F_{x2})\cos\delta_1 + F_{x3} + F_{x4} + (F_{y1}+F_{y2})\sin\delta_1 + F_{fq} + F_{wq} - F_{xbq} \\ m_q(\dot{v}_q + u_q r_q) = (F_{y1}+F_{y2})\cos\delta_1 - (F_{x1}+F_{x2})\sin\delta_1 + F_{y3} + F_{y4} - F_{ybq} \\ I_{zq}\dot{r}_q = \{(F_{x2}-F_{x1})\cos\delta_1 + (F_{y2}-F_{y1})\sin\delta_1\}L_{12}/2 + \{(F_{y1}+F_{y2})\cos\delta_1 - \\ \qquad (F_{x1}+F_{x2})\sin\delta_1\}P_{xq1}L_q + (F_{x4}-F_{x3})L_{34}/2 - \\ \qquad (F_{y3}+F_{y4})(1-P_{xq1})L_q + F_{ybq}(P_{xq2}-P_{xq1})L_q \end{cases} \tag{3-7}$$

$$\begin{cases} -m_b(\dot{u}_b - v_b r_b) = F_{x5} + F_{x6} + F_{xqb}\cos\beta + F_{yqb}\sin\beta + F_{fb} + F_{wb} \\ m_b(\dot{v}_b + u_b r_b) = F_{y5} + F_{y6} - F_{xqb}\sin\beta + F_{yqb}\cos\beta \\ I_{zb}\dot{r}_b = (F_{x6} - F_{x5})L_{56}/2 - (F_{y5} + F_{y6})(1 - P_{xb})L_b + (F_{yqb}\cos\beta - F_{xqb}\sin\beta)P_{xb}L_b \end{cases} \tag{3-8}$$

式中：m_q——半挂牵引车总质量，kg；

m_b——半挂车总质量，kg；

L_q——半挂牵引车轴距，mm；

L_b——半挂车轴距，mm；

L_{12}、L_{34}——半挂牵引车前/后轮距，mm；

L_{56}——半挂车后轮距，mm；

P_{xq1}——半挂牵引车重心距前轴距与 L_q 的比值；

P_{xb}——半挂车质心至牵引销距与 L_b 的比值；

F_{x1}——半挂牵引车左前轮制动力，N；

F_{x2}——半挂牵引车右前轮制动力，N；

F_{x3}——半挂牵引车左后轮制动力，N；

F_{x4}——半挂牵引车右后轮制动力，N；

F_{x5}——半挂车左后轮制动力，N；

F_{x6}——半挂车右后轮制动力，N；

F_{y1}——半挂牵引车左前轮侧向力，N；

F_{y2}——半挂牵引车右前轮侧向力，N；

F_{y3}——半挂牵引车左后轮侧向力，N；

F_{y4}——半挂牵引车右后轮侧向力，N；

F_{y5}——半挂车左后轮侧向力，N；

F_{y6}——半挂车右后轮侧向力，N；

F_{xbq}——半挂车对半挂牵引车的纵向力，N；

F_{xqb}——半挂牵引车对半挂车的纵向力，N；

F_{ybq}——半挂车对半挂牵引车的横向力，N；

F_{yqb}——半挂牵引车对半挂车的横向力，N；

F_{wq}——半挂牵引车的空气阻力，N；

F_{wb}——半挂车的空气阻力，N；

F_{fq}——半挂牵引车的滚动阻力，N；

F_{fb}——半挂车的滚动阻力，N；

u_q——半挂牵引车前进速度，km/h；

u_b——半挂车前进速度，km/h；

v_q——半挂牵引车侧向速度，km/h；

v_b——半挂车侧向速度，km/h；

r_q——半挂牵引车横摆角速度，rad/s；

r_b——半挂车横摆角速度，rad/s；

δ_1——半挂牵引车左前轮转角，rad；

δ_2——半挂牵引车右前轮转角，rad；

β——铰接角，rad；

I_{zq}——半挂牵引车绕 z_q 轴转动惯量，$kg \cdot m^2$；

I_{zb}——半挂车绕 z_b 轴的转动惯量，$kg \cdot m^2$。

（二）半挂汽车列车转弯制动协调性模型试验验证

以《重型商用车和客车—转弯制动—开环试验方法》（ISO 14794：2003 Heavy commercial vehicles and buses—Braking in a turn—Open-loop test methods）作为半挂汽车列车弯道制动的试验方法，以制动距离和充分发出的平均减速度作为评价指标，搭建了甩挂运输半挂汽车列车试验系统，如图 3-5 所示，部分试验装置的安装位置如图 3-6 所示。针对样本车型，在仿真分析的基础上，确定甩挂运输半挂汽车列车转弯制动的初始车速、转弯半径等参数。通过实车道路试验，选取转向盘转角和侧向加速度参数对仿真精度进行验证。实车试验和仿真试验的转向盘转角随时间的变化曲线如图 3-7 所示，侧向加速度变化曲线如图 3-8 所示。

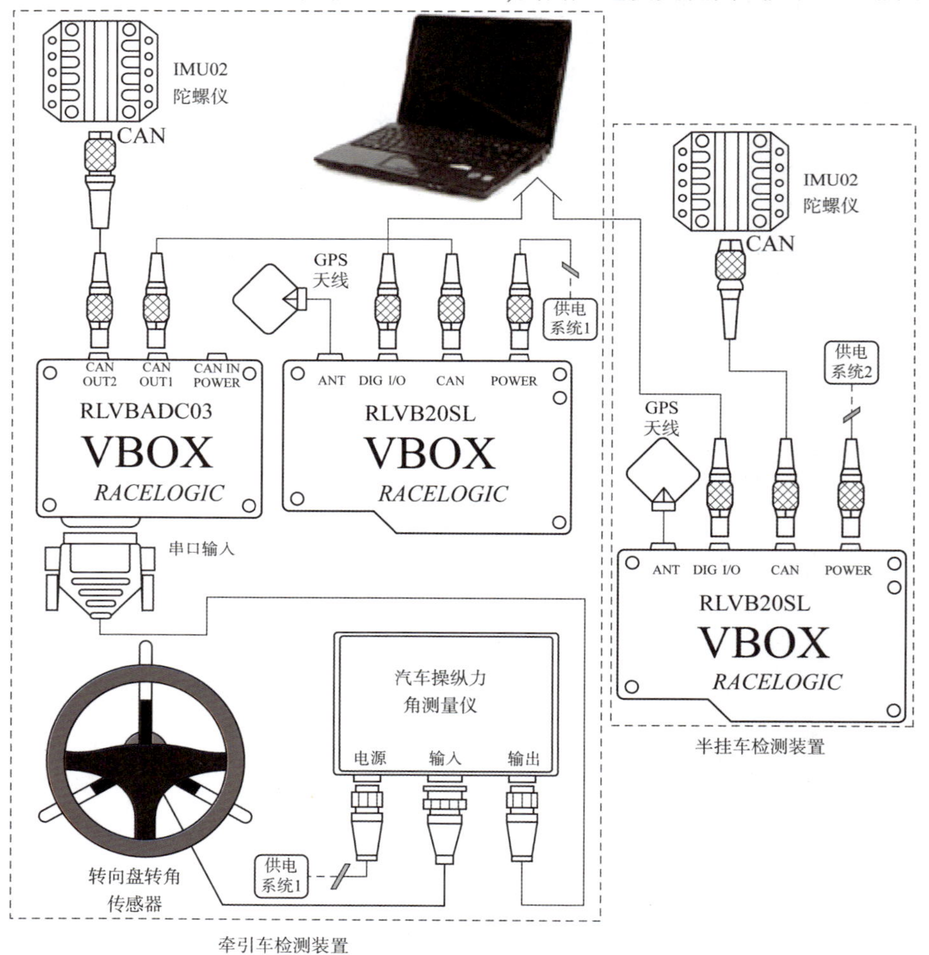

图 3-5　半挂汽车列车弯道制动试验系统示意图

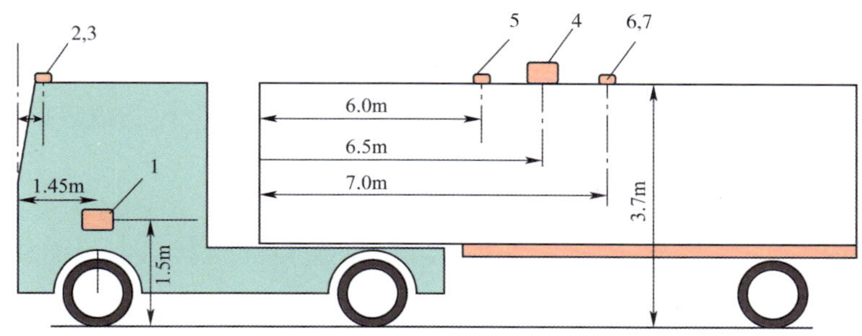

a) 惯性单元(陀螺仪)和VBOX天线安装位置侧视图

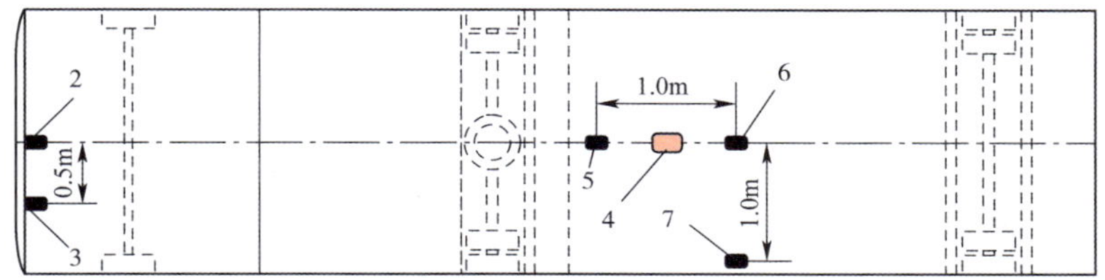

b) 陀螺仪和VBOX天线安装位置俯视图

图 3-6　陀螺仪和 VBOX 天线安装位置

1-惯性单元(陀螺仪 1);2-VBOX2 主天线 A;3-VBOX2 从天线 B;4-惯性单元(陀螺仪 2);5-VBOX3 主天线 A;6-VBOX3 俯仰从天线 B;7-VBOX3 侧倾从天线 C

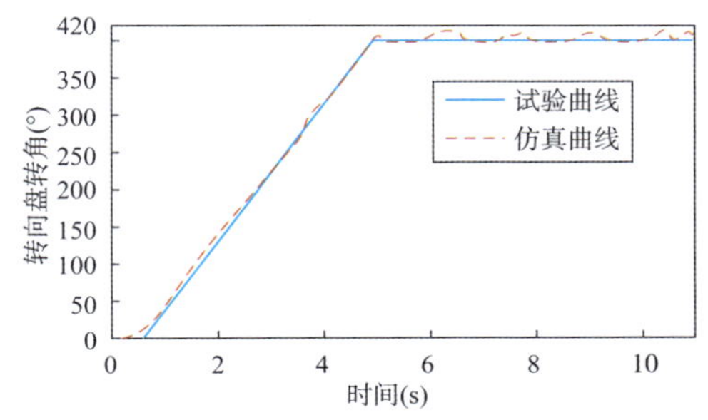

图 3-7　转向盘转角随时间变化对比曲线

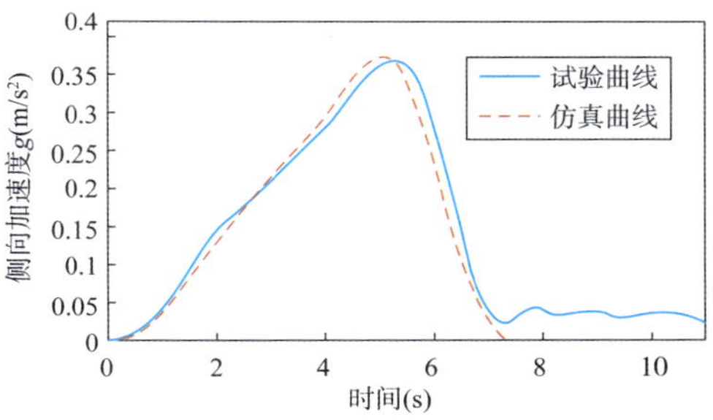

图 3-8　侧向加速度对比曲线

由图 3-7 和图 3-8 可知,仿真计算结果和试验结果在幅值和线形上具有较好的一致性,说明构建的仿真模型可靠、有效。

(三)车辆参数对转弯制动稳定性能影响分析

增加牵引座前置距值,可以缩短半挂汽车列车的制动距离,减小半挂牵引车横摆角速度,从而提高半挂汽车列车弯道制动的稳定性。因此,在满足国家标准对甩挂运输半挂汽车列车轴荷、尺寸及前回转半径等技术要求的前提下,可适当增加半挂牵引座的前置距。

增加半挂车轴距可导致半挂牵引车与半挂车铰接角有小幅增加,但可以缩短制动距离,使半挂牵引车横摆角速度和半挂汽车列车铰接角速度显著变缓。因此,增加车轴距对甩挂运输半挂汽车列车弯道制动稳定性有利。

半挂车制动滞后时间延长将导致制动距离增加、铰接角和铰接角速度振动幅度增大、半挂牵引车的横摆角速度的振幅和数值增加且制动总时间延长,不利于改善半挂汽车列车的制动稳定性。因此,在甩挂运输半挂汽车列车的设计和制造时应合理布置制动系统各总成的位置,尽可能减少制动管路的长度,并通过采用新型的控制机构或控制方式,例如使用电信号作为制动气压的控制信号,以降低半挂汽车列车各轴相对于控制信号的时间延迟,提高半挂汽车列车弯道制动的稳定性[2]。

半挂汽车列车各轴制动力的分配对汽车列车制动协调性的影响较大,且随着半挂汽车列车最大总质量的不同而变化。因此,应根据车辆装载情况对制动力分配系数进行动态调整,以保障半挂汽车列车在不同装载情况下保持良好的弯道制动稳定性能。

半挂汽车列车转弯制动时同轴左右车轮垂直载荷的变化将会影响 ABS 起作用的时间,从而造成同轴左右车轮产生速度差,使半挂汽车列车容易出现折叠的危险工况。因此,半挂汽车列车应增大转弯半径,降低车速,以减少转弯制动时的载荷转移。

四、行驶通过性匹配

半挂汽车列车的行驶通过性包括纵向通过性和平面通过性,且通常以平面通过性分析为主。半挂汽车列车转弯过程中,非纯滚动情况将对轮胎造成严重磨损,所以在匹配研究中应以保证半挂汽车列车各车轮纯滚动为前提。以半挂汽车列车的最小转弯半径、最大转弯通道宽度、外摆值和直角弯占路宽度作为行驶通过性匹配的评价指标。具体的测试方法包括:《道路车辆外廓尺寸、轴荷及质量限值》(GB 1589—2004)附录 A 作为汽车列车外摆值测量方法;《汽车列车性能要求及试验方法》(GB/T 26778—2011)作为最小转弯直径和转弯通道宽度的测试方法;以《半挂牵引车与半挂车匹配技术要求》(QC/T 912—2013)为直角转弯性能的测试方法。

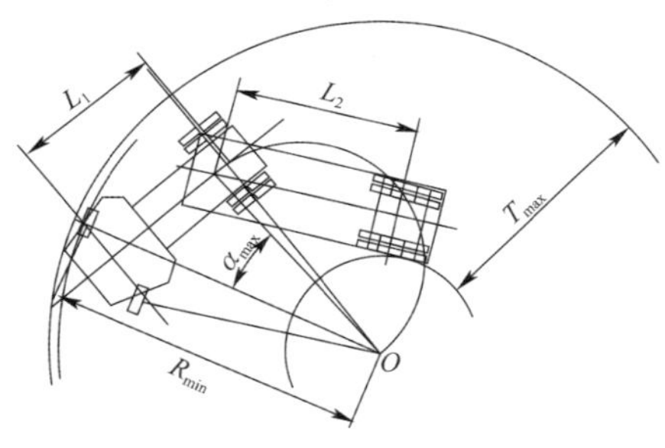

图 3-9　半挂汽车列车转弯示意图

半挂汽车列车的行驶通过性与半挂牵引车转向轮转向角、半挂牵引车轴距与轮距、半挂车轴距与轮距以及牵引销前置距等密切相关。半挂汽车列车在转弯过程中的结构参数示意图,如图 3-9 所示。

当半挂汽车列车作稳定转弯行驶时,半挂牵引车与半挂车具有相同的角速度,此时,为维持铰接点的速度一致,半挂牵引车与半挂车的速度瞬心应交于一点,即其上三根车轴的延长线在运动中应始终满足相交于一点,其各轴上的车轮均维持纯滚动,为确保半挂汽车列车各轮处于纯滚动状态,需满足式(3-9)要求。根据半挂汽车列车结构参数以及几何关系,确定各结构参数之间的关系。

$$L_2 \leqslant \sqrt{\left(L_1 \cot\alpha_{max} - \frac{B_1}{2}\right)^2 + E^2} \tag{3-9}$$

式中:L_1——半挂牵引车轴距,mm;

L_2——半挂车轴距,mm;

α_{max}——半挂牵引车外转向轮最大转角,rad;

B_1——半挂牵引车转向轮主销中心距,mm;

E——前置距,mm。

最小转弯半径与车辆结构参数模型：

$$R_{\min}=\frac{L_1}{\sin\alpha_{\max}}+a \tag{3-10}$$

最大转弯通道宽度与车辆结构参数模型：

$$T_{\max}=\left(R_{\min}+\frac{B}{2}+L_{\mathrm{f}}\sin\alpha\right)-\left(\sqrt{\left(\sqrt{(R_{\min}-a)^2-L_1^2}-\frac{B_1}{2}\right)^2+E^2-L_2^2}-\frac{B_2}{2}-\frac{M}{2}\right) \tag{3-11}$$

式中：B——半挂牵引车转向轮轮胎断面宽度，mm；

L_{f}——半挂牵引车前悬，mm

a——半挂牵引车转向轮中心到同侧主销中心距，mm；

B_2——半挂车后轮中心距，mm；

M——半挂牵引车转向轮中心到同侧主销中心距，mm。

为研究半挂汽车列车外摆值的变化，首先建立惯性坐标系 XOY，设转弯过程中半挂车最后外点为 A 点，后轴中心线中点为 B 点，牵引销位置为 o 点，半挂车纵向中心线与 X 轴夹角为 α，如图 3-10 所示。于是 A 点在坐标可以表示如下：

$$\begin{cases}X_{Ai+1}=X_{oi+1}+\cos(\alpha_{i+1})(-L)-\sin(\alpha_{i+1})M\\ Y_{Ai+1}=Y_{oi+1}+\sin(\alpha_{i+1})(-L)+\cos(\alpha_{i+1})M\end{cases} \tag{3-12}$$

式中：L——点 A 在半挂车上相对于牵引销的纵向距离；

M——点 A 在半挂车上相对于牵引销的横向的距离。

若将半挂汽车列车转弯过程分成 dc 次，每次牵引销的位置 o 的轨迹绕着转弯中心转 dd 度，根据《道路车辆外廓尺寸、轴荷及质量限值》(GB 1589—2004)的要求，至少在圆周内行驶 1/2 圈（半个圆周），dc 和 dd 满足关系：$dd\times dc=\pi$。半挂汽车列车转弯过程时 B 点在 $i+1$ 时刻的位置确定如下：以 $i+1$ 时刻牵引销的位置 o_{i+1} 点为圆心、半挂车轴距 L_2 为半径画一个圆弧，该圆弧与 i 时刻挂车纵向中心线的交点即近似为 $i+1$ 时刻点 B 的位置，进而可知 $i+1$ 时刻半挂车纵向中心线与 X 轴的夹角 α_{i+1}，再根据式(3-12)确定 $i+1$ 时刻 A 点的位置，见式(3-13)。重复以上过程，就可以逐步得到 A 点在 $i+2$、$i+3$…时刻的坐标，进而得到 A 点的轨迹，在此基础上可求出外摆值。

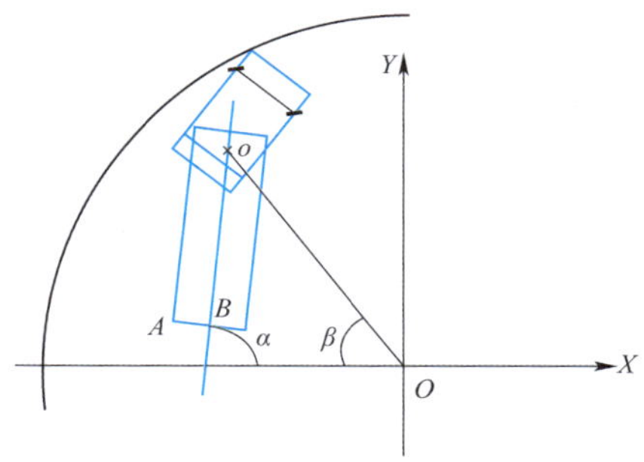

图 3-10　半挂汽车列车转向分析图

$$X_{Ai+1}=X_{oi+1}+\cos(\alpha_{i+1})(-L)-\sin(\alpha_{i+1})M$$
$$Y_{Ai+1}=Y_{oi+1}+\sin(\alpha_{i+1})(-L)+\cos(\alpha_{i+1})M \tag{3-13}$$

重复以上过程，就可以逐步得到 A 点在 $i+2$、$i+3$…时刻的坐标，进而得到 A 点的轨迹，在此基础上便可求出外摆值。

通过仿真与实车试验发现：

(1)在满足纯滚动和最小转弯半径的条件下，随着半挂牵引车外前轮最大转向角的增大，半挂牵引车的最大允许轴距增大，半挂车的最大允许轴距减小，应合理匹配。

(2)影响半挂汽车列车行驶通过性(外摆值)的主要因素为前置距、半挂牵引车轴距、半挂车轴距和后轮中心距，表征半挂汽车列车行驶通过性的外摆值随着前置距、半挂牵引车轴距增大而增大，而随着半挂车轴距、后轮中心距的增大而减小。

(3)对于限值为18.1m的半挂汽车列车，同时满足转弯半径要求和转弯通道宽度要求时，半挂车的轴距不应超过8.1m。

五、平顺性匹配

与研究乘用车的平顺性不同，汽车列车除了要考虑在行驶过程中产生的振动和冲击环境对驾驶员的舒适性的影响，还要考虑对承载货物完好性的影响。半挂汽车列车由半挂牵引车和半挂车构成，相对于乘用车具有更多的振动自由度，且装载量又大，因此其振动特性更为复杂。

悬架的弹性和阻尼是影响列车垂直振动的主要因素。由驾驶员和货物所受到的动载荷所决定的车辆行驶平顺性或舒适性和行驶安全性都与悬架系统的特性有关[1]。当然，轮胎的弹性与阻尼也对其有一定的影响。车辆行驶平顺性在很大程度上取决于车身的振动程度，尤其是其垂直振动加速度[1]。

半挂汽车列车驾驶员的舒适性和所运货物的完好性是由各种激励和列车的响应所决定的。主要的激励源是由道路的不平度、车轮—轮胎总成旋转不平衡以及发动机和传动系运转产生的。汽车列车对这些激励的响应可由系统的振动模型求出。在高频振动的范围内，这些响应还受到车架弯曲、驾驶室安装状况、牵引座位置、半挂车的载荷和其他参数的影响。

(一)半挂汽车列车平顺性模型的建立

为了简化模型和便于计算，在满足半挂汽车列车沿纵向中心线左右对称且做匀速直线运动、车身在平衡位置附近作微幅振动、忽略车身质心在轴向面内的振动和车体绕Z轴的角振动、视平衡悬架钢板弹簧为弹性弹簧与刚性平衡杆2个分开的元件、平衡杆的质量等分给牵引车中车轴与后车轴、刚性平衡杆与中后车轴以铰接的形式连接、牵引车与半挂车之间以铰接的形式连接和忽略除路面以外的其他振源等假设条件下，建立带平衡悬架的平面11自由度半挂汽车列车1/2车振动模型[3]，如图3-11所示。

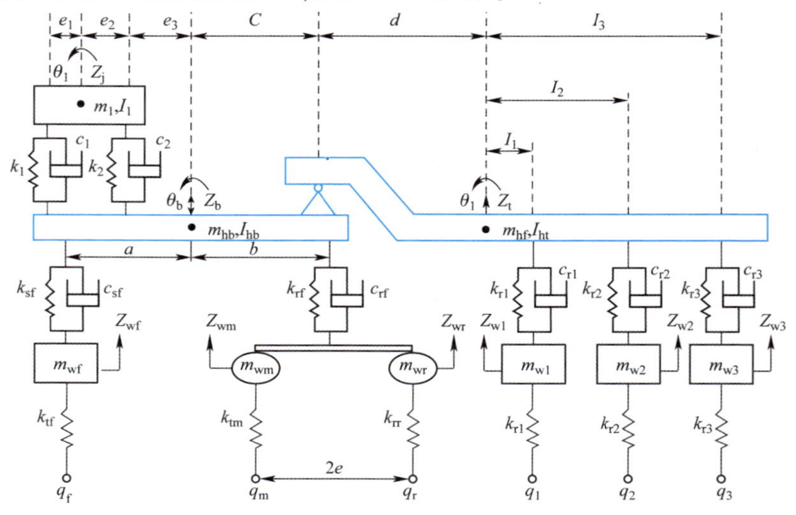

图3-11　半挂汽车列车动力学模型

图中 m_i、m_{hb}、m_{ht} 分别为驾驶室、半挂牵引车车身、半挂车车身质量；I_i、I_{hb}、I_{ht} 分别为驾驶室、半挂牵引车车身、半挂车车身面内转动惯量；m_{wf}、m_{wm}、m_{wr} 分别为半挂牵引车前轴、中轴、后轴非簧载质量；m_{w1}、m_{w2}、m_{w3} 分别为半挂车 1 轴、2 轴、3 轴非簧载质量；a、b 分别为半挂牵引车车身质心至前轴、中后轴中心的纵向距离；c、d 分别为半挂牵引车质心、半挂车质心至鞍座的纵向距离；$2e$ 为牵引车中后轴纵向距离；e_1、e_2 分别为驾驶室质心至驾驶室前、后悬置纵向距离；e_3 为半挂牵引车质心至驾驶室后悬置纵向距离；l_1、l_2、l_3 分别为半挂车车身质心至 1 轴、2 轴、3 轴中心的纵向距离；k_1、k_2 分别为驾驶室悬置的前后弹簧刚度；c_1、c_2 分别驾驶室悬置的前后减振器阻尼；k_{sf} 为半挂牵引车前轴悬架垂直刚度；c_{sf} 为半挂牵引车前轴悬架垂直阻尼；k_{sr} 为半挂牵引车中后轴平衡悬架垂直刚度；c_{sr} 为半挂牵引车中后轴平衡悬架垂直阻尼；k_{tf}、k_{tm}、k_{tr} 分别为半挂牵引车前轴、中轴、后轴的轮胎刚度；k_{s1}、k_{s2}、k_{s3} 分别为半挂车 1 轴、2 轴、3 轴悬架垂直刚度；c_{s1}、c_{s2}、c_{s3} 分别为半挂车 1 轴、2 轴、3 轴悬架垂直阻尼；k_{t1}、k_{t2}、k_{t3} 分别为半挂车 1 轴、2 轴、3 轴的轮胎刚度；q_f、q_m、q_r、q_1、q_2、q_3 分别为半挂牵引车及半挂车各轴路面对轮胎激励；Z_{wf}、Z_{wm}、Z_{wr} 分别为半挂牵引车前轴、中轴、后轴非簧载质量的垂向位移，图示方向为正；Z_{w1}、Z_{w2}、Z_{w3} 分别为半挂车 1 轴、2 轴、3 轴非簧载质量的垂向位移，图示方向为正；Z_j、Z_b、Z_t 分别为驾驶室质心、半挂牵引车车身质心、半挂车车身处的垂向位移，图示方向为正；θ_j、θ_b、θ_t 分别为驾驶室、半挂牵引车车身、半挂车车身面内转动角度，图示方向为正。

该模型有 11 个自由度，主要选取座椅处（Z_1 处）和距货厢尾部 30 cm 处（以下简称货厢参考点）作为汽车列车振动考察部位，其振动情况的好坏直接影响车辆的乘坐舒适性和货物运输安全性[3]。

半挂汽车列车平顺性模型的振动微分方程：

$$M\ddot{X} + C\dot{X} + KX = F \tag{3-14}$$

式中：X——位移向量；

M——质量矩阵；

C——阻尼矩阵；

K——刚度矩阵；

F——广义激励力矩阵。

位移向量的表达式为：

$$X = [Z_{wf}, Z_{wm}, Z_{wr}, Z_{w1}, Z_{w2}, Z_{w3}, Z_j, Z_b, \theta_j, \theta_b, \theta_t]^T$$

质量矩阵的表达式为：

$$M = \begin{bmatrix} M_t & 0 & 0 & 0 & 0 \\ 0 & m_{hb}+m_{ht} & 0 & 0 & 0 \\ 0 & I_i & 0 & 0 & 0 \\ 0 & cm_{ht} & 0 & I_{hb}+c^2m_{ht} & cdm_{ht} \\ 0 & dm_{ht} & 0 & cdm_{ht} & I_{ht}+d^2m_{ht} \end{bmatrix}$$

阻尼矩阵的表达式为：

$$C = \begin{bmatrix} C_{11} & C_{12} \\ C_{21} & C_{22} \end{bmatrix}$$

刚度矩阵 K 的形式和阻尼矩阵 C 的形式基本相同，只有 K_{11} 部分稍有不同。

$$K_{11}=\begin{bmatrix} k_{tf}+k_{sf} & 0 & 0 & 0 & 0 & 0 & 0 \\ 0 & k_{tm}+(k_{sr}/4) & k_{sr}/4 & 0 & 0 & 0 & 0 \\ 0 & k_{sr}/4 & k_{tr}+(k_{sr}/4) & 0 & 0 & 0 & 0 \\ 0 & 0 & 0 & k_{t1}+k_{s1} & 0 & 0 & 0 \\ 0 & 0 & 0 & 0 & k_{t2}+k_{s2} & 0 & 0 \\ 0 & 0 & 0 & 0 & 0 & k_{t3}+k_{s3} & 0 \\ 0 & 0 & 0 & 0 & 0 & 0 & k_1+k_2 \end{bmatrix}$$

广义激励力矩阵的表达式为：

$$F=K_T q_i \tag{3-15}$$

式中：K_T——轮胎的广义刚度矩阵；

q_i——路面垂直位移输入。

（二）相关参数对半挂汽车列车平顺性的影响

采用甩挂运输轻量化半挂汽车列车为平顺性仿真车型，根据频域响应的计算方法，在 B 级路面、车速为 70km/h 工况下，采用 Matlab 对模型及程序进行了验证。所有考察参数均取 ±10%、±20% 及原始值 5 组数据，图形中黑色实线代表 +20%，双点画线代表 +10%，点画线代表原始数据，虚线代表 −10%，蓝色实线代表 −20%。以货物质心的变化为例，仿真分析货物质心变化对半挂汽车列车平顺性的影响。

通过改变半挂车质心至牵引销的距离大小来实现货物质心位置的变化。在其他参数不变的情况下，半挂车质心至牵引销的距离减小则货物质心前移，反之，半挂车质心至牵引销的距离增大则货物质心后移。半挂车质心至牵引销的距离改变得到的甩挂运输半挂汽车列车的加速度功率谱密度曲线，如图 3-12 和图 3-13 所示。

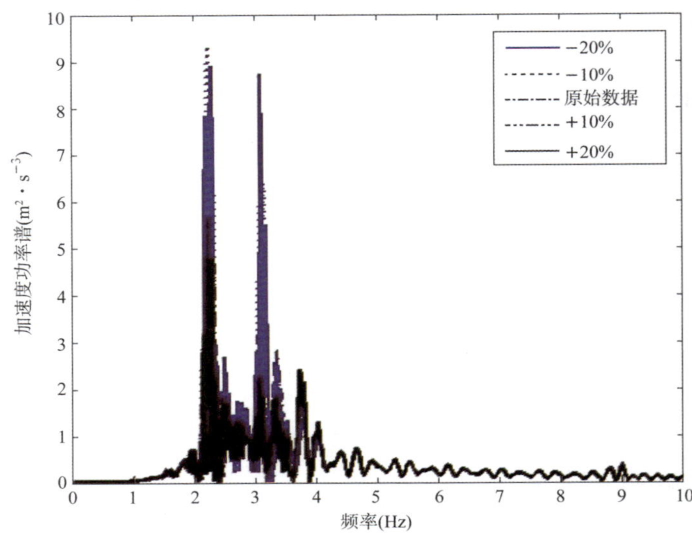

图 3-12　不同货物质心下的座椅处加速度功率谱

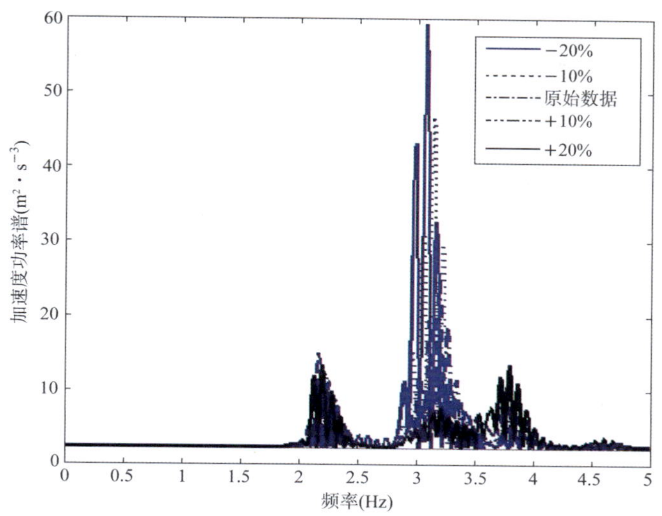

图 3-13 不同货物质心下的货厢参考点处加速度功率谱

货厢质心对半挂汽车列车平顺性的影响情况，见表 3-3。

货厢质心对半挂汽车列车平顺性的影响 表 3-3

车速 70km/h，B 级路面	驾驶室质心位置加权加速度均方根值	货厢参考点位置加权加速度均方根值
货物质心前移 20%	0.2722	1.6772
货物质心前移 10%	0.2766	1.6419
货物质心不变	0.2840	1.6215
货物质心后移 10%	0.2946	1.7215
货物质心后移 20%	0.4654	1.6845

采用同样方法，分别对悬架刚度、阻尼系数、轮胎刚度、牵引销前置距以及挂车簧载质量质心位置等关键参数对半挂汽车列车平顺性的影响进行仿真分析，并对其影响规律进行了分析。通过仿真分析可得：影响半挂汽车列车平顺性的主要因素由大到小排列为半挂牵引销前置距、挂车簧载质量质心位置、悬架刚度、悬架阻尼系数、轮胎刚度。在半挂汽车列车的悬架刚度、悬架阻尼系数、轮胎刚度等已确定的情况下，通过合理调整牵引销前置距、挂车货物质心位置可以改善半挂汽车列车的平顺性。

六、操纵稳定性匹配

半挂汽车列车的操纵性能包括纵向力输入的操纵性能、侧向力输入的操纵性能和纵向力与侧向力联合输入的操纵性能。这些力的输入既可以是驾驶员的操纵输入，也可以是外界的干扰，或者是操纵输入和干扰的共同作用[4]。汽车列车的行驶安全性在很大程度上取决于它们的操纵性能。由于各个单元间的力和运动的相互影响，汽车列车的操纵性能比单体汽车的操纵性能要复杂得多。换句话说，汽车列车的操纵性能就是汽车列车在行驶过程中，驾驶员不转动转向盘时维持直线行驶的能力；在转动转向盘后，沿着驾驶员预定的路线行驶的能力；以及在上述两种情况下，受到外界干扰时，抵御外界干扰并继续维持预定路线行驶的能力。前两者称为操纵性,后者称为稳定性。

(一)半挂汽车列车操纵稳定性线性模型建立

在建立半挂汽车列车操纵稳定性线性模型过程中,为便于计算对模型作如下简化:将半挂汽车列车看作是两个刚体,通过牵引销和牵引座的耦合作用实现相互运动的组合;忽略半挂汽车列车垂直、侧倾和俯仰3个自由度的运动;忽略车辆的滚动阻力和空气阻力;认为左右轮胎的侧偏角相等且其值很小,前轮转角也很小。建立的半挂汽车列车线性操纵稳定性模型如图3-14所示。

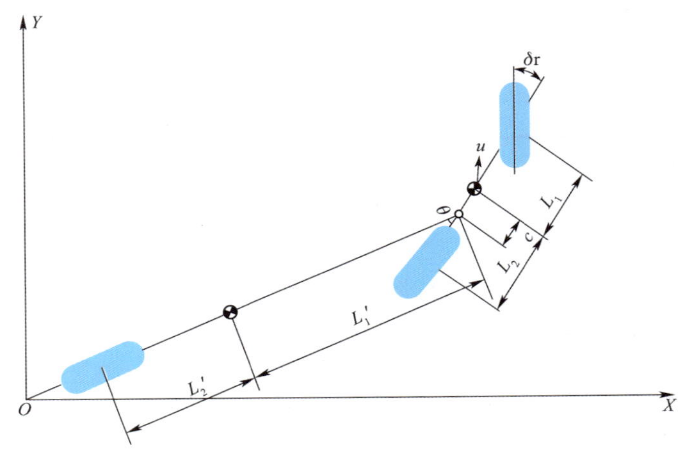

图3-14　半挂汽车列车线性操纵稳定性模型

半挂牵引车、半挂车的横摆角速度增益以及它们之间的相对增益可表示为:

$$\left(\frac{\omega}{\delta_r}\right)_s = \frac{u}{L_1 + L_2 + K_1 u^2} \tag{3-16}$$

$$\left(\frac{\theta}{\delta_r}\right)_s = \frac{L'_1 + L'_2 - L_2 + c + K_2 u^2}{L_1 + L_2 + K_1 u^2} \tag{3-17}$$

$$\left(\frac{\omega}{\theta}\right)_s = \frac{u}{L'_1 + L'_2 - L_2 + c + K_2 u^2} \tag{3-18}$$

式中:ω——半挂牵引车横摆角速度,rad/s;

δ_r——前轮转角,rad;

θ——铰接角,rad;

u——牵引车纵向速度,m/s;

L_1——半挂牵引车质心至牵引车前轴距离,m;

L_2——半挂牵引车质心至牵引车后轴距离,m;

L'_1——半挂车质心至牵引点距离,m;

L'_2——半挂车质心至半挂车后轴距离,m;

c——半挂牵引车质心至牵引点距离,m;

K_1——牵引车稳定性因数;

K_2——半挂车稳定性因数。

（二）基于正交试验设计的仿真分析

影响半挂汽车列车操纵稳定性的因素有很多，利用汽车动力学仿真软件 TruckSim 对半挂汽车列车进行模拟试验，并利用正交试验设计方法进行方案设计，通过极差分析影响半挂汽车列车操纵稳定性因素的主次关系，可得出试验程序中最优匹配组合。

为了提高半挂汽车列车操纵稳定性，选取 10 个指标，分别为：半挂牵引车侧向加速度最大值、半挂车侧向加速度最大值、侧向加速度后部放大系数、半挂牵引车横摆角速度最大值、半挂车横摆角速度最大值、横摆角速度后部放大系数、半挂牵引车侧倾角最大值、半挂车侧倾角最大值、铰接角度最大值以及铰接角速度最大值。由于半挂汽车列车的系统构成十分复杂，影响因素很多，因此，只选取 13 个较为重要的因素，包括半挂牵引车轴距、前置距、半挂牵引车质心至前轴距离、半挂牵引车质心高度、牵引座离地高度、牵引车簧载质量、半挂车轴距、半挂车载荷、半挂车载荷质心至牵引销距离、半挂车载荷质心高度、轮距、悬架刚度以及轮胎侧偏刚度，每个因素都选取 3 种水平，见表 3-4。

因素水平表　　表 3-4

序　号	因　素	水　平　1	水　平　2	水　平　3
1	半挂牵引车轴距（mm）	3105	3450	3795
2	前置距（mm）	1035	1075	1115
3	半挂牵引车质心至前轴距离（mm）	2412	2680	2948
4	半挂牵引车质心高度（mm）	945	1050	1155
5	牵引座离地高度（mm）	1170	1300	1430
6	半挂牵引车簧载质量（kg）	4770	5300	5830
7	挂车轴距（mm）	7227	8030	8833
8	挂车载荷（kg）	27000	30000	33000
9	挂车载荷质心至牵引销距离（mm）	4203	4670	5137
10	挂车载荷质心高度（mm）	1800	2000	2200
11	轮距（前/后）（mm）	1845/1647	2050/1830	2255/2013
12	悬架刚度（N/mm）	350	700	1050
13	轮胎侧偏刚度（N/mm）	900	1000	1100

通过对半挂汽车列车的操纵稳定性研究，主要结论如下：

（1）影响半挂汽车列车操纵稳定性各参数的重要度依次为：悬架刚度、半挂牵引车轴距、半挂牵引车质心至前轴距离、半挂车载荷质心高度、牵引车质心高度、半挂车载荷质心至牵引销距离、轮胎侧偏刚度、半挂牵引车质量、牵引座离地高度、挂车轴距、半挂车载荷、轮距。

（2）为了提高其稳定性，应该提高以下参数的数值：悬架刚度、半挂牵引车质心至前轴距离、半挂车轴距、轮距；应降低以下参数的数值：半挂牵引车轴距、半挂车载荷质心高度、半挂牵引车质心高度、半挂车载荷质心至牵引销距离、轮胎侧偏刚度、半挂牵引车质量、牵引座离地高度、半挂车载荷。

（3）增加半挂车轴距可增加汽车列车的行驶稳定性，其主要影响半挂牵引车的侧向加速度，而对半挂车的侧向加速度影响不大；空载时前轴负荷越大，半挂牵引车的稳定性越好。

对甩挂运输遴选的6种半挂牵引车与同一半挂车分别组合成的半挂汽车列车进行了操纵稳定性仿真分析，并选取一组车辆进行了道路试验验证，模拟分析结果可信。

(4)为保证行驶稳定性，建议关键参数的匹配区间见表3-5。

参数匹配区间表 表3-5

6×4半挂牵引车	推荐值	4×2半挂牵引车	推荐值
前轴距(m)	3.2~3.4	前轴距(m)	3.2~3.4
后轴距(m)	1.3~1.4	后轴距(m)	1.3~1.4
前轮距(m)	2.0~2.1	前轮距(m)	2.0~2.1
后轮距(m)	1.8~1.9	后轮距(m)	1.8~1.9
整备质量(t)	<8.8	整备质量(t)	<6.8
牵引座前置距(m)	1.2~1.3	牵引座前置距(m)	0.5~0.6
三轴厢式半挂车	推荐值	两轴厢式半挂车	推荐值
前轴距(m)	7.5~8.5	前轴距(m)	6.5~7.5
后轴距(m)	1.3~1.4	后轴距(m)	1.3~1.4
轮距(m)	1.8~1.9	轮距(m)	1.8~1.9
整备质量(t)	<8.0	整备质量(t)	<7.0
质心高度(m)	0.9~1.2	质心高度(m)	0.9~1.2
半挂车载荷质心至牵引销距离(m)	6.0~7.0	半挂车载荷质心至牵引销距离(m)	5.5~6.5
牵引座离地高度(m)	1.2~1.4(低承载面除外)	牵引座离地高度(m)	1.2~1.4(低承载面除外)

第二节 甩挂运输车辆互换性匹配技术

为实现安全、高效、便捷的甩挂运输，实现半挂牵引车、半挂车在产品结构、连接性能、装备配置、制造质量等方面合理的匹配与标准化，并与货物类型、装卸设备、场站设施、货运组织及其管理模式等技术要求保持协调统一，按照适用性、匹配性、协调性原则，从半挂牵引车与半挂车结构尺寸互换性、半挂牵引车与半挂车装备配置互换性和汽车列车技术协同性等方面提出了匹配要求。

一、半挂牵引车与半挂车尺寸互换性匹配要求

通过科学规定半挂牵引车牵引座、半挂车牵引销的安装位置(前、后)；承载/接合面高度(上、下)，保证甩挂运输汽车列车质量与尺寸参数符合法规要求、运动不干涉且具有良好的运动协调性，满足甩挂运输汽车列车的相关设计与使用要求，实现车辆与道路的协调发展。

牵引座承载面离地高度是指牵引车牵引座上平面处于水平状态时距离地面的距离。该值是决定甩挂运输牵引车与半挂车“甩得下、挂得上”的重要参数之一。据调研统计，现阶段

我国多数半挂牵引车的牵引座承载面离地高度分布在1350～1450mm范围内，集中在1400mm附近，导致相应的半挂车接合面高度相应抬高，但无法互换，不利于甩挂运输的推广。以运输20英尺、40英尺集装箱时半挂汽车列车不超高和重心尽量低为原则，根据《系列1集装箱　分类、尺寸和额定质量》(GB/T 1413—2008)中规定40英尺标准集装箱高度有2591mm(标准箱)和2896mm(高箱)两种，以及《道路车辆外廓尺寸、轴荷及质量限值》(GB 1589—2004)中规定车辆的最大高度限值为4000mm，并结合我国汽车生产技术水平，通过理论计算和实际运行检测得出：半挂牵引车与半挂车脱开状态下，牵引座接合面高度(H)(图3-15)应为1290～1320mm，拖挂高集装箱运输的半挂牵引车牵引座接合面高度(H)应为1080～1110mm；半挂车空载状态下，牵引销座板离地高度(H)应为1230～1250mm，拖挂高集装箱运输的半挂车应为1020～1040mm[5](图3-16)。

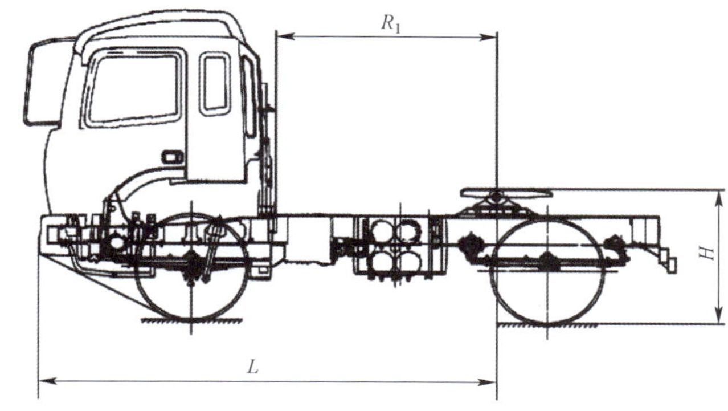

图3-15　半挂牵引车结构示意图(侧视图)

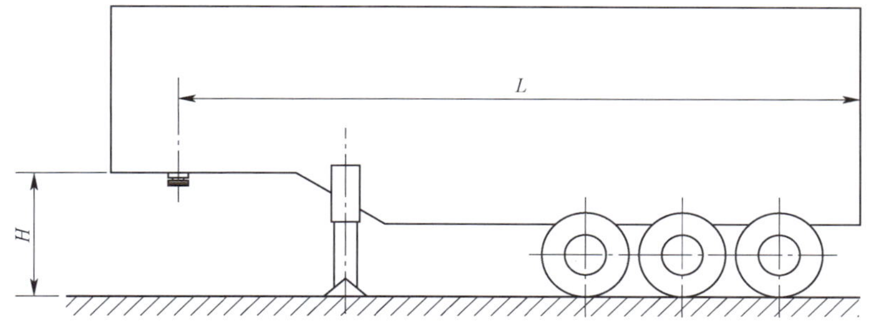

图3-16　半挂车示意图(侧视图)

牵引车牵引座前回转半径是指牵引车牵引座销孔中心至半挂牵引车驾驶室后部刚性部件末端在水平面上投影点的距离。半挂牵引车后回转半径是指半挂牵引车牵引座销孔中心至牵引车后端最远点在水平面上的投影点间的距离。半挂车前回转半径是指半挂车牵引销轴线至半挂车前端距牵引销轴线最远点在水平面上的距离。半挂车间隙半径是指牵引销轴线至半挂车鹅颈部分圆柱面或其他向下突出部分表面的最近点在垂直平面上的水平距离。半挂汽车列车转弯时，该半径将绕牵引销中心转动形成一个扇形区域，在该区域内半挂车的任何部分将不能与之发生干涉。根据《道路车辆　牵引车与半挂车之间机械连接互换性》(GB/T 20070—2006)3.2条款的规定：半挂牵引车牵引座前回转半径(R_1)(图3-15)应不小于2120mm；车辆后回转半径(r)应不大于2200mm。半挂车前回转半径(R_2)(图3-17)应不大于 2040mm;半挂车间隙半径应不小于 2300mm。

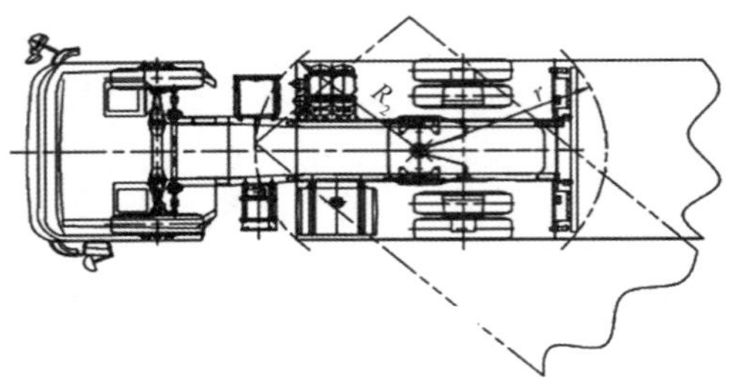
图 3-17　半挂牵引车与半挂车连接示意图(俯视图)

目前我国半挂牵引车和半挂车由不同的企业设计生产、认证检测,虽然《道路车辆外廓尺寸、轴荷及质量限值》(GB 1589—2004)中规定了半挂牵引车和半挂车主要尺寸以及汽车列车的长度限值(铰接列车 18100mm、货车列车 20000mm),但由于缺乏半挂牵引车和半挂车长度匹配与连接尺寸限值方面的要求,导致半挂牵引车和半挂车单车符合尺寸限值要求,但在组成半挂汽车列车后长度往往超过限值要求,在道路上行驶时被执法部门处罚。为了确保半挂牵引车和半挂车匹配后列车长度符合国家标准要求,对半挂牵引车和半挂车的长度匹配参数提出了具体要求。增加了牵引座中心至最前端的距离要求,其中半挂牵引车牵引座牵引销孔中心至车辆前端的距离(L)(图 3-15)4 ×2 半挂牵引车宜不大于 4500mm,6 ×4 和 6 ×2(单转向轴)半挂牵引车宜不大于 5100mm。半挂车牵引销中心至半挂车最后端距离(L)(图 3-16):长度不大于 13600mm 的半挂车应不大于 1200mm;长度大于 13600mm 且小于 14600mm 的半挂车应不大于 1300mm。

半挂牵引车牵引座前倾角/后倾角是决定列车纵向通过性的主要参数之一。《道路车辆　牵引座互换性》(GB/T 13880—2007)中 3.3 条规定,牵引座前倾角/后倾角不小于 12°,但安装到半挂牵引车上以后受车架及其他安装部件的限制,半挂牵引车在与挂车连接后摆动角度受到很大限制。依据《道路车辆　牵引车与半挂车之间机械连接互换性尺寸》(GB/T 20070—2006)中 4.1 条款的要求,经过推算和实际验证确定半挂牵引车牵引座前倾角/后倾角应不小于 6°/7°。

二、半挂牵引车与半挂车装备配置互换性匹配要求

国家相关标准规定,牵引座与牵引销分为 50 号和 90 号两种型号。《道路车辆　牵引车与半挂车之间机械连接互换性尺寸》(GB/T 20070—2006)中规定汽车列车最大允许总质量为 49t、半挂牵引车准拖最大总质量为 40t,50 号牵引座的承载能力为 50t,所以 50 号牵引座能满足要求。为减少牵引座使用型号,有效限制超载运输,提高甩挂运输车辆的互换程度,确定甩挂运输车辆统一采用 50 号牵引座。因此,半挂牵引车应安装符合《道路车辆　牵引座互换性》(GB/T 13880—2007)和《道路车辆　牵引座通用技术条件》(GB/T 31879—2015)要求的 50 号牵引座,如图 3-18 所示。半挂车应采用符合《道路车辆　半挂车牵引座 50 号牵引销的基本尺寸和安装、互换性尺寸》(GB/T 4606)的规定 50 号牵引销,如图 3-19 所示。

半挂牵引车与半挂车之间的气制动连接器应为符合《牵引车与挂车之间气制动管连接器》(GB/T 13881—1992)规定的掌式连接器,如图 3-20 所示。为了保证甩挂运输作业和车辆运行安全,应在工作状态下进行 2500 次试验后保持密封良好。

半挂牵引车与半挂车之间的 7 芯电连接器应按照《道路车辆　牵引车与挂车之间电连接器　7 芯 24V 标准型(24N)》(GB/T 5053.1—2006)的接线规定,且位置灯、示廓灯、牌照灯接 2 号线,后雾灯接 6 号线,倒车灯接 7 号线,如图 3-21 所示。

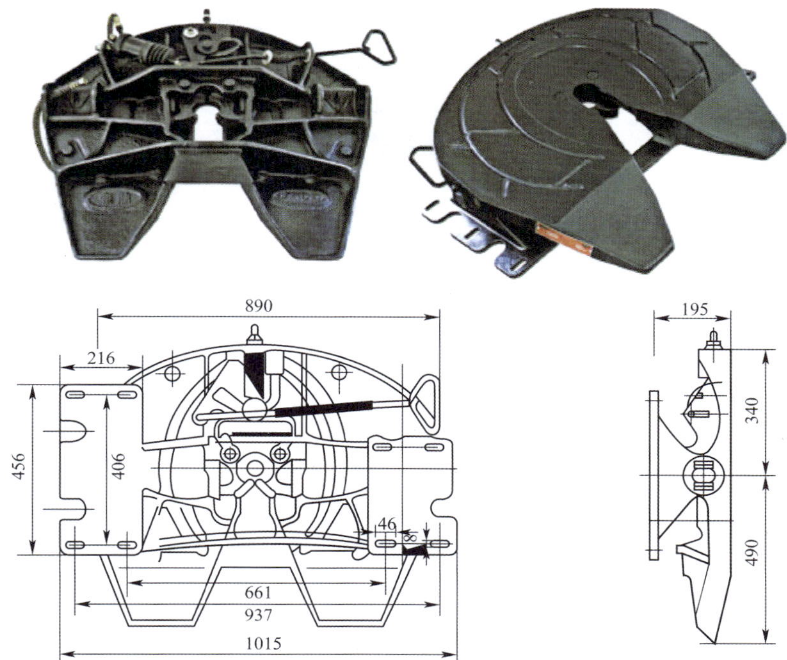

图 3-18　50 号牵引座及基本尺寸(单位:mm)

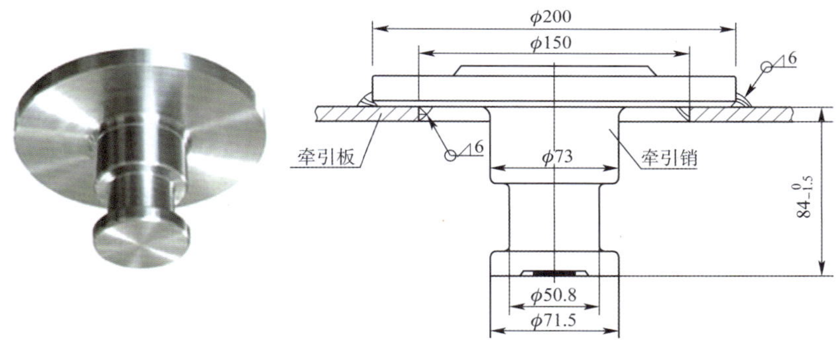

图 3-19　50 号牵引销及基本尺寸(单位:mm)

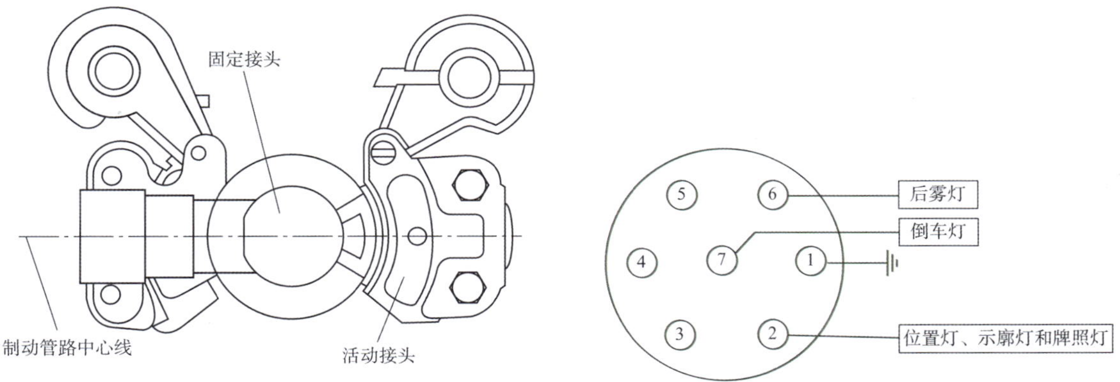

图 3-20　气制动管连接器(从牵引车左侧向右侧看)

图 3-21　7 芯 24V 电连接器接线要求示意图

半挂牵引车与半挂车之间防抱制动系统接口应符合《道路车辆　牵引车和挂车之间的电连接器　第1部分:24V标称电压车辆的制动系统和行走系的连接》(GB/T 20716.1—2006)的规定。相关系统应兼容匹配,确保列车制动有效。

半挂牵引车与半挂车气制动连接器、电连接器和防抱制动系统连接器的固定位置应符合《Commercial vehicles—Location of electrical and pneumatic connections between towing vehicles and trailers》(ISO 4009:2000)的规定,在半挂牵引车上,从其后端往车头方向看,按控制管路连接器、电连接、ABS连接器和供能管路连接器的顺序自左至右依次排列(图3-22);在半挂车上依次对应相应的连接器,保障各连接器连接线路不交叉。

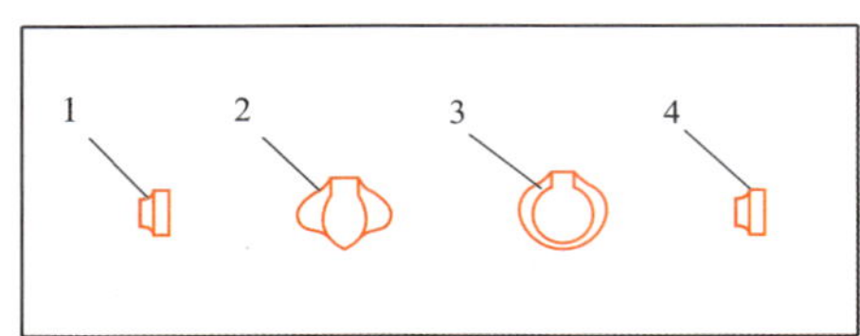

图3-22　连接器位置示意图

1-控制管路连接器;2-电连接器;3-ABS连接器;4-供能管路连接器

半挂牵引车与半挂车应装备符合《机动车和挂车防抱制动性能和试验方法》(GB/T 13594—2003)要求的防抱制动系统,且应装备制动间隙自动调整装置。各制动气室应装备符合《汽车和挂车　气压制动装置压力测试连接器技术要求》(GB/T 5922—2008)要求的测试连接器。

三、半挂汽车列车技术协同性匹配要求

《汽车列车性能要求及试验方法》(GB/T 26778—2011)中规定,半挂汽车列车最高车速不小于90km/h,为实现货物运输迅速、高效,在征求多方意见的情况下,建议在满载时半挂汽车列车最高车速不小于100km/h。为保障甩挂运输半挂汽车列车具备一定的动力储备,提出甩挂运输半挂汽车列车比功率不小于5.5kW/t。

为贯彻《道路运输车辆燃料消耗量监测和监督管理办法》(交通运输部2009年11号令),半挂汽车列车的燃料消耗量应符合《营运货车燃料消耗量限值及测量方法》(JT 719—2008)规定的第二阶段综合燃料消耗量限值要求,即总质量42t汽车列车不大于38L/100km,49t汽车列车不大于39L/100km。

车辆运行安全是对汽车列车要求的重要指标之一,为提高汽车列车运行安全性,按照《机动车运行安全技术条件》(GB 7258—2012)的规定,提出甩挂运输半挂汽车列车满载、30km/h速度下紧急制动距离不大于10.5m;根据《机动车运行安全技术条件》(GB 7258—2012)中7.2.10条款的规定,提出甩挂运输半挂汽车列车的最后轴制动动作滞后于最前轴制动动作的时间不大于0.2s。

根据《机动车运行安全技术条件》(GB 7258—2012)中4.13条款规定,提出汽车列车行驶轨迹摆幅不大于110mm。

四、其他匹配要求

行驶于矿山或山区公路上的汽车经常要下长坡,为防止汽车在本身重力作用下不断加速而发生危险,应当对汽车进行持续制动,将势能转化为动能再转化成热能而散逸,从而使汽车速度稳定在某个安全值。在某些情况下,单靠行车制动系统难以完成这样的任务,因为制动器长时间频繁工作将使其温度快速升高,导致制动效能衰退甚至完全失效,故在这种行

驶条件下运行的汽车,有必要增设辅助制动系统[6]。辅助制动系统的作用是在不使用或少使用行车制动系统的条件下,使车辆速度降低或保持稳定,而不能使车辆急停,这种作用称为缓速作用。辅助制动系统中用以产生制动力矩从而对车辆起缓速作用的部件称为缓速器,缓速器也属于制动器范畴。半挂牵引车应装备缓速控制装置,宜采用液力或电涡流方式。

半挂牵引车与半挂车应安装子午线轮胎,宜使用无内胎子午线轮胎或宽断面单胎;车轮总成在安装前应进行动平衡试验。

半挂车应采用符合《挂车车轴》(JT/T 475—2002)规定的10t级车轴。

半挂车应采用符合《挂车支撑装置》(GB/T 26777—2011)规定的双联动支撑装置。

半挂牵引车应在驾驶室后部,牵引座前部位置设置工作台板,板面应具有防滑功能,安装位置、台板尺寸和强度均应满足使用要求。

第三节　甩挂运输车辆与装载单元匹配技术

货物安全是客户最为关注的重要因素,提高运输效率和降低物流成本是物流企业追求的基本目标。甩挂运输中,通过合理的装载与有效固定,能够在保证货物安全的前提下提高运输效率、降低物流成本。本节结合甩挂运输,重点阐述了货运托盘与货物包装、货运托盘与车厢内部空间的相容性,在此基础上分析如何在车厢内合理的布置货物,确保车辆轴荷符合国家标准要求。此外,由于运输途中受道路条件、驾驶员行为等因素影响,为保证货物的运输安全,还分析了货物在车厢内的合理栓固方式等。

一、货运托盘的适用性分析

托盘作为基本的集装单元器具,是衔接运输、仓储、包装、装卸搬运等物流环节的关键要素。托盘的标准化和社会化应用水平是衡量一个国家或地区物流现代化运作水平高低的标志之一,托盘与叉车、运输车辆、集装箱、货物包装、货架、仓库等相关尺寸的合理匹配,实施“托盘作业一贯化”,是提高装卸搬运效率、降低物流成本的有效技术手段之一。

(一)托盘的结构类型

按托盘的材质可将托盘划分为木托盘、塑料托盘、金属托盘、纸质托盘、塑木托盘(复合材料托盘)和竹托盘6种,如图3-23所示。在《托盘术语》(GB/T 3716—2000)中根据托盘的结构特点,将托盘划分为平托盘和带上部结构的专用托盘两大类,其中平托盘可分为7种具体的结构类型,即单面托盘、双面托盘、双向进叉托盘、四向进叉托盘、局部四向进叉托盘、自由叉孔托盘、周底托盘,如图3-24所示;带有上部结构的托盘主要有3种类型,即立柱式托盘、箱式托盘和笼式托盘,如图3-25所示。

(二)托盘标准化现状

在国际标准化组织中,ISO/TC 51托盘标准化技术委员会直接负责托盘相关标准的制定和修订,其中涉及托盘术语、托盘规格、托盘试验方法及性能要求、托盘最大载荷、托盘制造及维修等多个方面。

a)木托盘

b)塑料托盘

c)金属托盘

d)纸质托盘

e)复合材料托盘

f)竹托盘

图 3-23　不同材质的托盘

a)单面托盘

b)双面托盘

c)双向进叉托盘

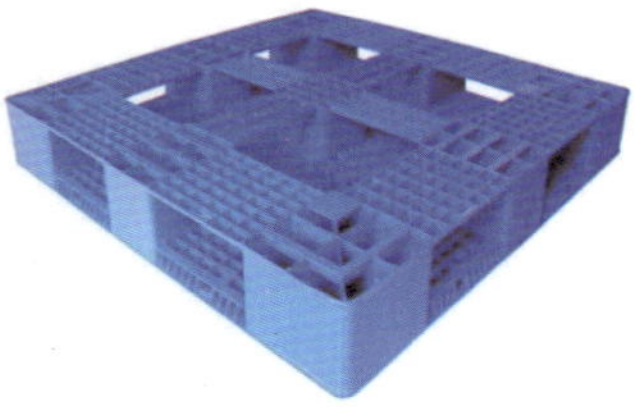

d)四向进叉托盘

e)局部四向进叉托盘

f)自由叉孔托盘

g)周底托盘

图 3-24　不同结构类型的平托盘

a)立柱式托盘

b)笼式托盘

c)箱式托盘

图 3-25　带上部结构的专用托盘

国际标准《洲际物料输送用平托盘　主要尺寸和公差》(ISO 6780:2003)中规定了 6 种尺寸规格，包括 1200mm × 1000mm、1200mm × 800mm、1219mm × 1016mm、1140mm × 1140mm、1100mm × 1100mm 和 1067mm × 1067mm。

除 ISO 标准外，经济发达国家重视托盘标准化及其推广应用，世界主要国家和地区的标准托盘尺寸规格见表 3-6。

世界主要国家和地区托盘标准规格　　表 3-6

国家或地区	标　准　号	平面尺寸(mm × mm)
中国	GB/T 2934	1200 × 1000、1100 × 1100
美国	ANSI/ASME MH1.2.2M	1219 × 1016、1067 × 1067、1219 × 1219、1016 × 1219、1219 × 1067、1016 × 1016、1219 × 1143、1118 × 1118、914 × 914、1219 × 914、889 × 1156、1219 × 508
澳大利亚	AS 4068	1100 × 1100、1165 × 1165
日本	JISZ 0601	1100 × 1100
韩国	KSA 2155	1100 × 1100
中国台湾	CNS 8172 Z5099	1100 × 1100、1200 × 1000
新加坡	SS 334	1100 × 1100、1100 × 1400、1200 × 800、1200 × 1000、1200 × 1200、1200 × 1800
德国	DIN 15141 – 1	1200 × 800、1200 × 1000
法国	NF H 50 – 001	1200 × 800、1200 × 1000
英国	BS/ISO 6780	1140 × 1140、1200 × 800、1200 × 1000、1219 × 1016
俄罗斯	AOCT 9078	1200 × 800、1200 × 1000、1200 × 1600、1200 × 800

由表 3-6 可以看出，世界范围内主流标准托盘规格主要有 3 种，即 1200mm × 1000mm(简称 1210 托盘)、1200mm × 800mm(简称 1208 托盘)和 1100mm × 1100mm(简称 1111 托盘)。不同国家间的标准托盘规格尺寸差异较大，在亚洲、大洋洲主要采用 1111 托盘，在欧洲多采用 1210 托盘和 1208 托盘，而在北美，采用英制单位作为托盘尺寸单位，托盘尺寸主要为 1219mm × 1016mm、1067mm × 1067mm。

经国内相关学者与专家的对比分析结果显示，3 种主流托盘的载货效率[7](一般情况下，托盘的载货效率采用托盘载货面利用率来表示。它等于码放在托盘上包装货物的底面积占托盘载货面积的百分比)见表 3-7。由此可见，1210 托盘的载货效率最高，其次是 1111 托盘和 1208 托盘。

3 种主流托盘的载货效率　　表 3-7

托盘规格(mm)	托盘长宽比	有效载货面积(m^2)	平均载货效率(%)
1200×1000	1.2	1.2	84.3
1200×800	1.5	0.96	78.9
1100×1100	1.0	1.21	80.9

我国《联运通用平托盘　主要尺寸及公差》(GB/T 2934—2007)规定了 1210 托盘与 1111 托盘两种平托盘,这两种托盘均包含在《洲际物料输送用平托盘　主要尺寸和公差》(ISO 6780:2003)中。其中 1210 托盘是中国台湾、新加坡、德国、法国、英国和俄罗斯的标准规格之一,1111 托盘是澳大利亚、日本、韩国、中国台湾和新加坡等国标准规格托盘之一。

在亚洲主要国家外贸交易时使用 1111 托盘,与欧洲主要国家外贸交易时使用 1210 托盘,与北美外贸交易时,使用 1219mm×1016mm(48 英寸×40 英寸)的托盘,国内常用 1210 托盘发往美国。

通过对我国部分企业托盘使用情况调查后得知,2013 年中国物流系统中各类托盘保有量已达 8.6 亿片[8],如图 3-26 所示。托盘普及率依次为:1210 托盘、1111 托盘、1208 托盘、1140mm×1140mm 托盘、1219mm×1016mm 托盘、1067mm× 1067mm 托盘等,但由于企业内部中转以及出口需要,部分企业仍在使用其他类型的非标准货运托盘。

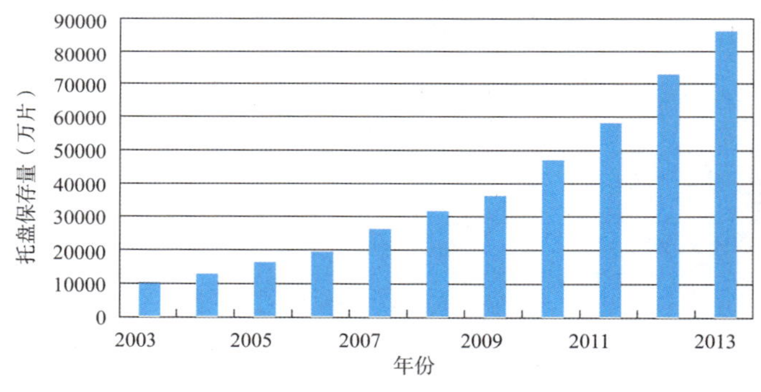

图 3-26　中国托盘保有量增长趋势

(三)托盘与我国现行包装标准的适应性分析

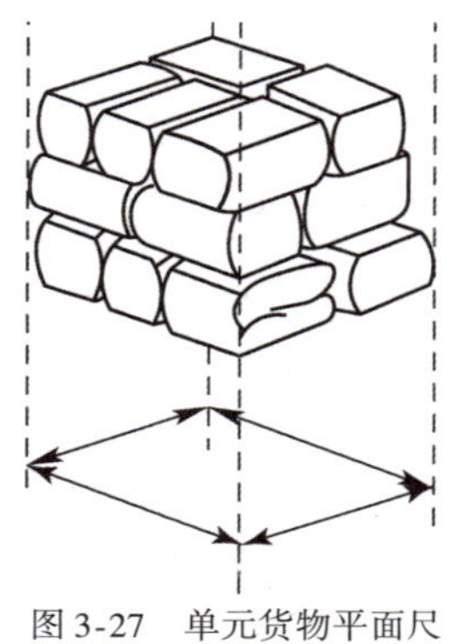

图 3-27　单元货物平面尺寸定义示意图

目前我国现行的包装标准主要有《包装　单元货物尺寸》(GB/T 15233—2008)、《硬质直方体运输包装尺寸系列》(GB/T 4892—2008)、《圆柱体运输包装尺寸系列》(GB/T 13201—1997)、《袋类运输包装尺寸系列》(GB/T 13757—1992)等。

1. 托盘与包装单元货物平面尺寸的适应性

《包装　单元货物尺寸》(GB/T 15233—2008)规定单元货物的最小平面尺寸有两种规格:1200mm×1000mm 和 1100mm×1100mm,长宽最大偏差为 +40mm。该标准尺寸与我国标准托盘规格尺寸相符合,如图 3-27 所示。

2. 托盘与硬质直方体包装标准尺寸的适应性

《硬质直方体运输包装尺寸系列》(GB/T 4892—2008)规定运输包装件的包装模数尺寸为:600mm×400mm 和 550mm×366mm。该标准在附录中列举了其与 1210 托盘、1111 托盘的相容性。通过简单换算,其尺寸与 1208 托盘也完全相容(包装模数为 600mm×400mm)。

3. 托盘与圆柱体包装标准尺寸的适应性

《圆柱体运输包装尺寸系列》(GB/T 13201—1997)规定了适合于包装单元货物尺寸 1200mm×1000mm、1200mm×800mm、1140mm×1140mm 的圆柱体尺寸系列,相关排列图谱如图 3-28、图 3-29 所示。

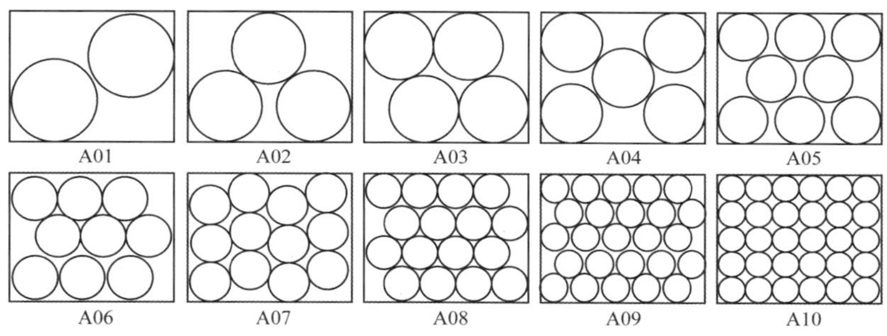

图 3-28　1210 托盘与圆柱体包装的适应性排列图谱

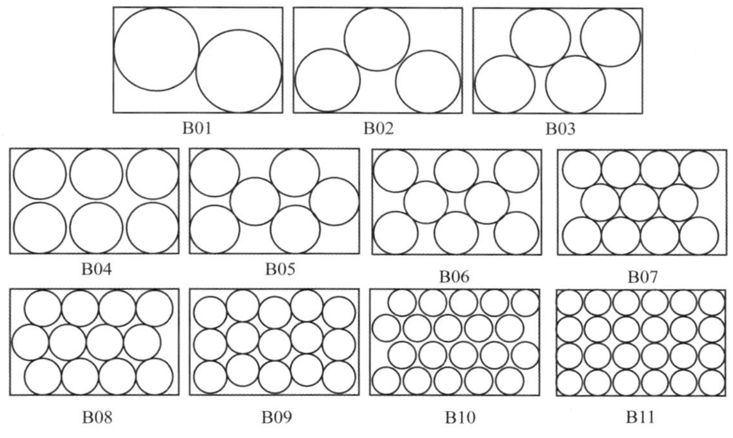

图 3-29　1208 托盘与圆柱体包装尺寸的适用性排列图谱

4. 托盘与袋类包装件的标准尺寸适应性

《袋类运输包装尺寸系列》(GB/T 13757—1992)规定了纸、麻、布和塑编等材质的袋类运输包装满装平卧时的底平面最大外廓尺寸。其与 1210 托盘、1208 托盘以及 1140mm×1140mm 托盘有着较好的适应性,如图 3-30 所示。

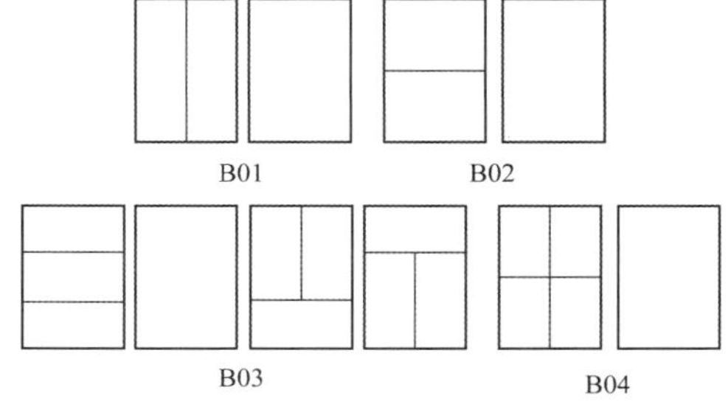

图 3-30　1208 托盘与袋类货物装载方式图谱

(四)托盘与甩挂运输推荐车型的相容性

相容性分析的原始数据包括托盘数据和推荐半挂车型数据。车型的原始数据选用交通运输部推荐车型的车辆数据,见表3-8。在分析过程中,主要采用仿真分析,选择运量较大的若干种不同尺寸的货物模拟在3种类型托盘上的装载,进而分析其与甩挂运输推荐车型的相容性,托盘装载仿真过程如图3-31所示。

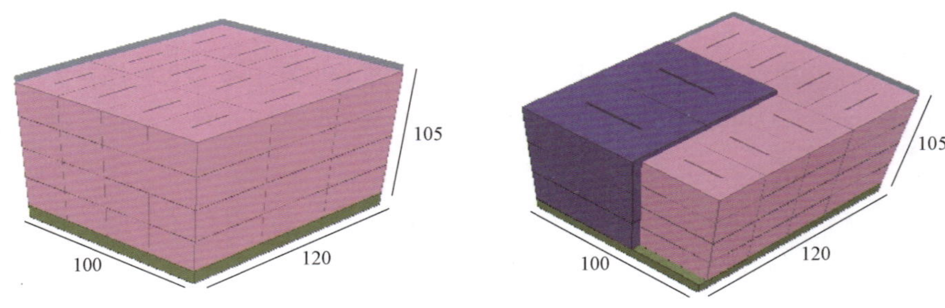

图3-31　1210托盘装载仿真(单位:cm)

车型的原始数据列表　　表3-8

制造企业	车　　型	车厢内部尺寸(mm)	最大总质量/整备质量(kg)
扬州中集通华专用车有限公司	ZJV9405XXYTH	14400×2468×2550	40000/7700
山东鲁峰专用汽车有限责任公司	ST9409XXY	14420×2440×2450	40000/8500
北京环达汽车装配有限公司	BJQ9400XXY	14450×2440×2500	40000/8500
安徽开乐专用车辆股份有限公司	AKL9403XXY	14450×2450×2480	40000/8500
……	……	……	……
驻马店中集华骏车辆有限公司	ZCZ9400XXYHJD	14440×2450×2200	40000/8500
重汽集团福建专用车有限公司	FJZ9400XXY	14400×2460×2600	40000/8500
福建常春专用车制造有限公司	FCC9400XXY	14450×2450×2260	40000/8800
福建新华旭专用车制造有限公司	XHX9400XXY	14350×2440×2550	39750/7950
山东丛林福禄好富汽车有限公司	LCL9405XXY	14260×2465×2550	39900/7400

通过车辆装载仿真分析,考虑车辆、托盘和货物包装尺寸的合理匹配情况,采用1210托盘、1208托盘和1111托盘3种托盘规格时,所有推荐车型的平均装载效率分别为92.01%、90.48%和71.7%。因此,从推荐车型托盘货物装载效率来看,1210托盘与各推荐车型及货物包装的相容性最好,装载效率最高,其次是1208托盘和1111托盘。

在运输过程中,每辆车能够装载托盘的总数量也直接影响装卸效率和运营成本。车辆能够装载的托盘数量越少,装卸效率就越高,同时装卸搬运成本和租赁成本也越低。

综合考虑推荐车型的容积利用、装卸效率和运营成本等因素,1210托盘与推荐车型的相容性最好。

二、车辆载荷布置要求

货物的合理装载与布置对车辆轴荷分配至关重要,尤其是大部分车辆都满载状态下进行运输工作，虽然车辆总质量符合要求，但由于货物装载位置不合理导致部分车辆轴荷大于车辆设计或道路设计标准，对车辆和道路设施造成了过度损伤。

半挂汽车列车载荷布置需要满足的约束条件为：不超出前桥最大允许承载，不超出后桥最大允许承载，不超出车辆最大允许承载，不低于转向桥的最低承载要求，不低于驱动桥的最低承载要求。

采用受力平衡与力矩平衡原理，依据货物装载原则，确定载荷布置规划图，如图3-32所示。车辆制造企业可根据车型尺寸与承载参数绘制出载荷布置规划图，以此检验车辆结构设计的合理性；货运企业可根据实际装载情况计算出装载货物质心位置，从而判断装载是否满足载荷布置规划图的要求。

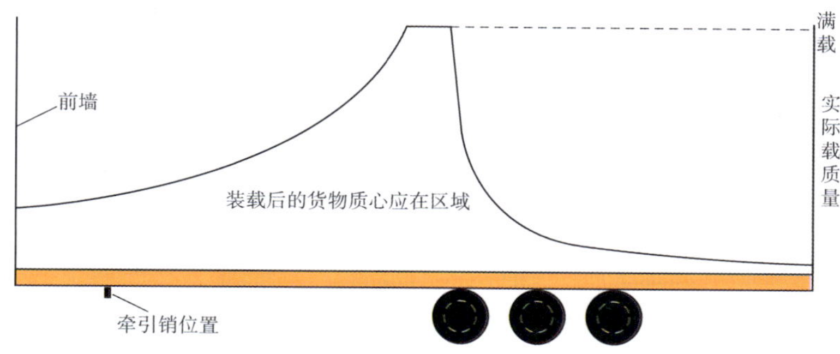

图3-32　半挂车载荷布置规划图

货物正确装载对车辆的运行安全影响重大，合理的货物装载可保证各轴轴荷均在车辆出厂规定的限值范围内，且能保证轴荷满足最低承载要求，确保行驶过程中有足够的驱动力。此外，货物正确装载可保证车辆左右轮轮荷分配均匀，避免单侧轮荷过高引起车辆轮胎发生故障，进而导致车货处于危险状态。

（一）货运车辆载荷布置规划图绘制原则

货运车辆行驶时，需要保证有足够牵引力，且各轴载荷需满足《道路车辆外廓尺寸、轴荷及质量限值》（GB 1589—2004）要求及车辆制造企业设计要求。本部分以两轴货车为例，给出了货运车辆载荷布置规划图的绘制原则。

货物装载后，需要同时满足以下5个条件：

（1）装载后，不能超出前桥最大允许承载。

（2）装载后，不能超出后桥最大允许承载。

（3）装载后，车辆满载质量不能超出车辆最大允许承载。

（4）装载后，转向桥的最低承载需满足车辆设计要求。

（5）装载后，驱动桥的最低承载需满足车辆设计要求。

由以上5个条件各自绘制出相应的曲线，曲线交点下方区域即为实际装载质量与货物总质心位置应坐落的区域（某些情况下，载荷布置规划图可能由三条或四条曲线构成）。

需要重点关注载荷最小的转向桥轴荷，保证车辆具有足够的转向能力。各车桥的最低载荷以及最大允许载荷限值可从车辆生产企业或车辆改装企业获得。

(二)货运车辆载荷布置规划图绘制方法[9]

1. 符号与定义

由于受力公式计算过程中,重力加速度 g 将被互相消除。为简化计算,本节货车各轴载荷、装载质量均使用质量进行替代,如图 3-33、图 3-34 所示,相关参数定义见表 3-9。

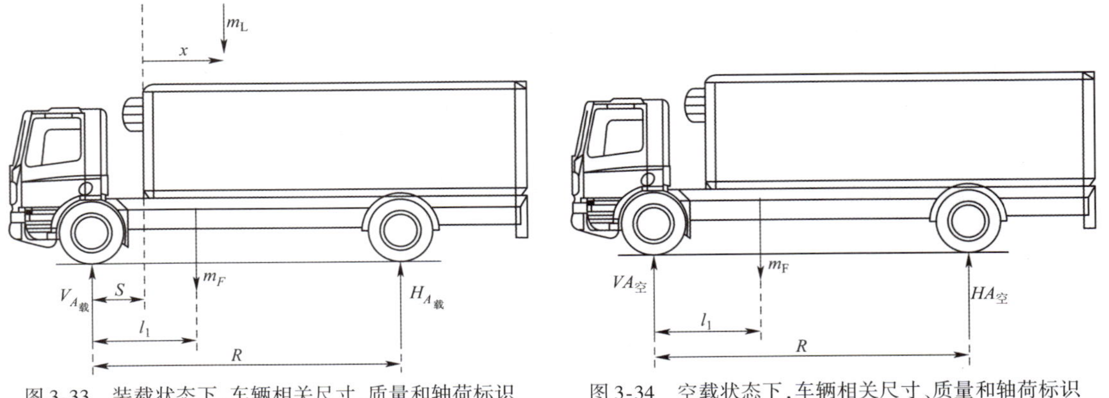

图 3-33 装载状态下,车辆相关尺寸、质量和轴荷标识　　图 3-34 空载状态下,车辆相关尺寸、质量和轴荷标识

相关计算参数定义　　表 3-9

符　号	项　目	单　位
m_F	车辆整备质量	kg
m_{Lx}	载荷总质量	kg
$VA_{载}$	车辆装载状态下,前桥载荷	kg
$HA_{空}$	车辆空载状态下,后桥载荷	kg
$HA_{载}$	车辆装载状态下,后桥载荷	kg
R	轴距	m
l_1	车辆空载时,车辆质心位置	m
SL_x	在保证操纵稳定性的前提下,转向轴的最低载荷	%
S_T	在保证牵引力的前提下,驱动轴的最低载荷	%
x	变量,以货厢前墙为起始点	m
S	车辆前桥到货厢前墙的距离	m

轴距或理论轴距(并装轴)确定后,以前桥为坐标原点建立车辆力矩平衡方程,即可求出空载状态下车辆质心位置(l_1)。

$$l_1 \cdot m_F = HA_{空} \cdot R \tag{3-19}$$

2. 具体求解过程

本节通过对整备质量为 6.8t,最大允许总质量为 16t 的两轴货车进行分析,讲述载荷布置规划图的绘制过程。其中:空载状态下,前轴轴荷为 4t,后轴轴荷为 2.8t;满载状态下,前轴最大设计轴荷为 6t,后轴最大设计轴荷为 10t;车辆装载状态下,前轴轴荷不小于车辆总质量的 25%,后轴轴荷不小于车辆总质量的 25%。

1)坐标系建立

在车辆侧视图上,以货厢前墙与货厢地板的连接处为原点,以水平朝向货厢尾部为 X 轴正方向、以垂直向上方向为 Y 轴正方向,建立平面直角坐标系。

2)前桥最大承载限值曲线 a

将坐标系原点平移至车辆后桥与地面接触点,建立前桥力矩平衡方程,绘制前桥的最大允许承载曲线 a(图 3-35)。车辆前桥的最大允许载荷由车辆制造企业提供,计算公式如下:

$$VA_{载} \cdot R - m_F \cdot (R - l_1) - m_{Lx} \cdot (R - S - x) = 0 \tag{3-20}$$

$$m_{Lx} = \frac{VA_{载} \cdot R - m_F \cdot (R - l_1)}{R - S - x}$$

曲线 a 以 x 为自变量,范围从货厢前墙起直至与最大允许装载质量限值曲线 c 相交。

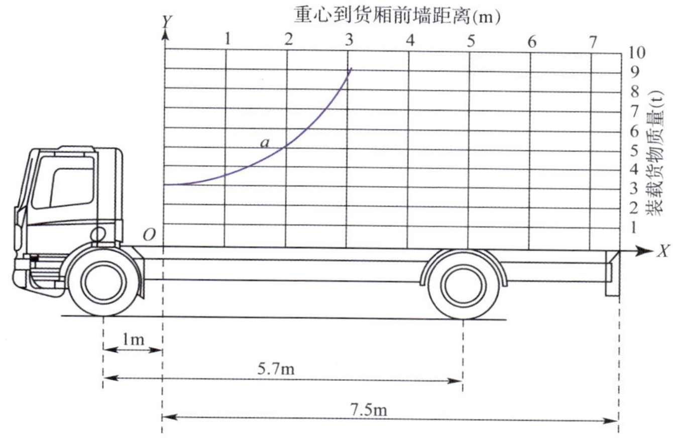

图 3-35　前桥最大承载限值曲线绘制

3)后桥最大承载限值曲线 b

将坐标系原点平移至车辆前桥与地面接触点,建立后桥力矩平衡方程,绘制后桥的最大允许承载曲线 b(图 3-36)。车辆后桥的最大允许载荷由车辆制造企业提供,计算公式如下:

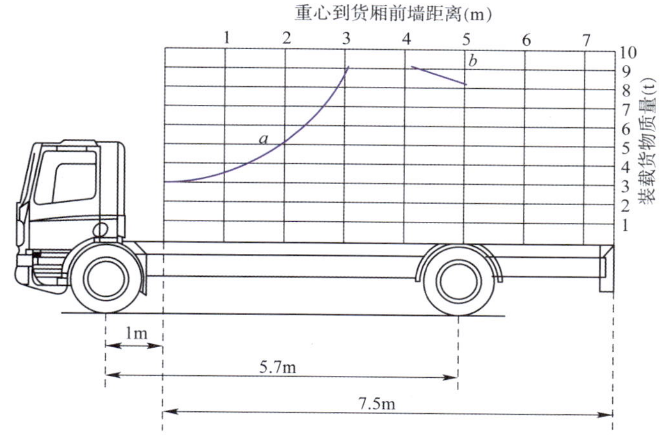

图 3-36　后桥最大承载限值曲线绘制

$$m_{\mathrm{F}} \cdot l_1 + m_{\mathrm{Lx}} \cdot (S + x) - HA_{载} \cdot R = 0 \tag{3-21}$$

$$m_{\mathrm{Lx}} = \frac{HA_{载} \cdot R - m_{\mathrm{F}} \cdot l_1}{S + x}$$

曲线 b 以 x 为自变量，范围从车辆后桥起直至与最大允许装载质量限值曲线 c 相交。

4）最大允许装载质量限值曲线 c

前述计算得到的前、后桥最大承载限值曲线 a 和 b 均受货车最大允许装载质量的限制，在图上用直线 c 将曲线 a 和 b 连接起来，即为货车的最大允许装载质量，如图3-37所示。

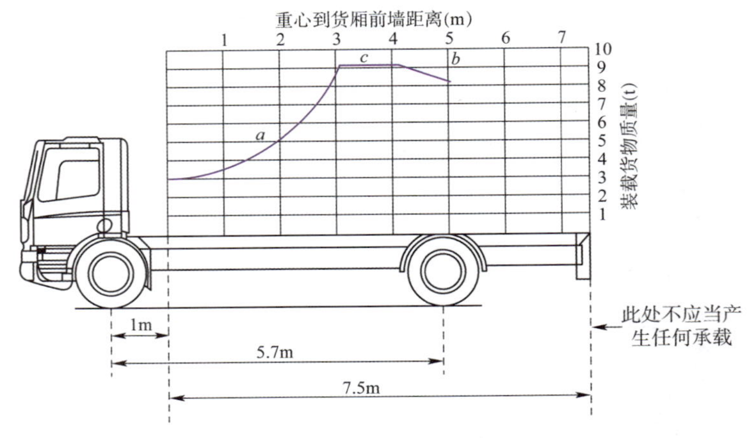

图 3-37　最大允许装载质量限值曲线 c 绘制

5）转向桥最低承载限值曲线 d

根据货车车型的不同，绘制转向桥最低承载限值曲线 d 时应当考虑货物载荷转移对转向桥的影响，以保证转向桥的最小载荷符合要求。相关数值应由车辆制造企业提供，通常情况下，转向桥最低承载为车辆最大设计总质量的 20% ~35%。

将坐标系原点平移至车辆后桥与地面接触点，建立前桥力矩平衡方程，绘制转向桥最低承载限值曲线 d，如图 3-38 所示。

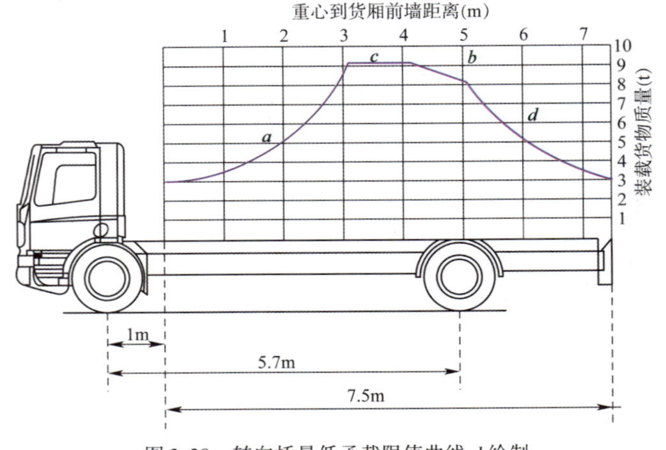

图 3-38　转向桥最低承载限值曲线 d 绘制

$$SL_x \cdot (m_F + m_{Lx}) \cdot R - m_F \cdot (R - l_1) + m_{Lx} \cdot (-R + S + x) = 0 \quad (3\text{-}22)$$

$$m_{Lx} = \frac{m_F \cdot (R - l_1 - SL_x \cdot R)}{SL_x \cdot R + S + x - R}$$

6)驱动桥最低承载限值曲线 e

根据货车车型的不同,应保证车辆后桥或驱动桥有足够的驱动力,驱动桥最低承载要求由车辆制造企业提供,通常情况下,驱动桥最低承载不小于车辆最大设计总质量的25%。

将坐标系原点平移至车辆前桥与地面接触点,建立后桥力矩平衡方程,绘制驱动桥最低承载限值曲线 e(图3-39)与曲线 a 相连,计算公式如下:

$$-S_T \cdot (m_F + m_{Lx}) \cdot R + m_F \cdot l_1 + m_{Lx} \cdot (S + x) = 0 \quad (3\text{-}23)$$

$$m_{Lx} = \frac{m_F \cdot (S_T \cdot R - l_1)}{S + x - S_T \cdot R}$$

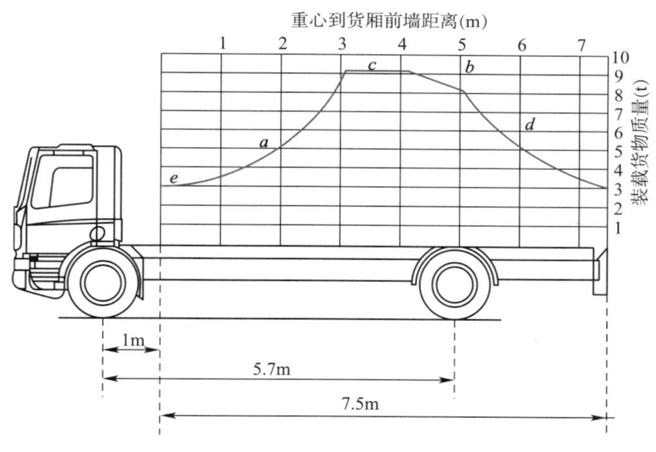

图3-39　驱动桥最低承载限值曲线 e 绘制

在实际应用过程中,后桥载荷一般都能符合要求。整个曲线连接后,曲线下方区域即为不同装载质量下货物质心应处的位置。

(三)三维载荷布置规划图

上述内容为货物在水平方向装载的相关限制要求,当货物不对称装载到车辆上时,极易对行车安全造成影响,引发各类事故。

货物应当对称地装载在货车上,车辆左右轮载荷不应超出轮胎的承载能力,也不应超出半轴的最大允许载荷。

货物横向装载曲线与水平方向上的装载曲线绘制方法类似,均以左侧或右侧车轮为中心,建立其力矩平衡方程,得到货物横向装载的曲线,如图3-40所示,进而绘制出货物的三维载荷布置规划图,如图3-41所示。

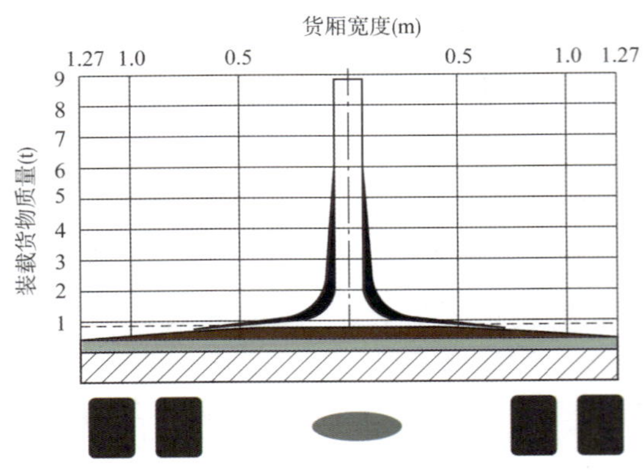

图 3-40 货物横向装载曲线

图 3-41 车辆的三维载荷布置规划图

货物横向装载时,要求左右对称均匀装载,若货物质心有所偏移,则其位置越低越有利于装载的稳定性。

(四)常见车辆类型载荷布置规划图

图 3-42 ~ 图 3-44 为常见车型的载荷布置规划图,在车辆尺寸、轴距、最大允许承载限值、最大允许装载质量等参数发生变化时,相关曲线需进行重新绘制[9]。

(五)正确使用载荷布置规划图装载货物

本节介绍如何根据已有的载荷布置规划图对所需装载货物进行合理摆放,以满足所有轴荷限值要求。若需装载的货物由多部分组成,则需在确定装载方案前明确各部分货物对应的质心位置。按照力矩平衡原理,可计算出所有货物的质心位置为[9]:

$$S_{res} = \frac{S_1 \cdot m_1 + S_2 \cdot m_2 + \cdots}{m_1 + m_2 + \cdots} \tag{3-24}$$

式中:S_{res}——所有货物质心到前墙的距离,m;

S_1、S_2——各部分货物质心到前墙的距离,m;

m_1、m_2——各部分货物对应质量,t。

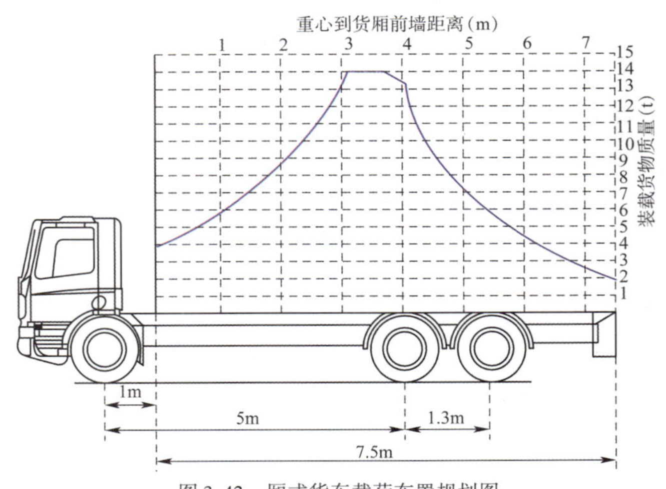

图 3-42 厢式货车载荷布置规划图

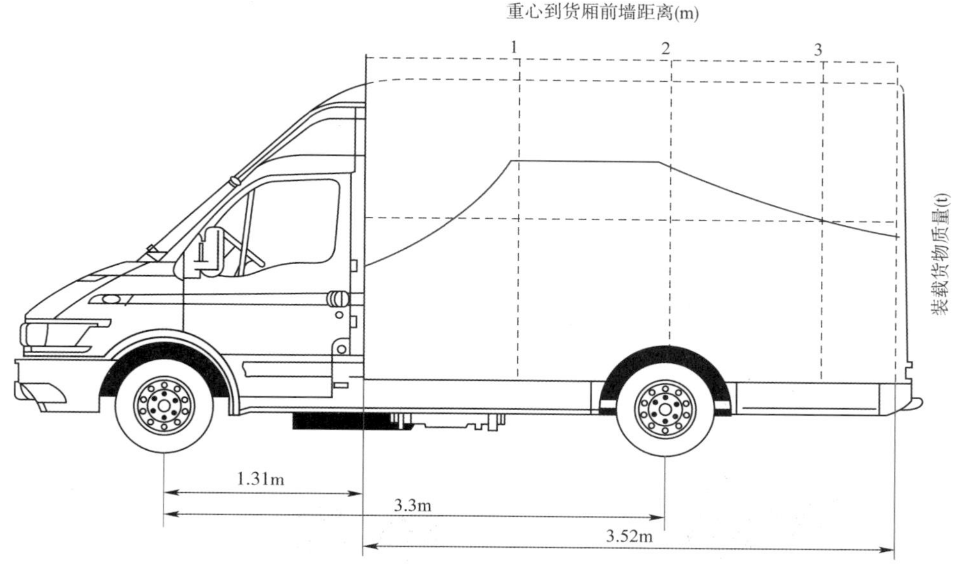

图 3-43　封闭式货车载荷布置规划图

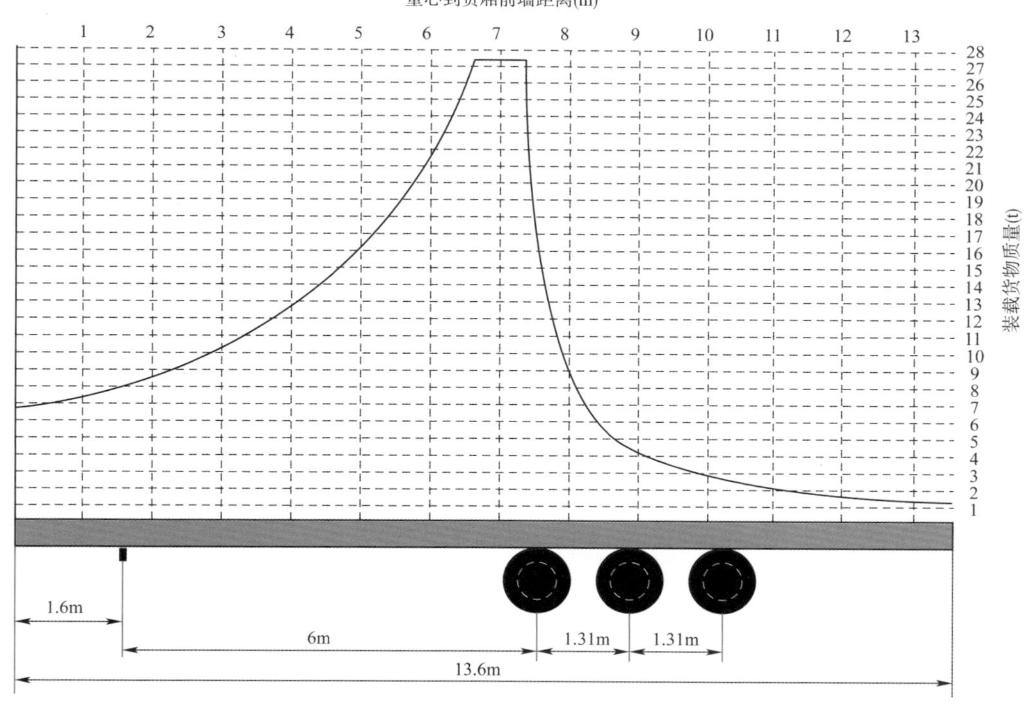

图 3-44　三轴 13.6m 半挂车载荷布置规划图

假设某货车最大设计总质量为 24t，最大允许装载质量为 14t，现需装载两件质量均为 6t 的货物，尺寸均为 2m×2m×1m（长×宽×高），货物从前墙开始向后顺序装载。由于两件货物相同，因此，总装载质量为 12t，可求得货物总质心距离货厢前墙 2m。根据实际装载质量以及货物质心位置，在车辆载荷布置规划图中进行标识，发现 S_{res} 落在曲线 a 的上方，如图 3-45 所示。表明按照此种方式装载，车辆前桥承载将超出轴荷限值要求，因此该种装载方式是不合理的，应将货物整体向后移动 1m 以保证 S_{res} 落在曲线下方区域内[9]。

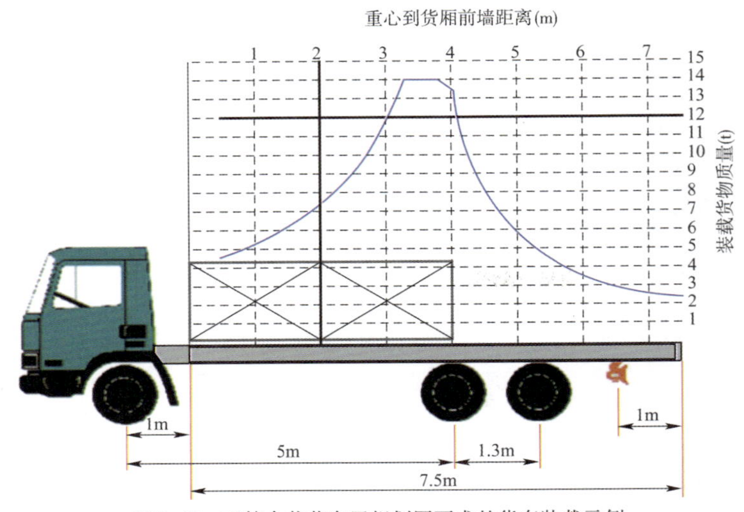

图 3-45　不符合载荷布置规划图要求的货车装载示例

在集装箱运输过程中，应当检查集装箱内的载荷分布情况。按照集装箱相关作业要求，集装箱内的货物装载时允许质心在集装箱长度的 40% ~60% 范围内[9]。在将集装箱装载到半挂车上时，需考虑车辆的载荷布置规划图进行装载。若集装箱在车辆上装载位置不当（即使集装箱内货物装载质心在其允许范围内），都会导致整个半挂车出现载荷不符合承载要求的情况。即便货物的质心位置恰好在集装箱正中间，当集装箱在半挂车上的装载位置不恰当时，仍会导致车辆出现载荷分布不合理的情况发生，如图 3-46 所示。图中，半挂车的整备质量为 6.5t，最大设计总质量为 35t，其中空载状态下，牵引销处的质量为 1.36t，每轴轴荷为1.71t；满载状态下，牵引销处最大负荷为 11t，每轴最大轴荷为 8t；当在半挂车后部装载一个重为 24t 的集装箱时，其质心对应在载荷布置规划图中的位置如图 3-46 所示，明显不符合载荷规划图要求，造成后轴轴荷（约为 $24 + 1.71 \times 3 = 29.13$t）超出车辆设计值（$8 \times 3 = 24$t）。

三、货物栓固技术

货物栓固对道路运输参与者的安全至关重要，不合理的栓固极易导致货物跌落，危及驾驶员及其他道路参与者的安全；过量栓固除了浪费了大量人力、物力，又可能对货物自身造成伤害。因此相关要求的制定，对规范从业人员行为，提升从业人员素质，具有现实意义。

（一）货物栓固方式

通过对国内外货物固定的相关方法以及国内货物装载的实际情况进行梳理后，可将货物栓固方式主要分为以下几类：货物无栓固、阻挡栓固、摩擦（下压式）栓固、直接栓固以及组合栓固等[10]，如图 3-47 ~ 图 3-52 所示。

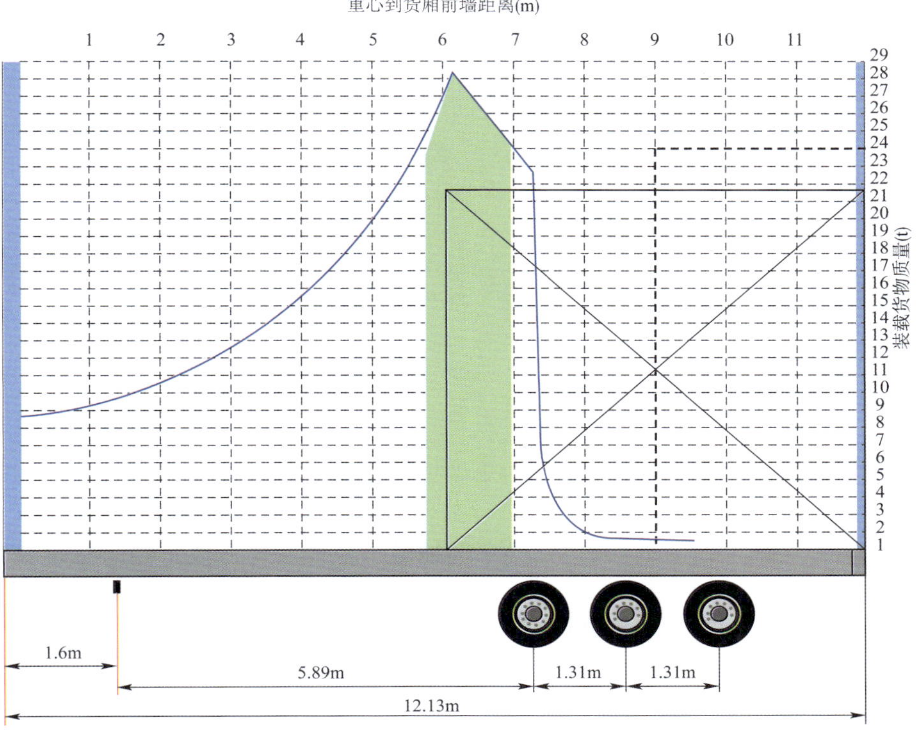

图 3-46　不符合载荷布置规划图要求的半挂车装载示例

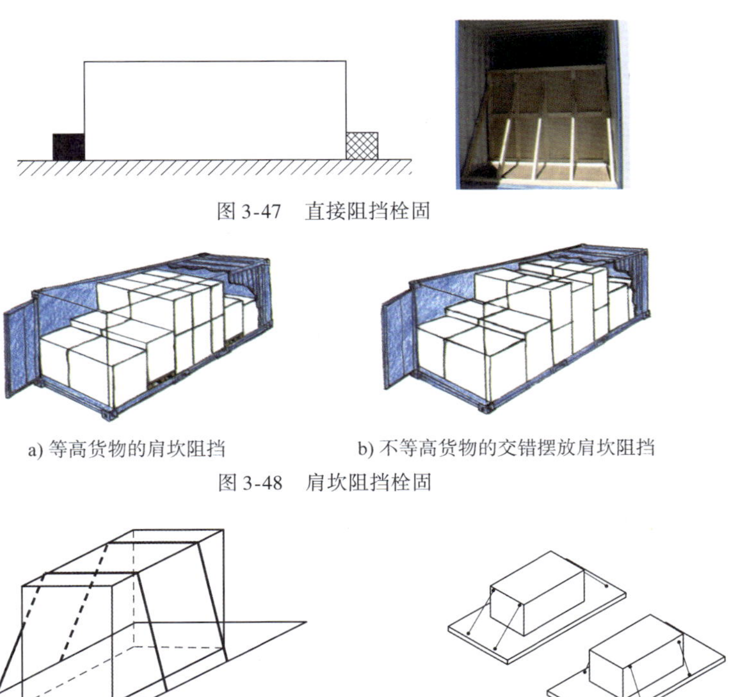

图 3-47　直接阻挡栓固

a) 等高货物的肩坎阻挡

b) 不等高货物的交错摆放肩坎阻挡

图 3-48　肩坎阻挡栓固

图 3-49　摩擦(下压式)栓固

图 3-50　直接栓固

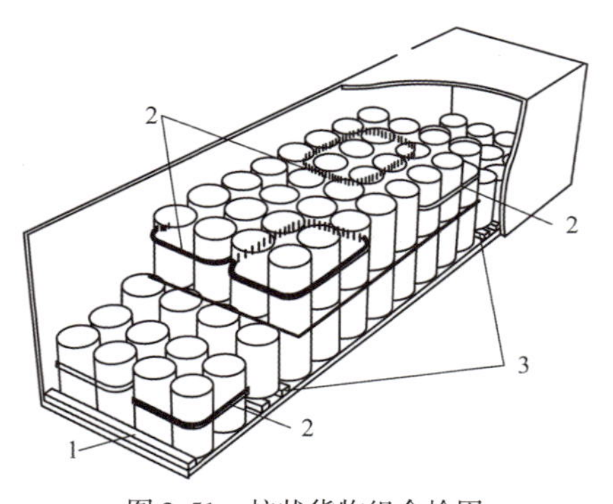

图 3-51 柱状货物组合栓固
1-阻挡栓固;2-环状栓紧;3-肩坎阻挡

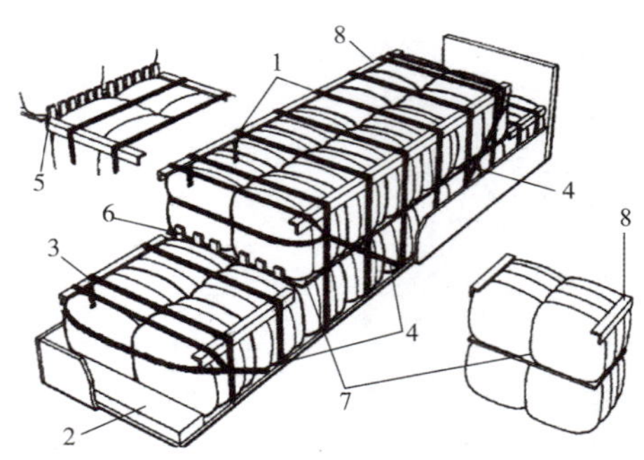

图 3-52 组合栓固
1,3-摩擦栓紧;2-装填物阻挡;4-护角栓固;
5,6-挡板;7-行走板/衬垫板;8-护棱

货物采用较为良好的包装形式(方形、托盘货物单元),且使用厢式车进行运输时,多采用无栓固运输。

采用栏板车、厢式车等具有明显边缘、车厢地板可供楔块放入或货物高宽比较大的,宜使用阻挡栓固。

采用栏板车、平板车进行货物运输时,由于车厢无侧面厢体或是装载货物超出车厢侧面高度,所以货物需要单独进行栓固。栏板车与平板车的侧面存在紧绳器,因此其栓固是多采用摩擦(下压式)栓固。

直接栓固多用在平板车、厢式车运输体积较大且形状非规则的货物,直接栓固时要求货物上存在栓固点,以便能够对货物进行栓固。

组合栓固在货物运输中使用的较多,较为常见的有辅助阻挡与摩擦栓固、摩擦栓固与直接栓固混合使用等。

(二)货物栓固要求

货物栓固的核心是根据承运货物的属性选择合理的栓固方式、正确的栓紧力以及栓紧装置数量。

1. 栓紧力要求

货物栓固稳定与否的计算原则主要包括两方面:栓固后的货物,需能承受一定的冲击力,水平面内受力仍能保持平衡,即合力为零;栓固后的货物不会向前、后、左、右发生侧翻,即合力矩为零。为便于计算,相关参数定义见表 3-10。

相关计算参数定义 表 3-10

符 号	含 义	单 位
F_X	作用在货物上的纵向力	kN
F_Y	作用在货物上的横向力	kN
F_Z	作用在货物上的垂向力	kN
$F_{X,Y}$	作用在货物上的纵向力或横向力,计算时根据方向取其一	kN
F_f	作用在货物上阻挡货物移动的摩擦力	kN

续上表

符　　号	含　　义	单　　位
a	加速度，$a=c\times g$	m/s^2
b	倾翻力臂	m
$b_{X,Y}$	在 X 轴方向或 Y 轴方向的倾翻力臂，计算时根据方向取其一	m
h	货物的高度	m
w	货物的宽度	m
d	质心高度	m
μ_D	装载物与承载面间的动摩擦系数	—
c_X	纵向加速度系数	—
c_Y	横向加速度系数	—
c_Z	垂向加速度系数	—

1)受力平衡计算

处于水平承载面上的货物，货物随车辆一起运动，其间受到车辆紧急制动带来的沿运动方向的加速度 a，其受力情况如图 3-53 所示。

若货物保持在原地，不与接触面发生相对滑移的条件可表示为式(3-25)。

$$F_f > F_X \tag{3-25}$$

$$\mu_D \cdot F_Z > F_X$$

$$\mu_D \cdot m \cdot g > m \cdot c_X \cdot g$$

$$\mu_D > c_X$$

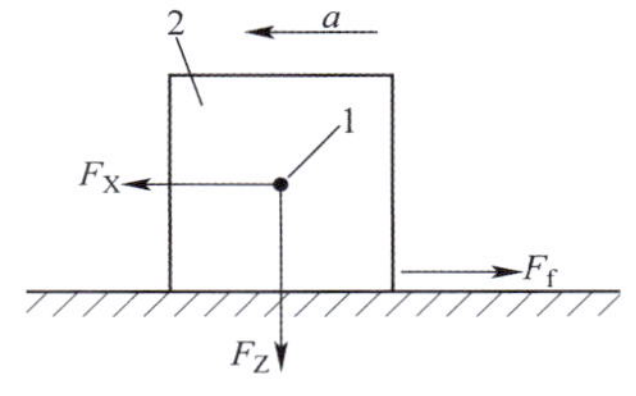

图 3-53　水平放置的货物受力分析
1-质心；2-装载物

由式(3-25)可知，货物与车厢间是否发生位移与货物自身的质量不相关，其影响因素主要是动摩擦系数与加速度系数的数值大小。

2)力矩平衡计算

货物运输过程中，由于车辆加速度过大或者货物质心过高，导致车辆在急转弯过程中，货物存在着倾翻的可能，相关受力情况如图 3-54 所示。

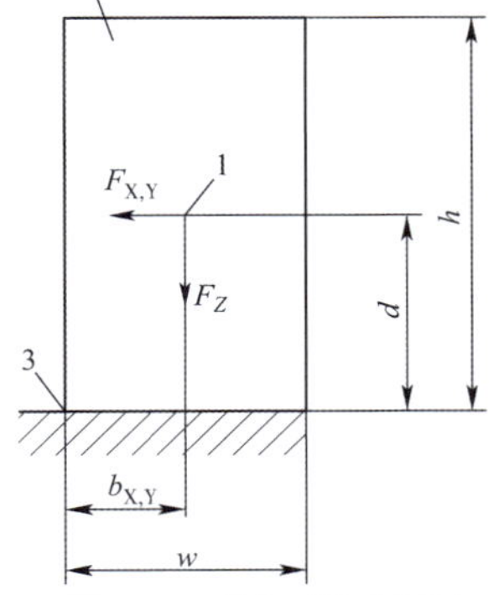

图 3-54　货物不发生倾翻时的受力分析
1-质心；2-装载物；3-倾翻边缘

货物不发生倾翻的条件：由货物质量、栓紧力产生的稳定力矩大于加速度、货物质量分力等产生的不稳定力矩。

装载物的稳定性由纵向(X 轴)、横向(Y 轴)两个方向确定，装载物稳定的条件可表示为式(3-26)。

$$F_Z \cdot b_{X,Y} > F_{X,Y} \cdot d \tag{3-26}$$

$$b_{X,Y} > \frac{F_{X,Y}}{F_Z} \cdot d$$

$$b_{X,Y} > \frac{c_{X,Y}}{c_Z} \cdot d$$

由式(3-26)可知，货物的抗倾翻能力与货物的质心位置以及加速度系数影响较大，与货物质量关系不大。

2. 栓紧装置数量要求

1)货物无栓固

货物无栓固时,对车体强度、货物摆放与布置、承载面与货物间的摩擦系数有着严格的要求。

厢体强度、刚度满足《厢式挂车技术条件》(JT/T 389—2010)要求的厢式车在运输货物时方可考虑无栓固运输。

运输的货物均匀装载在车厢承载面上,车辆长度方向上无较大空隙,运输货物的总质量在车辆最大允许装载质量范围内,且货物与承载面间的动摩擦系数大于 0.3 时,可不进行栓固。

货物不进行栓固时,还要求货物之间/货物与车厢壁间的间隙不得超过 100mm,若超出 100mm,则需要使用装填物对空隙位置进行填充(如侧向填充时,充气袋的高度应能够达到上层货物高度的 2/3 处为宜)。

此外,在货物堆码时,宜采取交叉堆码与阻挡的方式。

2)阻挡栓固

阻挡栓固对车体强度、辅助支撑物的强度有着较强的要求,四向支撑式阻挡降低了货物的高宽比/高长比,增加了货物的抗倾翻稳定性。此外,辅助支撑物与车体间的阻挡作用,可以有效克服车辆的纵向加速度与侧向加速度。

根部阻挡时,提升了倾翻点的位置,也相当于降低了货物的高宽比/高长比,但根部阻挡对阻挡物的强度以及阻挡物与车体间的连接强度有着更高的要求。此外,还可使用中间阻断板/柔性栓紧装置对货物进行阻挡,比较适用于货物中途装卸的作业情形,如图 3-55 所示。

图 3-55 使用柔性栓紧装置对货物阻挡

使用阻挡栓固时,需考虑到车辆自身的条件,例如承载面性质、车体是否有侧向导轨、车厢内以及正上方是否有栓固点等。不合理的使用阻挡栓固会对车体以及货物产生潜在的危害,可能导致事故的发生。

3)摩擦(下压式)栓固

摩擦栓固是目前国内使用较多的栓紧形式,其广泛应用于平板车装载货物时的栓固。国内栏板车、平板车一般都安装了紧绳器,但目前货运企业在作业时,一般选用绳子作为主要的承力部件,其与国外常用的合成纤维栓紧织带相比,栓紧货物时绳子承力过于集中,容易对货物造成损伤,且其最大承载力不如合成纤维栓紧织带标识明确,不利于标准化装运时的选用。

摩擦栓固首先需要确定栓紧装置的使用数量,栓紧装置的数量可参照北美标准[11],即:

(1)质量小于 500kg 或纵向长度小于 1.5m,宜选用不少于 1 条栓紧装置。

(2)质量大于等于 500kg,但长度小于 1.5m 的,宜选用不少于 2 条栓紧装置。

(3)长度大于或等于 1.5m,但小于 3m 的,宜选用不少于 2 条栓紧装置。

(4)尺寸大于或等于3m,前3m宜选用不少于2条栓紧装置,后面每3m宜选用不少于1条栓紧装置(不足3m按3m计)。

(5)货物前方带阻挡装置时,宜每3m使用不少于1条栓紧装置。

栓紧装置预紧力的大小确定,可参照本节中的相关原则进行计算,也可参照欧盟的相关作业指导规范进行计算。(按照该原则计算较为复杂,欧盟作业指导规范计算较为简单,但不管哪种计算方式,均需要计算货物的力平衡与力矩平衡,两者间取栓紧装置数量的最大值。)

4)直接栓固

直接栓固主要是针对货物上带栓固点而使用的栓紧方式,栓固时一般采取两组(4条)栓紧装置进行栓固。

使用直接栓固时,其空间占用情况较摩擦栓固高,且栓紧装置的使用数量也比摩擦栓固多,因此,一般在运输较大货物时使用。

使用直接栓固时,为克服货物前后移动以及货物倾翻趋势,需要对货物的栓固角度进行严格的控制,栓固角度宜在30°~60°之间[10],如图3-56所示。

使用直接栓固时,若栓紧力过大可能会损伤货物,因此需考虑货物上栓固点的承载情况,避免出现货物损伤事故。

5)组合栓固

组合栓固是指在单个货物固定上使用阻挡栓固、摩擦栓固、直接栓固以及较少使用的护角栓固、环形栓固、交叉斜拉栓固等栓紧方式。

组合栓固时,需要对作用于货物上的栓紧力进行逐一计算,计算其分解到3个方向上的受力之和,判定其受力是否满足力平衡、力矩平衡条件。

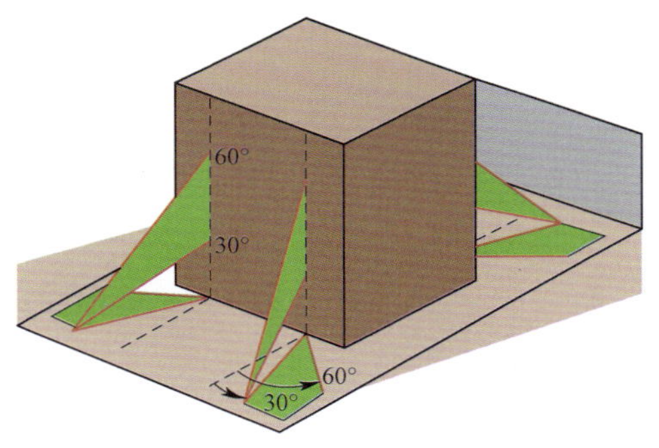

图3-56　直接栓固时的栓固角范围

本章参考文献

[1] 郭正康.现代汽车列车设计与使用[M].北京:北京理工大学出版社,2006.

[2] 董金松.半挂汽车列车弯道制动行驶方向稳定性及协调控制策略研究[D].长春:吉林大学,2010.

[3] 李相彬,赵又群.装有平衡悬架半挂汽车列车的平顺性建模与仿真分析[J].重庆理工大学学报(自然科学),2011,11:18-23.

[4] 常胜.四轮转向汽车列车横向稳定性研究[D].长春:吉林大学,2007.

[5] 董金松,张红卫,张学礼.《货运汽车列车(甩挂运输)推荐车型基本要求——半挂牵引车》释义[J].交通标准化,2011,23:119-122.

[6] 张宁.电涡流缓速器磁场分析及运动学仿真研究[D].合肥:合肥工业大学,2007.

[7] 李太平,应瑞瑶.基于启发式算法的物流托盘载货效率研究[J].武汉理工大学学报(交通科学与工程版),2009,01:79-82.

[8] 中国物流与采购联合会托盘专业委员会. 2013 年中国托盘行业研究报告[R]. 北京:中国物流与采购联合会,2013.

[9] Verein Deutscher Ingenieure. Securing of loads on road vehicles-Load distribution plan: VDI 2700 Part 4—2012[S]. Berlin: Beuth Verlag GmbH,2012.

[10] European Commission, Directorate-General for Energy and Transport, Road Safety Unit. European Best Practice Guidelines on Cargo Securing for Road Transport[M]. Luxembourg: Publications Office of the European Union,2010.

[11] Canadian Council of Motor Transport Administrators. Driver's handbook on Cargo Securement-A Guide to the North American Cargo Securement Standard[M]. Ottawa: Canadian Council of Motor Transport Administrators,2005.

第四章　甩挂运输车辆运行安全评价与测试技术

甩挂运输车辆的动力性、燃料经济性、制动协调性、行驶稳定性以及行驶通过性等相关性能对高效甩挂运输组织模式的实现具有重要影响。现阶段,甩挂运输车辆一般是指由半挂牵引车和半挂车组成的半挂汽车列车(也称“铰接列车”)。与普通载货汽车不同,半挂汽车列车是通过半挂牵引车上的牵引座与半挂车上的牵引销两个机械装置的耦合作用实现承载、力的传递等功能,是半挂牵引车与半挂车匹配连接的核心部件。铰接点可提高半挂汽车列车的通过性,但也导致在不同运动状态下铰接点处存在着复杂的力学关系,尤其是制动协调性和行驶稳定性方面表现得更为突出。目前世界主要国家均对半挂汽车列车相关性能提出了具体评价要求和测试方法。本章主要从动力性、燃料经济性、制动协调性、行驶稳定性和行驶通过性等几个方面进行论述。

第一节　动力性和燃料经济性评价与测试技术

动力性和燃料经济性是甩挂运输车辆动力传动系优化匹配的综合反映[1,2],可根据用户实际使用需求在动力性和燃料经济性之间进行适当的调整,动力性和燃料经济性也是道路运输企业对车辆基本性能最为关注的两个性能指标(除安全指标之外)。动力性的常用评价指标有最高车速、全油门起步加速时间、全油门超越加速时间、比功率和最大爬坡度等,其中最大爬坡度由于国内汽车试验场地暂无适用于半挂汽车列车测试要求的标准坡道且可操作性较差,在半挂汽车列车检测评价领域应用较少。燃料经济性的评价指标主要有等速行驶燃料消耗量、加速行驶燃料消耗量、等速行驶综合燃料消耗量以及发动机最低比油耗等,其中等速百公里燃料消耗量是某个车速下匀速行驶的燃料消耗反映,过于单一,主要作为综合燃料消耗量组成部分,可由等速行驶综合燃料消耗量代替;发动机最低比油耗是发动机生产设计参数之一,要与动力传动系配合才能共同反映燃料消耗水平,它是一个过程值。因此,最终确定的甩挂运输动力性和燃料经济性评价指标为最高车速、全油门起步加速时间、全油门超越加速时间、比功率、等速行驶综合燃料消耗量、全油门起步加速燃料消耗量和全油门超越加速燃料消耗量7个评价指标,具体如图4-1所示。

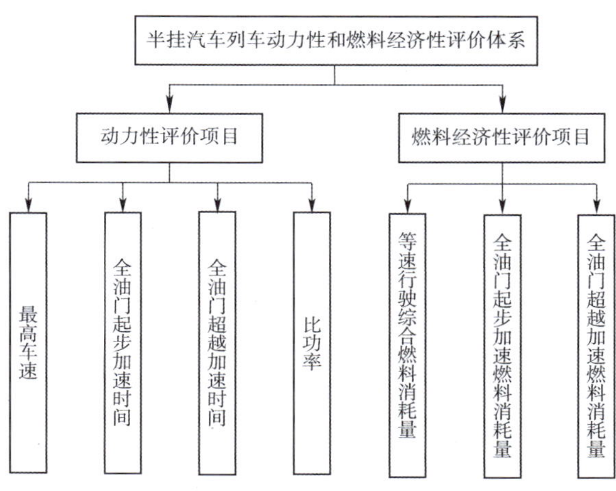

图4-1　半挂汽车列车动力性和燃料经济性评价指标

一、动力性评价指标与测试方法

1. 最高车速

最高车速是指在水平良好的路面上车辆所能达到的最高行驶速度,常用单位为 km/h 或 m/s。最高车速是描述车辆动力性能最常用的评价指标,是车辆动力性能的集中体现,尤其对于从事道路货物运输的汽车列车更是如此。货物在途时间是影响道路货物运输效率的重要因素,在目前道路货物运输市场激烈竞争的环境下,时间就是效率,时间就是金钱,谁能提供更快捷、高效的运输服务谁就能掌握竞争的主动权。此外,较高车辆行驶速度还能提高公路的通行能力,避免速度过低车辆较多导致其他车辆无法顺利超车造成高速公路拥堵。因此,将最高车速作为甩挂运输汽车列车动力性的评价指标之一。目前我国对于从事普通道路货物运输的汽车列车来说尚未有最高车速的最大限值要求,仅对从事危险货物运输车辆的最大车速要求小于等于 80km/h;为了提高甩挂运输组织模式下汽车列车的运输效率,交通运输部在甩挂运输推荐车型基本要求中明确要求从事甩挂运输的汽车列车最高车速应不小于 100km/h。

《汽车最高车速试验方法》(GB/T 12544—2012)规定了直线道路和环形道路两种最高车速的测试方法,两种测试方法均要求汽车列车满载。其中直线道路测试方法又可以分为双方向试验和单方向试验两种,是最常用的测试方法之一。在直线道路测试中,为减少道路坡度和方向(风速)等因素造成的影响,依次从试验道路的两个方向进行试验,试验道路为不应小于 200m 的固定道路。试验中车辆行驶速度变化不应超过 2%,每个方向至少进行 1 次试验,双方向单次所用时间的变化不应超过 3%。试验车速可根据式(4-1)计算:

$$\nu = \frac{3.6 \times L}{t} \tag{4-1}$$

式中:ν——速度,km/h;

t——往返方向试验所测时间的平均值,s;

L——试验道路长度,m。

对于单方向试验是指由于试验道路的特殊性,车辆不能从两个方向达到最高车速或不允许从两个方向行驶时,只能从一个方向进行试验。试验要求连续进行 5 次重复试验,风速在水平方向的分量不超过 ±2m/s。考虑到风速的影响,最高车速可根据式(4-2)进行如下修正:

$$\nu_i = \frac{3.6 \times L}{t} \pm \nu_{\nu i} \times f \tag{4-2}$$

式中:ν_i——每次测量修正后的最高速度,km/h;

t——单次试验所测时间,s;

L——测量道路长度,m;

$\nu_{\nu i}$——风速水平方向分量,km/h;

f——修正因数,取值为 0.6。

实测车辆的最高行驶车速为 5 次计算结果去掉最大值和最小值之后的平均值。

环形道路上的最高车速试验因试验条件要求较高,且操作和计算相对复杂,在实际测试中应用较少。要求试验时空气密度与标准环境中的空气密度变化不应超过7.5%,环形道路的总长度不应小于2000m,环形部分的曲线半径不应小于200m,且需要测试出环形道路的修正系数。车辆以最高车速行驶至少3次,且不对转向盘进行修正,每次测试的时间差不得超过3%。在此情况根据式(4-3)计算最高车速:

$$\nu = \frac{3.6 \times L}{t} \times k \tag{4-3}$$

式中:ν——测量修正后的最高速度,km/h;

t——三次试验测试时间的均值,s;

L——车辆实际行驶的环形道路长度,m;

k——修正系数,根据直线道路行驶车速和环形道路车速的比值进行确定。

2. 全油门起步加速时间与全油门超越加速时间

加速性能是指汽车从较低车速到较高车速时获得最短时间的能力,主要由加速时间来衡量,表征加速能力的指标主要有全油门起步加速时间与全油门超越加速时间。全油门起步加速时间(全油门起步加速性能指标)是指车辆由一挡起步并以最大加速度逐步换至最高挡后达到规定的距离或车速时所需要的时间,单位为s。全油门超越加速时间是指车辆用最高挡或次高挡从某一车速全力加速至某一高速时所需要的时间,单位为s。目前我国尚未对从事甩挂运输的汽车列车提出具体的加速性能要求。作为甩挂运输车辆,需要适应山区、平原等不同道路环境条件以满足不同客户的运输需求,全油门起步加速时间和全油门超越加速时间分别反映了汽车列车在不同使用阶段或工况下的加速性能,是满足不同用户对动力性需求的体现,因此将上述两个加速时间作为甩挂运输汽车列车的动力性评价指标之一。

根据测试项目的不同,《汽车加速性能试验方法》(GB/T 12543—2009)规定了两种试验方法。全油门起步加速时间测试方法为:车辆由静止状态全油门加速至100km/h(如果最高车速的90%达不到100km/h,应取最高车速的90%向下圆整到5的整数倍作为试验截止车速)或车辆由静止状态全油门加速通过400m的距离,记录行驶时间;试验应往返进行,每个方向至少进行3次。当车辆配备手动变速器时,车辆起步加速应在车轮滑转最小的情况下时车辆达到最大加速性能;离合器的操纵及换挡时刻的选择,应使加速性能发挥到最大但不应超过发动机的额定转速。当车辆配备自动变速器时,变速器应一直处于D挡,但允许车辆在变速器控制器的控制下进行换挡。

全油门超越加速时间测试方法为:车辆的速度由60km/h全油门加速至100km/h(如果最高车速的90%达不到100km/h,应取最高车速的90%向下圆整到5的整数倍作为试验截止车速)的行驶时间;试验应往返进行,每个方向至少进行3次。当车辆配备手动变速器时,车辆应分别至于最高挡和次高挡进行。当车辆配备自动变速器时,变速器应一直处于D挡,但允许车辆在变速器控制器的控制下进行换挡。

根据式(4-4)计算有效试验数据的变化系数,全油门起步加速时间的变化系数不应大于3%;全油门超越加速时间的变化系数不应大于6%。

$$K = \frac{\sqrt{\frac{\sum_{i=1}^{6}\left(\frac{\sum_{i=1}^{6} t_i}{6} - t_i\right)}{5}}}{\frac{\sum_{i=1}^{6} t_i}{6}} \tag{4-4}$$

式中：t_i——第 i 次测得的时间，s；

K——变化系数。

3. 比功率

比功率是发动机最大净功率与汽车列车最大允许总质量的比值，单位为 kW/t。《机动车运行安全技术条件》(GB 7258—2012)要求汽车列车的比功率不小于 5.0 kW/t，对于重载汽车列车来说该值略小，导致满载情况下汽车列车最高车速较低，后备功率较小，在上陡坡情况下表现出爬坡能力不足。目前实际使用中的欧洲汽车列车发动机比功率多为 5.9 kW/t 以上，从实际应用情况考虑，甩挂运输推荐车型要求汽车列车的比功率应不小于 5.5 kW/t。

二、燃料经济性评价指标与测试方法

1. 等速行驶综合燃料消耗量

综合燃料消耗量是基于不同工况条件下汽车列车燃料消耗量的具体体现，根据工况条件的不同其限值也不相同。《营运货车燃料消耗量限值及测量方法》(JT 719—2008)是以等速百公里燃料消耗量为基础进行加权得到的综合燃料消耗量，是根据道路运行条件的统计规律对不同车速下等速油耗的加权值，是交通运输部燃料消耗量达标车型准入管理的技术依据。

《营运货车燃料消耗量限值及测量方法》(JT 719—2008)规定甩挂运输汽车列车的燃料消耗量限值见表 4-1。

JT 719—2008 规定的汽车列车燃料消耗量限值　　表 4-1

列车总质量 (kg)	第一阶段限值 (L/100km)	第二阶段限值 (L/100km)
$T \leqslant 27000$	39.0	35.1
$27000 < T \leqslant 35000$	39.9	35.9
$35000 < T \leqslant 43000$	42.0	38.0
$43000 < T \leqslant 49000$	43.0	39.0

综合燃料消耗量的具体测试为车辆满载，手动变速器车辆应置于最高挡或次高挡(当最高挡不能满足等速需要时采用次高挡)，自动变速器车辆应置于 D 位，在各试验车速下，保持车辆平稳行驶至少 100m 后，等速通过 500m 的试验路，测量车辆通过该路段的时间和燃料消耗量。试验车速分别为 40km/h、50km/h、60km/h、70km/h、80km/h。

甩挂运输汽车列车的综合燃料消耗量 Q 按式(4-5)计算:

$$Q=\sum_{i}(\bar{Q}_{0i}\times k_{i}) \tag{4-5}$$

式中:Q——综合燃料消耗量,L/100km;

$\bar{Q}_{0i}$——在第 i 个车速下校正后的满载等速燃料消耗量,L/100km;

k_i——在第 i 个车速下的满载等速燃料消耗量的权重。

2. 全油门起步加速燃料消耗量和全油门超越加速燃料消耗量

全油门起步加速燃料消耗量和全油门超越加速燃料消耗量分别是车辆从起步加速至正常行驶车速情况下的燃料消耗量水平和甩挂运输车辆在正常行驶车速下自开始超车至较高正常行驶车速时的燃料消耗水平的具体体现,是甩挂运输综合燃料消耗水平的有益补充。目前国内尚未有相应的限值要求,其测试方法参考《汽车加速性能试验方法》(GB/T 12543—2009)的全油门起步加速性能和超车加速性能确定。其中全油门超车加速燃料消耗量测试方法为:车辆最高设计车速不大于 100km/h 时,车辆由 50km/h 全油门加速到 70km/h作为测量区间;车辆最高设计车速大于 100km/h 时,车辆由 60km/h 全油门加速到 80km/h 作为测量区间。车辆满载时,手动变速器车辆应置于最高挡或次高挡(选取传动比为 1 的挡位,如无该挡位,则选取传动比最接近于 1 的挡位),自动变速器车辆应置于 D 位。加速前,车速应控制在 48 ~ 50km/h 或 58 ~ 60km/h 内保持匀速行驶至少 5s,快速将加速踏板踩到底,同时开始测量,车速达到 70km/h 或 80km/h 时测量结束,记录加速燃料消耗量、加速时间和加速距离、起始终止速度等测量结果。试验过程中起始速度和终止速度的速度偏差分别为 -2km/h 和 +2km/h。加速试验应在测试路段上往返测量各两次。

三、动力性和燃料经济性综合评价

1. 指标权重计算方法

甩挂运输车辆动力性和燃料经济性综合评价体系共包括 4 个动力性指标和 3 个经济性指标,动力性和燃料经济性评价指标之间有一定的内在关系,在产品设计阶段可通过建立复杂的动力传动系统匹配模型,以满载运行为基本条件开展动力传动系统匹配研究,从而实现汽车列车动力经济性的最优化[1,2],为车辆设计开发优化提供参考。但对于实际应用中,半挂牵引车和不同半挂车组成的汽车列车由于无法获知汽车列车详细设计参数,导致汽车列车动力性和经济性最优匹配模型无法建立,无法指导实际半挂牵引车与半挂车的选型与匹配。对于汽车列车无法通过上述单个指标进行动力经济性的综合评价,因此需要借助于一种综合评价方法将上述单个评价指标转化为一个综合性的评价指标,从而实现对甩挂运输车辆动力性和燃料经济性的综合评价。

目前交通运输行业常用的多指标综合评价方法主要有德菲尔法(Delphi)、主成分分析法、数据包络法(Data Envelopment Analysis,DEA)、灰色关联度法、模糊综合评判和层次分析法(Analytic Hierarchy Process,AHP)等,这些评价方法多用于宏观区域经济和交通系统综合评价[3,4]、运输组织效率和运输服务成本综合评价[5,6]以及运输资源的利用及配置效果评价[7,8]等。对具体的评价对象,必须选用合适的方法才能取得良好的评价效果。综合考虑评价目标、结果表现形式、可获取的信息和数据、可投入评价的技术人员及其素质、评价费用、完成期限、评价专家和管理人员的知识结构和水平等综合因素,通过对上述各种评价方法应用范围及优缺点的综合比较,考虑到数据获得的难易程度、数据质量及可靠性、所建立模型的实用性、模型计算结果的可靠性,排除了主观性较强、过于依赖专家经验的德尔菲法和模糊综合评判法,也排除了方法过于复杂、过分依赖大量客观数据且适应性较差的数据包络法和主成分分析法,同时排除了对研究内容适用性不强的灰色关联度法,最终选择了使用方便、具有较好的实用性的层次分析法作为甩挂运输汽车列车动力性和燃料经济性综合评价模型的建立方法,层次分析法的建模与求解原理图[9]如图 4-2 所示。

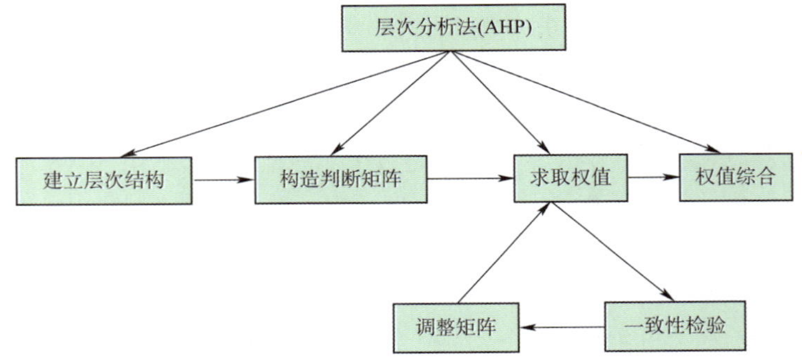

图 4-2　层次分析法建模与求解原理图

甩挂运输车辆动力性和燃料经济性综合评价模型的建立方法是将甩挂运输车辆动力性和燃料经济性作为目标层(C),将动力性评价指标(B1)和燃料经济性评价指标(B2)分别作为准则层,将最高车速(A1)、全油门起步加速时间(A2)、全油门超越加速时间(A3)、比功率(A4)、等速行驶综合燃料消耗量(A5)、全油门起步加速燃料消耗量(A6)和超车加燃料消耗量(A7)作为指标层。

层次分析法的重要内容就是通过专家打分法确定准则层和指标层的权重值[10]。甩挂运输车辆动力性和燃料经济性综合评价指标体系由两个一级指标和七个二级指标构成,将每个一级指标及每个一级指标下属的二级指标分别列入专家评议表中进行两两比较并给出评分。以评价指标体系中动力性指标层的四个指标为例,专家打分的主要依据为:

如果认为指标 i 相对于指标 j 同样重要,那么 $a_{ij}=1$;

如果认为指标 i 比指标 j 稍微重要,那么 $a_{ij}=3$;

如果认为指标 i 比指标 j 明显重要,那么 $a_{ij}=5$;

如果认为指标 i 比指标 j 很重要,那么 $a_{ij}=7$;

如果认为指标 i 比指标 j 绝对重要,那么 $a_{ij}=9$;

如果认为指标 i 相对于指标 j 的重要程度介于两个相邻奇数之间,则 a_{ij} 可以取相邻两奇数之间的偶数,即 2、4、6、8。

如果认为指标 i 相对于指标 j 不重要,则 a_{ij} 可以用 a_{ji} 的倒数,即 $1/a_{ji}$ 来表示。具体见表 4-2。

甩挂运输车辆动力性评价指标(指标层)权重专家评议表　　表4-2

指标及其编号		最高车速	全油门起步加速时间	全油门超越加速时间	比功率
		$j=1$	$j=2$	$j=3$	$j=4$
最高车速	$i=1$	$a_{11}=1$	a_{12}	a_{13}	a_{14}
全油门起步加速时间	$i=2$		$a_{22}=1$	a_{23}	a_{24}
全油门超越加速时间	$i=3$			$a_{33}=1$	a_{34}
比功率	$i=4$				$a_{44}=1$

此后,根据层次分析法的基本原理还需要构造判断矩阵、计算单权重值和最大特征根并进行一致性检测,最终得到各评价指标的总权重,见表4-3。

各级评价指标权重值　　表4-3

目标层C	准则层B	指标层A		
	子权重	具体指标	A层指标相对于B层权重	A层指标相对于C层权重
甩挂运输车辆动力性和燃料经济性评价体系	动力性评价指标(0.504)	A1 最高车速	0.424	0.214
		A2 全油门起步加速时间	0.131	0.066
		A3 全油门超越加速时间	0.197	0.099
		A4 比功率	0.248	0.125
	燃料经济性评价指标(0.496)	A5 等速行驶综合燃料消耗量	0.493	0.245
		A6 全油门起步加速燃料消耗量	0.247	0.122
		A7 全油门超越加速燃料消耗量	0.260	0.129

2. 评价指标常见取值及其对应标准值

通过对企业的调研和甩挂运输推荐车型现场匹配验证所测试的试验数据,确定6×4甩挂运输车辆动力性和燃料经济性评价指标的常见取值范围见表4-4。其中成本型指标(即越小越好)主要有全油门起步加速时间、全油门超越加速时间、等速行驶综合燃料消耗量、全油门起步加速燃料消耗量和全油门超越加速燃料消耗量等;效益型指标(即越大越好)主要有最高车速和比功率。

甩挂运输车辆动力性和燃料经济性评价指标常见取值范围　　表4-4

评价指标	常见取值范围
最高车速(km/h)	90~110
比功率(kW/t)	5.4~6.0
全油门起步加速时间(s)(0~60km/h)	35~60
全油门超越加速时间(s)(60~80km/h)	30~50
等速行驶综合燃料消耗量(L/100km)	28~39
全油门起步加速燃料消耗量(L/100km)(0~60km/h)	100~130
全油门超越加速燃料消耗量(L/100km)(60~80km/h)	90~140

文中所提到的评价指标均为定量指标。定量指标可根据基础统计资料查出或计算出指

标值。由于各指标的含义不同,指标值的计算方法也不同,造成各指标的量纲各异。因此,即使各指标都定量化了,也不能够直接进行计算。必须先对指标进行标准化(无量纲化)处理,统一到[0,1]范围。本项目采用直线型方法进行定量指标的标准化,将指标实际值在给定的范围内转化成不受量纲影响的指标评价值时假定两者之间呈线性关系,评价指标常见取值及其对应标准值见表4-5。

评价指标常见取值及其对应标准值 表4-5

最高车速	单位(km/h)	90.00	94.00	98.00	102.00	106.00	110.00
	标准值	0.00	0.20	0.40	0.60	0.80	1.00
比功率	单位(kW/t)	5.40	5.50	5.60	5.70	5.80	6.00
	标准值	0.00	0.20	0.40	0.60	0.80	1.00
全油门起步加速时间(s)(0~60km/h)	单位(s)	35.00	40.00	45.00	50.00	55.00	60.00
	标准值	1.00	0.80	0.60	0.40	0.20	0.00
全油门超越加速时间(s)(60~80km/h)	单位(s)	30.00	34.00	38.00	42.00	46.00	50.00
	标准值	1.00	0.80	0.60	0.40	0.20	0.00
等速行驶综合燃料消耗量	单位(L/100km)	28	30	32	34	36	39
	标准值	1.00	0.80	0.60	0.40	0.20	0.00
全油门起步加速燃料消耗量(0~60km/h)	单位(L/100km)	100	106	112	118	124	130
	标准值	1.00	0.80	0.60	0.40	0.20	0.00
全油门超越加速燃料消耗量(60~80km/h)	单位(L/100km)	90.00	102.00	114.00	126.00	138.00	140.00
	标准值	1.00	0.80	0.60	0.40	0.20	0.00

3.部分甩挂运输推荐车型动力性和燃料经济性评价验证

根据建立的甩挂运输车辆动力性和燃料经济性评价模型,通过对部分甩挂运输推荐车型在进行现场匹配验证时,测试的数据进行综合评价和验证,其具体评价结果见表4-6。通过对7个样车动力性和经济性的综合评价结果进行分析发现,综合评价值在0.6以上的车辆都被确定为推荐车型,与综合排名是一致的,与推选结果一致。因此,本模型可用于遴选推荐车型和指导运输企业选择车辆。

部分甩挂运输推荐车型动力经济性评价值 表4-6

汽车列车代号		A01	A02	A03	A04	A05	A06	A07
评价指标	权重	标准值	标准值	标准值	标准值	标准值	标准值	标准值
最高车速(km/h)	0.214	1.000	0.720	1.000	0.560	0.970	0.660	0.690
比功率(kW/t)	0.066	0.465	0.857	1.000	0.392	0.465	0.541	0.392
全油门起步加速时间(0~60km/h)	0.099	0.598	0.396	0.523	0.094	0.371	0.296	0.888
全油门超越加速时间(60~80km/h)	0.125	0.986	0.437	0.660	0.000	0.879	0.544	0.658
等速行驶综合燃料消耗量(L/100km)	0.245	0.780	0.563	0.558	0.533	0.623	0.279	0.429

续上表

汽车列车代号		A01	A02	A03	A04	A05	A06	A07
评价指标	权重	标准值	标准值	标准值	标准值	标准值	标准值	标准值
全油门起步加速燃料消耗量（0～60km/h）	0.122	0.638	1.000	0.764	0.000	0.421	0.705	0.989
全油门超越加速燃料消耗量（60～80km/h）	0.129	0.788	1.000	0.6333	0.299	0.600	0.767	0.717
综合评价值		0.798	0.693	0.726	0.324	0.666	0.528	0.662

第二节　制动协调性评价与测试技术

与普通载货汽车不同，半挂汽车列车是由半挂牵引车和半挂车组成的一个有机整体，其中半挂车的制动系统不能成为一个单独的体系，它必须与半挂牵引车一起才能实现制动作用。半挂牵引车除了有自己独立、完整的制动系统外，它还有与半挂车组合并使半挂车实现制动的制动系统，因而，将半挂牵引车和半挂车的制动系统组合可统称为半挂汽车列车的制动系统。半挂牵引车和半挂车的制动既有各自的独立性，又必须满足相互之间的协调性。所谓独立性，是指半挂牵引车和半挂车具有各自独立的操纵系统和脱挂后的自动制动作用。半挂车的制动力应随半挂牵引车制动力的变化而变化，并应保证半挂牵引车和半挂车各轴制动力有正确的分配，以保证半挂汽车列车具有良好的制动稳定性，这就是半挂汽车列车制动协调性的主要内容。

制动协调性是评价半挂汽车列车安全性的重要指标之一。由于半挂汽车列车总质量大，且存在铰接点，使半挂牵引车与半挂车制动时在铰接点存在力的相互作用，使得半挂汽车列车因制动不协调易发生制动折叠、制动甩尾以及制动跑偏等失稳现象。为了保证车辆行驶的安全性，国家对半挂汽车列车的制动协调性提出了严格的技术要求。

一、评价指标

半挂汽车列车的制动协调性能主要包括直线制动性能和曲线制动性能两个方面。汽车列车的曲线制动性能主要是指半挂汽车列车在弯道减速行驶时按预定路线行驶的能力，也就是半挂汽车列车在转向和制动联合作用下的行驶能力，其评价指标主要是方向稳定性，与半挂汽车列车的行驶稳定性指标具有很高的一致性，在半挂汽车列车的行驶稳定性评价与测试部分介绍。半挂汽车列车的直线制动性能是在没有转向输入的情况下，保证在一定的距离内将半挂汽车列车停住并不发生较大的侧滑、跑偏现象的性能。甩挂运输车辆常用制动评价指标有制动距离、制动响应时间、制动协调时间、制动滞后时间、平均制动减速度、制动力分配、踏板力和半挂汽车列车效能滞后时间等。其中制动协调性指标主要包括制动响应时间、制动协调时间、制动滞后时间、制动力分配和半挂汽车列车效能滞后时间等，具体如图4-3所示。

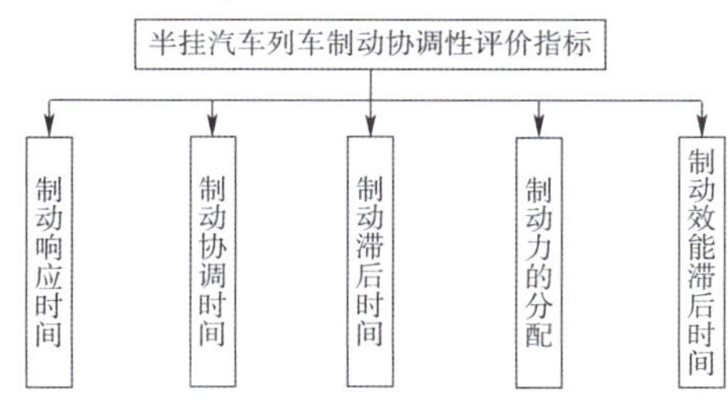

图4-3　半挂汽车列车制动协调性评价指标

1. 制动响应时间

《商用车辆和挂车制动系统技术要求及试验方法》(GB 12676—2014)规定装有气制动系统的半挂牵引车必须满足:在0.2s内急踩制动踏板时,从开始促动制动系统控制装置到最不利的制动气室内压力达到其稳态值的75%时,所经历的时间不得超过0.6s;且从促动制动踏板开始,在气压控制管理接头处测得的压力达到目标值10%的时间不超过0.2s,达到75%的时间不超过0.4s。其测试方法为:响应时间是在静态车辆上、位置最不利的制动器制动气室进口处进行压力测量;试验开始时,储能装置压力或者半挂牵引车供给管路的储能装置压力应是调节阀开始供气时的最低压力;在不装调压阀的系统中,储能装置的压力应是制造厂规定压力的90%。对装有感载阀的车辆一般在感载阀处于满载位置进行试验。将制动传感器踏板力计安装在制动踏板上,从促动制动踏板开始,在压力增长最慢的制动气室进口处测得,制动气室进口处安装符合《汽车和挂车　气压制动装置压力测试连接器要求》(GB/T 5922—2008)的压力测试连接器。试验过程中,各轴制动气室的行程必须按制造厂规定调整。对装有挂车制动接头的气制动系车辆,响应时间在与挂车控制管路接头相接的长2.5m,内径为13mm的管端部测量。

对于半挂车,从模拟装置向控制管路提供压力达到0.065MPa时起至挂车制动气室中的压力达到其稳态值的75%时,所经历的时间不得超过0.4s。其测试方法为:挂车响应时间应在与牵引车脱开的情况下测量,但应安装一代替牵引车的模拟装置接到挂车的控制管路和供能管路接头。模拟装置应有一个容积为30L的储气筒,每次试验前,储气筒压力为0.65MPa,试验中,不得再充气。在制动控制装置的输出端,模拟装置应有一个直径为4~4.3mm的阻尼孔,从阻尼孔到挂车接头并包括该接头在内的一段管路的容积为385mL±5mL。模拟装置安装应确保压力从0.065MPa上升到0.49MPa所需时间为0.2s±0.01s;当用容积为1155mL±15mL的储气筒代替上述储气筒,在不做任何调整的前提下,压力从0.065MPa上升到0.49MPa所需时间为0.38s±0.02s。此压力增长的过程近似于线性。测量方法先将模拟装置接在试验挂车上,供能管路压力为0.65MPa,确定挂车制动气室内压力的稳态值。之后测量控制管理压力达到0.065MPa起到挂车制动气室内压力达到其稳态值的75%时所需要时间。

2. 制动协调时间

《机动车运行安全技术条件》(GB 7258—2012)规定,在急踩制动踏板时,从脚接触制动踏板时起至减速度达到空载状态充分发出的平均减速度3.75m/s^2 或满载状态充分发出的平均减速度3.375m/s^2 时所需时间,对于汽车列车制动协调时间不应大于0.80s。《汽车列车性能要求及试验方法》(GB/T 26778—2011)规定的测试方法为:路试检验制动性能应在平坦(坡度不应大于1%)、干燥和清洁的硬路面(轮胎与路面之间的附着系数不应小于0.7)上进行,被测半挂汽车列车沿着试验车道直线行驶至高于规定的初速度后,置变速器于空挡(自动变速的机动车可置变速器于D位),当滑行到30km/h时,急踩制动踏板,使机动车停止。用充分发出的平均减速度检验行车制动性能时,采用能够测取充分发出的平均减速度(Mean Fully Developed Deceleration,MFDD)和制动协调时间的仪器测量机动车充分发出的平均减速度和制动协调时间。

3. 制动滞后时间

《机动车运行安全技术条件》(GB 7258—2012)规定,制动滞后时间是指半挂汽车列车制动系的挂车后轴制动动作滞后于牵引车前轴制动动作的时间。《汽车列车性能要求及试验方法》(GB/T 26778—2011)规定的试验方法为:试验时,关闭发动机,车辆空载停在场地上,将机械式微动开关或管路压力开关分别安装在半挂牵引车前轴和挂车最后轴的制动气室推杆处,并与电秒表组成封闭回路。在车辆制动系统正常工作压力下,稳速踏下制动踏板后缓慢松开,记录电秒表的时间显示值,试验进行 3 次。在实际测试中常以制动气室压力达到稳态工作压力 75% 的时间差作为制动滞后时间,其测试方法与制动响应时间相同。

4. 制动力的分配

《商用车辆和挂车制动系统技术要求及试验方法》(GB 12676—2014)规定,对装备气制动系统的半挂牵引车,当压力处于 0.02 ~0.75MPa 时,制动强度 Z 与压力 P_m 之间的关系曲线应在图 4-4 所示区域内。

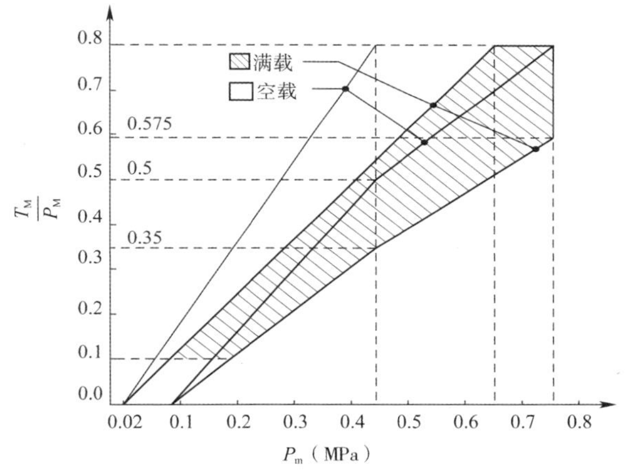

图 4-4　半挂牵引车制动强度与制动压力关系图

装有气制动系统的半挂车,在满载和空载两种状态下,当压力处于 0.02 ~0.75MPa 时,制动强度 Z 与压力 P_m 之间的关系曲线应位于根据图 4-5 和图 4-6 推导出的两个区域内。在半挂车允许的所有载荷状态下都应满足该要求。

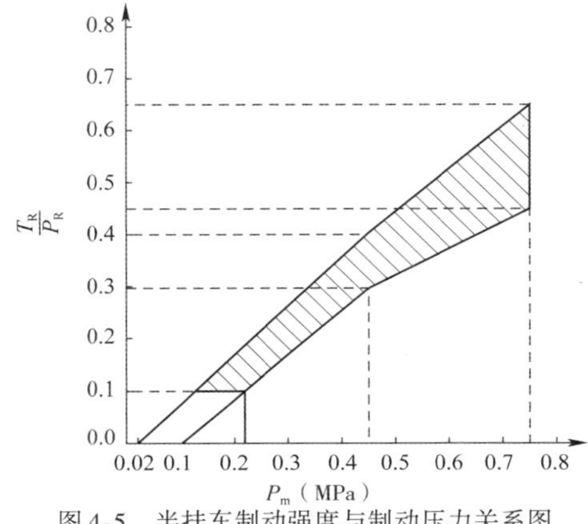

图 4-5　半挂车制动强度与制动压力关系图

5. 制动效能滞后时间

制动效能滞后时间是科技专项提出的甩挂运输车辆制动性能评价指标,是对现有评价体系的补充和完善。《机动车运行安全技术条件》(GB 7258—2012)规定的制动滞后时间是指挂车后轴制动动作滞后于牵引车前轴制动动作的时间,是半挂车后轴相对半挂牵引车前轴制动器动作延迟时间,而不是制动力开始发挥作用、车轮开始减速至某一程度的时间差;该时间差是在车辆静止状态下测得的制动系统中推杆节点处的动作相对滞后时间或前后轴制动气室压力达到相同设置值时的时间差。而实际制动过程中，各轴/车轮制动系统中存在制动器机械连接装置间隙、制动蹄片与制动鼓(或制动块与制动盘)之间的间隙；制动过程中的制动力是变化的，实际制动效能的发挥呈曲线状态。

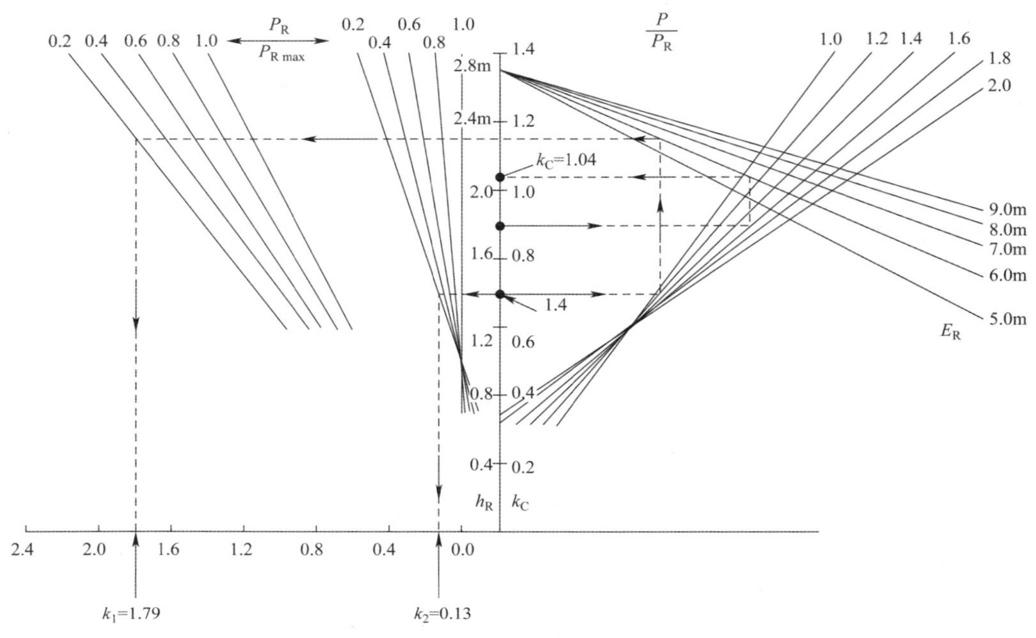

图 4-6 半挂车制动强度与制动压力修正因数

全面评价不同车轮制动效能匹配的合理性，需要测量各车轮产生制动作用至某一程度的时间差值，并依照车辆制动理论分析和设计要求进行合理的调整。效能滞后时间定义为：在急踩制动踏板时，从脚接触制动踏板时起至机动车各轮达到最大角速度 25% 时的最大时间差。车轮制动效能响应时间为：在车辆紧急制动过程中，从触动制动踏板时刻开始至机动车车轮的角速度达到其最大角速度 25% 时刻止的时间差。这两个定义补充完善了甩挂运输车辆制动性能测试评价指标，解决了现行标准中汽车列车制动滞后时间、制动协调时间、制动响应时间等评价指标无法真实反映半挂汽车列车道路行驶动态制动实际情况的难题。为了保障半挂汽车列车制动性能，应该在车辆行车制动过程中进行测量，以车轮发生一定角速度变化时刻的时间差为准。

二、制动效能滞后时间的测试方法与测试设备

1. 测试方法

目前，对半挂汽车列车制动效能滞后时间的测试与评价，行业内尚未有成熟的技术和方法。为提高半挂汽车列车的制动安全性，项目组根据行业需要研究提出了具体的测试方法并开发了汽车列车制动协调性测试仪。根据半挂汽车列车制动效能滞后时间的定义，提出的测试方法为：被测半挂汽车列车沿着试验车道的中线行驶至高于规定的初速度后，置变速器于空挡(自动变速的汽车列车可置变速器于 D 位)，当滑行到规定的初速度时，急踩制动

踏板，使汽车列车停止。采用 GPS 测速仪和轮速采集器等测量汽车列车的制动距离、充分发出的平均减速度和轮速，同时采用踏板力计测取踏板力，测试主机通过无线传输方式从轮速采集器总成中获取各车轮轮速随时间的变化数据，由测试软件自动获取各车轮间的制动效能滞后时间。

2. 轮速测试原理与传感器固定

由半挂汽车列车制动效能滞后时间的测试方法可知，半挂汽车列车制动协调性测试仪的关键在于轮速的测试和轮速传感器的安装与固定。车轮转速的测量方法可分为直接法和间接法：直接法即直接观测机械或者电机的机械运动，测量特定时间内机械旋转的圈数，从而测出机械运动的转速；间接法即测量由于机械转动导致其他物理量的变化，从这些物理量的变化与转速的关系来得到转速。目前，常用的测速方法有光电码盘测速法、霍尔元件测速法、离心式转速表测量法、测速发电机测速法、磁性测速法和闪光测速法。这些方法都有各自的优缺点，比如光电码盘结构简单、价格便宜，但是不能长时间连续工作，容易损坏；霍尔元件灵敏度高、体积小，但是互换性差，信号随温度变化，且是非线性输出，需要进行非线性和温度校正；离心式转速表测量法具有准确直观、设备可靠耐用的特点，但是其结构较复杂；测速发电机需要对汽车内部结构进行一些改造，操作复杂；磁性元件结构简单、体积小，但是抗干扰能力差，输出信号不稳定；闪光测速法可以测量非常小物体的转速或在不能靠近的位置中测量，但是价格昂贵。

针对以上问题，结合半挂汽车列车制动协调性测试的实际工况要求，采用了一种基于单轴陀螺的车轮转速测量系统及方法。单轴陀螺能够测量沿一个轴或几个轴运动的角速度，利用单轴陀螺测量角速度具有极高的精度和响应速度，选用 MEMS 陀螺仪随着车轮一起转动，感知自身旋转的科里奥利力，利用科里奥利原理将 MEMS 陀螺仪输入部分施加的角速度转化成一个专用电路可以检测的电压参数，根据电压信号与车轮转速成线性关系可实现轮速与电信号的转化；通过无线发射模块来传送数据，减少了车身内的连接线束，具有体积小、抗干扰能力强、安装方便等优点。轮速传感器如图 4-7 所示。

图 4-7　轮速传感器

轮速传感器需要和车轮同步旋转才能实现车轮转速的测定，因此轮速传感器需通过夹具固定于被测车辆的车轮上。由于半挂牵引车和半挂车轮辋设计尚未有行业统一的规范，因此并不完全统一，给轮速传感器的安装造成了不小的困难，需要开发不同类型的固定装置，以满足不同车辆类型的需要。在测试装置开发的过程中，根据甩挂运输推荐车型的遴选经验，试制了几种常用轮速传感器安装与固定夹具，基本能够满足市场上常见车型的测试需要，如图 4-8、图 4-9 所示。

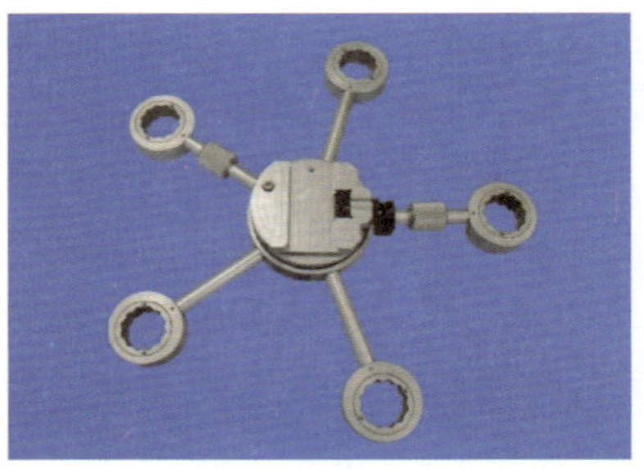

图 4-8　不同类型的车轮夹具

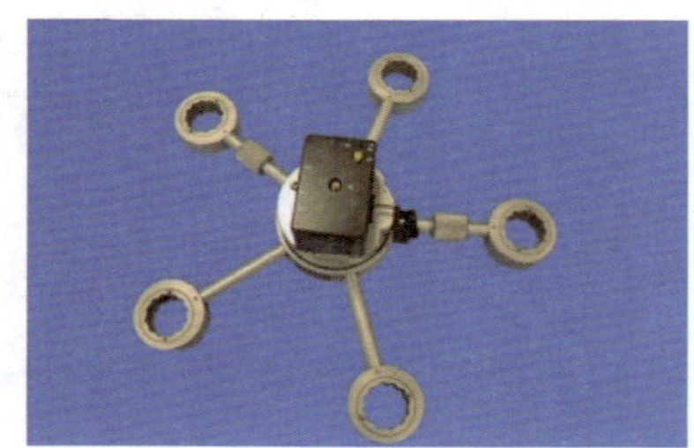
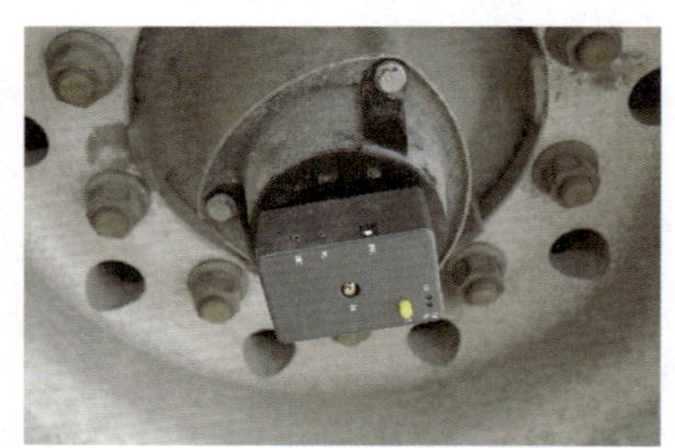

图 4-9　轮速传感器的安装效果

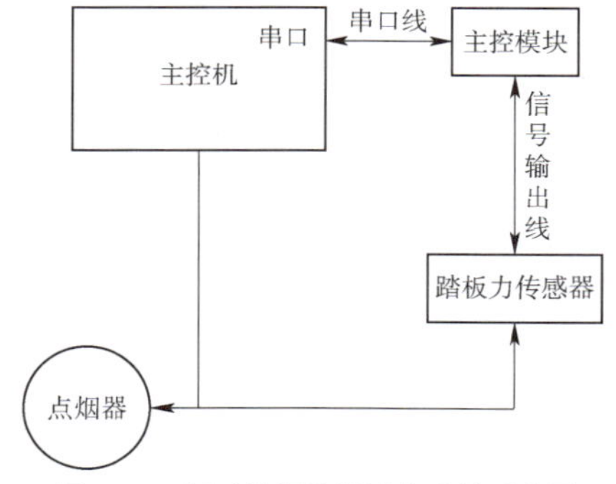

图 4-10　制动协调性测试仪连接示意图

3. 测试设备组成及功能

半挂汽车列车制动协调性测试仪主要由主控机、踏板力计、信号输出线、主控模块、夹具和轮速传感器等组成，其连接示意图如图 4-10 所示。由主控机来控制各个轮速采集模块的工作，安装示意图如图 4-11 所示。半挂汽车列车制动协调性测试仪能够实现制动距离、制动协调时间、平均制动减速度、踏板力和汽车列车效能滞后时间等项目的测试，如图 4-12、图 4-13 所示。

图 4-11　制动协调性测试仪系统构成

图 4-12　制动协调性测试仪软件界面

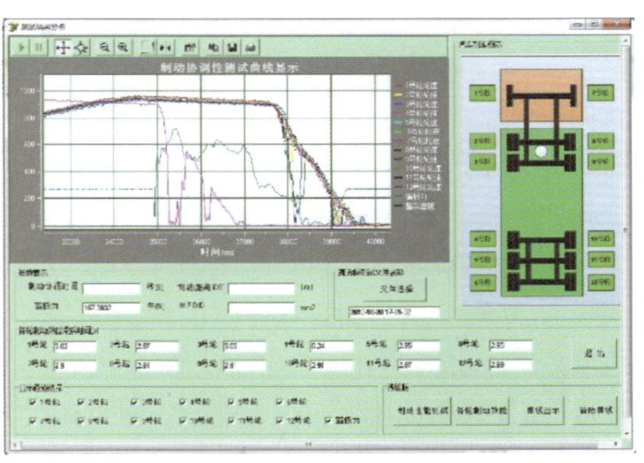

图 4-13　测试结果分析界面

三、半挂汽车列车气电连接测试设备

(一)测试设备功能

《商用车辆和挂车制动系统技术要求及试验方法》(GB 12676—2014)和《机动车运行安全技术条件》(GB 7258—2012)对半挂汽车列车的制动响应时间、制动滞后时间、管路总成断裂失效、制动管路密封性等静态制动性能和半挂车灯光系统提出了具体要求,然而对上述评价指标,行业内缺乏成熟可靠的测试设备,导致出现标准技术要求定而不用的现象。为提升车辆的运行安全性,根据行业需求和标准规定,集成应用气电信号实时采集与处理技术,开发了汽车列车气电连接测试仪。该设备主要由数据分析软件、数据采集装置、压力传感器以及各部件组成,能够完成半挂车制动反应时间、牵引车制动反应时间、牵引车管路总成断裂失效、半挂汽车列车制动系统的密封性、半挂汽车列车制动滞后时间和半挂车灯光系统方面的检测功能。测试软件主界面如图 4-14 所示，图 4-15 所示为该设备现场检测某甩挂运输推荐车型。

图 4-14　半挂汽车列车气电连接测试仪软件界面

图 4-15　半挂汽车列车气电连接测试仪试验现场

（二）测试方法

1. 半挂牵引车与半挂车制动反应时间测试

半挂牵引车制动反应时间的测量是根据《商用车辆和挂车制动系统技术要求及试验方法》（GB 12676—2014）中附录 B 进行的。反应时间是在车辆静态下测定，制动踏板感应器安装在制动踏板上，从促动制动踏板开始，在压力增长最慢的制动气室的进口处测得。试验过程中，各轴制动气室的行程必须按车辆生产企业的规定调整。对装有半挂车制动接头的气制动系统车辆，反应时间在制动气室处与半挂车控制管路接头相接的长 2.5m、内径为 13mm 的管端部测量，同时把容积为 385mL ±5mL 容器接在供给管路端部进行。

试验开始时，储能装置压力或者半挂牵引车供给管路的储能装置压力应是调节阀开始供气时的最低压力；在不装调压阀的系统中，储能装置的压力应是制造厂规定压力的 90%。汽车列车一般在满载下进行试验。整个测量系统由多通道数据采集装置实时监控制动踏板信号，当制动踏板动作时，触发数据采集程序，制动气室的压力值通过压力传感器实时传送给数据采集装置，经滤波处理后通过计算机处理软件实时绘制压力—时间曲线，并以文件的方式存储数据。计算机数据处理软件的功能主要有：数据传输接口、存储数据、分析数据并显示、绘制曲线、打印报表。

半挂车制动反应时间的测量是根据《商用车辆和挂车制动系统技术要求及试验方法》（GB 12676—2014）进行，半挂车制动反应时间应在与半挂牵引车脱开的情况下测量，但应将代替半挂牵引车的模拟装置接到半挂车的控制管路和供能管路接头上。模拟装置应有一个容积为 30L 的储气筒，每次试验前，储气筒压力为 0.65MPa，试验中，不得再充气。在制动控制装置的输出端，模拟装置应有一个直径为 4～4.3mm 的量孔，从量孔到半挂车接头并包括该接头在内的一段管路的容积为 385mL ±5mL。模拟装置安装应保证，量孔直径为 4～4.3mm。当该装置接上容积为 385mL ±5mL 的储气筒时，压力从 0.065MPa 上升到 0.49MPa 所需时间为 0.2s ±0.01s；当用容积为 1155mL ±15mL 的储气筒代替上述储气筒，在不做任何调整的前提下，压力从 0.065MPa 上升到 0.49MPa 所需时间为 0.38s ±0.02s，压力增长的过程近似于线性。储气筒应直接与接头连接而不应使用软管，接头内径不小于 10mm。测量时先将模拟装置接在试验半挂车上，供能管路压力为 0.65MPa，确定半挂车制动气室内压力的稳态值；然后测量控制管理压力达到 0.065MPa 起到半挂车制动气室内压力达到其稳态值的 75% 时所需要时间。测试原理为自动对模拟装置进行充气到规定值，自动模拟半挂牵引车对半挂车进行制动动作，将传感器与车辆制动管路相连，采集开始及结束时全部压力信号，计算机对压力信号进行处理分析，绘制全部采样点的全过程压力变化曲线，并给出相关数据。半挂牵引车与半挂车制动反应时间测试界面分别如图 4-16 和图 4-17 所示。

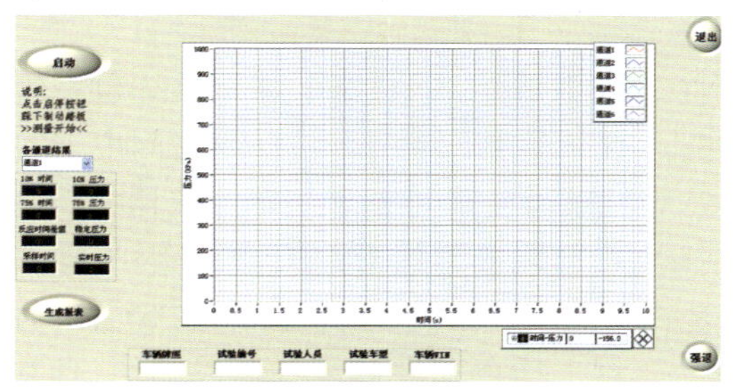

图 4-16　半挂牵引车制动反应时间测试界面

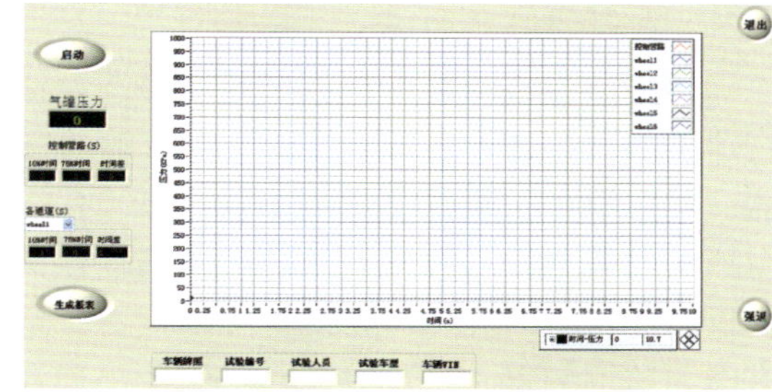

图 4-17　半挂车制动反应时间测试界面

2. 半挂汽车列车制动系统的密封性

半挂汽车列车制动系统管路密封性直接影响到半挂汽车列车的制动性能，《机动车运行安全技术条件》（GB 7258—2012）明确要求：采用气压制动的半挂汽车列车，在气压为 600kPa 且不使用制动的情况下，停止空气压缩 3min 后，其气压的降低值不应大于 10kPa。在气压为 600kPa 的情况下，将制动踏板踩到底，待气压稳定后观察 3min，汽车列车气压降低值不应大于 30kPa。测试原理为：将传感器与车辆制动管路相连，采集起始及结束时全部压力信号及制动踏板信号，计算机对压力信号进行处理分析，直接给出检测数据及评判结果，测试界面如图 4-18 所示。

3. 半挂汽车列车制动滞后时间

根据《机动车运行安全技术条件》（GB 7258—2012）规定，半挂车最后轴制动动作滞后于半挂牵引车前轴制动动作的时间不大于 0.2s。测试原理为：将传感器与半挂牵引车前轴及半挂车最后轴的制动管路相连接，采集起始及结束时全部压力信号和制动踏板信号，计算机对压力信号进行处理分析绘制全部采样点的全过程压力变化曲线并给出相关数据，测试界面如图 4-19 所示。

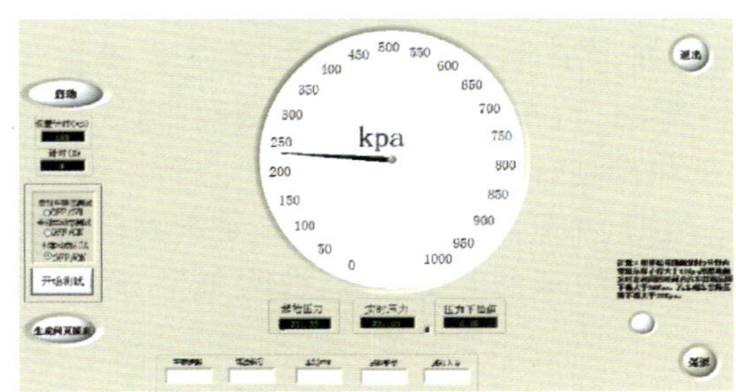

图 4-18　制动管路密封性测试界面

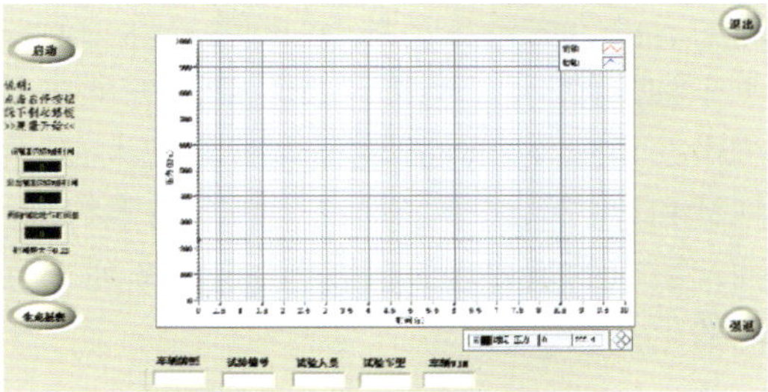

图 4-19　汽车列车制动滞后时间测试界面

4. 半挂牵引车制动管路断裂失效

《商用车辆和挂车制动系统技术要求及试验方法》（GB 12676—2014）规定，半挂牵引车一条气压连接管路失效或电控线路中断或发生故障时，驾驶员促动控制装置后，功能管路内的压力应在2s内下降到0.15MPa。测量原理为：将模拟装置接至半挂牵引车控制管路，将传感器接至供气管路，计算机收到制动信号后使控制管路断开排气，同时采集供气管路压力下降信息，绘制压力随时间的变化曲线并输出相关数据。图4-20所示为制动管路总成断裂失效测试界面。

5. 半挂车灯光测试

该测试设备除对半挂汽车列车静态制动协调性进行测试外，对半挂车灯光系统也可进行评价测试。灯光系统直接影响到车辆的行车安全，《道路车辆　牵引车与挂车之间电连接器　7芯24V标准型(24N)》(GB/T 5053.1—2006)对汽车与挂车间24N型电连接器的插座与插头的规格、型式进行了规定，使电连接具有互换性。本装置工作原理为：设备对半挂车提供电源，操作相应按钮，设备可以检测灯光电路是否工作正常，有无短路或断路状况，设备有电源监测装置，带自保护功能，保证出现短路时不会对半挂车和设备自身造成损坏，具有自动判别及显示功能，将检测结果传输至计算机显示，图4-21所示为半挂车灯光检测界面。

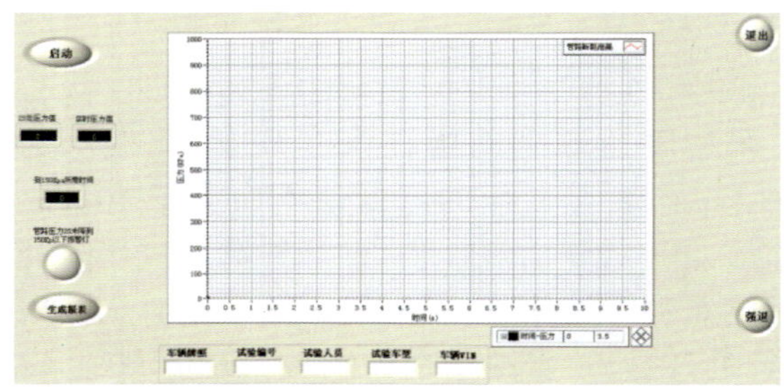

图4-20　半挂牵引车制动管路总成断裂失效测试界面

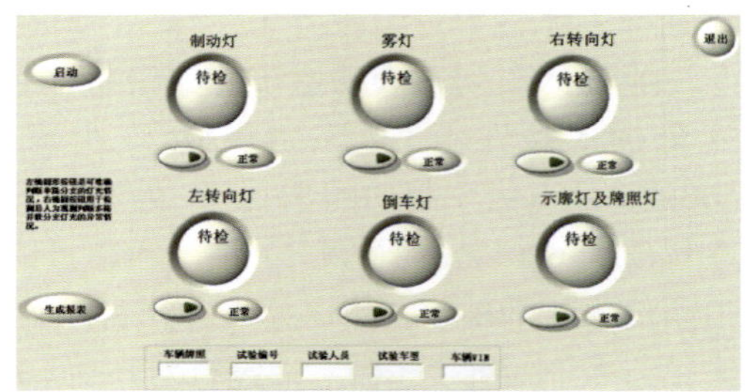

图4-21　半挂车灯光检测界面

第三节　行驶稳定性评价与测试技术

半挂汽车列车的行驶安全性在很大程度上取决于它们的行驶稳定性。由于半挂牵引车与半挂车间力和运动的相互影响，半挂汽车列车的行驶稳定性比单体货车的行驶稳定性要复杂得多。半挂汽车列车在受到侧向力作用时，若侧向力大于侧向附着力，汽车列车便会向侧向力的方向产生滑移，这种现象称为侧滑；当汽车列车车身在侧向力的作用下，产生相对于车轴侧倾，并使侧倾相反一侧车轮的支撑力等于零时，汽车列车就会产生侧翻；当汽车列车横摆角速度在行驶过程中不断增大，并无法恢复和控制时，则汽车列车产生急转。侧滑、侧翻和急转都属于半挂汽车列车极限行驶特性。半挂汽车列车的行驶稳定性是影响车辆驾驶及操纵的重要因素，也是决定汽车列车高速安全行驶的一个主要性能，被称之为“高速车辆的生命线”。

一、评价指标

半挂汽车列车行驶稳定性的评价指标有后部放大系数、载荷转移率、静态侧翻阈值(静态侧翻稳定性)、挂车过冲(瞬态高速偏移量)、高速稳态偏移量和低速偏移量等，具体如图

4-22 所示。目前国内有关重型商用汽车列车行驶稳定性等方面的评价指标和测试方法主要是通过对国际标准的转化得到的。通过对比发现,相关国家标准《道路车辆 重型商用汽车列车和铰接客车 横向稳定性试验方法》(GB/T 25979—2010)、《N 类和 O 类罐式车辆侧倾稳定性》(GB 28373—2012)、《汽车操纵稳定性试验方法稳态回转试验》(GB/T 6323.6—1994)、《营运车辆综合性能要求和检验方法》(GB 18565—2001)和《道路车辆外廓尺寸、轴荷及质量限值》(GB 1589—2004)等基本已经涵盖了汽车列车横向稳定性的相关测试方法,具体见表 4-7,但是尚未全面提出整个行业认可的限值要求。在上述评价项目中,除 GB/T 25979—2010 所规定的主要评价指标外,其余项目的测试方法和设备均较为成熟,在行业内使用较广。该标准等同采用 ISO 14791:2000,是目前国内有关重型商用汽车列车横向稳定性的重要标准,通过对科技专项研发的轻量化半挂牵引车和半挂车进行的实车验证试验,验证了该标准所给出的评价指标、测试方法,并进行了分析补充和完善。

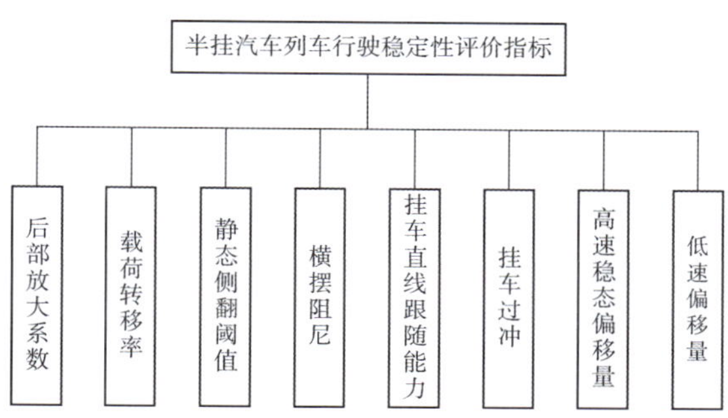

图 4-22 半挂汽车列车行驶稳定性评价指标

甩挂运输车辆行驶稳定性评价指标及限值要求和试验方法 表 4-7

评价指标	限值要求	国外标准	国内标准
加速度后部放大系数	≤2.0(美国)	SAE J2179	GB/T 25979
载荷转移率	≤0.75(澳大利亚)	SAE J2179	—
静态侧翻阈值	0.4g(加拿大) ≤0.35g(美国) ≤0.35g(澳大利亚)	SAE J2180 ECE R111	GB 28373
横摆阻尼	≥0.15(澳大利亚)	ISO 14791	GB/T 25979
挂车直线跟随能力	≤200mm(全挂汽车列车) ≤100mm(半挂汽车列车)	—	GB 18565 GB/T 26778
挂车过冲 (瞬态高速偏移量)	≤0.8m(澳大利亚)	SAE J2179	GB/T 25979
高速稳态偏移量	≤0.3m(澳大利亚,所有道路) ≤0.5m(澳大利亚,干线道路) ≤0.7m(澳大利亚,偏远地区)	PBS	GB/T 25979
低速偏移量(转向通道最大宽度)	≤7.2m(澳大利亚) 内外圆直径分别为 10.6m 和 25m	PBS	GB 1589

二、测试方法与设备适应性

目前,国内与重型商用汽车列车横向稳定性相关的标准只有《道路车辆 重型商用汽车

列车和铰接客车　横向稳定性试验方法》(GB/T 25979—2010),因此相关测试也按照该标准展开。

(一)试验准备

1. 试验道路

所有的试验都应在统一的硬路面上进行,路面应干净整洁,且在任意方向 5m 以内或大于 5m 以内的坡度不超过 2%,车辆行驶轨迹方向 25m 以内或大于 25m 以内的坡度不超过 1%。作为标准试验条件,推荐采用平整干燥的沥青路面、水泥混凝土路面或高摩擦系数路面,且风速不超过 5m/s。

试验路面宽度应不小于 8m。在伪随机输入试验中,道路长度应满足能以试验车速行驶至少 30s,试验道路还应包括加速和停车所需路段。汽车列车的横摆阻尼对试验路面的纵向坡度敏感。当路面坡度达到最大允许值(1%)时,推荐试验在往返两方向进行,试验结果应按标准规定的方法取平均值。

2. 车辆轮胎

作为标准试验条件,试验车辆的轮胎应至少磨合行驶 200km,而且整个轮胎宽度上圆周面的轮胎花纹深度不应小于初始值的 90%。轮胎要按照生产企业的要求存储,且轮胎生产日期距试验时间应不超过 2 年。

试验过程中,任一轮胎花纹深度磨损量应不大于 2mm。

轮胎气压应符合生产企业按照试验车辆配置和环境温度所规定的气压值。冷态气压值允许误差范围不超过规定值的 2%。

3. 车辆载荷

试验车辆载荷不允许超过车辆生产企业的最大设计总质量和最大设计轴荷。最大载荷质量由车辆整车整备质量加上其最大装载质量组成,载荷分配应保证任一轴荷不超过其最大允许值,最大载荷是标准试验条件。最小载荷质量由各车辆单元整车整备质量加上仪器设备的质量组成,最小载荷是可选试验条件。

4. 车辆预热

试验前,试验车辆应以试验车速预热行驶至少 10km/h。

(二)试验方法

1. 试验车速

除了脉冲输入外,根据车辆的用途,全部试验都应在 80km/h、90km/h 或 100km/h 车速下进行,对最高车速低于 80km/h 的车辆以最高车速作为试验车速。每次试验时,试验车辆的平均车速相对于目标车速的误差为 ±2km/h,瞬时车速相对于目标车速的误差为 ±3km/h。

2. 侧向加速度

在所有试验驾驶操作中,推荐第一车辆单元侧向加速度的最大值为 $2m/s^2$,但为了防止最后车辆单元的响应不超过估计倾翻极限的 75%,以及不超过轮胎摩擦极限的 75%,可以适当降低该侧向加速度值。对于伪随机输入试验,为了确保所有车辆单元的响应为线性模式,可进一步降低该值。推荐逐渐增加侧向加速度,并且在最后车辆单元安装支架以防止侧翻。

3. 伪随机输入

以试验车速驾驶试验车辆,并对转向盘施加连续转角输入,直至预先确定的转向盘转角限值。此限值由侧向加速度决定,在该侧向加速度范围内汽车列车各单元具有线性特性。转角输入时,不允许使用任何转向盘转角机械限位装置。转角输入的连续性也很重要,否则转角输入的相对静态时段会严重降低信噪比。转角输入的频率范围应从 0.1Hz 到实际可行的较高频率(至少应达到 1.0Hz)。为了确保输入信号包含足够的高频成分,转角输入应剧烈。输入频率和振幅应随机多样。为了确保采集足够多的试验数据,数据采集应至少在 12min 以上。理想条件下试验应连续进行,但考虑到试验道路长度不允许连续行驶和分析试验数据的存储容量不允许等两个实际情况,可以允许采用一系列较短数据采集时间(至少 30s)进行试验。

4. 单车道变换

在进行车道变换前,试验车辆以试验车速直线行驶,横摆角速度应在(0 ±0.5)°/s 范围内。试验应在最少 3 个频率下进行,最大频率间隔为 0.1Hz,试验频率的选择应满足任一频率下的后部放大系数均未达到最大值。在任一车速和频率组合条件下应至少进行 3 组有效试验。

(1)单一正弦转角输入。以预先确定的转向盘转角幅值,对试验车辆施加一个完整的转向盘转角正弦输入,然后保持转向盘在中间位置 5s。允许幅值误差为标准正弦波第一波峰值的 5%。为了得到准确和重复性好的试验结果,推荐使用转向机器人,并应高度注意试验安全。

(2)单一正弦侧向加速度输入。试验车辆跟踪标记好的试验路线行驶,确保前轴所选参考点与试验路线所确定的行驶轨迹的偏移量不超过 ±0.15m。第一车辆单元前轴侧向加速度平均峰值的样本标准偏差应不大于 0.2m/s^2,且峰值偏差应不超过目标侧向加速度值的 10%。

试验路线由以下部分组成:预备直线路段、初始直线路段、试验路段以及驶出路段,如图 4-23 所示。试验路面上应标记出预定的试验路线以便进行路线跟踪和轨迹偏移量的测量。

在坐标系中,试验路段所确定的最大侧向加速度、试验车速以及频率的关系如式(4-6)所示:

$$y = \frac{a_y}{(2\pi f)^2}\left[2\pi f\frac{x}{v} - \sin\left(2\pi f\frac{x}{v}\right)\right] \tag{4-6}$$

式中:a_y——最大侧向加速度,m/s^2;

v——试验车速,m/s;

f——频率,Hz。

5. 脉冲输入

通过预试验和分析确定车辆对脉冲转角输入的响应品质。脉冲输入试验适用于小阻尼车辆，该种车辆呈现持续的振荡响应。大阻尼车辆响应时间历程衰减很快，不适用于标准规定的零阻尼车速和横摆阻尼数据处理方法。

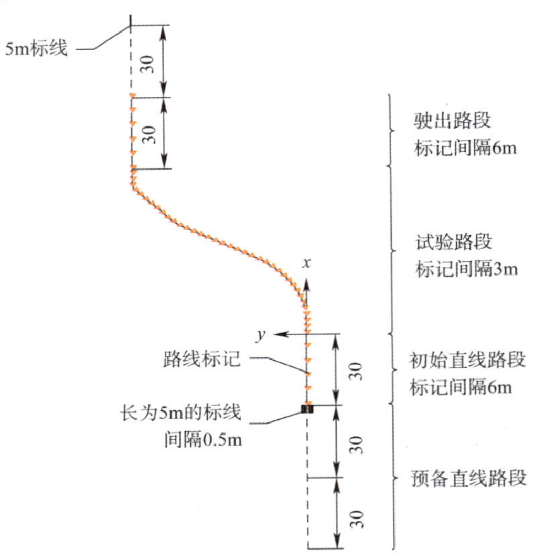

图4-23　试验路线示意图（单位：m）

（1）零阻尼车速估计值的确定。通过预试验和分析初步确定零阻尼车速估计值。采用逐渐增加半挂汽车列车车速并施加转角输入的方法使半挂车产生振荡。转角输入应缓和，车速应谨慎的逼近零阻尼车速。零阻尼车速还可以通过若干次预试验的结果估计得到。

（2）预先确定的试验车速。应以预先确定的试验车速进行试验。最低试验车速应为40km/h和零阻尼车速估计值减去40km/h后的速度中较高的车速。对于其他试验车速，其速度增量不应超过最低试验车速和零阻尼车速估计值差值的20%。

试验应在半挂汽车列车以预定试验车速稳定直线行驶条件下进行。为减小由于线性拟合产生的误差，最高试验车速不应低于零阻尼车速（该值由曲线拟合得到）的90%。为了提高试验的准确程度，在每一预定试验车速下应至少进行3次试验。

（3）转角脉冲。通过对第一车辆单元施加一持续时间小于或等于0.6s的转角脉冲输入来激发挂车的振荡。转向盘转角的幅值大小应能产生试验方法第二条中要求的最大侧向加速度。转动转向盘使其回到初始位置完成转角脉冲输入，如图4-24a）所示，或者在转向盘转动相反方向上施加一系列的转向修正使第一车辆单元返回其最初路线上，如图4-24b）所示。

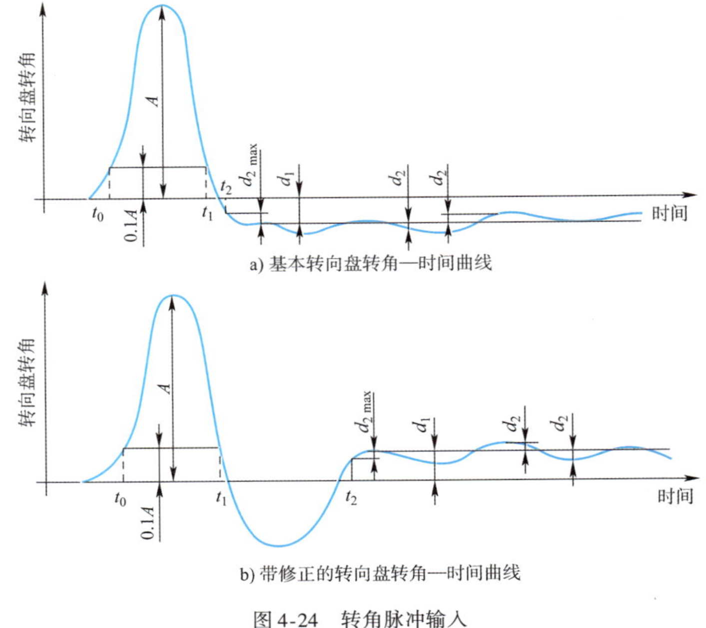

图4-24　转角脉冲输入

在转角脉冲输入和一系列方向修正之后，应固定转向盘在直线向前行驶位置。方向修正持续时间(t_1-t_2)应不超过1.5s。t_2 值的确定：t_2 时刻后，转向盘转角保持允许限值范围(即 $\pm d_{2\max}$)之内。t_2 时刻后，转向盘转角与向前直线行驶位置的平均偏差 d_1 不超过初始转角脉冲幅值的10%，d_2 不超过初始转角脉冲幅值的5%。

(三)测试的输入与输出

重型商用汽车列车横向稳定性伪随机输入、单车道变换和脉冲输入道路试验的各试验流程如图4-25～图4-27所示，3种试验测试数据和数据处理程序如图4-28所示。在《道路

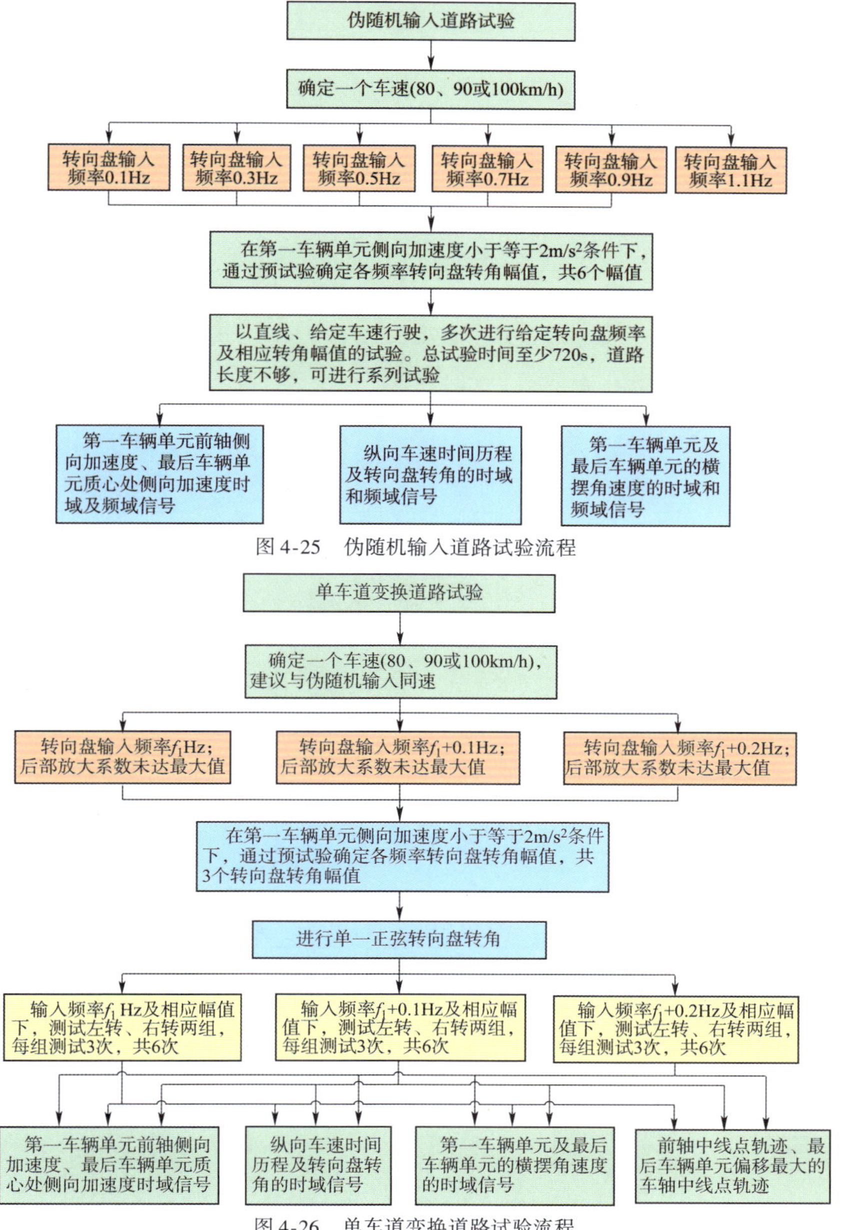

图4-25　伪随机输入道路试验流程

图4-26　单车道变换道路试验流程

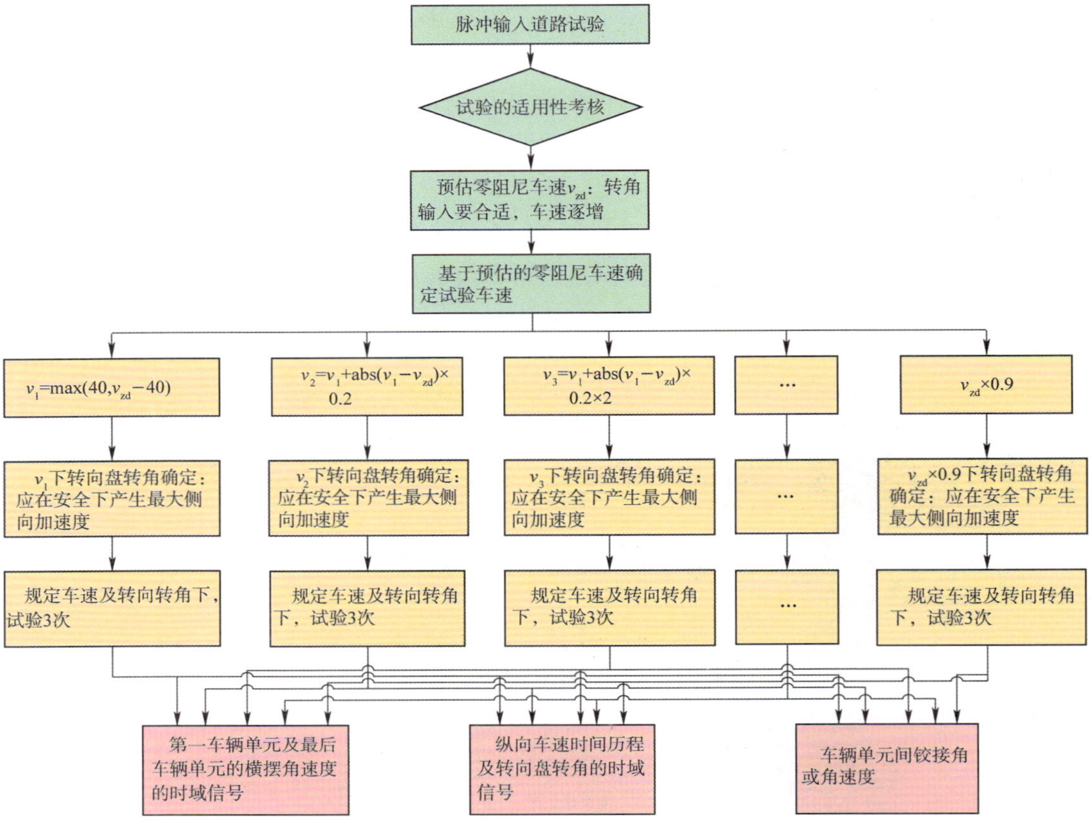

脉冲输入道路试验

试验的适用性考核

预估零阻尼车速v_{zd}：转角输入要合适，车速逐增

基于预估的零阻尼车速确定试验车速

v_1=max(40,v_{zd}−40)

v_2=v_1+abs(v_1−v_{zd})×0.2

v_3=v_1+abs(v_1−v_{zd})×0.2×2

…

v_{zd}×0.9

v_1下转向盘转角确定：应在安全下产生最大侧向加速度

v_2下转向盘转角确定：应在安全下产生最大侧向加速度

v_3下转向盘转角确定：应在安全下产生最大侧向加速度

…

v_{zd}×0.9下转向盘转角确定：应在安全下产生最大侧向加速度

规定车速及转向转角下，试验3次

规定车速及转向转角下，试验3次

规定车速及转向转角下，试验3次

…

规定车速及转向转角下，试验3次

第一车辆单元及最后车辆单元的横摆角速度的时域信号

纵向车速时间历程及转向盘转角的时域信号

车辆单元间铰接角或角速度

图 4-27　脉冲输入道路试验流程

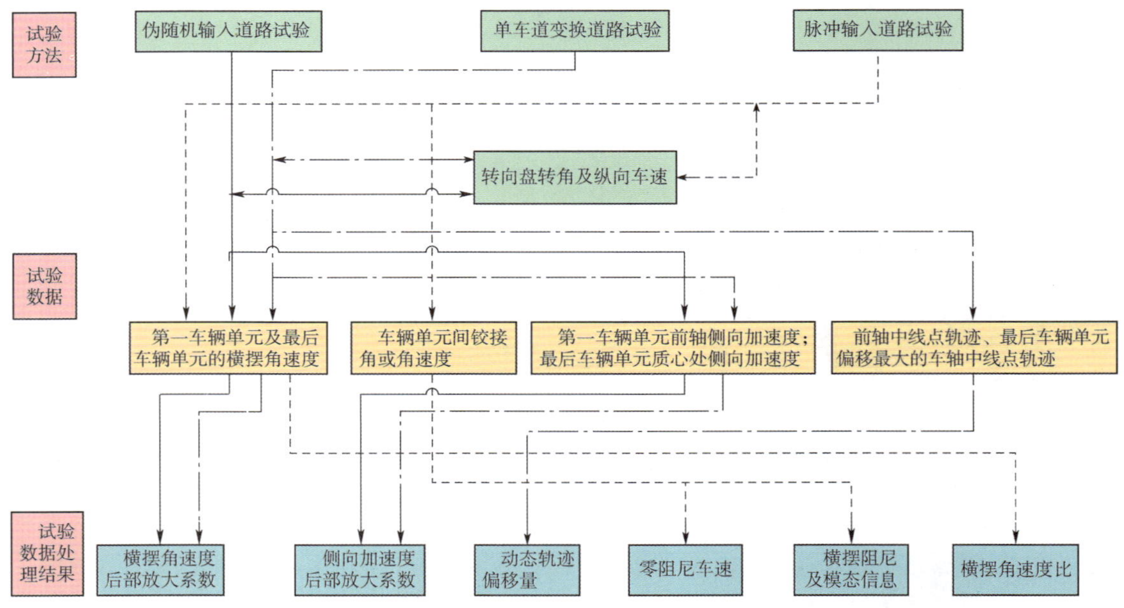

图 4-28　试验数据的处理与输出

车辆　重型商用汽车列车和铰接客车　横向稳定性试验方法》(GB/T 25979—2010)规定的3个试验中能够测得测试数据为:转向盘转角及纵向车速时间历程、第一车辆单元及最后车辆单元的横摆角速度时间历程、第一车辆单元前轴侧向加速度及最后车辆单元质心处的侧向加速度时间历程、车辆单元间铰接角或角速度时间历程、前轴中线点轨迹及最后车辆单元偏移最大的车轴中线点轨迹。通过对试验数据的处理,可以得到横摆角速度后部放大系数、侧向加速度后部放大系数、动态轨迹偏移量、零阻尼车速、横摆阻尼及模态信息、横摆角速度比等。

脉冲输入试验的转向盘转角输入可采用两种形式(基本输入形式和带修正的形式)之中任意一种;但应保证脉冲时间和修正时间满足要求。

(四)测试设备

验证试验利用6轴铰接汽车列车进行,所用测试仪器为VBOX汽车操纵稳定性测试分析系统,如图4-29所示。

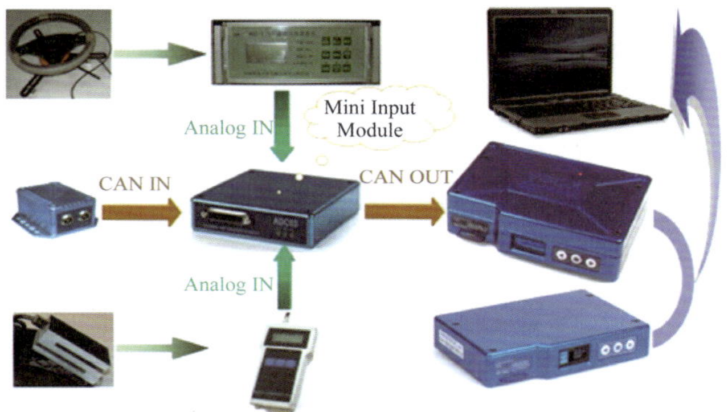

图4-29　VBOX汽车操纵稳定性测试分析系统

(五)试验数据梳理与标准可行性分析

1. 伪随机输入

按照《道路车辆　重型商用汽车列车和铰接客车　横向稳定性试验方法》(GB/T 25979—2010)对数据处理后,得到转向盘转角幅值谱、侧向加速度后部放大系数谱、横摆角速度后部放大系数谱、相干系数分别如图4-30～图4-33所示。从试验数据显示,由于驾驶员转动转向盘的频率较低(0.5Hz以下),处理后的数据只反映出后部放大系数的低频特性。为了安全起见,需在半挂车侧向安装防侧翻安全装置后才可进行较高频率转动转向盘的试验。

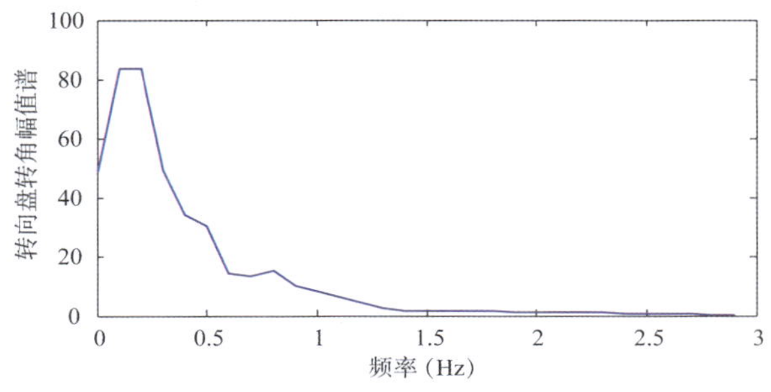

图4-30　伪随机输入转向盘转角幅值

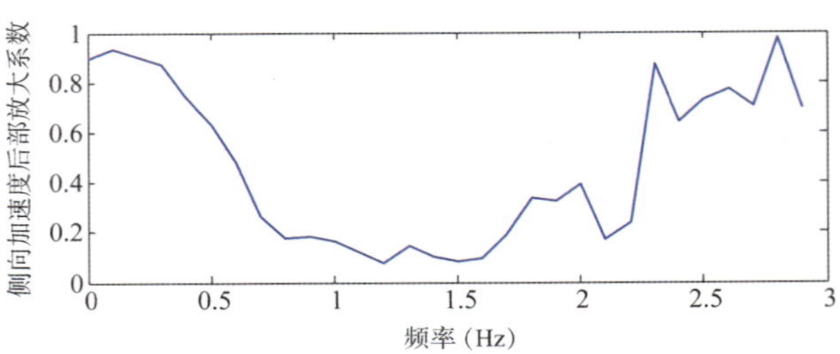

图 4-31 伪随机输入侧向加速度后部放大系数

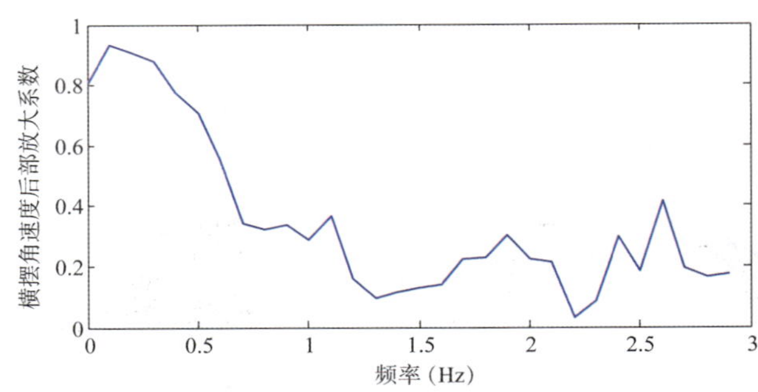

图 4-32 伪随机输入横摆角速度后部放大系数

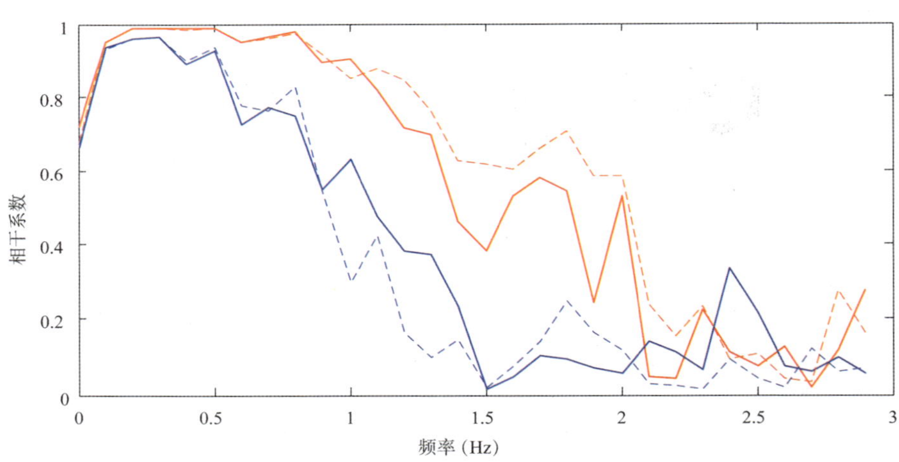

图 4-33 伪随机输入相干系数

红线-牵引车；蓝线-半挂；实线-侧向加速度；虚线-横摆角速度

2. 单车道变换

图 4-34 给出了单车道变换后部放大系数随转向盘转动频率的变化趋势，其基本趋势是随转向盘转动频率的提高，后部放大系数有一定增加。图 4-35 所示为单车道变换过程中半挂牵引车前轴中线点的轨迹、半挂车偏移最大车轴中线点的轨迹，轨迹之间距离越小则半挂车对半挂牵引车轨迹的跟随性能越好。本试验与伪随机输入试验存在类似问题，车速与《道路车辆　重型商用汽车列车和铰接客车　横向稳定性试验方法》(GB/T 25979—2010)要求有差距、车速波动明显，同样，为安全起见需增加防侧翻装置。

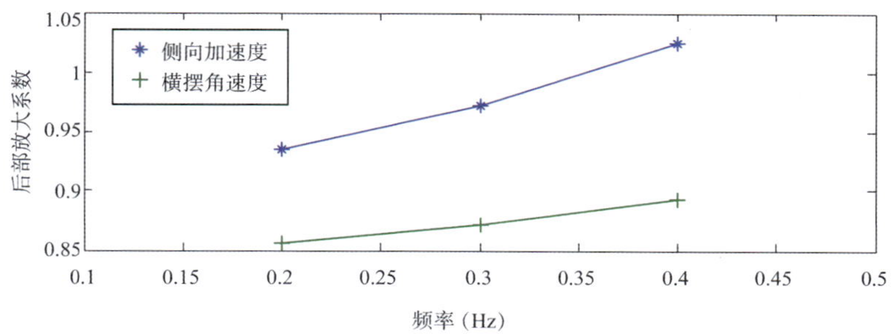

图 4-34　单车道变换后部放大系数图

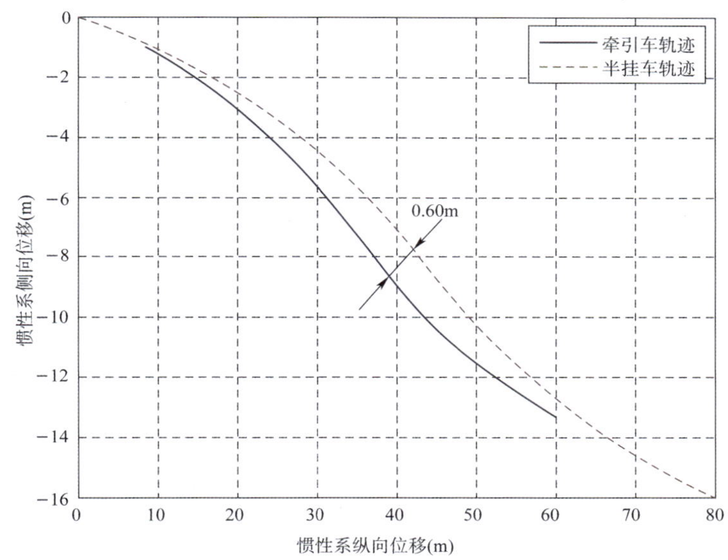

图 4-35　单车道变换侧向位移图

3. 脉冲输入

试验需要预估出横摆的零阻尼车速,之后在低于该车速的若干车速下进行转向盘的脉冲输入试验并测取半挂牵引车与半挂车的横摆角速度、铰接角或角速度。从图 4-36 可以看出,在试验车速 70km/h 以下给转向盘脉冲输入后车辆的横摆很快衰减,因此要达到横摆接近零阻尼所需车速通常较高。一旦出现横摆的零阻尼特性则横摆长时间持续,试验的危险性较高,需采取有效的防侧翻措施。

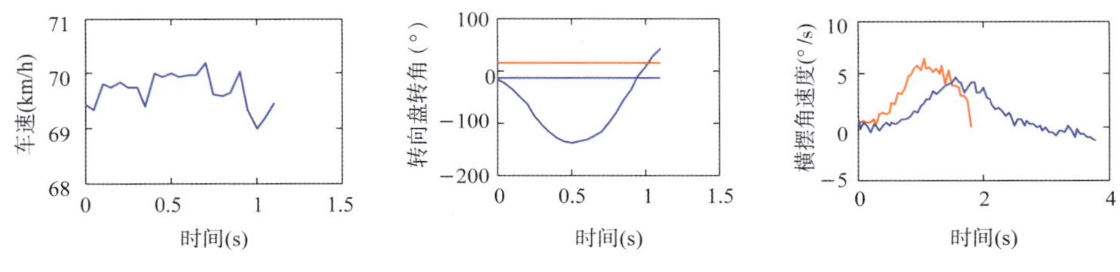

图 4-36　脉冲输入车速、转向盘转角和横摆角速度

对《道路车辆　重型商用汽车列车和铰接客车　横向稳定性试验方法》(GB/T 25979—2010)给出的评价指标、测试方法进行的实车试验,结果表明3个试验测试方法在现有测试设备和试验场地等条件下是可行的,通过试验以及数据处理能够获取试验要求的测试评价指标。

为保障试验安全性,提高试验的成功概率,需要较长的测试场地,实时显示试验过程中的测力转向盘转角、车辆侧向加速度等,测试数据采集时的采样频率尽可能高,试验时需要安装侧向外支架,必要时使用驾驶机器人进行转向输入操作。

第四节　行驶通过性评价与测试技术

半挂汽车列车的行驶通过性与车辆结构、主挂匹配等参数相关,直接影响其通过安全性。根据标准限值不同,不同国家半挂汽车列车长度一般在16.5～25.25m,过长的车辆在弯道行驶时将侵占其他道路交通参与者的通过空间,威胁其通过安全。因此,世界主要国家在大力发展半挂汽车列车尤其是多挂汽车列车的同时,均提出了严格的行驶通过性限制条件。

一、评价指标

行驶通过性常用评价指标有前摆值、后摆值、外摆值、最小转弯直径以及最小离地间隙、接近角和离去角等,具体评价指标如图4-37所示。

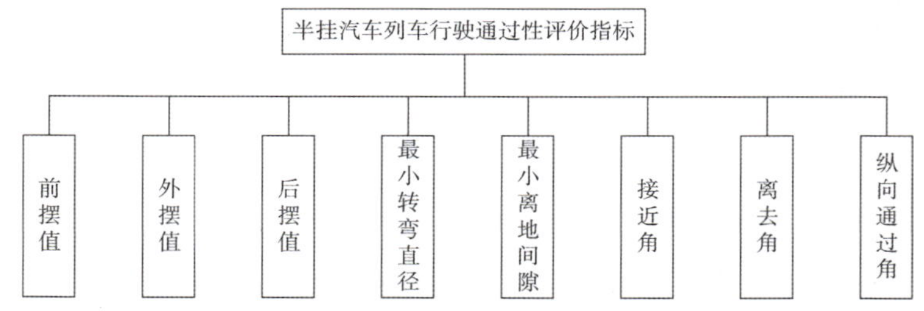

图4-37　半挂汽车列车行驶通过性评价指标

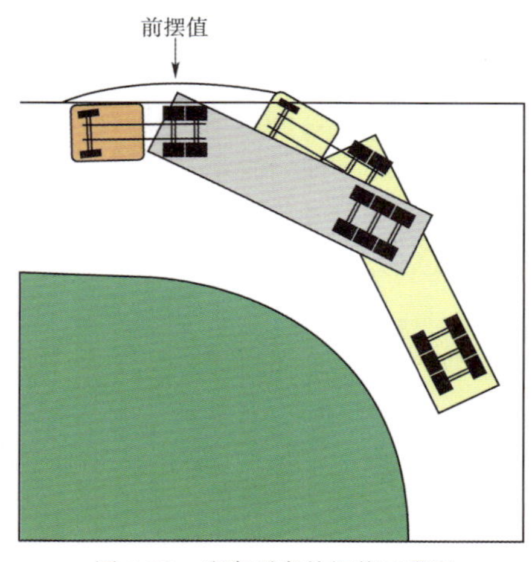

图4-38　汽车列车前摆值示意图

除车辆前摆值和后摆值外,其他通过性评价指标均为行业经常使用的参数,在此不再进行详述。车辆的前摆值和后摆值是用来描述汽车列车通过性的评价指标。前摆值为汽车列车前外角在地面上的运动轨迹与列车按规定路线转弯并静止后的车身最外侧平面在地面上投影的最大侧向位移,如图4-38所示,澳大利亚国家标准规定前摆值应不大于0.35m。后摆值为汽车列车外侧最后点按规定路线转弯时在地面上形成的运动轨迹与列车初始位置在地面上投影的最大侧向位移,如图4-39所示,后摆值应不大于0.8m。

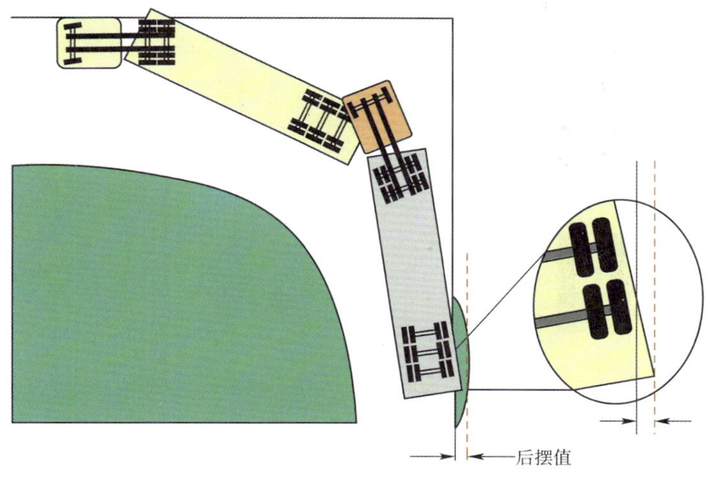

图 4-39　汽车列车后摆值示意图

二、汽车列车行驶轨迹测试仪

在甩挂运输车辆通过性的评价指标中，如前摆值、后摆值、外摆值、最小转弯直径以及行驶稳定性中挂车直线行驶稳定性、低速偏移量（转向通道最大宽度）等，它们均以位置轨迹为基础。

关于轨迹的传统测量方法是：在半挂牵引车和半挂车底盘中间下方各固定一个喷枪，在汽车行驶过程中同时朝下方地面喷射白色液体，在地面上形成两条曲线，这两条曲线就是喷枪固定点的位置轨迹，再进行航位推算就可以知道汽车列车在各个时刻的位置轨迹。但喷射装置不仅安装不方便，而且水流大小和流速对最终测试结果有较大的影响，况且测试受天气影响较大，夏天还没有来得及测试痕迹已经消失，冬天太冷喷头容易受冻堵住，且重复试验时前次试验所留印迹影响下次试验的进行。

随着 GPS 技术的革新发展，基于 GPS 的汽车列车位置轨迹测量方法应运而生，该方法具有结构简单、操作方便、测量精确且不受环境影响的特点，可以有效解决汽车列车直线位置轨迹的测量问题，为道路通行能力以及汽车列车行驶安全性的深入研究提供可靠的技术支持。

系统采用双频载波相位差分定位测向技术，用 4 个天线和 3 台接收机实现对载体航向和坐标的高精度解算。一台 FLEX6 – G2L – BOG – TTR 接收机和 GPS – 702 – GG 天线作为基准站，使用 WDS – 4710 – 25W 数传电台发送位置差分改正信息给移动站和从站测向接收机；一台 FLEX6 – G2L – ROG – TTR 接收机和 GPS – 702 – GG 天线作为移动站，使用 WDS – 4710 – 5W 数传电台接收位置差分改正信息并输出高精度厘米级位置。一台 N500 系列测向接收机和两个 GPS – 702GG 天线作为从站通过 WDS – 4710 – 5W 数传电台接收基站发送的位置差分改正数，实现双频载波相位差分位置解算，得到相对于基准站的高精度坐标，同时产生测向改正数，实现测量车辆的航向信息。测向接收机的两个天线方向和载体的中轴平行，可输出车厢的航向信息。前摆值和后摆值的测试示意图如图 4-40 所示。

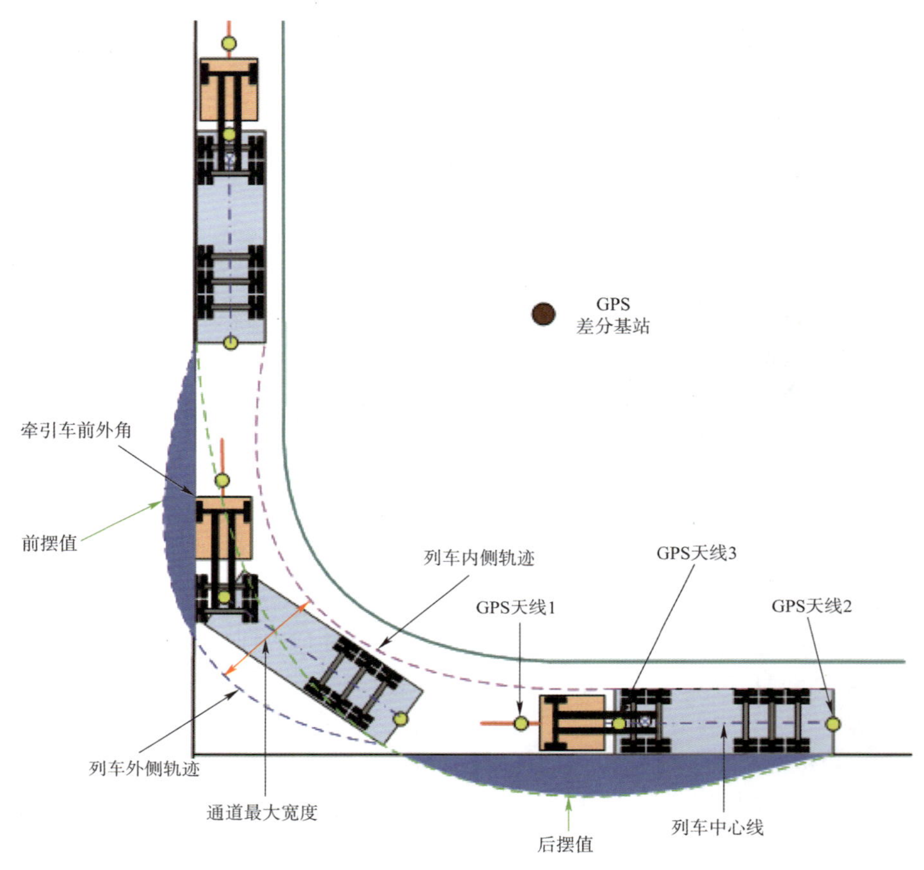

图 4-40　汽车列车前摆值和后摆值测试示意图

在试验过程中，试验场地周围常有建筑物、边坡、树木等，这会引起 GPS 信号衍射或反射，天线在接受卫星信号的同时，还接受从反射体反射的信号以及经衍射体衍射的信号，这三种信号叠加在一起作为观测量进行定位就会产生误差，另外由于热噪声、软件和各通道之间的偏差等因素也常常会引起 GPS 观测值的误差。因此，为了精确计算出挂车和牵引车的运动轨迹，首先需要对 GPS 信号进行滤波，滤波时选择广泛应用的卡尔曼滤波器来实现，该滤波器是以最小均方差为准则的最优状态估计滤波器，它不需要储存过去的测量值，只根据当前的观测值和前一时刻的估计值，利用计算机进行递推计算，便可实现对实时信号的估计，具有数据存储量小、算法简便的特点，是常用的滤波方法。图 4-41 为设备的航位推算示意图，对于半挂车，设半挂牵引车与半挂车之间的铰接点为 O 点，GPS 天线 2 的位置为 A 点，GPS 天线 3 的位置为 B 点，在转弯时 A、B 以及 O 点可以构成一个三角形 AOB。图中，AE 为 OA 的延长线，OF 为 BO 的延长线，AE 与正北向的夹角是 θ_1，OF 与正北向的夹角是 θ_2。由图可以看出，θ_1 就是牵引车纵轴与正北向的夹角，即半牵引车的航向角；θ_2 就是半挂车纵轴与正北向的夹角，即挂车的航向角。GPS 天线 2 到 O 点的距离 AO 与 GPS 天线 3 到 O 点的距离 BO 都是常量，可以事先测得。GPS 天线 3 与 GPS 天线 2 之间的实时距离可由其定位坐标推算得到。对于三角形 AOB，在三条边长度已知的情况下可以解出各边之间的夹角，进而再利用 θ_1 以及所示的角度关系就可以推得挂车的航向角 θ_2。利用差分 GPS 接收机 3 的信号，可以得到这 GPS 天线 3 处的高精度运动轨迹，再利用推得的挂车航向角由平面几何关系就可以算出挂车任一点的位置轨迹。进而可以还原出整辆车的位置轨迹，就可以计算出前摆值、后摆值和通道最大宽度等参数值。

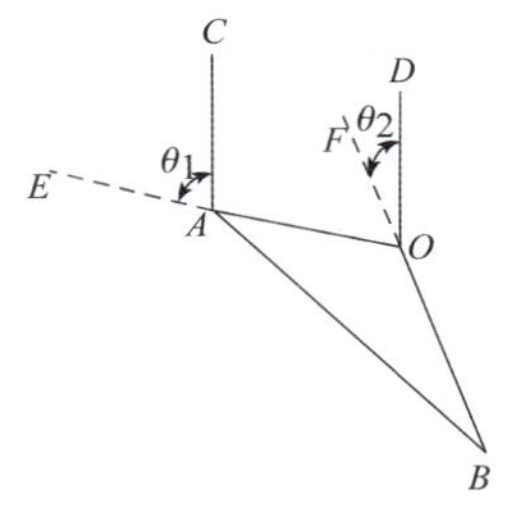

图 4-41　航位推算示意图

图 4-42 为半挂汽车列车行驶轨迹测试软件主界面。数据采集完成后，可根据需要输出不同的测试结果。图 4-43 为某次半挂汽车列车行驶轨迹测试结果。

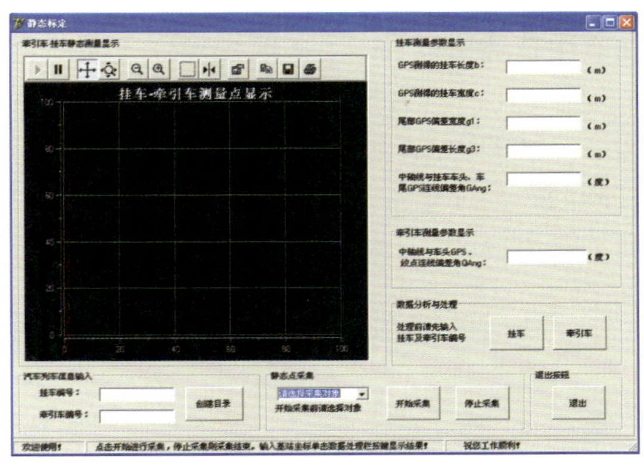

图 4-42　汽车列车静态标定界面

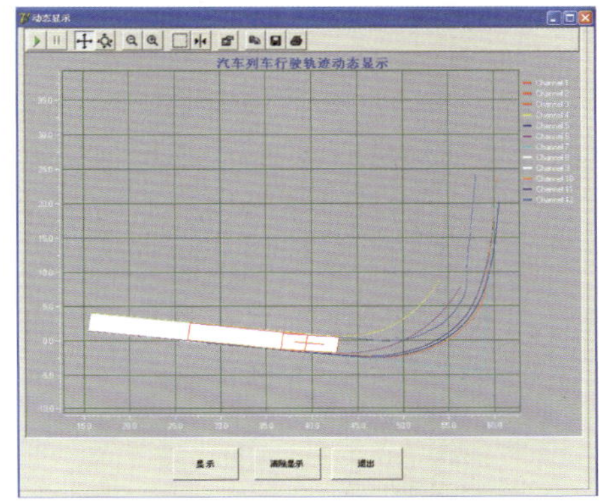

图 4-43　某汽车列车行驶轨迹测试结果

三、半挂汽车列车通道圆通过性

1. 试验方法

该仿真试验基于《道路车辆外廓尺寸、轴荷及质量限值》（GB 1589—2004）中关于半挂汽车列车通道圆的试验要求。半挂汽车列车以直线行驶状态停于平整地面上，沿车辆最外侧部位向地面做投影，并做与车辆纵向中心线平行的投影线；半挂汽车列车起步，由直线行驶过渡到直径 D_1（按照车辆最外侧部位计算，但是不计具有作业功能的专用装置的突出部分）为 25m 的圆周内行驶，至少在圆周内行驶 1/2 圈（半个圆周），在此过程中车速控制在5 ~ 10km/h；上述过程中车辆外侧任何部位在地面上的投影形成外摆轨迹，该轨迹与车辆静止时车辆最外侧部位形成的投影线的最大距离即为车辆外摆值 T；上述过程左右转向各进行一次，如图 4-44 所示。

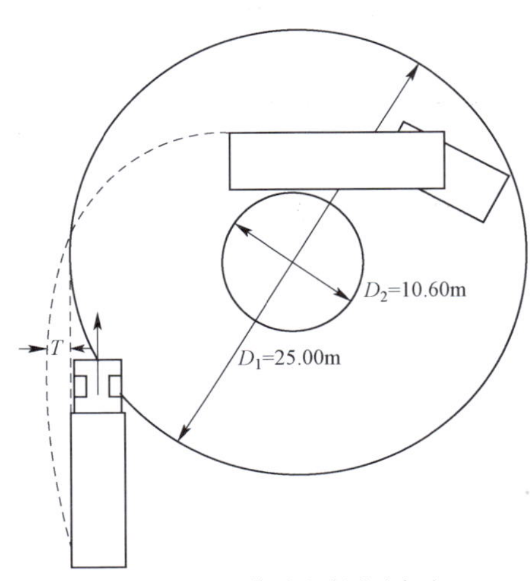

图 4-44　通道圆试验测试方法

在 TruckSim 仿真软件中根据试验车辆的实际结构形式选择相符的半挂汽车列车，并将实际车辆外廓尺寸和匹配连接参数输入到仿真模型中，根据《道路车辆外廓尺寸、轴荷及质量限值》（GB 1589—2004）规定的试验方法，在仿真软件中完成仿真试验，得到汽车列车各轴两侧轮胎的轨迹坐标，根据轮胎与车身外轮廓的几何关系确定汽车列车转向所需空间，其几何关系见式(4-7)。根据试验以及后期数据处理，见式(4-8)、式(4-9)，判断其结果是否符合《道路车辆外廓尺寸、轴荷及质量限值》(GB 1589—2004)的规定。

$$\begin{aligned} x &= a + M/Q \times (a-c) - N/Q \times (b-d) \\ y &= b + M/Q \times (b-d) + N/Q \times (a-c) \end{aligned} \tag{4-7}$$

$$T = \max\{(x,y) - [x(l), y(l)]\} \tag{4-8}$$

$$r = \min\left[\frac{|(b-d)\times m + (a-c)\times n - (b-d)\times y - (a-c)\times x|}{\sqrt{(a-c)^2 + (b-d)^2}}\right] \tag{4-9}$$

式中：a、b 和 c、d——同轴两侧轮胎中心点在仿真中轨迹坐标，m；

m、n——转向中心坐标，m；

M——轮胎中心点与同侧车身边缘之间的距离，m；

N——轮胎中心点与车身尾端之间的距离，m；

Q——同轴两侧轮胎中心点之间的距离，m；

(x,y)——所求车身角点轨迹坐标，m；

T——外摆值，m；

r——汽车列车通道圆内径，m。

2. 仿真车型

根据我国道路货运车辆结构形式和外廓尺寸的发展趋势以及欧洲现行模块化汽车列车的结构形式与外廓尺寸参数，确定主要车辆类型为半挂汽车列车、双半挂汽车列车、超限集装箱汽车列车及车辆运输列车，各车型结构如图 4-45 所示。

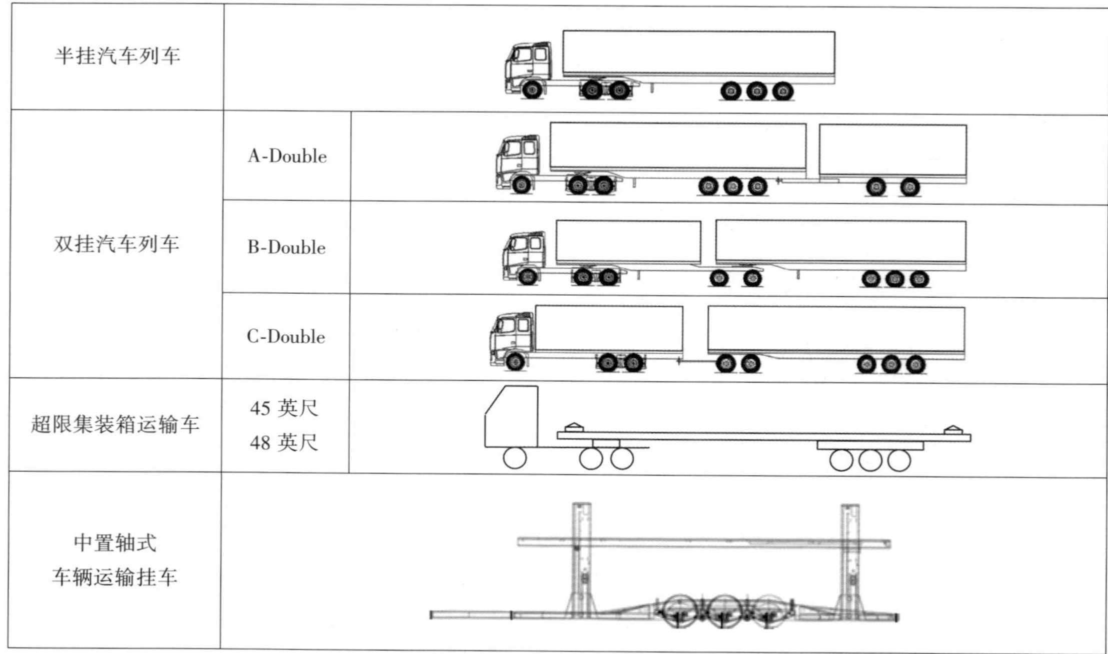

图 4-45　试验车型示意图

3. 半挂汽车列车通过性结果

1）符合现行标准中最长限值的半挂汽车列车（总长18.1m）

以某6×4牵引车及某三轴厢式半挂车为基准车型，如图4-46所示，进行通道圆仿真试验，试验结果见表4-8。

半挂汽车列车轴距与通道圆内径关系　　表4-8

轴距（mm）		通道圆内径（m）
牵引车	半挂车	
3300+1350	8100+1310+1310（基准车型）	7.10
3300+1350	7600+1310+1310（1轴轴距减0.5m）	7.98
3300+1350	7100+1310+1310（1轴轴距减1m）	9.17
3300+1350	6600+1310+1310（1轴轴距减1.5m）	10.51

2）考虑随动转向轴的三轴厢式半挂汽车列车（总长18.1m）

以6×4牵引车及三轴厢式半挂车为基准车型，将三轴厢式半挂车的第三轴设为随动转向轴，因此在仿真中可以用前两轴等效代替并装三轴，仿真试验结果见表4-9。

随动转向轴的三轴厢式半挂汽车列车轴距与通道圆内径　　表4-9

半挂车轴距（mm）	通道圆内径（m）
8100+1310+1310	10.61

3）现行标准总长为16.5m的半挂汽车列车

以现行标准中总长为16.5m的半挂汽车列车为基准车型，要求牵引车牵引座中心至驾驶室前端距离不超过5.1m，半挂车牵引销至半挂车后端不超过11.4m，即总长不超过16.5m、半挂车长度为13m的汽车列车，如图4-47所示，通道圆仿真试验结果见表4-10。

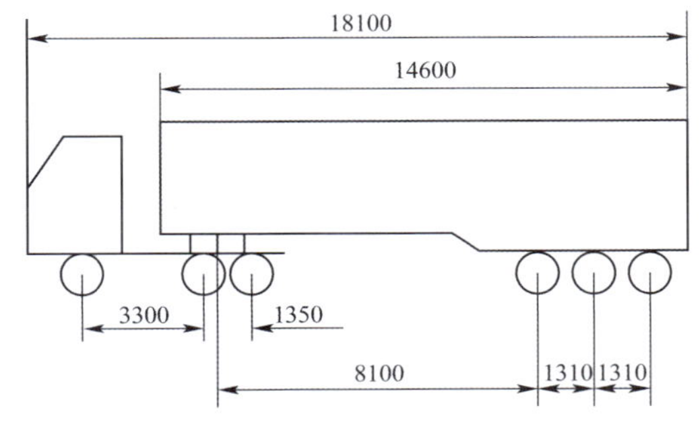

图4-46　现行标准中最长限值的半挂汽车列车（单位：mm）

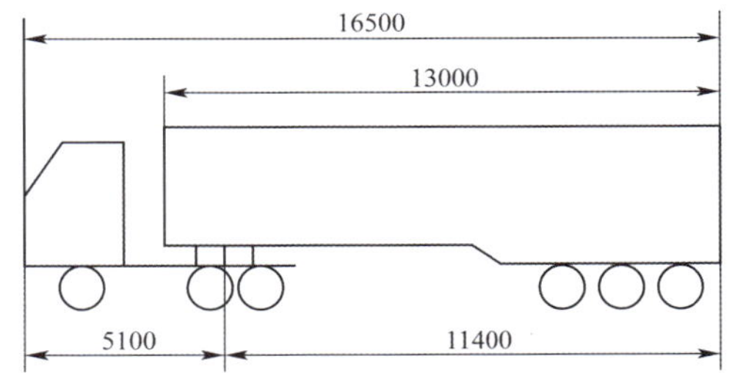

图4-47　总长为16.5m的半挂汽车列车（单位：mm）

总长为16.5m的半挂汽车列车轴距与通道圆内径　　表4-10

轴距（mm）		通道圆内径（m）
牵引车	半挂车	
2915+1350	6740+1310+1310	10.64

4）欧洲标准半挂汽车列车（总长16.5m）

参照欧洲标准汽车列车，牵引车牵引座中心至驾驶室前端距离不超过4.5m，半挂车牵引销至半挂车后端不超过12m,即总长不超过16.5m的汽车列车。以总长为13.6m的半挂车为基准车型,如图4-48所示,列车总长为16.5m,通道圆仿真试验结果见表4-11。

欧洲标准半挂汽车列车轴距与通道圆内径　　表4-11

轴距 (mm)		通道圆内径(m)
牵引车	半挂车	
2315+1350	7340+1310+1310	11.24

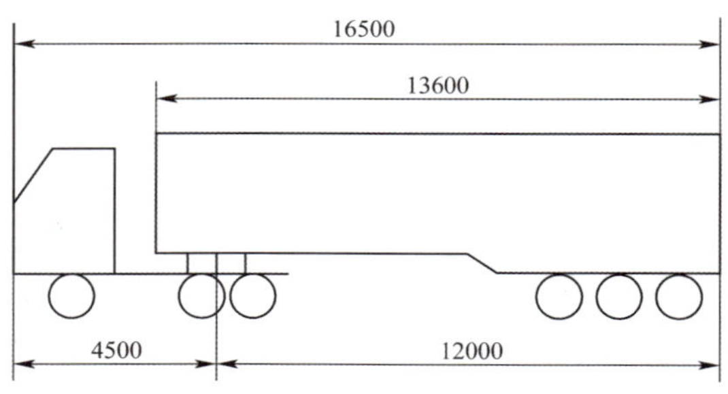

图4-48　欧洲标准半挂汽车列车(单位:mm)

5)主要结论

根据仿真试验结果发现,对于现行标准中最长限值为18.1m的半挂汽车列车,随着挂车轴距的减小,其在通道圆试验中的内径逐渐增大;当半挂车轴距减为6600+1310+1310mm时,列车在通道圆试验中内径为10.51m,接近满足《道路车辆外廓尺寸、轴荷及质量限值》(GB 1589—2004)中通道圆的要求,但根据几何关系计算半挂车后轴承载约为28.8t,超过《道路车辆外廓尺寸、轴荷及质量限值》(GB 1589—2004)中对半挂车并装三轴的轴荷要求;同时,当半挂车轴距为6600+1310+1310mm时,半挂车后悬超过《机动车运行安全技术条件》(GB 7258—2012)中的相关规定(不超过3.5m);因此调整轴距不能使该汽车列车满足标准要求的通道圆尺寸要求。故总长为18.1m的普通汽车列车不能满足标准规定的通道圆尺寸要求;而总长为16.5m、半挂车长度为13m的半挂汽车列车可以满足标准中通道圆要求。

对于最后轴为随动转向的三轴厢式半挂汽车列车,在标准尺寸状态下可以满足标准规定的通道圆要求;当半挂车第三轴为随动转向轴时,汽车列车的通道圆内径较普通半挂车均明显增加,即汽车列车通过能力明显增强。

基于欧洲标准半挂汽车列车的仿真模型,在通道圆试验中可以满足《道路车辆外廓尺寸、轴荷及质量限值》(GB 1589—2004)的要求,且后轴承载质量约为24t,满足《道路车辆外廓尺寸、轴荷及质量限值》(GB 1589—2004)中对半挂车并装三轴的轴荷限值要求。

因此,基于现行标准,建议缩小原14.6m半挂车的长度;根据道路货运车辆标准化车型的发展趋势,建议参照欧洲标准确定半挂车的长度限值为13.6m(45英尺集装箱长度),也能更好地适应跨国运输。

4. 双挂汽车列车

1)A-Double汽车列车(总长25.25m)

参照欧洲标准汽车列车组合,建立半挂汽车列车+中置轴挂车的A-Double组合模型,如图4-49所示,汽车列车总长为25.25m,并进行通道圆仿真试验,仿真试验数据见表4-12。

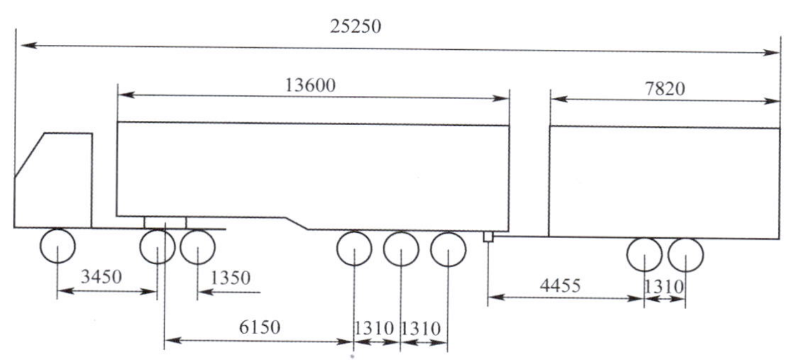

图 4-49　欧洲标准 A-Double 汽车列车(单位:mm)

欧洲标准 A-Double 汽车列车轴距与通道圆内径　　表 4-12

轴距（mm）			通道圆内径(m)
牵引车	半挂车	中置轴挂车	
3450 + 1350	6150 + 1310 + 1310	4455 + 1310	11.38

2) B-Double 汽车列车(总长 25.25m)

参照欧洲标准汽车列车组合,建立双半挂汽车列车 B-Double 组合模型,汽车列车总长为25.25m,如图 4-50 所示,进行通道圆仿真试验,仿真试验数据见表 4-13。

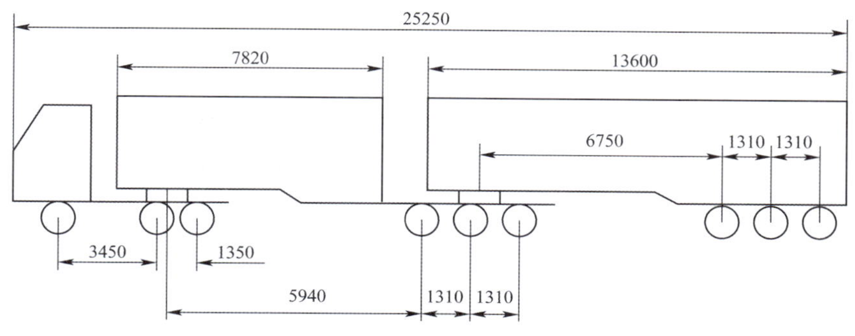

图 4-50　欧洲标准 B-Double 汽车列车(单位:mm)

欧洲标准 B-Double 汽车列车轴距与通道圆内径　　表 4-13

轴距（mm）			通道圆内径(m)
牵引车	第一节半挂车	第二节半挂车	
3450 + 1350	5940 + 1310 + 1310	6750 + 1310 + 1310	8.86
3450 + 1350	5940 + 1310 + 1310 (最后轴为随动转向轴)	6750 + 1310 + 1310	10.66

3) C-Double 汽车列车

C-Double 基准车型采用欧洲标准模块化列车组合,如图 4-51 所示,仿真结果见表 4-14。

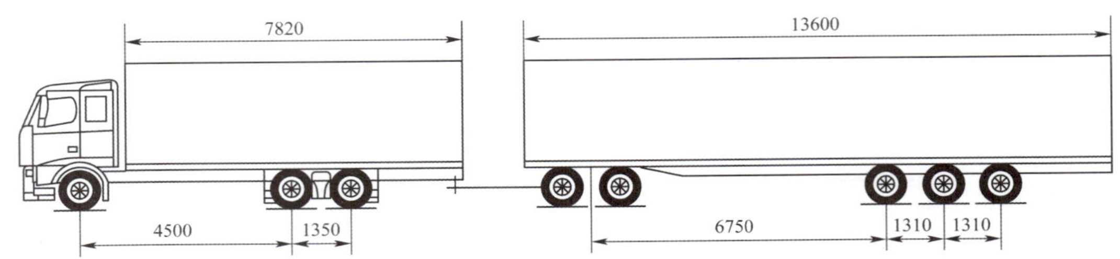

图 4-51　欧洲标准 C-Double 汽车列车(单位:mm)

欧洲标准 C-Double 汽车列车轴距与通道圆内径　　表 4-14

轴　距　(mm)		通道圆内径(m)
牵引货车	半挂车	
4500 + 1350	6750 + 1310 + 1310	10.60

4)主要结论

基于欧洲标准组合的 A-Double 汽车列车,在通道圆试验中可以满足《道路车辆外廓尺寸、轴荷及质量限值》(GB 1589—2004)的要求。而基于欧洲标准组合的 B-Double 汽车列车不能满足《道路车辆外廓尺寸、轴荷及质量限值》(GB 1589—2004)的通道圆尺寸要求;在第一节半挂车或最后一节挂车最后轴上使用随动转向轴可以增加汽车列车的转向灵活性,使汽车列车满足标准要求。基于欧洲标准组合的 C-Double 汽车列车能够满足《道路车辆外廓尺寸、轴荷及质量限值》(GB 1589—2004)中对汽车列车 25m 通道圆的要求。

5. 超限集装箱运输汽车列车

本节中主要研究 45 英尺、48 英尺集装箱运输半挂汽车列车模型。选取国内市场现有车型为基准车型,如图 4-52 所示,并进行通道圆仿真试验,试验结果见表 4-15。

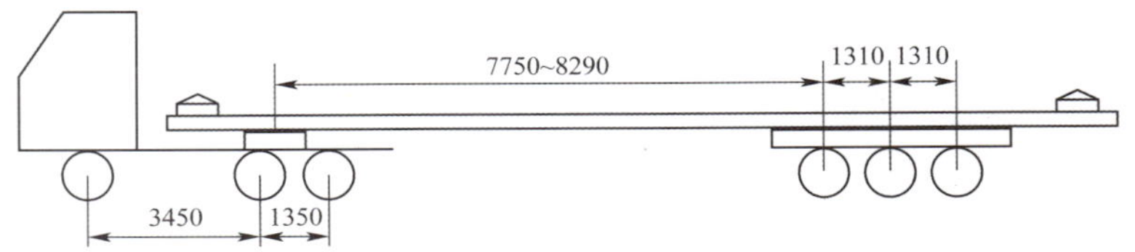

图 4-52　超限集装箱运输半挂汽车列车(单位:mm)

超限集装箱运输汽车列车轴距与通道圆内径　　表 4-15

车辆类型	半挂汽车列车轴距(mm)	通道圆内直径(m)
45 英尺集装箱运输半挂汽车列车	8290 + 1310 + 1310	11.40
48 英尺集装箱运输半挂汽车列车	8750 + 1310 + 1310	8.46
	8250 + 1310 + 1310	9.87
	7750 + 1310 + 1310	10.87

试验结论是 45 英尺集装箱运输半挂汽车列车可以满足《道路车辆外廓尺寸、轴荷及质量限

值》(GB 1589—2004)中对汽车列车25m通道圆的要求;而48英尺集装箱运输半挂汽车列车通过调整轴距,也可以满足《道路车辆外廓尺寸、轴荷及质量限值》(GB 1589—2004)中对汽车列车25m通道圆的要求,但当48英尺集装箱运输半挂汽车列车的轴距满足《道路车辆外廓尺寸、轴荷及质量限值》(GB 1589—2004)要求时,按照集装箱满载30480kg计算,后轴承载约为25.15t,超过《道路车辆外廓尺寸、轴荷及质量限值》(GB 1589—2004)中并装三轴的轴荷限值。

6. 商品车运输汽车列车

建立汽车列车总长为20m和24.5m(其中,中置轴挂车长度为13.7m)的中置轴式商品车运输汽车列车模型,如图4-53~图4-55所示,分别进行通道圆仿真试验,其仿真试验结果见表4-16。

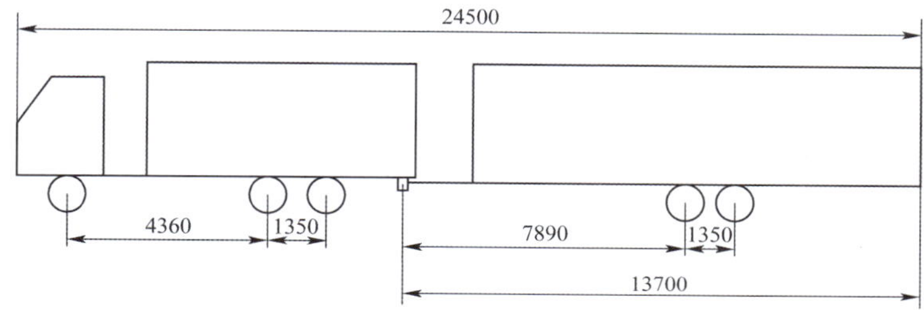

图4-53　列车总长24.5m中置轴式商品车运输汽车列车(单位:mm)

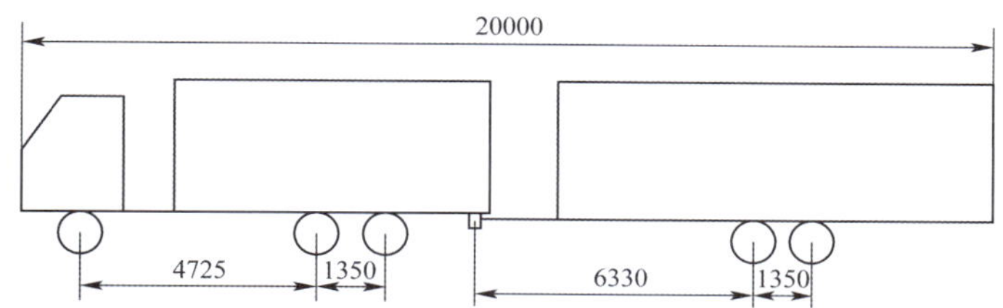

图4-54　列车总长20m中置轴式商品车运输汽车列车(天津劳尔提供)(单位:mm)

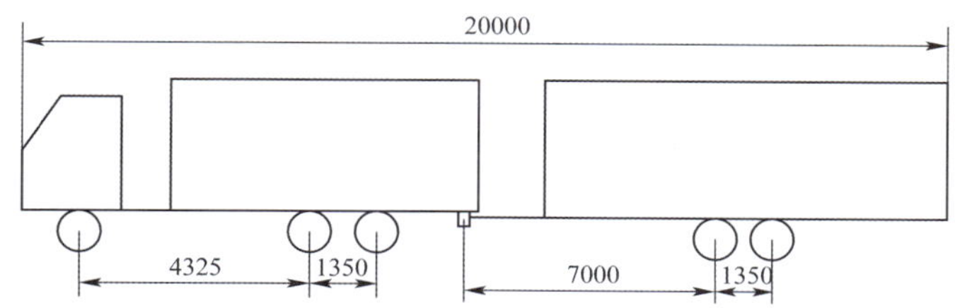

图4-55　列车总长20m中置轴式商品车运输汽车列车(法国劳尔提供)(单位:mm)

中置轴式商品车运输汽车列车轴距与通道圆内径　　表4-16

车　　型	轴　距　(mm)		通道圆内径(m)
	牵引货车	中置轴挂车	
列车总长24.5m	4360+1350(基准车型)	7890+1355	8.56
	4860+1350(轴距+0.5m)		7.75
	5360+1350(轴距+1.0m)		6.59
列车总长20m(天津劳尔提供)	4725+1350(基准车型)	6330+1350	10.75
列车总长20m(法国劳尔提供)	4325+1350(基准车型)	7000+1350	10.68

试验结论是，配合调研的单位及相关车辆制造企业所提供的基准车型，在通道圆仿真试验中 20m 列车可以满足《道路车辆外廓尺寸、轴荷及质量限值》(GB 1589—2004)的要求；24.5m 的中置轴汽车列车不能满足通道圆要求，且中置轴挂车后悬(约 4.5m)超过《机动车运行安全技术条件》(GB 7258—2012)的相关规定(不超过 3.5m)，不能满足安全行驶要求。

第五节　甩挂运输车辆效能评价

影响甩挂运输车辆效能的因素有车辆、管理、运营组织等多个方面。本节主要从甩挂运输车辆及其附属装置等角度开展甩挂运输车辆效能的评价，通过确定影响甩挂运输车辆效能的评价指标及每个评价指标对甩挂运输车辆综合效能影响的衡量方法，最终构建甩挂运输车辆效能评价指标体系，建立甩挂运输车辆效能评价模型。货运企业可通过获取半挂牵引车及厢式半挂车、集装箱半挂车效能评价性能指标常见取值及其对应标准值，对半挂牵引车和半挂车的组合进行综合效能评价，指导选择最佳车型匹配，使得运输经济和效率达到最优的状态。

一、甩挂运输车辆效能评价指标

影响甩挂运输车辆运行效能的主要因素可以归纳为以下几个方面：

(1)甩挂运输车辆的动力性能：主要包括半挂牵引车发动机额定功率、发动机比功率、最高车速、最大爬坡度、加速时间等。

(2)甩挂运输车辆的经济性能：主要包括车辆百公里综合燃料消耗、空载/满载等速燃料消耗、经济车速等。

(3)甩挂运输车辆的装载性能：主要包括半挂牵引车与半挂车整备质量、半挂牵引车准拖挂总质量、半挂车货厢容积、承载面离地高度、实际载货比率、托盘适应性和有无升降辅助装置等。

(4)甩挂运输车辆的接驳与货物栓固：主要包括接驳时间、牵引座最大载质量、牵引座离地高度、货厢内有无栓固装置、拴紧器具情况、货物属性及实际装载情况等。

(5)甩挂运输业务组织：主要包括平均运量、运距、周转量、装卸效率、牵引车挂车利用率等。

(6)甩挂运输成本等经济效益指标：主要包括单位周转量运费、车辆维护费用、装卸操作成本、车辆使用寿命等。

在实际运输生产中，甩挂运输企业常采用发动机比功率、装载质量利用系数、整备质量利用系数等指标考核车辆的使用性能，而通常采用运量、装卸时间、运输成本费用等指标来测算运输经济效益。甩挂运输车辆效能评价主要针对甩挂运输车辆自身的性能指标进行效能评估，对于甩挂运输业务组织及经济效益部分不予考虑。

应用层次分析法建立甩挂运输车辆效能评价指标体系，如图 4-56 所示。

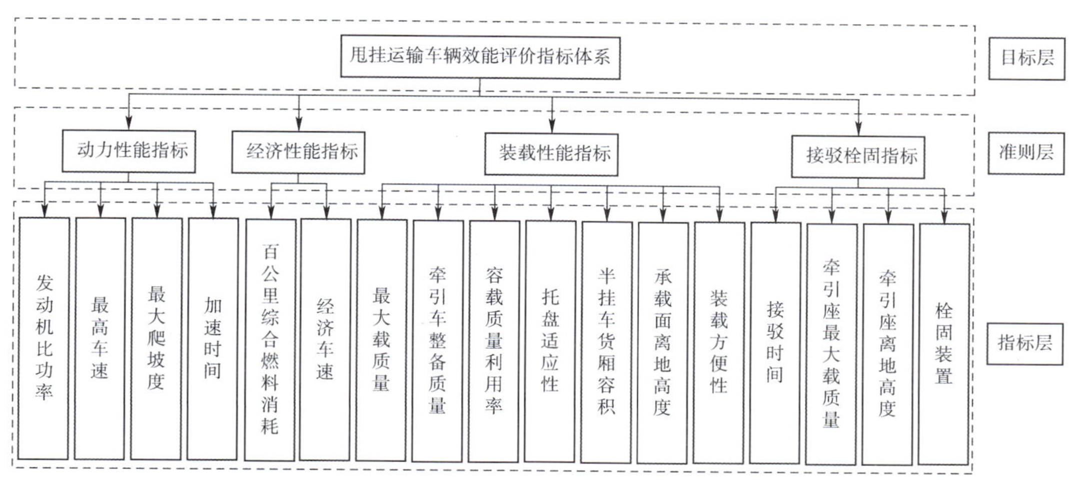

图4-56　甩挂运输车辆效能评价指标体系

二、甩挂运输车辆效能评价模型

1. 评价项目指标权重的确定

甩挂运输车辆效能评价指标体系由4个一级指标和17个二级指标构成，将每个一级指标及每个一级指标下属的二级指标分别列入专家评议表中进行两两比较并给出评分。以评价指标体系中准则层的4个指标为例，准则层各指标对应下的指标层的指标采用相同方法，见表4-17。

甩挂运输车辆效能评价指标（准则层）权重专家评议表　　表4-17

指标及其编号		动力性能指标	经济性能指标	装载性能指标	接驳栓固指标
		$j=1$	$j=2$	$j=3$	$j=4$
动力性能指标	$i=1$	$a_{11}=1$	a_{12}	a_{13}	a_{14}
经济性能指标	$i=2$		$a_{22}=1$	a_{23}	a_{24}
装载性能指标	$i=3$			$a_{33}=1$	a_{34}
接驳栓固指标	$i=4$				$a_{44}=1$

通过邀请专家对评价指标权重评议表进行填写，将专家填写结果进行综合平均，分别得到了准则层各指标及准则层下属指标层各指标的综合判断矩阵。进行各指标单权重的计算、最大特征根计算并进行一致性检验，检验通过后计算得到各指标总权重值，见表4-18。

甩挂运输车辆效能评价指标权重计算结果及一致性检验表　　表4-18

评价指标	权重	评价指标（指标层）	单权重	最大特征根	一致性比例	总权重
动力性能	0.374	发动机比功率	0.466	4.04	0.007	0.174
		最高车速	0.221			0.083
		最大爬坡度	0.171			0.064
		加速时间	0.141			0.053

续上表

<table>
<tr><th>评价指标</th><th>权重</th><th>评价指标(指标层)</th><th>单权重</th><th>最大特征根</th><th>一致性比例</th><th>总权重</th></tr>
<tr><td rowspan="2">经济性能</td><td rowspan="2">0.256</td><td>百公里综合燃料消耗</td><td>0.583</td><td rowspan="2">2.00</td><td rowspan="2">0.000</td><td>0.149</td></tr>
<tr><td>经济车速</td><td>0.416</td><td>0.107</td></tr>
<tr><td rowspan="7">装载性能</td><td rowspan="7">0.242</td><td>最大载质量</td><td>0.228</td><td rowspan="7">7.32</td><td rowspan="7">0.093</td><td>0.055</td></tr>
<tr><td>牵引车整备质量</td><td>0.144</td><td>0.035</td></tr>
<tr><td>容载质量利用率</td><td>0.240</td><td>0.058</td></tr>
<tr><td>托盘适应性</td><td>0.102</td><td>0.025</td></tr>
<tr><td>半挂车货厢容积</td><td>0.170</td><td>0.041</td></tr>
<tr><td>承载面离地面高度</td><td>0.068</td><td>0.017</td></tr>
<tr><td>装卸方便性</td><td>0.048</td><td>0.012</td></tr>
<tr><td rowspan="4">接驳栓固</td><td rowspan="4">0.128</td><td>接驳时间</td><td>0.405</td><td rowspan="4">4.01</td><td rowspan="4">0.037</td><td>0.052</td></tr>
<tr><td>牵引座最大载质量</td><td>0.248</td><td>0.032</td></tr>
<tr><td>牵引座离地高度</td><td>0.178</td><td>0.023</td></tr>
<tr><td>栓固装置</td><td>0.168</td><td>0.022</td></tr>
</table>

2. 性能指标常用范围与量化处理

在进行甩挂运输车辆效能实际评价时：

(1)首先根据甩挂运输企业实地调研数据及文献资料、行业标准查阅结果及专家意见，针对推荐车型，依据数据在统计资料中出现的频率次数，总结出评价指标常见取值范围，即各指标取值(论域)。

(2)将各种类型下所包含各指标的常见取值无量纲化，计算出甩挂运输车辆效能评价指标体系中每个指标值对应的不同[0,1]区间标准值。

(3)将各指标常见取值与其对应的指标标准值整理为列表形式，以便进行后续车辆效能综合评价值计算时查阅使用。

表4-19中车辆效能评价指标的常见取值范围来源于实地调研及文献资料，根据数据在统计资料中出现的频率次数确定，且最终指标取值(论域)范围通过大量调研数据验证。

半挂牵引车、厢式半挂车性能指标常用范围　　表4-19

效能评价指标	常见取值范围
发动机比功率(kW/t)	5.4~6.0
最高车速(km/h)	90~110
最大爬坡度(%)	20~30
加速时间(s)	45~55
百公里综合燃料消耗(L/100km)	28~39
经济车速(km/h)	60~90

续上表

效能评价指标	常见取值范围	
最大载质量(kg)	25000 ~ 35000	
牵引车整备质量(kg)	6 ×4：8100 ~ 9100	4 ×2：6200 ~ 7200
容载质量利用率	0.84 ~ 1.00	
托盘适应性(个)	厢式:28 ~ 56	
半挂车货厢容积(m^3)	厢式:66 ~ 86	
承载面离地面高度(mm)	1270 ~ 1430	
装卸方便性	很好,较好,中等,一般,差	
接驳时间(s)	90 ~ 240	
牵引座最大载质量(kg)	6 ×4：15500 ~ 16000	4 ×2：10000 ~ 11000
牵引座离地高度(mm)	1260 ~ 1340	
栓固装置	有,无	

根据各个指标的不同性质,可以将上述指标按照无量纲标准化函数类型分为 3 类,即成本型、效益型和适中型。

其中,成本型(即越小越好)指标主要有加速时间、百公里综合燃料消耗、牵引车整备质量和接驳时间;效益型(即越大越好)指标主要有发动机比功率、最高车速、最大爬坡度、最大载质量、容载质量利用率、牵引座最大载质量,半挂车货厢容积、经济车速、托盘适应性和装卸方便性、栓固装置;适中型(既不能太大也不能太小为好)指标主要有承载面离地高度和牵引座离地高度。

经过分析得到各评价指标的常见取值及其对应标准值,见表 4-20 ~ 表 4-22。

成本型评价指标常见取值及其对应标准值　　表 4-20

加速时间	单位(s)	45.00	47.00	49.00	51.00	53.00	55.00
	标准值	1.00	0.80	0.60	0.40	0.20	0.00
百公里综合燃料消耗	单位(L/100km)	28.00	30.00	32.00	34.00	36.00	39.00
	标准值	1.00	0.80	0.60	0.40	0.20	0.00
牵引车整备质量(6 ×4)	单位(kg)	8100	8300	8500	8700	8900	9100
	标准值	1.00	0.80	0.60	0.40	0.20	0.00
牵引车整备质量(4 ×2)	单位(kg)	6200	6400	6600	6800	7000	7200
	标准值	1.00	0.80	0.60	0.40	0.20	0.00
接驳时间	单位(s)	90.00	120.00	150.00	180.00	210.00	240.00
	标准值	1.00	0.80	0.60	0.40	0.20	0.00

效益型评价指标常见取值及其对应标准值　　表4-21

发动机比功率	单位(kW/t)	5.40	5.50	5.60	5.70	5.80	6.00
	标准值	0.00	0.20	0.40	0.60	0.80	1.00
最高车速	单位(km/h)	90.00	94.00	98.00	102.00	106.00	110.00
	标准值	0.00	0.20	0.40	0.60	0.80	1.00
最大爬坡度	单位(%)	20.00	22.00	24.00	26.00	28.00	30.00
	标准值	0.00	0.20	0.40	0.60	0.80	1.00
最大载质量	单位(kg)	25000	27000	29000	31000	33000	35000
	标准值	0.00	0.20	0.40	0.60	0.80	1.00
容载质量利用率	单位(无)	0.84	0.87	0.90	0.93	0.96	1.00
	标准值	0.00	0.20	0.40	0.60	0.80	1.00
货厢容积(厢式)	单位(m^3)	66.00	70.00	74.00	78.00	82.00	86.00
	标准值	0.00	0.20	0.40	0.60	0.80	1.00
牵引座最大载质量(6×4)	单位(kg)	15500	15600	15700	15800	15900	16000
	标准值	0.00	0.20	0.40	0.60	0.80	1.00
牵引座最大载质量(4×2)	单位(kg)	10000	10200	10400	10600	10800	11000
	标准值	0.00	0.20	0.40	0.60	0.80	1.00
经济车速	单位(km/h)	60.00	66.00	72.00	78.00	84.00	90.00
	标准值	0.00	0.20	0.40	0.60	0.80	1.00
托盘适应性(厢式)	单位(个)	28	34	40	46	52	56
	标准值	0.00	0.20	0.40	0.60	0.80	1.00
装卸方便性	单位(无)	差	一般	中等	较好	很好	—
	标准值	0.00	0.30	0.50	0.80	1.00	—
栓固装置	单位(无)	无	有				
	标准值	0.00	1.00				

适中型评价指标常见取值及其对应标准值　　表4-22

承载面离地高度	单位(mm)	1270	1300	1335	1365	1400	1430
	标准值	0.00	0.40	0.80	0.80	0.40	0.00
牵引座离地高度	单位(mm)	1260	1280	1300	1320	1340	—
	标准值	0.00	0.50	1.00	0.50	0.00	—

无量纲化的标准值与评价指标权重均确定以后，便可以将每个评价指标的整体权重值与无量纲化的指标标准值作为模型输入，将整体效能综合评价数值作为输出，建立操作简便、计算量小、实用性强的甩挂运输车辆效能综合评价模型，根据输出数值判定车辆综合效能。按式(4-10)进行计算：

$$E_{\mathrm{v}} = \sum_{i} W_i \times r_i \tag{4-10}$$

式中：E_{v}——甩挂运输车辆综合效能评价值；

W_i——指标层各指标总权重；

r_i——指标层各指标标准值。

以某型半挂牵引车和某型三轴厢式运输半挂车为例，根据表 4-20 ~ 表 4-22 中各评价指标值与其标准值的对应关系，查表计算得到该汽车列车指标取值相对应的标准值，而后将各指标标准值与其对应的指标权重分别相乘，并将乘积相加，即可根据公式计算出该汽车列车在满载情况下的效能评价值，见表 4-23。综合评价值越大，说明汽车列车效能越好，运输企业在车型选择时可以优先考虑。

汽车列车满载效能评价结果　　表 4-23

效能评价指标	指标取值	对应标准值	指标权重	标准值与权重乘积	乘积之和(评价值)
发动机比功率	5.5kW/t	0.2	0.174	0.035	0.53
最高车速	100km/h	0.5	0.083	0.042	
最大爬坡度	28%	0.8	0.064	0.051	
加速时间	47s	0.8	0.053	0.042	
百公里综合燃料消耗	38L/100km	0.1	0.149	0.015	
经济车速	80km/h	0.7	0.107	0.075	
最大载质量	31500kg	0.65	0.055	0.036	
牵引车整备质量	8800kg	0.3	0.035	0.011	
容载质量利用率	0.94	0.67	0.058	0.039	
托盘适应性	52 个	0.8	0.025	0.020	
半挂车货厢容积	84m^3	0.9	0.041	0.037	
承载面离地面高度	1430mm	0	0.017	0	
装卸方便性	很好	1.0	0.012	0.012	
接驳时间	130s	0.73	0.052	0.038	
牵引座最大载质量	16000kg	1.0	0.032	0.032	
牵引座离地高度	1300mm	1.0	0.023	0.023	
栓固装置	有	1.0	0.022	0.022	

3. 甩挂运输车辆效能评价分指标建议

1）动力性能指标建议参考取值

根据运输企业、研究院所实地调研，以及大量文献资料、行业标准的数据调查结果，结合车辆产品现状以及未来发展的目标车型，半挂牵引车动力性能指标常见取值及其对应建议标准值见表 4-24。

半挂牵引车动力性能指标值对应的建议标准值　表 4-24

比功率	单位(kW/t)	5.40	5.50	5.60	5.70	5.80	6.00
	标准值	0.00	0.20	0.40	0.60	0.80	1.00
最高车速	单位(km/h)	90.00	94.00	98.00	102.00	106.00	110.00
	标准值	0.00	0.20	0.40	0.60	0.80	1.00
最大爬坡度	单位(%)	20.00	22.00	24.00	26.00	28.00	30.00
	标准值	0.00	0.20	0.40	0.60	0.80	1.00
加速时间	单位(s)	45.00	47.00	49.00	51.00	53.00	55.00
	标准值	1.00	0.80	0.60	0.40	0.20	0.00

根据表 4-24 中所列动力性能指标各取值及其对应标准值,为确保甩挂运输企业能够选择到综合效能评价值较高的、能够满足企业运输及发展需要的车型,建议运输企业在车辆选择时,可以考虑如下建议:

(1)建议选择汽车列车在满载状态下比功率高于 5.7kW/t 以上的车型,以满足甩挂运输汽车列车高效运输的需求。

(2)建议选择良好水平路面上最高车速可以达到 102km/h 以上的车型。

(3)建议选择汽车列车满载时从静止加速到 60km/h(包括选择最恰当的换挡时机)的加速时间在 49s 以内的车型。

2)经济性能指标建议参考取值

半挂牵引车经济性能指标常见取值及其对应建议标准值见表 4-25。

半挂牵引车经济性能指标值对应的建议标准值　表 4-25

百公里综合燃料消耗	单位(L/100km)	28.00	30.00	32.00	34.00	36.00	39.00
	标准值	1.00	0.80	0.60	0.40	0.20	0.00
经济车速	单位(km/h)	60.00	66.00	72.00	78.00	84.00	90.00
	标准值	0.00	0.20	0.40	0.60	0.80	1.00

建议运输企业在车辆选择时,可以考虑如下建议:

(1)建议选择汽车列车在道路上等速行驶时平均行驶速度下的每百公里平均燃料消耗量在 32L/100km 以下的车型。

(2)建议选择汽车列车行驶中经济速度在 78km/h 以上的车型。

3)装载性能指标建议参考取值

半挂牵引车及半挂车装载性能指标常见取值及其对应建议标准值见表 4-26。

半挂牵引车及半挂车装载性能指标值对应的建议标准值　表 4-26

最大载质量	单位(kg)	25000.00	27000.00	29000.00	31000.00	33000.00	35000.00
	标准值	0.00	0.20	0.40	0.60	0.80	1.00
牵引车整备质量(6×4)	单位(kg)	8100.00	8300.00	8500.00	8700.00	8900.00	9100.00
	标准值	1.00	0.80	0.60	0.40	0.20	0.00

续上表

牵引车整备质量(4×2)	单位(kg)	6200.00	6400.00	6600.00	6800.00	7000.00	7200.00
	标准值	1.00	0.80	0.60	0.40	0.20	0.00
容载质量利用率	单位(无)	0.84	0.87	0.90	0.93	0.96	1.00
	标准值	0.00	0.20	0.40	0.60	0.80	1.00
托盘适应性(厢式)	单位(个)	28	34	40	46	52	56
	标准值	0.00	0.20	0.40	0.60	0.80	1.00
货厢容积(厢式)	单位(m^3)	66.00	70.00	74.00	78.00	82.00	86.00
	标准值	0.00	0.20	0.40	0.60	0.80	1.00
承载面离地高度	单位(mm)	1270.00	1300.00	1330.00	1360.00	1400.00	1430.00
	标准值	0.00	0.40	0.80	0.80	0.40	0.00
装卸方便性	单位(无)	差	较差	中等	较好	很好	—
	标准值	0.00	0.30	0.50	0.80	1.00	—

建议运输企业在车辆选择时,可以考虑如下建议:

(1)建议6×4型半挂牵引车整备质量在8500kg以下的车型,以及4×2型半挂牵引车整备质量在6600kg以下的车型。

(2)建议选择三轴厢式半挂车货厢内的容积不小于$78m^3$的车型。

(3)建议选择在保证半挂车通过性的前提下,半挂车承载面离地高度在1300~1400mm的车型。

(4)建议选择装卸方便性在中等以上的车型。

4)接驳栓固指标建议参考取值

半挂牵引车及半挂车接驳栓固指标常见取值及其对应建议标准值见表4-27。

半挂牵引车及半挂车接驳栓固指标值对应的建议标准值　　表4-27

接驳时间	单位(s)	90.00	120.00	150.00	180.00	210.00	240.00
	标准值	1.00	0.80	0.60	0.40	0.20	0.00
牵引座最大载质量(6×4)	单位(kg)	15500.00	15600.00	15700.00	15800.00	15900.00	16000.00
	标准值	0.00	0.20	0.40	0.60	0.80	1.00
牵引座最大载质量(4×2)	单位(kg)	10000.00	10200.00	10400.00	10600.00	10800.00	11000.00
	标准值	0.00	0.20	0.40	0.60	0.80	1.00
牵引座离地高度	单位(mm)	1260.00	1280.00	1300.00	1320.00	1340.00	—
	标准值	0.00	0.50	1.00	0.50	0.00	—
栓固装置	单位(无)	有	无	—	—	—	—
	标准值	1.00	0.00	—	—	—	—

建议运输企业在车辆选择时,可以考虑如下建议:

(1)建议选择无拖挂状态时,牵引座离地高度在1280~1320mm的车型。

(2)建议选择半挂车车厢内带有便于栓紧、固定货物的相关钩、环、支座等栓固装置的车型。

本章参考文献

[1] 韩国庆,蔡凤田,董金松. 载货汽车运行燃料消耗量计算方法研究[J]. 公路交通科技,2009,09:146-149.

[2] 王琦. 两款牵引车燃油经济性试验分析[J]. 机械管理开发,2014,03:82-83.

[3] 查伟雄,熊桂林,刘会林,等."交通运输-区域经济"复合系统的效率评价[J]. 系统工程,2007,05:60-65.

[4] 董金松. 重型载货汽车动力传动系匹配研究[D]. 长春:吉林大学,2006.

[5] 曹冬清,张喜,王英男. 我国物流企业绩效评价的模糊综合评价方法研究[J]. 内蒙古科技与经济,2008,08:242-244.

[6] 沈鸿飞. 面向风险评估与应急管理的公路网结构性质评价与分析方法[D]. 北京:北京交通大学,2012.

[7] 金淳,赵璐,高鹏. 集装箱港口多式运输系统资源配置协调优化研究[J]. 系统仿真学报,2009,03:900-904+908.

[8] 李忠奎. 公路货运市场结构演变的制度分析[D]. 北京:北京交通大学,2008.

[9] 宗成强. 道路运输超限货物在途安全评估方法研究[D]. 武汉:武汉理工大学,2011.

[10] 熊立,梁樑,王国华. 层次分析法中数字标度的选择与评价方法研究[J]. 系统工程理论与实践,2005,03:72-79.

[11] 中华人民共和国国家质量监督检验检疫总局,中国国家标准化管理委员会. 道路车辆　重型商用汽车列车和铰接客车　横向稳定性试验方法:GB/T 25979—2010[S]. 北京:中国标准出版社,2010.

第五章　甩挂运输车辆轻量化技术

车辆轻量化就是通过一定的技术手段和措施，在保证车辆的强度和安全性能要求的前提下，降低其整备质量，进而实现车辆最大允许总质量一定的情况下，增加装载质量，减少车辆运行次数，从而实现提高汽车运输效率、降低车辆的燃料消耗、减少车辆排放、改善空气质量的目的。目前，车辆轻量化技术主要有新材料应用、新结构应用和零部件轻量化三方面，将这三方面技术综合运用开展车辆轻量化技术研究，可以达到最佳的车辆轻量化效果。本章分别从以上三方面介绍车辆轻量化技术及样车试验评价。

第一节　新材料应用

我国甩挂运输车辆的材料选用主要以性能较为稳定、加工工艺比较成熟、材料价格比较便宜的碳钢为主。近年来，欧美等发达国家在半挂牵引车和半挂车上广泛应用新材料，如铝合金材料、复合材料等，车辆轻量化的效果明显，取得了较好的经济效益和社会效益。随着我国经济增长方式的转型升级，我国汽车和挂车制造行业也开始在车辆上研究并探索应用铝合金材料、复合材料和一些轻质新材料，以实现车辆轻量化。

一、铝合金材料

铝合金材料具有密度小、耐腐蚀强、塑性优良的特点，能够达到半挂牵引车和半挂车零部件的生产工艺要求。铝合金材料的应用对象主要包括车轮、散热器、油箱、变速器壳体、飞轮壳、储气筒、蜂窝板、侧护栏、后保险杠、工具箱、车厢体、半挂车车架等。下面介绍几项应用铝合金材料后轻量化效果较为显著的实例。

1. 铝合金轮辋

长期以来，钢制轮辋在我国半挂牵引车和半挂车上的应用占据着主导地位。随着铝合金材料加工工艺的进一步成熟，发达国家已经广泛应用铝合金轮辋。铝合金轮辋由铝合金材料锻造而成，其轮辐带有若干个散热孔，有利于散热，如图 5-1 所示。铝合金轮辋需经过强度、硬度、耐冲击性等性能测试，图 5-2 为铝合金轮辋的冲击测试图。

与钢质轮辋相比，铝合金轮辋具有以下特点：

(1)铝合金轮辋有较高的热传导系数，可迅速降低轮胎、制动蹄片和制动鼓的温度，从而提高车辆制动效果并在一定情况下延长轮胎、制动器的使用寿命。

(2)铝合金材料的密度约为钢材的 1/3，可以明显降低车辆整备质量。以 6×4 半挂牵引车配三轴半挂车组成的汽车列车为例，采用 11R22.5 轮胎配备 8.25×22.5 轮辋，钢质轮辋单只质量为45kg，而铝合金轮辋单只质量为24kg，该汽车列车共计24 只轮辋(包括1 只半挂牵引车备胎和1只半挂车备胎),可减少车辆整备质量504kg。

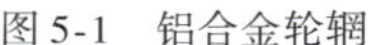

图5-1　铝合金轮辋　　　　图5-2　铝合金轮辋冲击测试

(3)时尚美观。铝合金能时效强化,未经过时效处理的铝合金轮辋铸坯强度低,易于加工成型,经过耐腐蚀处理以及涂装着色后的铝合金轮辋色泽多样、精致美观。

(4)在现阶段,应用铝质轮辋,也存在成本高、维修工艺不成熟等不足。

2. 铝合金变速器壳体

变速器是半挂牵引车的重要部件。在半挂牵引车高速行驶的情况下必须确保变速器壳体的抗弯能力,并保持各挡齿轮间的正常啮合。通过实际试验验证,用铝合金材料铸造的变速器壳体加工工艺、机械强度等方面能够达到上述要求,且能够实现半挂牵引车轻量化。以一汽解放汽车有限公司的CA9TB160M变速器为例,对于强度、刚度等性能参数相同的变速器壳体而言,铝合金材料壳体比铸铁材料的质量轻84kg,且其外形美观,不易腐蚀。铸铁材料与铝合金材料变速器壳体外形对比如图5-3所示。

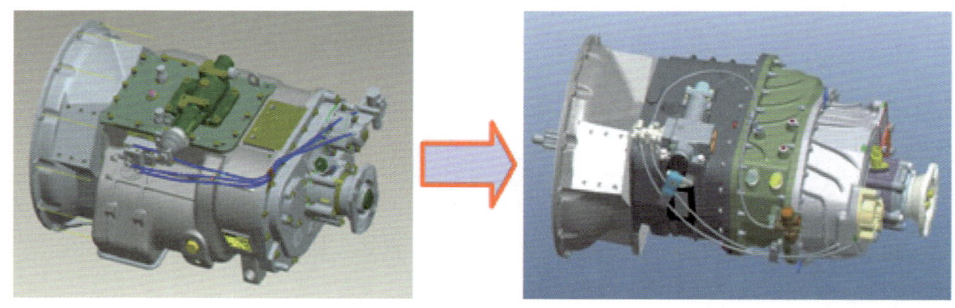

图5-3　铸铁材料与铝合金变速器壳体外形对比图

3. 铝合金蜂窝板

铝合金蜂窝板是一种特殊的轻型结构材料,最早应用于航空和航天领域。随着技术逐渐成熟和成本下降以及交通运输行业需求,近年来已逐渐应用到商用车上。铝合金蜂窝板以5052AH14高锰合金铝板为基材,与铝合金蜂窝芯材通过特殊工艺热压复合而成。铝合金蜂窝芯材是利用合金铝箔为原料,由多层铝箔粘合、展开而形成,呈正六边形蜂巢状结构,如图5-4所示。

由于蜂窝结构具有质量超轻、结构稳定、抗弯性能高、外形美观和耐腐蚀的特点,铝合金蜂窝板材常用于车辆的门板、侧板等部位,是一种可替代钢质材料的非常好的轻量化材料。铝合金蜂窝板的外形平整、美观,使用该种材料制作的厢式车车体外部平整、美观,还适合做车身广告,如图5-5所示。

图 5-4　铝合金蜂窝板芯材结构

图 5-5　铝合金蜂窝板外观

二、复合材料

1. 铝塑复合板

铝塑复合板是一种新型的轻量化厢式车厢板材料，目前在高档次厢式半挂车上应用。其结构由带涂层烤漆的 3003 铝锰合金、聚乙烯塑料（Polyethylene，PE）、5005 铝镁合金板材组成，铝塑复合板材通过高分子粘接膜经过一系列工艺加工复合而成。它既保留了原组成材料的主要特性，又克服了原组成材料的不足，进而获得了众多优良的材料性能，如图 5-6 所示。

铝塑复合板具有艳丽多彩的装饰性、耐候、耐蚀、耐撞击、防火、防潮、隔音、隔热、抗振、质轻、易加工成型、易搬运安装等特性。在发达国家广泛应用于建筑内饰墙体装修、家居、橱柜装饰和货运车辆的厢体等，在集装箱和储物柜等箱体上也有应用。

图 5-6　铝塑复合板

2. 钢塑复合板

钢塑复合板是以高强度钢板为表板，以改性的高强度 PE 塑料作为芯材，通过自动化生产线将芯材、胶膜和钢面板五层材料复合粘接在一起，实现连续生产，按照产品需求进行长度定尺生产，减少接头，提高材料利用率和整体外形美观度。钢塑复合板的截面小样件如图 5-7 所示。

钢塑复合板常用于厢式半挂车、厢式运输车或集装箱容器的侧板、前墙板和后门板，侧板使用的钢塑复合板厚度为 7.9mm，单位面积的质量为 11kg/m^2，前墙板和后门板使用的钢塑复合板为 12.7mm，单位面积的质量为 13.04kg/m^2。在美国，该复合板已应用到 53 英尺厢式半挂车产品上，钢塑复合板侧墙板的连接如图 5-8 所示。随着技术的进步、成本的降低和市场的需求，在国内钢塑复合板已在厢式半挂车产品上逐渐得到应用。

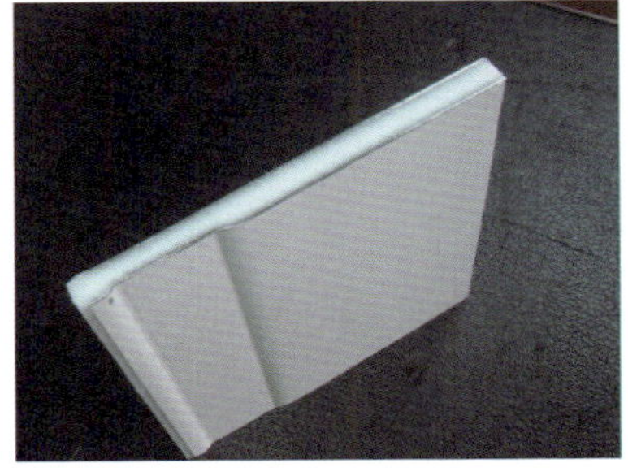

图 5-7　钢塑复合板小样件

图 5-8　钢塑复合板的连接

目前生产工艺可生产厚度 3 ~ 19mm，宽度 1270mm 的钢塑复合板，其中厚度为 7.9mm 的钢塑复合板技术特性参数如下：

(1)面密度：11kg/m^2。

(2)抗拉强度：71MPa。

(3)粘接强度：>453.6N · mm/mm。

(4)冲剪强度：36MPa。

按照美国车辆标准，使用钢塑复合板的厢式半挂车需通过侧墙板 0.3P(P 为半挂车载质量)试验、前墙板 0.4P 试验、后门板 0.25P 强度试验。实际试验数据表明该复合材料板的强度能够满足美国厢式半挂车设计标准，同时也满足中国厢式半挂车设计标准。钢塑复合板厢式半挂车如图 5-9 所示，车厢内部结构如图 5-10 所示。

图 5-9　钢塑复合板半挂车

图 5-10　钢塑复合板半挂车内部结构

三、其他轻型材料

钢塑复合板及其他复合材料板、玻璃纤维增强塑料板等新型材料，由于其独特的性能在车辆上的应用也越来越多，尤其是该种材料质量轻、强度高，对车辆降低整备质量、实现轻量化作用明显。

1. 塑料的质量特性

塑料的最大优势是密度小。一般塑料的密度为 0.9 ~ 1.5g/cm^3，纤维增加复合材料的密度也不会超过 2.0g/cm^3，而金属材料的密度一般较大，如钢材为 7.8g/cm^3、黄铜为 8.4g/cm^3、铝合金为 2.7g/cm^3。这使得塑料材料成为车辆轻量化的优选材料。

2. 塑料的成型特性

塑料成型工艺简单，通过模具，可使形状复杂的车辆零部件加工十分便利。例如半挂车上使用的工具箱，箱体一次加工成型，加工时间短，加工精度高。

3. 塑料的减振特性

塑料制品的弹性变形特性能吸收大量的撞击或振动能量，对强烈撞击有较大的缓冲作用。另外，塑料还具有吸收和衰减振动与噪声的作用，减少车辆噪声对环境的污染。

4. 塑料的耐腐蚀特性

塑料耐腐蚀性强，局部受损不会腐蚀。塑料对酸、碱、盐等抗腐蚀能力大于钢板，采用塑料做半挂牵引车或挂车的工具箱、挡泥板或侧护栏等部件，十分适合车辆在污染较大的区域中使用。

5. 塑料的改性特性

塑料材料的另一优势是可以根据塑料的组织成分,通过添加不同的填料、增塑剂和硬化剂来制出所需的熟料,改善材料的机械强度及加工成型性能,以适应车辆不同部件的用途要求。

随着技术的成熟,玻璃纤维增强塑料(Fiber Glass Reinforced Plastics)等新材料正在被广泛应用,其主要用于车身的外装件和功能件。欧美等国已着手研究具有高比强度和高比弹性模量的碳纤维增强塑料(Carbon Fiber Reinforced Plastics)及有机合成纤维复合材料(Composite Material of Organic Synthetic Fiber)等新材料,并开始使用,但成本较高。碳素纤维增强复合材料质量比钢材轻50%,比铝合金轻30%,故欧洲汽车工业和专用汽车制造厂将碳素增强复合材料应用于概念车的车身[1]。

在发达国家,汽车及专用汽车塑料的用量占塑料总消费量的5% ~8%,在美国和日本,这个比例达到12%,而且还在继续增加[1]。随着我国专用汽车技术的进步和发展,塑料材料在专用汽车的应用将越来越广泛。

第二节 新结构应用

新结构设计技术是车辆轻量化的重要手段之一。欧美等发达国家在半挂牵引车、半挂车等车辆上采用全新的设计理念、创新的结构设计,使车辆的结构简单、质量更轻、功能更强。新结构设计技术中含车架结构设计技术、厢体设计技术和采用新型配件技术等。这些车辆结构创新进一步推动了车辆轻量化技术的发展。

一、牵引车新结构

(一)车架采用单层纵梁

车架是汽车重要的连接及承载部件。6×4 半挂牵引车双层车架整备质量一般在800kg左右,过去的设计中通常为双层大梁车架,材料的屈服强度多为380MPa左右。随着屈服强度500MPa以上的高强度钢板的出现,使得采用单层车架、并在局部加强的轻量化车架设计成为可能。甩挂运输牵引车不超载、路况好,并且在牵引座处承受局部集中载荷,在这种工况下,选用屈服强度为500MPa的高强度钢板作为车架纵梁的材料,采取等强度设计方法,整体采用单层纵梁,对牵引座附近承受载荷较大的部位进行局部加强,在纵梁外侧贴有“L”形鞍座底板连接板、内侧贴有板状加强板,满足车辆的承载需求[2,3],可实现车架质量减少102kg。产品结构三维外形如图5-11所示。

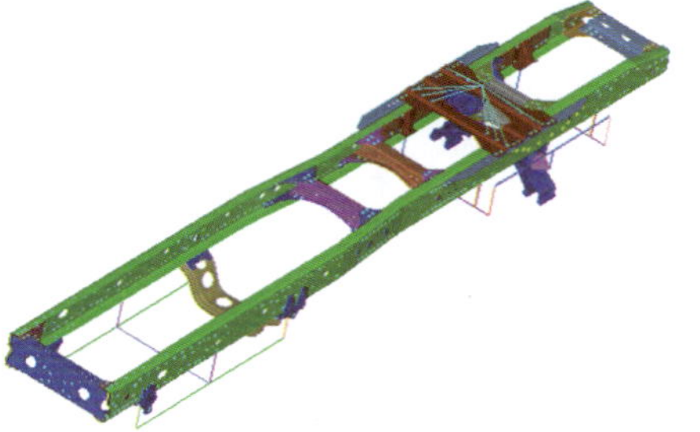

图5-11 单层纵梁车架三维外形

(二)单宽胎的应用

单宽胎在欧美等发达国家应用比较广泛,在中国,由于受到强制性国家标准《道路车辆外廓尺寸、轴荷及质量限值》(GB 1589—2004)规定的影响,轮胎断面小于400mm的单宽胎无法应用于半挂车替代双胎。经过分析，在国家标准技术要求条件下，385/65 R22.5，425/65 R22.5，445/65 R22.5 轮胎实际承载能力完全可以满足轴荷需要，能够实现车辆轻量化并具有节能降耗优势。主要分析如下。

1. 单宽胎 385/65 R22.5 的承载能力分析

按照《载重汽车轮胎规格、尺寸、气压与负荷》(GB/T 2977—2008)规定，20 层级的 385/65 R22.5轮胎承载能力为 4500kg，因此，装备两只该型号轮胎的单根车轴的承载能力为 9000kg。

根据《道路车辆外廓尺寸、轴荷及质量限值》(GB 1589—2004)要求，单轴(非驱动轴)允许轴荷为 10000kg，并装双轴的允许轴荷为 18000kg，并装三轴的允许轴荷为 24000kg。即并装双轴中的每轴轴荷为 9000kg，并装三轴中的每轴轴荷为 8000kg。由此可见 20 层级的 385/65 R22.5 轮胎的载能力，满足并装双轴、并装三轴的轴荷要求，因此可以安装在并装双轴、并装三轴上。

上海轮胎橡胶(集团)股份有限公司轮胎研究所测试中心提供了 20 层级 385/65 R22.5 耐久性检验报告(测试条件为轮辋规格 11.75 英寸，速度 55km/h，气压 900kPa，环境温度 35 ~ 40.8℃)，见表 5-1、表 5-2。经过 104h 的试验，累计行驶里程达到 5756km 后，轮胎冠部爆破，见表 5-3。

20 层级 385/65R22.5 耐久性检验报告 表 5-1

样品规格	385/65R22.5	商　标	双　钱
层　级	20PR	花　纹	RR900
胎　号	D21579070	检验日期	2012 年 5 月 3 日 ~5 月 7 日

检 验 条 件 表 5-2

轮辋	11.75		速度(km/h)			55		标准值(h)	47			
气压(kPa)	900		环境温度(℃)			35.0 ~ 40.8		试验机编号	T－16			
负荷(kg)	4500		检验依据			GB/T 4501—2008						
检验阶段	1	2	3	4	5	6	7	8	9	10	11	12	13
负荷率(%)	65	85	100	110	120	130	140	150	160				
负荷(kg)	2925	3825	4500	4950	5400	5850	6300	6750	7200				
检验时间(h)	7	16	24	10	10	10	10	10	7：39				

检 验 结 果 表 5-3

累计检验时间	104h39min	累计行驶里程(km)	5755.8
检验结果时轮胎状况	冠部爆破	检验结论	通过试验

试验结果表明，20 层级 385/65 R22.5 的承压能力、耐久性能完全满足《道路车辆外廓尺寸、轴荷及质量限值》(GB 1589—2004)两轴和三轴半挂车轴荷要求下的轮胎负荷，可以推广使用。

2. 双胎与单宽胎轻量化优势对比分析

双胎以常用的 11.00R20 为例，单宽胎以满足《道路车辆外廓尺寸、轴荷及质量限值》

(GB 1589—2004)要求的 425/65 R22.5 为例进行整备质量比较,如图 5-12 所示。

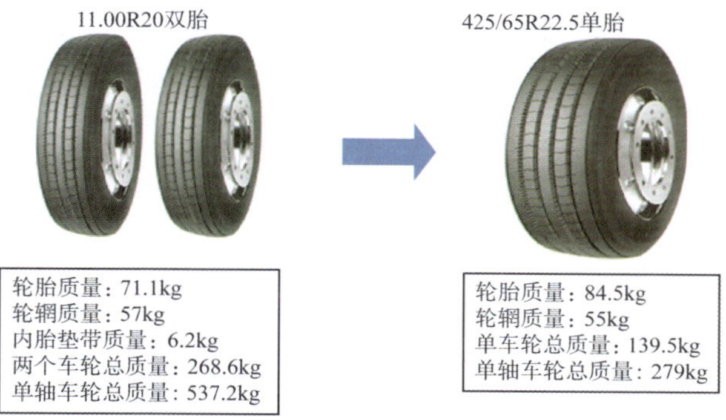

图 5-12　双胎和单胎的整备质量对比

1 台三轴半挂车使用单宽胎后整备质量可降低 774. 6kg[(537. 2 - 279) × 3],按 0.45 元/t · km运输成本计算,整车可降低运输成本 0. 35 元/km(0. 45 ×774. 6/1000)。如果 1 台半挂车 1 年运行 10 万 km,那么由于使用单宽胎产生的经济效益为 3. 5 万元(10 万 km ×0. 35 元/km)。

3. 采用单宽胎后车架有更多空间可利用

双胎 11. 00 R20 轮胎总宽度为 634mm;单胎 385/65 R22. 5 轮胎总宽度为 420mm;单胎 425/65 R22. 5 轮胎总宽度为 456mm;因此,单胎可利用宽度增加 178 ~214mm,在使用单宽胎后,由于车轴轮距增大了 220mm,纵梁中心距可相应加大到 1200mm,以提高车架的抗扭能力和整车行驶的稳定。

集装箱运输半挂车,因其鹅颈处须与集装箱鹅颈槽配合,其纵梁总宽不得大于 1029mm,若翼板宽度为 100mm,则纵梁中心距不得大于 929mm。这样车架纵梁中心距就必须设计成前小后大,前端与集装箱鹅颈槽相适应,后端与单胎车轴相适应。

4. 轮胎使用过程中的阻力研究

(1)滚动摩擦力。该摩擦力的大小与轮胎载荷、轮胎花纹、轮胎气压有很大关系。同时还和轮胎与地面的接触面积也有关系,单宽胎比两个普通轮胎与地面的接触面积小,摩擦阻力也变小。

(2)风阻。单宽胎较双胎宽度减少 214mm,因此单宽胎有较小的迎风面积,受到的阻力相应减少。

(3)胎肩阻力。单宽胎较双胎减少两个胎肩(图 5-13),胎肩阻力相应减少。国外研究表明仅此一项,轮胎整体阻力就降低了 15% ~20% 。

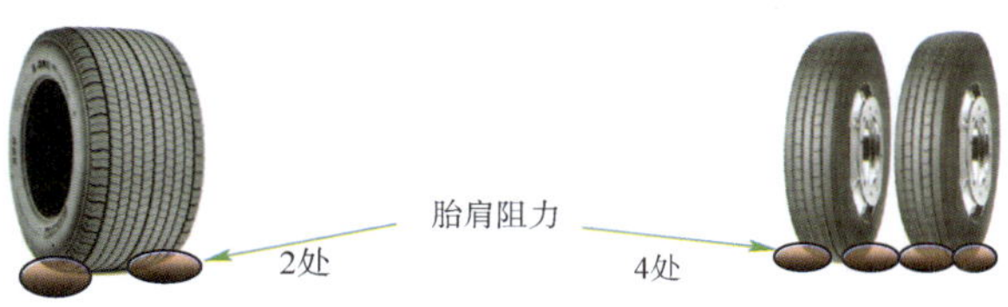

图 5-13　胎肩阻力比较

(三)整车结构优化

半挂牵引车的整车结构设计优化可以使其更好地与半挂车进行匹配,使半挂汽车列车的整体性能更优。半挂牵引车关键尺寸参数的确定需要考虑国家标准对半挂汽车列车的要求,同时还要考虑半挂牵引车与半挂车之间尺寸协调性和匹配性问题[4]。

我国 6 × 4 半挂牵引车的轴距一般在(3300 + 1350)mm ~ (3450 + 1350)mm,匹配长 13000mm 半挂车(前悬 1500mm)及长 14600mm(前悬 1500mm)厢式半挂车时,列车长度一般为16570 ~ 18320mm,分别大于《道路车辆外廓尺寸、轴荷及质量限值》(GB 1589—2004)对于普通半挂列车总长 16500mm 及厢式半挂列车总长 18100mm 的限值要求,不符合国家标准。所以,针对甩挂运输技术条件对列车总长及轻量化要求,需要重新布置各功能模块,从而尽量缩短半挂牵引车轴距,满足国家标准要求。采用模块化设计思想,通过三维软件优化设计,将第一、二轴的轴距缩短 100 ~ 250mm,整车结构俯视图如图 5-14 所示。轴距缩短后不但满足了《道路车辆外廓尺寸、轴荷及质量限值》(GB 1589—2004)要求,还提高了车辆机动性能,同时通过减少车架纵梁、传动轴、管线路布置的长度,可以降低汽车整备质量,经计算可降低整备质量 20kg。

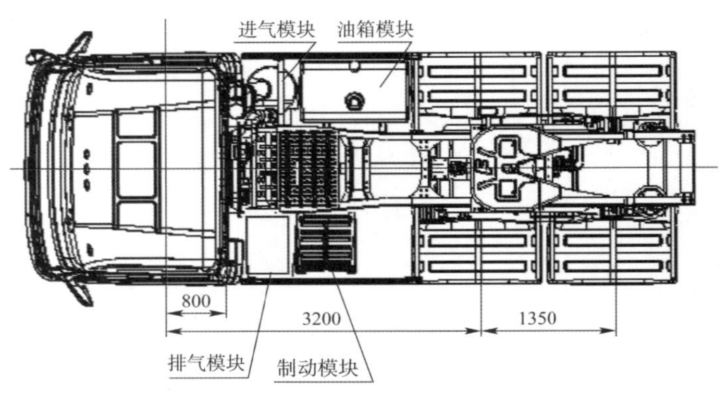

图 5-14 整车结构俯视图(单位:mm)

二、半挂车新结构

(一)整体承载设计技术

整体承载技术是对厢式半挂车有纵梁承载技术的突破,在美国已经有近半个世纪的历史,而对于中国半挂车而言,是典型的新型结构技术。

美国厢式半挂车多采用无纵梁厢体承载结构,厢体采用各类轻型板材铆接而成,厢体一般不开设侧门,其外观、内部结构如图 5-15 所示。美国 53 英尺厢体承载式厢式半挂车的整备质量一般为 6500kg,比国内带纵梁的厢式半挂车整备质量轻 2000kg 以上,可见整体承载设计技术的轻量化效果多么显著。

对于无纵梁厢式半挂车,当厢体两侧不开侧门,厢体可简化为一个箱型梁。该箱型梁具有较大的抗弯截面模量。因此整体承载设计技术需要解决两个核心问题,即厢体整体承载侧板失稳问题和受力传递问题。

图 5-15　美国铆接厢式半挂车

1. 厢体侧壁失稳分析

在车辆行驶状态，无纵梁厢式半挂车通过牵引销板和悬架处反作用力平衡厢体负荷，牵引销板和悬架处的负荷通过横梁传到边梁，再通过边梁传到厢体侧壁，因厢体侧壁是薄板件，因此牵引销板和悬架上方侧壁将是失稳危险区域[5]。脱挂状态时，支承装置和悬架上方侧壁是失稳危险区域。

进行厢体设计时，应对上述三个区域分别进行加强设计，增强厢板的区域刚度。对应行驶和脱挂两种工况，一般通过对侧壁加强前后的失稳安全性 CAE 分析，来验证加强方式是否有效。

2. 受力传递问题

在行驶状态下，厢体受到行走机构和鞍座的支承力。该支承力属集中载荷，若直接作用在厢体上，会造成厢体局部破坏，因此，使集中载荷均布传递到厢体各个部位是无纵梁厢式半挂车设计技术的关键。在产品设计过程中，从以下 3 个方面解决受力传递问题：

1）设置副车架

副车架的功能是连接行走机构与厢体，将行走机构的受力传递给厢体，与副车架连接的轨道梁同时起到加固厢体底部承载区域的作用。

副车架的设计首先要考虑厢体负荷的有效传递，防止厢底横梁过载变形，因此副车架前后应有足够长度与厢底横梁接触，使更多横梁参与承载。其次，副车架是车厢与悬挂相连的过渡机构，要能有效承受悬挂传递来的冲击载荷。设计时，采用两根 Z 形轨道梁与多根厢底横梁连接，再将副车架与轨道梁通过螺栓连接。采用螺栓连接可实现柔性连接，当厢式半挂车在崎岖路段内行驶时，可有效释放扭曲变形，防止应力集中产生开裂。

2）采用整体复合地板

整体复合地板除了为货物创造良好的平坦地面外，还是一个重要的承力结构件。经试验，安装了整体复合地板后，底架的承载能力、厢体的抗扭能力显著增加，整体复合地板如图 5-16 所示。

图 5-16　整体复合地板

3）采用盲波板顶板结构

厢体顶板是构成封闭式厢体的重要部件，而厢体封闭是提高厢体抗扭性能的重要措施。厢体顶板首先应具有良好的防水性能，起到封闭厢体的目的。其次，应有适当的刚度，以满足行驶过程中弹性跳动的要求。对于瓦楞钢板厢式半挂车，用模具成型的盲波板是钢制厢体顶板的优选。顶板在成型模具压型过程中材料受到拉伸，材料也产生了加工硬化，因此提高了材料强度。另外，盲波板周边为平边，利于每块波板之间的焊接，以及整个顶板与厢体顶边梁和前后端梁的焊接，保证厢体的密封性能。

（二）车架伸缩技术

美国道路上所使用的集装箱运输半挂车基本上为专用车型，海运集装箱以 20 英尺、40 英尺、45 英尺为主。为减少车型的品种，美国集装箱运输半挂车将 40 英尺车型设计为伸缩式结构，可用于运载 45 英尺或 48 英尺，甚至 53 英尺集装箱。

当装载集装箱时，单一用途的鹅颈式集装箱运输半挂车的车架与所装载的集装箱将结合为一个受力整体，借助集装箱的刚度，增强了车架刚度，此时车架的主要作用是连接半挂牵引车和半挂车的行走装置。而国内普遍采用的多用途集装箱运输半挂车，当运载两个 20 英尺集装箱或将 20 英尺集装箱放置中置位时，作为货物的集装箱就作为均布载荷或集中载荷，压在集装箱运输车架上，此时车架就不能借助集装箱的刚度。

基于上述分析，单一用途的集装箱运输半挂车可以进行轻量化设计，而为了达到一车多用的目的，可以将车架设计成伸缩结构。而美国的车架伸缩技术可以兼顾一车多用和轻量化设计，是一种实用的轻量化技术。

北美集装箱运输半挂车一般采用两边主梁、中间横梁的伸缩车架结构，伸缩车架主梁的高度小于固定车架主梁高度，在实现多功能的同时，减轻了车辆的整备质量。该车型一般整车收缩状态长度为 40 英尺，可伸长 45 英尺状态，用于北美标准 53 英尺集装箱的运输车型，可在此基础上继续伸长至 48 英尺、53 英尺，如图 5-17 所示。欧洲集装箱运输半挂车近年来伸缩式结构较多，车架中间设置内外方管伸缩式车架，整车收缩状态长度为 30 英尺，可伸长至 40 英尺、45 英尺状态，如图 5-18 所示。

图 5-17　北美 40′/45′伸缩式集装箱运输半挂车

图 5-18　欧洲伸缩式集装箱运输半挂车

第三节　零部件轻量化新技术

采用新材料和新技术可以使半挂牵引车与半挂车的整备质量大幅度下降，同时提升车辆的使用性能。轻量化驱动桥技术、轻型挂车轴技术、空气悬架技术等，均是我国专用汽车零部件轻量化新技术。

一、半挂牵引车部件轻量化新技术

（一）轻量化驱动桥技术

驱动桥是汽车上最主要的承载件之一，占汽车整备质量的15%～20%，因此驱动桥轻量化是车辆轻量化的重点研究课题之一。

目前，双驱动桥半挂牵引车广泛采用的驱动桥质量一般为1558kg（双桥合计，不含车轮），该驱动桥的主减速器从动锥齿轮分度圆直径为457mm[2]，应用于使用工况较好的甩挂运输半挂牵引车有一定的富余。为进一步降低车辆的整备质量，通过采用高强度材料的桥壳及减速器优化，开发了主减速器从动锥齿轮分度圆直径为440mm的驱动桥，440中后驱动桥三维外形如图5-19所示。该类型驱动桥单桥额定轴荷13000kg，最大输出转矩35000N·m，传动比范围为3.545～7.4，采用准双曲面齿轮、直齿锥齿轮式差速器，贯通桥带轴间差速器、轴间差速锁。后桥总成质量约为650kg，中桥质量约为760kg，与目前使用的457贯通桥相比，质量减少148kg。

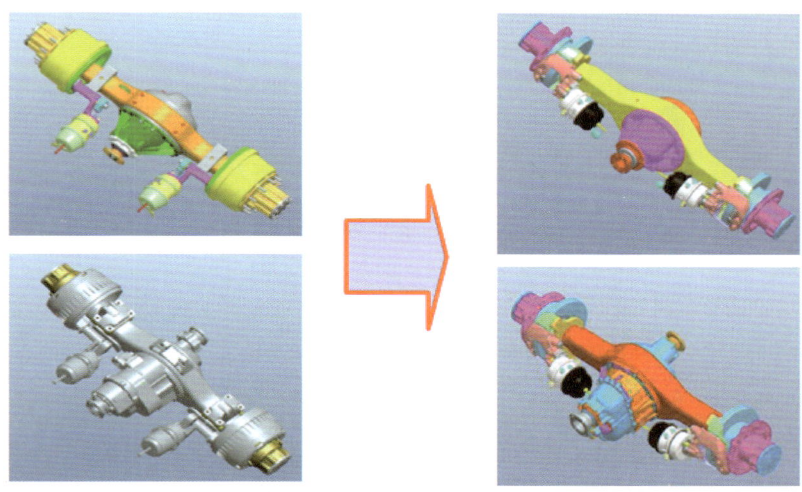

图5-19　457贯通桥与440中后驱动桥三维外形对比图

驱动桥桥壳是汽车上的重要零部件之一，起着支承汽车负荷的作用，并通过车轮与地面的摩擦力驱动车辆前进。在汽车行驶过程中，桥壳承受着复杂的载荷，作用在驱动车轮上的牵引力、制动力、侧向力和垂向力也是经过桥壳传到悬架、车架或车厢上。因此，桥壳既是承载件又是主要的传力件，同时还是主减速器、差速器及驱动车轮传动装置（如半轴）的外壳，设计时必须考虑在动载荷下桥壳有足够的强度和刚度[6]。

（二）少片簧悬架技术

随着国家相关部委一系列计重收费政策的出台，重型载货汽车的轻量化成了各大汽车制造厂争相研究和关注的焦点。钢板弹簧是实现轻量化的一个不可忽视的部件，对于减少钢板弹簧的质量，变截面少片簧的应用起了关键作用。少片簧的应用减轻了车身质量，同时也改善了汽车的行驶平顺性[7]。

虽然可以考虑采用空气悬架、橡胶悬架等结构来实现轻量化，但其成本也随之大幅提高，变截面少片簧可以同时解决轻量化和成本两方面的问题。少片簧作为先进的汽车钢板弹簧技术，可降低悬架系统整备质量30%以上，并且可靠性高、维护方便[7]，已被国外重型载货汽车大量采用。我国的弹簧材料综合技术性能较差，难以满足少片簧的高应力、高疲劳性、高可靠性及工艺性的要求，推广受到一定限制。高承载变截面少片簧具有质量轻，材料利用率高、节约能源；整车整备质量降低、承载量大，用户效益增加；对路面损坏程度降低，环保性好，社会效益好等优点。

1. 少片簧的应用优势

由于甩挂运输车辆是标准化的运输车辆，促进了少片簧悬架的应用。少片簧在重型载货汽车悬架系统中应用的优势如下[7]：

(1)质量轻。少片簧与多片簧相比质量降低20%～40%。

(2)平顺性好。少片簧与多片簧相比，片间摩擦阻力小，有利于弹簧保持良好的减振特性。

(3)振动噪声小。少片簧片间摩擦力稳定，振动平稳，噪声明显比等截面簧小。

2. 前悬架少片簧三维结构

前悬架少片簧结构简单，其三维结构如图5-20所示。前悬架少片簧通过台架试验验证了疲劳寿命，试验数据见表5-4。

图5-20　少片簧结构示意图

前悬架少片簧疲劳寿命台架试验数据　　表5-4

样品编号	疲劳寿命（万次）	技术要求（万次）	断片序号	断口位置	断口距板簧中心（mm）	备　注
1#	19.22	≥16	1	后半段	580	平均寿命为22.24万次
2#	16.51		1	后半段	300	
3#	30.99		2	后半段	580	

3. 后悬架少片簧设计与验证

根据中后桥轴荷、非簧载质量，整车布置及性能要求，确定后悬架少片簧的主要技术参数，见表5-5。

后悬架少片簧主要技术参数　　表5-5

序号	项 目 名 称	参　数
1	作用长(mm)×宽(mm)×厚(mm)－片数	1350×90×33(15)－4
2	空载轴荷(kg)	3600
3	满载轴荷(kg)	23000

续上表

序号	项目名称	参　数
4	非悬架质量(kg)	2450
5	板簧材料	50CrMnVA
6	夹紧刚度(kg/mm)	277
7	满载频率(次/min)	163
8	弹簧质量(kg)	103

后悬架少片簧的三维结构,如图5-21所示。

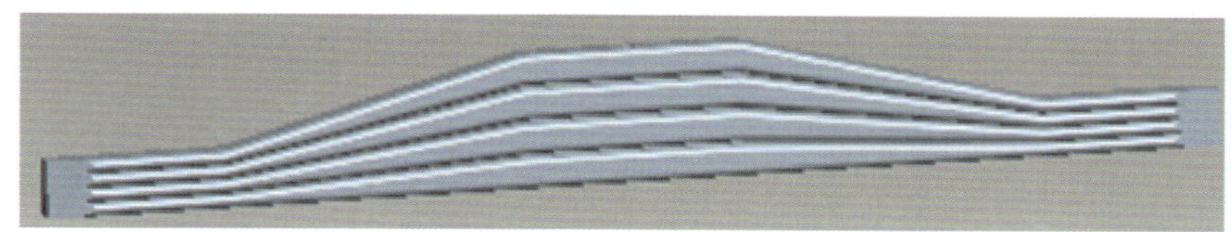

图5-21　后悬架少片簧结构示意图

钢板弹簧是悬架系统的重要承力部件,在使用过程中承受交变载荷,因而疲劳强度是否达到要求,是检验少片簧能否投入使用的关键。后悬架少片簧疲劳寿命台架试验数据见表5-6,试验结果表明,该少片簧满足使用要求。

后悬架少片簧疲劳寿命台架试验数据　　表5-6

样品编号	疲劳寿命(万次)	技术要求(万次)	断片序号	断口距板簧中心距离(mm)	备　注
1#	19.88	≥16	2	155	平均寿命为19.645万次
2#	16.47		4	520	
3#	26.05		3	130(夹紧距处)	
4#	16.18		4	420	

(三)空气悬架技术

悬架是汽车中的一个重要总成,它把车架与车轮弹性地联系起来,关系到汽车的多种使用性能。悬架的质量一般占车辆整备质量的8%～10%,悬架的轻量化是汽车轻量化的重点研究课题之一。

空气悬架系统是以空气弹簧为弹性元件,以空气做弹性介质,在一个密封的容器内充入压缩空气(气压为0.5MPa),利用气体的可压缩性,实现缓冲和减振作用。这种弹簧的刚度可变,具有较理想的弹性特性[8]。

空气悬架在欧美等发达国家已经有70多年的发展历史,20世纪50年代,空气悬架弹簧开始应用在载货汽车、小轿车、大型客车及铁道车辆上。到20世纪60年代,德国、美国等工业发达国家生产的大部分公共汽车中安装了空气弹簧悬架。目前欧美地区95%的客车、80%的载货汽车和80%的挂车都已使用空气悬架系统。

空气悬架在我国的应用仍处于起步阶段,只应用在一些豪华客车和少部分重型载货汽车和挂车上。这与中国国情有关,国内物流业竞争激烈、利润微薄,相关部门治理超载、超限力度虽然在不断加强,但是超载现象仍然比较严重,而空气悬架系统由于超载性不好,加之价格昂贵,所以一直不被客户接受,只能在精密仪器、电子设备等特殊货物的运输中有所应用[8],但随着空气悬架国产化研究,将促进该产品的推广应用。

图 5-22 是一汽解放汽车有限公司开发的一种典型双驱动桥匹配的空气悬架结构示意图,该空气悬架的主要零部件质量见表 5-7。图 5-23 是一种典型双驱动桥匹配的多片簧悬架结构示意图,该结构的多片簧悬架主要零部件质量见表 5-8。两种悬架质量对比分析见表 5-9,通过对比,后悬架采用空气弹簧比多片簧质量轻 194kg。

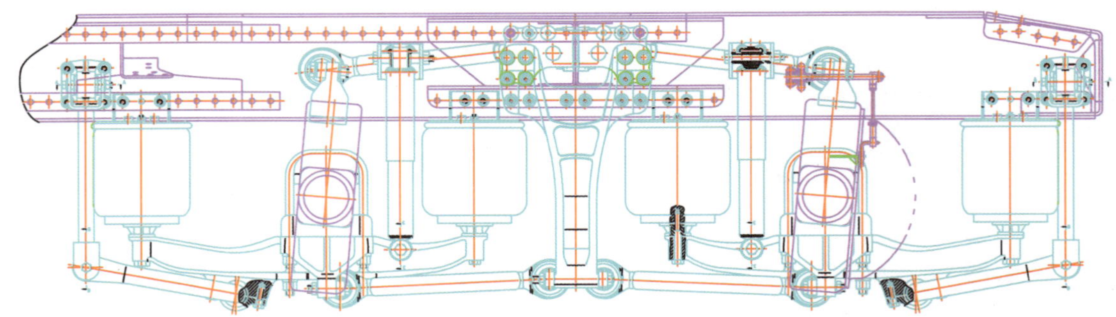

图 5-22 空气悬架结构示意图

空气悬架主要零部件质量 表 5-7

序　　号	零 部 件 名 称	每车质量(kg)
1	空气弹簧总成	60
2	空气弹簧托臂	153
3	空气悬架支架	62
4	横向稳定杆总成	91
5	反作用杆及支架总成	116
6	减振器总成	23
7	悬架控制机构	51
8	支架及连接件	84
合计		640

多片簧悬架各零部件质量 表 5-8

序　　号	零 部 件 名 称	每车质量(kg)
1	钢板弹簧总成	316
2	平衡悬架支架总成	383
3	反作用杆及支架总成	98
4	支架及连接件	37
合　　计		834

空气悬架与多片簧悬架质量对比　　表 5-9

序　号	悬架类型	质量(kg)
1	空气悬架	640
2	板簧悬架(多片簧)	834
	质量差	194

(四)盘式制动器的应用

与鼓式制动器相比,盘式制动器具有输出制动力矩相同的情况下,体积小、质量轻、结构简单、耐高温性能好、制动性能稳定、易实现间隙自动调整等优点。盘式制动器已广泛应用于各级轿车、载货汽车和豪华客车,在欧洲,很多挂车上也采用盘式制动器。

盘式制动器的三维外形图如图 5-24 所示。鼓式制动器与盘式制动器主要零部件总成的质量对比,见表 5-10。通过两种制动器的质量对比,盘式制动器比鼓式制动器轻 18kg。

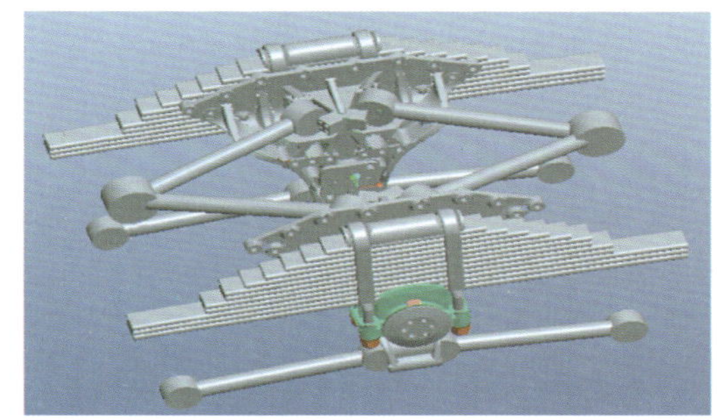

图 5-23　多片簧悬架结构示意图

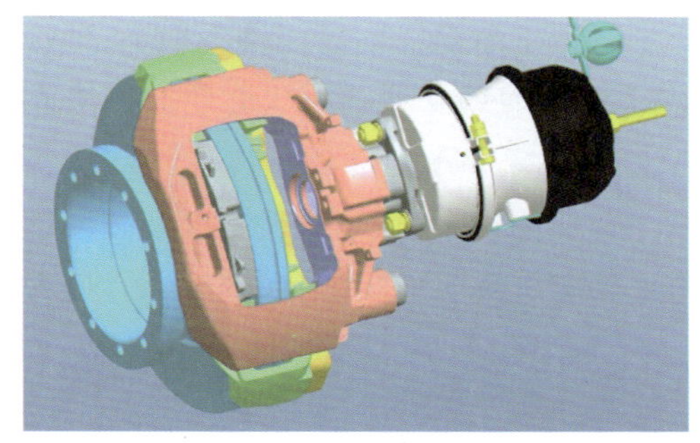

图 5-24　盘式制动器三维外形图

鼓式制动器与盘式制动器主要总成的质量对比表　　表 5-10

序　号	项目名称	鼓式制动器部件质量(kg)	盘式制动器部件质量(kg)	质量差(kg)
1	制动器总成	48	52	-4
2	轮毂及制动鼓(盘)总成	104	77	27
3	制动支架总成	0	5	-5
合计		152	134	18

二、半挂车部件轻量化新技术

(一)车轴轻量化技术

国内半挂车常用车轴为 150mm × 150mm 方管轴体,实心轴头,载质量 13t 以上;而欧美等国家半挂车车轴多为直径为 150mm 的圆轴,而且多为空心轴头,车轴载质量为 10 ~ 11.5t。

其他零件方面,通过改良轮毂及制动鼓铸造材料的配方,使用强度较高的铸钢,可适当降低铸造件的壁厚,此项技术改进可减少质量 9kg。

美国集装箱运输半挂车,通常采用五幅轮式圆车轴,车轴的整备质量与普通车轴相当。

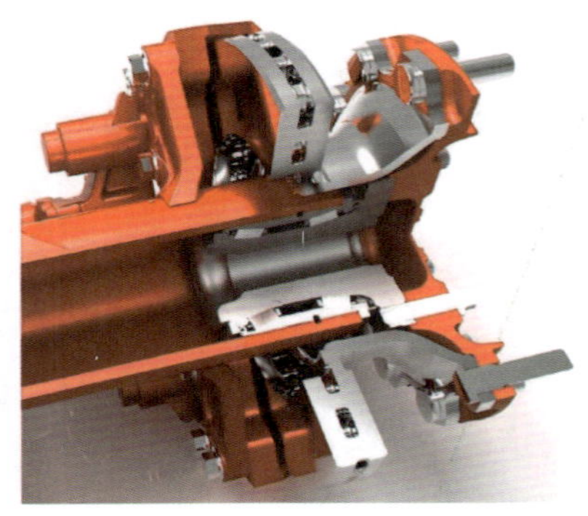
图 5-25　内置式轴承的车轴结构

五幅轮式车轴所配轮辋为无腹板轮辋，每个无腹板轮辋比同规格轮辐式轮辋要轻 15kg。

车辆的车轴轻量化后，一方面可以降低其整备质量，另一方面也限制了车辆超载，使车辆的安全性能有所提升。欧洲一些半挂车车轴供应商对车轴的结构和配件有创新设计，如车轴供应商 Gigant 将车轴的轴承内置，其结构如图 5-25 所示。通常情况下，轴承外置的主要原因是轴承需要安装在承力部位上，且在考虑载货空间的情况下，轴承到轮端的距离不能太大，因此，传统轴承都是安装在经过锻造、墩粗等工艺强化后的轴头上。

1. 内置式轴承的优点

(1) 轻量化。车轴没有轴头，不需要轴端的增厚部位，减少材料质量。

(2) 加工简便。不需要轴头加工，轴管不需要摩擦焊接、闪光焊接或者轴头成形，同时也省去了轴头的热处理以及加工等工序及费用。

2. 内置式轴承存在的不足

(1) 理论上来说，轴管强度以及硬度是不足以支撑轴承的，因此必须进行局部处理。

(2) 由于要与轴承配合，因此轴管内腔的配合部位必须进行机械加工。

(二) 半挂车空气悬架技术

空气悬架技术来源于欧洲，欧洲的空气悬架技术发展较快，与传统的机械悬架，空气悬架具备减振性与安全性好，对道路能有效保护，整备质量轻等诸多特点。欧美 80% 的半挂车配置空气悬挂，而目前国内半挂车使用空气悬架率约为 1%，主要应用在罐式半挂车产品。随着道路法规的完善和行业升级，国内空气悬架有着广阔的市场前景。

1. 空气悬架的结构组成

空气悬架系统包括空气弹簧、减振器、导向机构和车身高度控制系统等，半挂车空气悬架的典型结构如图 5-26 所示。空气悬架系统一般采用气囊式空气弹簧，减振器主要用来衰减路面对车身产生的振动；导向机构由纵向推力杆和横向推力杆等组成，用来传递车身和车桥之间的纵向力、侧向力及驱动、制动时产生的力矩；车身高度控制系统分为机械式控制系统和电控制系统。

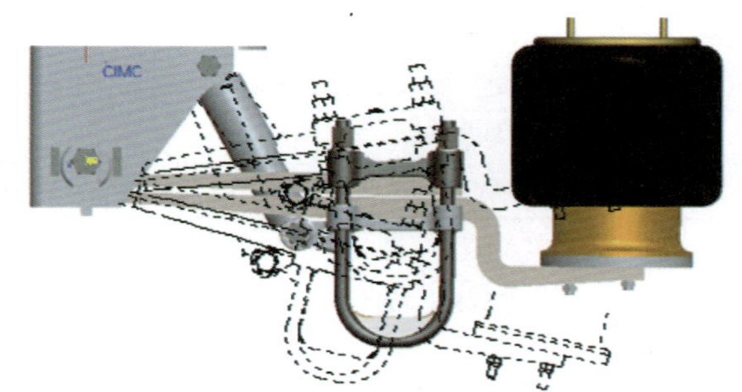

图 5-26　半挂车空气悬架结构图

2. 空气悬架的工作原理

利用空气弹簧内密闭气体受压缩的刚性递增性，即随着空气弹簧不断被压缩，其刚度逐渐增加，同时，其内部气体随着空气弹簧被压缩或拉长而被压入或排出，导致空气悬架系统具有较理想的动态弹性特征。

3. 空气悬架的主要特点

当车辆载质量或质心高度发生变化时,高度阀控制空气弹簧自动调节车身的高度,保证车身平衡。此外,空气弹簧具有恒定的低振动频率,可以提高车辆行驶的平顺性,改善路面不平激励向车身的传递,减少不良振动对车身的损坏,对路面的磨损量可减少 50%,车辆对道路适应性可提高 15%。通过空气弹簧内气体的连通原理,方便实现多桥轴荷和制动力的平衡。另外,空气悬架还能够延长车身和零部件的使用寿命,延长维修周期,提高车辆的运营效率[9]。

半挂车两轴钢板弹簧悬架和两根车轴组成轴组整备质量为 1270kg,而两轴空气悬架(含两轴)的整备质量为 1210kg,质量降低 60kg。

史密斯(Schimtz)作为欧洲最大的半挂车生产制造企业,开发了自己的空气悬架,并批量使用在自己生产的半挂车上,其设计的空气悬架最大特点是空摆臂结构形式由铸钢件替代其常用的弹簧钢摆臂,如图 5-27 所示。铸钢摆臂的优势如下:

(1)结构简单。整体铸造摆臂,前后臂铸到一起,在不考虑铸造缺陷的前提下,整体强度有所提高,且省去了前后臂各自加工的烦琐工序,以及前后臂焊接到轴管上所带来的结构破坏与产生的焊接应力。

(2)更换灵活。为了实现不同的安装高度,整体摆臂至少有两个型号,即高臂和低臂,在不同安装高度下,使用不同高度的整体摆臂。

史密斯在开发出整体铸造摆臂结构空气悬架前,使用 CS 型悬架,如图 5-28 所示,其前臂与轴管铸造在一起,后臂使用螺栓与轴管上的安装座固定。该类型空气悬架的特点为:

(1)前臂采用 I 型截面,上下翼板很宽,抗弯能力强,但由于安装盘式制动器,为避免与制动气室干涉,前端的截面高度很低。这种布局会引起悬架系统的抗扭能力下降,因此该系统中将轴管中部做成椭圆形,以提高其垂直承载能力。

(2)由于 CS 型悬架的后臂为螺栓连接结构,因此可选择不同安装高度的后壁高度实现半挂车的空气悬架安装高度要求,而不需要更换前臂(前臂与车轴成一体)。

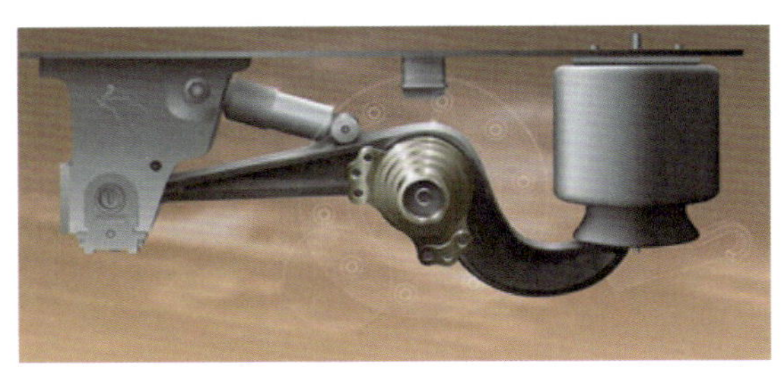

图 5-27　史密斯摆臂整体式空气悬架

图 5-28　史密斯 CS 型悬架

总之,随着车辆零部件轻量化技术不断发展,越来越多的零部件新技术不断在货运车辆上得到应用。同时,随着我国专用汽车行业的发展以及国家对安全、节能、环保重视的不断提高,货运车辆严格按照国家标准进行运输是发展的必然趋势。伴随着我国车辆轻量化技术的不断创新和发展,将逐步缩小与发达国家的专用车轻量化技术水平的差距。

三、美国货运车辆轻量化技术发展趋势

美国在货运车辆轻量化技术发展过程中,除挂车的结构设计创新外,新材料的应用发展较快,美国从20世纪70年代就开始采用高强度钢材料、厚铝合金材料设计和生产货运车辆。随着铝合金设计技术、加工技术的进步,以及市场对全铝合金车辆优势的认识,货运车辆已经从钢铝混合结构逐步发展到全铝合金结构,代表性产品如下。

(一)铝合金平板半挂车

在2000~2010年,美国平板半挂车主要以钢、铝混合结构为主,即半挂车纵梁采用铝合金材料,其横梁、边梁和前后端梁为钢结构,地板多数为木质地板。全铝合金平板半挂车在2006年左右在美国车展出现,到2012年全铝合金平板半挂车在市场上所占比率已经明显上升。全铝合金平板半挂车分为铆接型和焊接型两种,各自有着不同的特点。

1. 铆接型全铝平板半挂车结构设计特点

(1)纵梁采用两个T型铝型材搭接后铆接在一起,如图5-29所示。

(2)所有横梁与纵梁、横梁与边梁为铆接形式,加强横梁与纵梁为铆接结构。

(3)后保险杠、牵引板总成与车架均为铆接结构。

(4)铝地板与车架横梁为螺栓连接结构,前后端梁与车架为铆接结构。

(5)货物固定装置齐全,边梁下方设置了捆绑棘轮,边梁上也设置了捆绑的位置与拉环等。

图5-29　铆接型全铝合金平板半挂车

2. 焊接型铝合金平板半挂车

焊接型全铝合金平板半挂车的纵梁为两个T型材搭接焊接而成,铝横梁与纵梁、边梁为焊接形式,铝地板与横梁也为焊接结构,牵引板与纵梁为螺栓连接结构,如图5-30所示。在高速公路上,铝合金平板半挂车比例相当高,铝合金半挂车获得市场认可和客户青睐主要原因在于:

(1)轻量化节能效果好。两轴铝合金平板车整备质量为3720kg(8200磅)(数据由Great Dane公司提供),比普通铝、钢混合结构平板半挂车轻454kg(1000磅)。比中国全钢普通两轴平板半挂车(整备质量6400kg)相比,整备质量轻40%,节能效果显著。

(2)铝合金平板半挂车残值高。三轴铝合金平板车车架铝合金质量约2000kg,残余价值24000元左右。

此外，铆接型铝合金平板半挂车，在制造过程中无焊接，且不需要涂装油漆，报废车辆材料100%回收利用，因此非常环保。

(二)铝合金自卸车

1. U型斗全铝自卸半挂车

U型斗自卸车特点是厢体重心低，侧面平滑，空气动力性好；比普通自卸车轻400kg左右，经济性好；底板与U型壁搭接，承载能力好，维修性好。图5-30所示U型车厢与副车架通过塔型结构和连接板焊接而成，加强筋厚实，利于承载，同时还能延长底板的使用寿命。两轴铝合金半挂自卸车外形尺寸为：13106mm(L)×2590mm(W)×3142mm(H)，厢体内部容积60m^3，厢体内高1770mm，整备质量5850kg，如图5-31所示。美国U型斗全铝合金自卸半挂车的技术信息，如图5-32所示。

图5-30　焊接型全铝合金平板半挂车

图5-31　U型斗全铝自卸半挂车结构

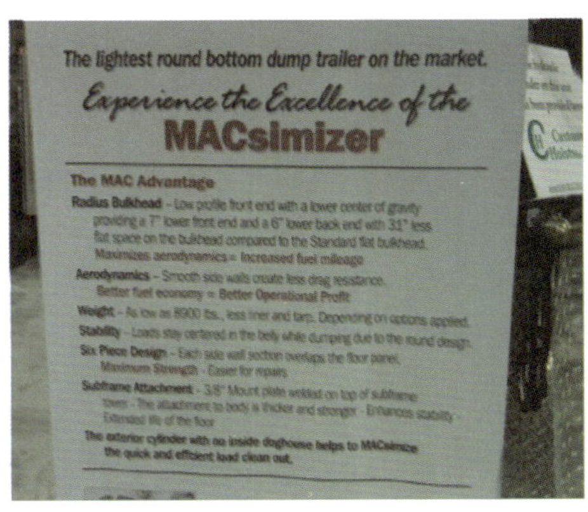

图5-32　美国U型斗全铝自卸半挂车技术参数

2. 普通方型自卸车车厢结构

普通方型自卸车车箱与车架成一体，通过前顶油缸、三角架，以牵引车鞍座为根基实现半挂车的自卸，如图5-33所示。铝合金厢体与车架为焊接结构，悬架支架与副车架螺栓连接，后门可以开启，顶篷为帘布加锁紧及开启机构，实现密封。

此类全铝合金自卸半挂车的结构特点是,自卸车的底架、车厢均为铝合金结构,包含油缸支座和伸缩式拉杆,顶篷为可移动的顶篷。整车整备质量轻,适合运输粮食及散装物料等货物。

图 5-33　方型车厢全铝自卸半挂车

第四节　轻量化技术评价

车辆轻量化技术需通过理论验证和试验验证其可靠性,通过理论对比分析和试验对轻量化车型技术先进性、可靠性和使用的安全性进行评价,从而保证轻量化产品的可靠性。

一、轻量化车型技术分析

轻量化车型技术分析是轻量化技术评价的基础。从技术角度对常用的轻量化厢式半挂车、集装箱运输半挂车和半挂牵引车进行分析,开展相关实验验证,为轻量化技术的推广应用提供技术支持。

(一)轻量化厢式半挂车车型技术分析

厢式半挂车轻量化可由多种技术和途径实现,如半挂车悬架以上为全铝合金设计、无纵梁全承载式车身设计、无纵梁钢构结构全承载式设计等。但是,如何保证车辆性价比及保证半挂车各种技术性能,尤其是可靠性,需要进一步探讨和研究。

图 5-34　轻量化厢式半挂车样车

1. 甩挂运输轻量化厢式半挂车采用的先进技术

甩挂运输轻量化厢式半挂车样车采用了 10 项轻量化技术成果,样车如图 5-34 所示。在综合考虑轻量化厢式半挂车成本、性能等因素后,轻量化厢式半挂车样车采用的轻量化技术见表 5-11。

样车采用项目研究的轻量化技术　　表 5-11

项目研究的半挂车轻量化技术		样车应用的轻量化技术
结构轻量化技术	整车车身全承载设计技术	√
	适应单宽胎的车架结构技术	√
	车架伸缩技术(Extendable)	×
	滑动式副车架(Slider)技术	×
	主要结构设计优化技术(牵引板总成、支承装置总成等)	√

续上表

项目研究的半挂车轻量化技术		样车应用的轻量化技术
部件轻量化技术	空气悬架技术	×
	车轴轻量化技术	√
	悬架轻量化技术	√
	板簧轻量化技术	√
	铝合金轮辋技术	√
	单宽胎技术	√
新材料应用技术	高强度钢应用技术	√
	铝合金应用技术	√

从表5-9可以看出，甩挂运输轻量化厢式半挂车样车无论从结构设计还是主要配件方面采用了甩挂运输车辆轻量化项目的多项研究成果，同时还采用了复合材料地板等新材料技术，保证了轻量化厢式半挂车的技术先进性。

2. 甩挂运输轻量化厢式半挂车的整备质量对比

半挂车的整备质量是衡量轻量化水平高低的重要指标，因此对比甩挂运输轻量化厢式半挂车与普通厢式半挂车的部件及整车整备质量就能够看出车型轻量化水平的高低，各项数据见表5-12。

轻量化厢式半挂车与普通厢式半挂车部件质量对比　　表5-12

部件名称	轻量化厢式半挂车部件质量（kg）	普通厢式半挂车部件质量（kg）	备　注
前厢板总成	155	165	
侧厢板总成	1100	1320	普通厢式车按1.6mm厚波纹板
后门板总成	355	420	普通厢式车按钢制后门
顶板部件	580	580	顶板都为1.6mm厚集装箱顶
底架总成	5265	6155	底盘质量，含行走机构
支承装置	95	95	JOST A400支腿
侧防护栏总成	35	90	普通厢式车按钢制护栏
后保险杠总成	25	65	普通厢式车按钢制后保险杠
工具箱	65	85	普通厢式车按钢制工具箱
备胎架	25	25	
合计	7700	9000	

从表5-12可以看出，甩挂运输轻量化厢式半挂车比普通厢式半挂车的整备质量低1300kg，轻量化厢式半挂车的轻量化率为14.4%，也就是说在半挂车总质量不变的情况下（国家标准规定三轴半挂车总质量为40000kg），可以增加载货量1300kg。

目前，国内一些企业也开始开发全铝合金半挂车，但由于全铝合金半挂车成本较高，市场接受度还比较低。从美国半挂车的发展历程看，厢式半挂车从全铝合金厢体（铝板厚度

6～8mm）发展到薄铝板（1.2mm）加立柱和层压木内衬板结构，轻量化水平进一步提高。16154mm长的铝薄板加立柱无纵梁厢式半挂车的整备质量只有6350kg，比国内最轻的14600mm厢式半挂车还轻。由此可见，国内厢式半挂车轻量化技术还有较大的发展空间，在结构设计和新材料应用方面还需要大力创新和尝试。

图5-35　全铝合金仓栅半挂车

驻马店中集华骏车辆有限公司开发的13000mm全铝合金仓栅半挂车，宽度2500mm，车辆总高3350mm，整备质量5300kg，如图5-35所示。但是仓栅半挂车为非封闭型半挂车，无顶篷结构，并且侧面也不封闭，即使采用高强度钢材料制作的仓栅半挂车整备质量也达到5600kg，而使用钢质波板的三轴14.6m轻量化厢式半挂车的整备质量仅为7700kg，优势较为明显。

3.轻量化厢式半挂车的静载和可靠性试验验证

1）静载试验

在半挂牵引车与半挂车挂接状态下和脱挂状态下，在样车地板上加载试验砝码32300kg，载荷均布。测量半挂车的纵梁、横梁、上下边梁的变形，卸载后半小时内测量残余变形量在1～2mm，满足设计要求。

按照标准《厢式挂车技术条件》（JT/T 389—2010）对货运厢式挂车厢体强度、刚度的试验要求，侧墙应通过0.3P（P为半挂车装载质量）试验、前墙0.4P和后墙0.25P试验。该样车P为32300kg，气袋在整个侧墙、前后墙内侧均布。静载试验加载情况如图5-36所示，厢体强度试验加载情况如图5-37所示。

图5-36　轻量化厢式半挂车静载试验加载

图5-37　轻量化厢式半挂车厢体强度试验加载

2）道路可靠性试验

按照《汽车试验场汽车产品定型可靠性试验规程》要求，可靠性行驶试验按高速公路、高速环道、强化坏路、山区公路顺序进行，一般公路行驶里程视具体情况安排。

按照试验场试验规程要求，对进场的试验样车的型号进行登记，并对车辆进行尺寸参数测量、质量参数测量、安全环保性能测试后，方可进行道路可靠性试验。进场试验的厢式半挂车型号为某企业生产的三轴14.6m长钢质波板厢式半挂车，生产日期为2012年6月，整备质量为7700kg。半挂牵引车为国内某企业生产，驱动型式为6×4，生产日期为2012年5月，整备质量为8200kg。

试验场试验规程对基本型样车试验总里程和里程分配要求，轻量化半挂牵引车与轻量化厢式半挂车组合通过了12000km的高环试验，8000km的可靠性道路试验，6000km的山路试验和4000km的普通公路试验，总试验里程为30000km的路试。轻量化厢式半挂车30000km可靠性试验完成后，半挂车出现的故障见表5-13。

可靠性试验故障表　　表5-13

序号	故障描述及原因	故障里程（km）	路面	类别	处理结果
1	侧护栏因颠簸而歪斜	16940	坏路	4	未处理
2	挂车后门上的钢管开始变形	17870	坏路	4	未处理
3	铝合金工具箱开裂	18090	坏路	3	拆除
4	牵引车头上显示挂车ABS失控	18610	坏路	4	挂车ABS接头因路况颠簸松动，导致线路接触不良，已处理
5	前轴及车门部分螺母、螺栓松动	18780	坏路	4	已紧固
6	ABS接口与气路接口两条线路交错	21280	坏路	4	已调整
7	牵引车偶尔显示挂车ABS不工作	22250	坏路	4	修理厂无相关ABS检测设备，未处理
8	气连接握手阀漏气	23980	坏路	4	已更换握手阀

在相关汽车试验场、山区完成了轻量化厢式半挂车的安全性能试验、道路可靠性试验，验证了利用轻量化技术研究试制的轻量化厢式半挂车产品和技术的安全性、经济性和可靠性。轻量化厢式半挂车可靠性能试验照片如图5-38～图5-40所示。

图5-38　轻量化厢式半挂车山区道路可靠性试验

图5-39　轻量化厢式半挂车高环可靠性试验

4. 轻量化厢式半挂车的安全分析

（1）轻量化厢式半挂车样车与轻量化牵引车组成的半挂车汽车列车，能够通过《道路车辆外廓尺寸、轴荷及质量限值》（GB 1589—2004）规定的通道圆理论模拟计算和通道圆场地试验。

（2）通过样车静载试验，均布加载32300kg，验证了边梁、各个横梁和前后端梁的强度，检测整车抗变形能力和卸载后变形的恢复能力。通过侧墙0.3P气袋试验、前墙0.4P和后

图 5-40　轻量化厢式半挂车强化坏路试验

门板 0.2P 试验验证了侧墙和前墙的静载强度，试验结果满足《厢式挂车技术条件》（JT/T 389—2010）要求。证明样车的前墙、侧墙和后门板的强度及厢体的边梁、横梁的强度满足相关标准要求，半挂车的厢体安全可靠。

（3）轻量化厢式半挂车样车在最大总质量 40000kg 情况下，与轻量化牵引车组合通过了 12000km 的高环试验、8000km 的可靠性道路试验、6000km 的山路试验和 4000km 的普通公路试验。30000km 道路试验后，轻量化厢式半挂车样车没有出现样车主体结构和关键零部件的疲劳破坏，从而证明了样车的主体结构设计安全可靠和所采用的车轴、悬架和牵引销等 OEM 件的耐久性和可靠性。

（4）使用国内外相关的制动系统测试仪器，测试了半挂汽车列车的制动距离、半挂牵引车与半挂车的制动反应时间、制动系统失效等项目，各项测试结果符合《汽车制动系统结构、性能和试验方法》（GB 12676—1999）和《机动车运行安全技术条件》（GB 7258—2012）的相关要求。

（5）轻量化厢式半挂车样车已经取得工信部发布的公告，强检试验结果均符合国家相关标准要求，因此该样车的尺寸、总质量、轴荷、灯光、电气、制动、侧防护装置和后防护装置等均满足国家标准要求，即样车的各项指标、系统和部件的安全性满足国家标准要求。

（二）轻量化集装箱运输半挂车车型技术分析

由于集装箱运输半挂车结构的特殊性，其轻量化设计相对厢式半挂车轻量化设计难度更大。在研究过程中，轻量化集装箱运输半挂车主要应用了轻量化悬架系统、半挂车车轴等，最重要的是降低了半挂车的承载面，使集装箱高箱合法合规上路运输成为可能。

1. 轻量化集装箱运输半挂车应用的先进技术

轻量化集装箱运输半挂车样车采用了 6 项轻量化技术成果，如图 5-41 所示。轻量化集装箱运输半挂车样车采用的轻量化技术对比，见表 5-14。

图 5-41　轻量化集装箱运输半挂车样车

集装箱运输半挂车样车采用的轻量化技术　　表 5-14

项目研究的半挂车轻量化技术		样车采用的轻量化技术
结构轻量化技术	整车承载设计技术	×
	适应单宽胎的车架结构技术	×
	车架伸缩技术（Extendable）	×
	滑动式副车架（Slider）技术	×
	主要结构设计优化技术（牵引板总成、支承装置总成等）	√

续上表

项目研究的半挂车轻量化技术		样车采用的轻量化技术
部件轻量化技术	车轴轻量化技术	√
	空气悬架技术	√
	悬架轻量化技术	×
	板簧轻量化技术	√
	铝合金轮辋技术	×
	单宽胎技术	×
新材料应用技术	高强度钢应用技术	√
	铝合金应用技术	√

2. 轻量化集装箱运输半挂车的静载和台架试验验证

1）静载试验

半挂牵引车与半挂车挂接状态和脱挂状态下，在样车车架上加装集装箱，并在箱内加载试验砝码，半挂车上总载荷为30480kg，载荷基本均匀分布。加载情况如图5-42、图5-43所示。

图5-42　轻量化集装箱运输半挂车样车静载试验加载

2）轻量化集装箱运输半挂车台架试验

采用CIMC320型轮胎耦合式道路模拟试验台，按照深圳中集专用车有限公司提供的《甩挂运输项目样车耐久性试验大纲》进行试验，样车进入试验台架前对试验台架的工作状态进行检查，然后将样车开至试验台架，并对样车进行装夹，对样车反馈信号进行连接。通过控制中心电脑进行迭代操作，包含设置参数、白噪声激励，路谱迭代，求得激励信号，再进行耐久性试验。在试验室监控样车试验，定时停机检查样车试验是否出现疲劳损坏情况，并及时记录数据，直至按试验大纲完成试验，最后检查样车状态并记录数据。

用中集车辆集团半挂车研究院自有的襄樊试验场道路谱进行疲劳耐久性测试，如图5-44、图5-45所示。

试验结果表明，样车通过了5000km试验场设定等效里程的耐久性试验，样车整车结构及连接没有失效，样车符合设计和使用要求。

图 5-43　轻量化集装箱运输半挂车样车静载试验测量

图 5-44　轻量化集装箱运输半挂车样车台架试验

图 5-45　轻量化集装箱运输半挂车样车台架试验过程

(三)轻量化半挂牵引车车型技术分析

1. 轻量化半挂牵引车采用的先进技术

半挂牵引车轻量化的技术路线相对较多,在新技术方面可采用盘式制动器、少片簧、空气悬架等,新型轻质材料可采用铝合金轮辋、铝散热器、铝油箱等,新结构上可采用高强度钢单层车架结构、轴距优化等。通过这些技术或材料的实施,可有效降低整车的整备质量,半挂牵引车采用的轻量化技术具体见表 5-15。

半挂牵引车采用的轻量化技术　　表 5-15

序号	项目	零部件技术特征	每辆车降低质量(kg)	轻量化率(%)
1	新技术	采用盘式制动器	100～130	11
2	新技术	采用少片簧	180～255	40
3	新技术	采用空气悬架	180～220	27
4	新技术	采用轻量化驱动桥	130～150	16
5	新材料	采用铝合金轮辋	150～240	40
6	新材料	采用铝散热器	10～15	40
7	新材料	采用铝合金油箱	20～30	40
8	新材料	采用铝合金变速器壳体	80～95	40

续上表

序号	项目	零部件技术特征	每辆车降低质量(kg)	轻量化率(%)
9	新材料	采用铝合金飞轮壳	20～30	40
10	新材料	采用铝合金贮气筒	15～20	40
11	新材料	采用 SMC 发动机油底壳	4～6	30
12	新材料	采用 PPA＋GF 高性能塑料复合材料发动机进气管	1	39
13	新材料	车身采用高强度冷轧钢板 BIF340、BH340	30～40	10
14	新材料	采用高强度传动轴管	2～6	20
15	新材料	采用制动管路尼龙接头	1	70～80
16	新结构	采用单层纵梁	80～110	30
17	新结构	采用宽断面轮胎	220～560	30
18	新结构	轴距优化	20～50	
合计			1263～1989	

综合考虑半挂牵引车轻量化技术途径和车型性能成本，轻量化半挂牵引车车型设计主要以技术、材料、结构为突破口，对驱动桥、制动器、悬架、变速器、轮辋、油箱、散热器、快插接头等总成零件以及轴距、车架形式等整车结构采用10项轻量化技术，达到降低半挂牵引车整备质量的目的，其技术经济表见表5-16。

半挂牵引车轻量化技术经济表　　表5-16

序号	轻量化设计方案	项　目	质量降低(kg)	成本变化(元)
1	新技术应用	采用盘式制动器	108	9396
		采用少片簧	242	－714
		采用440驱动桥	148	－750
2	新材料应用	采用铝合金轮辋	242	13398
		采用铝合金变速器壳体(CA9TB160M)	84	0
		采用铝合金油箱	44	228
		采用铝散热器	9	－497
3	新结构应用	缩短轴距	20	－100
		采用单层纵梁	102	－500
合计			999	17461

由表5-16可知，半挂牵引车轻量化后的整备质量降低999kg，整车成本上升17461元。

2. 轻量化半挂牵引车的相关性能试验验证

一汽解放汽车有限公司生产的甩挂运输轻量化半挂牵引车与扬州中集通华专用车有限公司生产的14.6m三轴厢式半挂车组成的汽车列车，在中国定远汽车试验场进行了相关性能试验，包括动力性、经济性、制动能性、操纵稳定性和可靠性等。试验结果显示各项性能指标均满足设计要求，该汽车列车在动力性、经济性方面表现尤为突出。

（四）轻量化半挂牵引车与厢式半挂车列车的性能复试

轻量化半挂牵引车与厢式半挂车组成的汽车列车在完成30000km可靠性试验后，再次进行性能复试，如图5-46所示。

图5-46　轻量化半挂汽车列车性能复试

轻量化半挂汽车列车进行的性能复试，包含安全环保性能试验（加速行驶车外噪声、车内噪声和满载制动距离）和基本性能试验（原地起步换挡加速0至80km/h所需时间、最高车速、综合燃料消耗等）。由于性能初试时使用发动机节油模式进行，性能复试时，使用发动机满负荷模式进行。因此，轻量化汽车列车的复试综合燃料消耗比初试时偏低。

二、轻量化车型使用注意事项和后续改进方向

（一）轻量化半挂车和半挂牵引车使用注意事项

1. 轻量化厢式半挂车承载能力

轻量化厢式半挂车为无纵梁结构，其承载能力满足国家车辆相关标准要求，但车辆结构决定了其超载能力有限。在《道路车辆外廓尺寸、轴荷及质量限值》（GB 1589—2004）规定的最大总质量情况下，半挂车结构承载能力允许载超载10%，如果经常超载将会影响厢式半挂车的使用寿命和安全性能。

2. 均布装载货物

由于轻量化厢式半挂车无纵梁，是厢体承载设计结构，侧墙采用薄钢板制作，因此，如果装载货物不均产生较大集中载荷，易造成侧墙失稳。所以，在使用轻量化厢式半挂车时，尽可能装载均匀，避免在牵引板、支承装置上方和悬架上方3个区域产生较大集中载荷。

3. 匹配合适鞍座高度的半挂牵引车

轻量化集装箱运输半挂车为低承载面鹅颈式结构，半挂车牵引板离地高度1100mm，适合匹配鞍座高度为1100～1150mm的半挂牵引车，如果采用高鞍座的牵引车与该集装箱运输半挂车匹配会造成集装箱半挂车的前高后低，仰角过大，从而影响交通安全。

4. 40英尺集装箱与半挂车的锁止方式

轻量化集装箱运输半挂车为40英尺专用半挂车，集装箱鹅颈槽与半挂车鹅颈梁相配合，在半挂车前横梁左右两端各有一个插销锁，用来锁紧集装箱的前角件的前端孔，因此使用该集装箱半挂车时应注意集装箱锁的位置变化和锁紧方式。

（二）轻量化半挂车和半挂牵引车的改进方向

1. 采用新材料技术

轻量化厢式半挂车侧墙由于集中载荷会产生失稳，因此可以采用钢塑复合板或其他复合材料做侧墙板和前墙板，顶板可以采用铝板或玻璃钢板，自重更轻，如图5-47、图5-48所示。

图 5-47　钢塑复合板厢式半挂车(外观)

图 5-48　钢塑复合板厢式半挂车(内部)

2. 伸缩式集装箱运输半挂车技术

轻量化集装箱运输半挂车为 40 英尺鹅颈式结构,可以发展成为多用途集装箱运输半挂车,改变设计结构,可以附加运输 1 个 20 英尺集装箱或 2 个 20 英尺集装箱的功能,或者采用伸缩式结构设计,适应运输不同规格的集装箱,如图 5-49 所示。

图 5-49　40 英尺多功能低承载面鹅颈式集装箱运输半挂车

3. 低鞍座半挂牵引车与低承载面半挂车匹配技术

轻量化半挂牵引车向低鞍座方向发展,鞍座高度 1000 ~ 1150mm,与低承载面鹅颈式集装箱半挂车匹配后,确保运输 40 英尺集装箱高箱时半挂列车的总高度不超过 4000mm。

4. 铝合金材料应用

铝合金材料将广泛应用于各类半挂车,全铝合金的罐式车、厢式车、平板车和自卸车等产品,逐渐获得市场的认可。在全铝合金产品时代来临之前,钢铝混合结构设计将是过渡产品,也是适应客户心理和价格适应的过程。

5. 安全系统技术

半挂车防抱制动系统(Antilock Brake System,ABS)装车后的可靠性应进一步提高,不能因为路况等原因显示失效。电子控制制动系统(Eleetric Brae force Distribution,EBS)、盘式制动和防侧翻系统是保障半挂车安全的重要技术措施。

6. 结构设计创新

轻量化半挂车或者改装车的技术进步,与车辆的结构创新密切相关。有些车型在发达国家已经成熟,如美国的可伸缩集装箱运输半挂车,从 20 英尺可以伸缩至 45 英尺,适应运输不同型号的半挂车,以及可以调整轴距的可移动副车架半挂车,根据运输的总质量调整轴距,达到轴荷满足相关标准要求的目的。整车结构、零部件设计创新是车辆轻量化的重要手段,结合铝合金材料、复合材料,以及零部件轻量化技术应用,可以使车辆达到更好的轻量化效果。

本章参考文献

[1] 孟岩,潘建亮. 汽车轻量化材料的应用[J]. 汽车与配件,2010,18:24-27.

[2] 徐茂武,高玉广,马治,等. 某甩挂运输半挂牵引车的轻量化设计[J]. 汽车技术,2013,06:9-13.

[3] 刘鸿文. 简明材料力学[M]. 2版. 北京:高等教育出版社,2008.

[4] 李红启,高洪涛. 甩挂运输操作技术与方法[M]. 北京:中国物资出版社,2012.

[5] 张红卫,王维. 货运车辆安全研究与应用[J]. 物流技术与应用(货运车辆),2009,04:44-47.

[6] 赵明岩. 驱动桥疲劳试验技术研究及试验台系统软件开发[D]. 杭州:浙江大学,2003.

[7] 修永芝. 变截面少片簧在重卡悬架中的应用[J]. 汽车与配件,2012,26:58-59.

[8] 刘琪玮. 国内重卡悬架现状与发展趋势[J]. 汽车与配件,2009,21:59-61.

[9] 姚福泰. 空气悬架系统为什么在国内"悬空"[N]. 中国汽车报,2004-05-04.

第六章　道路货运车辆模块化技术

我国经济高速发展给道路货运业带来了巨大的市场机遇，货运车辆各显其能，发挥着应有的作用，但现在的货运方式无法满足人们对道路货运业安全、节能和环保的要求。北美、欧洲、澳大利亚等地区已使用多挂汽车列车进行货物运输，实施效果表明，多挂运输能有效提高运输效率，改善道路拥堵，减少燃料消耗和污染物排放，促进道路货运业的畅通、高效、安全、绿色发展。为了满足本国的运输需求，欧洲部分国家开始尝试新型的运输方式——模块化运输，就是利用符合欧盟法规和标准的运输单元组合成多挂汽车列车进行运输。借鉴国外先进运输模式，发展适合我国国情的模块化运输是现代道路货运业的内在需求。

第一节　多挂汽车列车及车辆模块化系统概述

一、多挂汽车列车概述

(一)美国

美国地广人稀，多挂汽车列车已连续运行数十年，道路运输车辆向着大型化、专业化方向发展。美国车辆尺寸和质量法规只规定了挂车的最小尺寸，并未限制车辆的总长度，车辆总长度由各州自行规定。美国联邦公路管理局规定半挂汽车列车中半挂车的长度不小于14.63m(48英尺)，双半挂汽车列车中各个半挂车的长度为8.53～8.69m(28～28.5英尺)，这两种汽车列车在美国得到普遍应用。

根据《美国联邦法规》(Code of Federal Regulations，CFR)的23 CFR 658.5条规定，较长汽车列车(Longer Combination Vehicles，LCV)是指行驶于州际公路，由牵引车与2辆以上全挂车或半挂车组合而成，总质量超过36.29t(80000磅)的汽车列车[1]。

美国各州对于允许运行的较长汽车列车的类型、尺寸和总质量规定都不一样，美国联邦公路局规定了汽车列车的组合形式，如图6-1所示。最常见的较长汽车列车有3种，分别是Rocky Mountain Doubles(简称RMD)、Turnpike Doubles (简称TPD)和Triple Trailer Combination(简称TRPL)，如图6-2所示。RMD列车由半挂牵引车、12.19～16.15m(一般为14.63m)的半挂车、牵引拖台和8.53m或8.69m的半挂车组成，最大总质量为58.5t(129000磅)。TPD列车由牵引车加两个14.63m半挂车加一个牵引拖台组成，最大总质量为66.7t(147000磅)。TRPL列车由牵引车、3个8.53m或8.69m的半挂车和两个牵引拖台组成，最大总质量为58.5t(129000磅)[2]。

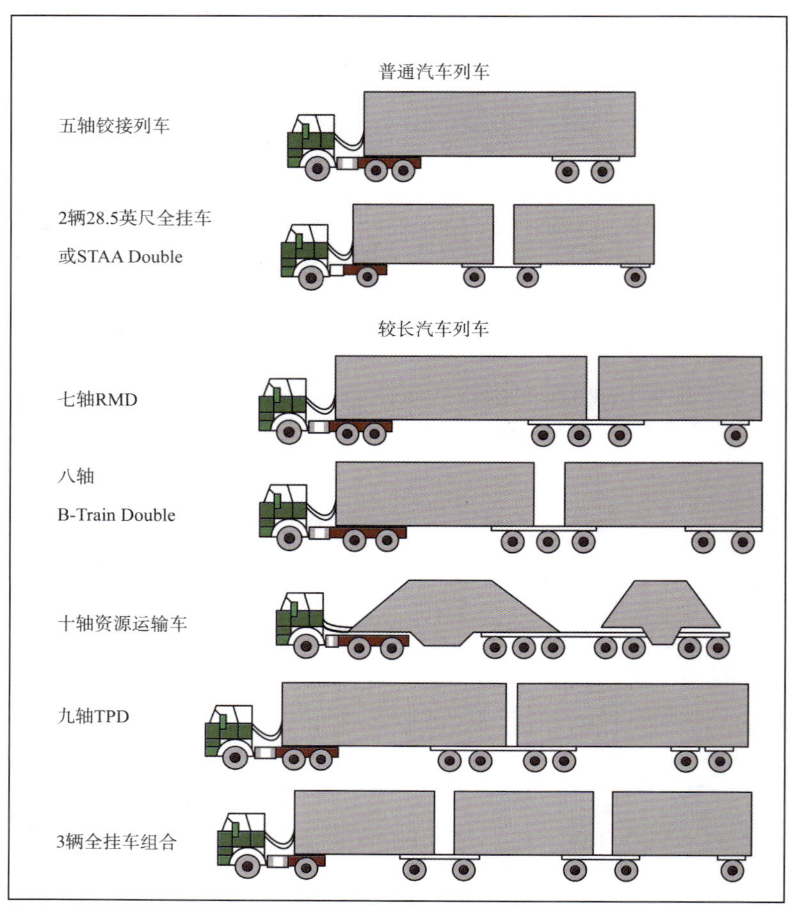

图 6-1　美国汽车列车的组合形式

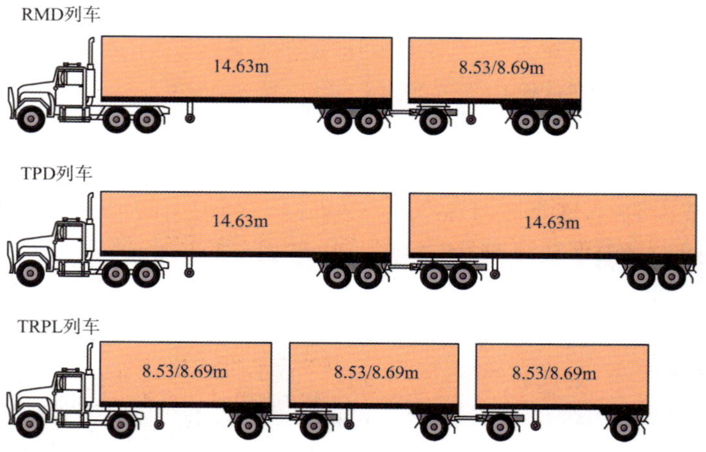

图 6-2　美国常见的较长汽车列车

较长汽车列车并非在所有地区都允许运行，主要运行区域集中在美国西部地区和部分东部地区（如佛罗里达州、印第安纳州、俄亥俄州、纽约州和马萨诸塞州等）的高速公路，如图

6-3所示(图中蓝色区域为允许较长汽车列车运行的州)。

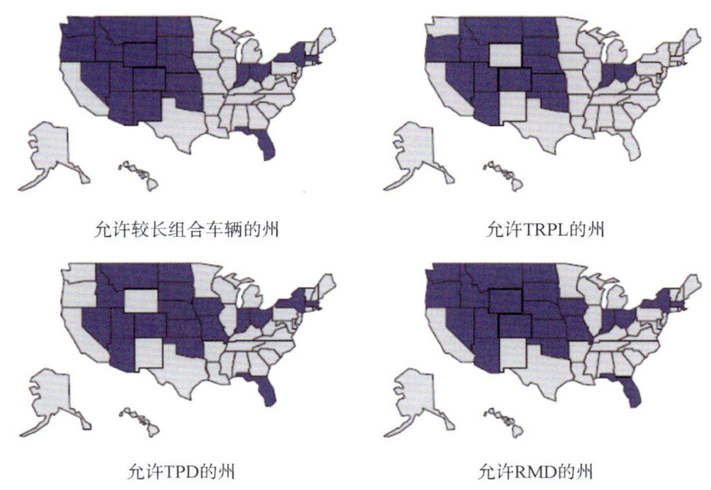

图 6-3　美国较长汽车列车运行区域

(二)加拿大

在加拿大,长汽车列车(Long Combination Vehicles,LCV)通常定义为由牵引车与2~3辆全挂车或半挂车组成的汽车列车,其总长度超过25m。加拿大不同省和地区对长汽车列车有着不同的法规[1]。长汽车列车最早在新斯科舍、新不伦瑞克省和安大略省试运行,目前已运行超过30年。目前除了纽芬兰、拉布拉多、爱德华王子岛、育空和努勒维特地区以外,加拿大其余省和地区的部分道路都允许长汽车列车在指定的条件下运行,如特殊安全要求和其他约束,包括特定路线、特定时间和季节、特定最高车速等。

加拿大常见的长汽车列车形式和尺寸与美国相同,有TPD、RMD和TRPL。主要车型是TPD,其主要运行在不列颠哥伦比亚省、阿尔伯塔省、萨斯喀彻温省等地区的四车道高速公路。RMD在四车道高速公路和部分双车道高速公路运行。TRPL在美国比较常见,但在加拿大较少使用[3]。

(三)澳大利亚

澳大利亚幅员辽阔,铁路建置费用高昂,铁路的铺设与维护仅限于部分海岸线,为了解决内陆与海岸的货运需求,便发展出东西向横跨内陆的多挂汽车列车。这种被称作"Road Train"的公路列车,广泛用于矿石、牲畜、木材等货物运输,如图6-4所示。

图 6-4　澳大利亚的公路列车

根据澳大利亚国家重型车辆监管局(National Heavy Vehicle Regulator,NHVR)规定,普通单挂汽车列车长度为19m,多挂汽车列车则可以牵引2~4辆半挂车,根据汽车列车的类型和轴数限定总长度和总质量,其总长度最大可达53.5m,总质量最大可达130t,

表 6-1 为澳大利亚不同类型汽车列车的总长度和总质量限值[4]。另外,澳大利亚还颁布了基于性能的一系列标准(Performance-Based Standards,PBS),PBS 规定了 16 项的车辆安全标准(包括起动性能、爬坡能力、加速性能等)和 4 项基础设施标准,满足 PBS 的车辆可在特许的道路进行货物运输,可牵引超过 5 辆挂车,图 6-5 为昆士兰州目前允许行驶的汽车列车[4]。

澳大利亚不同类型较长汽车列车的尺寸及质量限值　　表 6-1

列车类型	列车最大总长度(m)	列车最大总质量(t)	
		普通限值	较高限值
货运列车	19.0	50(因地区不同而不同)	
半挂列车(六轴)	19.0	42.5	45.5
B - Double 列车(九轴)	25.0/26.0	62.5	68.0
TPD 列车(十一轴)	36.5	79.0	85.0
B - Triple 列车(十二轴)	36.5	82.5	90.5
牵引车 +3 辆半挂车(十六轴)	53.5	115.5	124.5

图 6-5　昆士兰州目前允许行驶的汽车列车

(四)欧洲地区

欧洲现行的96/53/EC只规定了载货汽车和单挂汽车列车的技术要求,并未明确多挂汽车列车的技术要求,实际上部分欧洲国家(如瑞典、芬兰、荷兰等北欧国家)在一定条件下使用较长较重的汽车列车(Longer and Heavier Vehicles,LHV)进行货物运输,由牵引车牵引一个短单元和一个长单元挂车,汽车列车的最大长度为25.25m,最大总质量为60t,如图6-6所示。LHV的尺寸并不符合96/53/EC的要求,因此只允许在各成员国的国境内进行运输,不允许跨国界运输。目前欧盟正在考虑将1长1短两个载荷单元组成的模块化汽车列车在欧洲境内全面普及,相关国家也进行了技术论证和试验运行。同时,欧盟还在研究和论证3个短单元、2个长单元以及2短1长3个单元所组成的超长汽车列车的相关技术重点,这些超长汽车列车可能成为未来主要的标准化车型。

图6-6　欧洲25.25m模块化汽车列车

二、车辆模块化系统概述

(一)车辆模块化的基本概念

欧盟指令96/53/EC的附录I《车辆最大质量、尺寸与相关特征》规定了在欧洲成员国之间运行车辆的外廓尺寸和质量限值,将车辆的长度限制在18.75m以内,总质量限制在40t以内,对于从事多式联运的车辆则允许其总质量达到44t,同时规定超过此限值的汽车列车只允许在各成员国内行驶。

在96/53/EC的第4章第4节的(b)条,描述了模块化的概念:"成员国可以允许在其领土范围内,使用车辆尺寸偏离附录I规定的车辆或汽车列车从事交通运输,也允许由车辆尺寸符合附录I的机动车辆、挂车以及半挂车组成的,至少装载长度符合成员国规定的汽车列车在国内运行,以便各运营者都可从平等的竞争环境中受益(模块化概念)"。欧洲模块化概念可以理解为汽车列车是由符合96/53/EC的标准车辆单元组成,不同的标准车辆单元可以方便地任意组合,形成不同结构类型的汽车列车,能方便地满足公路、铁路、水路联运的需要。

96/53/EC并未规定模块化汽车列车的最大总长度和最大总质量,只规定了装载长度的要求,理论上,模块化汽车列车可以为双挂、三挂及以上的汽车列车(前提是能满足道路设施要求和安全要求)。由符合96/53/EC要求的装载单元组合成的总长度为25.25m、总质量为60t的汽车列车允许在瑞典和芬兰国内行驶,符合96/53/EC中所提及的模块化概念[5]。

(二)车辆模块化的发展历史

1.20世纪60年代初,车辆模块化概念在瑞典萌芽

在1968年前瑞典不限制汽车列车的总长度,因此瑞典很早就发展较长汽车列车运输,但最常见的长途运输汽车列车长度为24m,最常用的形式为全挂汽车列车,部分汽车列车总长度超过30m。在1968年(过渡期到1972年),瑞典政府考虑运输3个标准集装箱的需要,决定限定车辆的最大总长度为24m。1977年,瑞典政府为了维护道路交通运输安全,并考虑将国内车辆尺寸与欧洲其他国家统一,将汽车列车总长度限值降低到18m,但并未获得公众的支持,最终决定维持现行的标准,即要求能够满足运输交换箱体或20英尺集装箱的需求。

2.20世纪80年代,模块化概念被首次提出

这一时期,瑞典开展了多个关于新型较长汽车列车的研究项目,提出了不同类型的双挂列车概念、测试手段,并进行试验验证,包括汽车列车在雪地和冰面的动态稳定性试验、制动安全试验等。沃尔沃公司参与这些项目的研究,负责项目中的大部分理论分析和试验测试,并首次提出模块化概念。

3.20世纪90年代,模块化概念开始流行

这一时期,世界各国开展大量相关研究,部分国家也尝试开始模块化运输。在1989年和1991年,85/3/EEC指令分别修订了半挂汽车列车和全挂汽车列车的最大装载长度,奠定了模块化装载长度的基础。1991年,欧盟委员会基于促进欧盟内各国交通运输良性竞争的目的,提出将用于国际交通运输的车辆质量和尺寸相关的法规同样适用于国内交通运输,但车辆质量的协调性受到很多国家反对,而车辆长度的协调性只受到芬兰和瑞典的反对,原因是该规定将使芬兰和瑞典国内的汽车列车长度分别由24m降到22m和18.35m,列车总质量由60t降到40t。瑞典政府通过研究发现车辆长度的缩短将导致运输成本增加,瑞典北部的林业也将遭受巨大打击,北部林业区基本无利可图。为了解决瑞典的实际问题,欧盟采取折中措施,破例允许瑞典运输户使用较长汽车列车,同时,也允许其他成员国在国内使用较长汽车列车[5]。1992年,沃尔沃公司向瑞典政府和企业提出将模块化概念用于国内运输。1996年,关于车辆质量和尺寸的新法规96/53/EC颁布,该法规使得基于模块化概念的较长汽车列车的使用变为有可能。ISO/TC22/SC9(国际标准化组织/道路车辆技术委员会/车辆动力学分委会)也进行汽车列车的动态稳定性测试方面的研究,并在1997年制定出相关标准。1997年,芬兰和瑞典通过修改法规正式允许模块化运输,这是模块化概念首次以政府立法形式实施。随后,巴西、澳大利亚、中国等国家也开始尝试模块化运输。

(三)车辆模块化的优势

模块化汽车列车与传统汽车列车相比具有更高效、更安全、更经济、更灵活、更节省道路空间的优点,能够满足公路、铁路和水路联运的要求,是中长途公路运输的理想选择。

1.更高效

不同长度的车辆所能运载的货物量不同,16.5m半挂列车能够运载货物25t,18.75m货车列车能够运载货物26t,而25.25m模块化汽车列车能够运载货物38t(按列车最大总

质量为60t计算)，有效载质量增加约50%[5]。过去由2辆16.5m半挂列车和1辆18.75m货运列车所运输的货物，可以由2辆25.25m的模块化汽车列车来运输，可以减少运输成本约30%和降低单位载质量-运距(t-km)的燃料消耗和温室效应气体排放约15%。

2. 更安全

模块化汽车列车配备有最新的主动和被动安全设备，如现代辅助驾驶系统(强制性要求)，有防抱制动系统，加速防滑控制系统，制动辅助系统和电子稳定控制系统；基于雷达的距离控制系统(在大多数普通货车上并不常见)，如换道辅助，车道偏离预警及接近控制等；还有巡航控制等先进的辅助驾驶系统[5]。模块化汽车列车有助于减少交通事故，降低事故造成的损失。德国联邦高速公路研究所的一项研究发现，配备有最新的安全设备的较长汽车列车在通过100万km道路试验时，事故减少了约50%，并且在发生事故时，事故的损失减少了90%。

3. 更经济

与普通半挂汽车列车相比，总质量为60t的25.25m的模块化汽车列车可以减少5%～10%的燃料消耗量。此外，由于在相同运能的条件下，可以减少1辆牵引车，因此，可以减少车辆的购置成本和车队驾驶员的需求量。模块化汽车列车对道路和桥梁的损伤也较小，对于现有的基础设施来说不需要较大的投入，能有效缓解交通拥堵[5]。

4. 更灵活

模块化汽车列车中各模块均是基于标准货车和标准挂车而来，因此，在联运站点能够使用现有的吊运技术方便地互换上装或吊装半挂车装载到火车底盘、集装箱和货船上，满足公路、铁路和水路联运的要求[5]。

5. 更节省道路空间

车辆模块化的一个明显的优势是运输相同数量的货物占用道路空间更少，对于缓解交通拥堵具有重要意义。若使用1长1短的模块化汽车列车，2个组合可以代替3个传统的组合(2个半挂汽车列车组合和1个全挂汽车列车)。假定各汽车列车需要的安全距离为70m，则可节省超过1/4的道路空间，见表6-2。

模块化运输与传统运输对比　　表6-2

组合种类	总道路空间(m)	托盘数量(个)	各托盘占道路空间(m)	相对道路空间(m)
2半挂汽车列车+1全挂汽车列车	262	104	2.52	1.00
2模块化组合	191	104	1.83	0.73

(四)车辆模块化的市场应用情况

目前欧洲模块化汽车列车主要用于低密度货物的长途运输。根据调研分析，欧洲运输的货物以高附加值货物为主，运输企业在运输普通货物时能利用货运车辆82%的体积装载能力和92%的托盘装载能力，而只利用了57%的质量装载能力。因此，模块化汽车列车能有效提高车辆的容积利用率，目前主要应用在瑞典、芬兰和荷兰，丹麦、挪威和德国正在进行试验。

瑞典车辆尺寸方面的相关法规比欧洲其他国家相对宽松，允许普通的24m单挂汽车列车（96/53/EC规定最大车辆长度为18.75m）和25.25m的模块化汽车列车（主要是载货汽车+牵引拖台+半挂车）在全国大部分道路运行，但这些汽车列车并不适用于国际运输。目前瑞典正在研究更长的汽车列车在道路上行驶的可行性。24m汽车列车主要用于高密度货物的运输，因为该结构的汽车列车整备质量轻，能装载更多的货物，而25.25m的模块化汽车列车主要用于运输低密度货物。根据瑞典道路运输企业协会统计，瑞典约有20000辆重型汽车从事长途普通货物运输，模块化汽车列车的运输量占运输总量的10%～15%。预计在2030年所有的木材和5%的其他货物将全部由模块化汽车列车代替传统车辆来完成，这意味着双挂汽车列车行驶里程将占总行驶里程的11.35%。

芬兰模块化汽车列车的发展与瑞典相似，区别是芬兰汽车列车的基本尺寸与96/53/EC一致，不允许使用24m的单挂汽车列车。芬兰货运企业更愿意使用13.6m的全挂车作为模块化单元之一，因为该车型相对于半挂车与牵引拖台的组合更轻，能装载的货物更多，同时维修成本较低。

荷兰的道路货运业高度发展，货运企业对于车辆的大型化需求很强烈，但荷兰车辆尺寸和质量的规定与96/53/EC一致，因此从2000年开始借鉴瑞典关于模块化汽车列车的使用经验，开展了多挂汽车列车试点工作。截至2010年1月，荷兰共进行了三个阶段的试点工作，有196家运输公司共429辆双挂汽车列车投入运行，主要集中在零售行业、集装箱运输行业、花卉行业，分别占同行业24%、22%和14%的运输量份额。

丹麦从2008年开始进行了双挂汽车列车试运行试验研究。该试验最初制定的试验周期为3年，之后又延续了5年，预计在2016年12月结束。试验开始时，丹麦高速公路主要路网可以行驶4种结构的双挂汽车列车，即载货汽车+牵引拖台+半挂车的组合结构，牵引车+普通半挂车+中置轴式挂车的组合结构，牵引车+普通半挂车+B类半挂车的组合结构、载货汽车+长挂车的组合结构。随后更多的高速公路和主要公路以及少部分城市道路也加入到这个网络。在汽车列车行驶路网中，还包括休息区和服务区、运输中心和用于卸货、装货、交换货物的港口等。

第二节　车辆模块化系统设计

一、车辆模块化系统组成

（一）车辆模块化组成单元

车辆模块化系统是由具有高度互换性的标准车辆单元组成的，标准车辆单元有3种具体结构类型。

1. 载荷单元

（1）第一种为7.82m短单元，包括标准车厢长度的载货汽车（运载1个7.82m固定车厢或1个7.82m交换箱体），7.45m、7.15m和20英尺标准载荷单元。

(2)第二种为13.6m长单元,包括13.6m的半挂车,40英尺标准集装箱单元,虽然45英尺集装箱的长度超出了13.6m车厢约12cm,但也作为13.6m标准单元的一种。

2. 牵引车辆

牵引车辆包括货车短单元和半挂牵引车,半挂牵引车根据其轴数和驱动形式分为4×2、6×2、6×4三种。

3. 挂车

用于模块化系统的挂车有13.6m半挂车、短单元中置轴挂车、B类半挂车以及作为补充单元的半挂牵引拖台(Dolly),其主要功能是将半挂车转变为类似全挂车的结构。全挂车组成汽车列车后横向稳定性不好,通常不作为模块化系统的组成单元。

可以看出车辆单元的装载长度是系列化的(7.82m和13.6m),每一个长度的车辆单元作为一个"模块",通过各"模块"的合理匹配组成模块化汽车列车。模块化系统组成单元如图6-7所示。图6-8为常见典型的模块化汽车列车形式,其中图6-8a)、b)、c)是欧洲普遍使用的总长25.25m模块化汽车列车,这些车型已经过大量的技术论证和试验验证,能满足运输安全和道路设施安全的要求;图6-8d)、e)、f)是总长超过25.25m的模块化汽车列车,目前相关专家正在研究和论证这些超长汽车列车上路的可行性,其或将成为未来主要发展的标准化车型。

模块化汽车列车并不是在所有道路上都能运行,道路等级分类在某种程度上是模块化概念一部分,如瑞典和芬兰将道路分为3个等级,如图6-9所示。一级公路允许模块化汽车列车、单挂汽车列车和载货汽车运行,二级公路允许单挂汽车列车和其他普通汽车运行,三级公路只允许载货汽车运行。道路等级分类的目的是允许模块化汽车列车在道路条件较好的公路运行,在进入二级公路前,模块化汽车列车可以很容易地分解成较短的传统组合,提高运输效率。同时铁路和航道也应纳入道路分类系统。

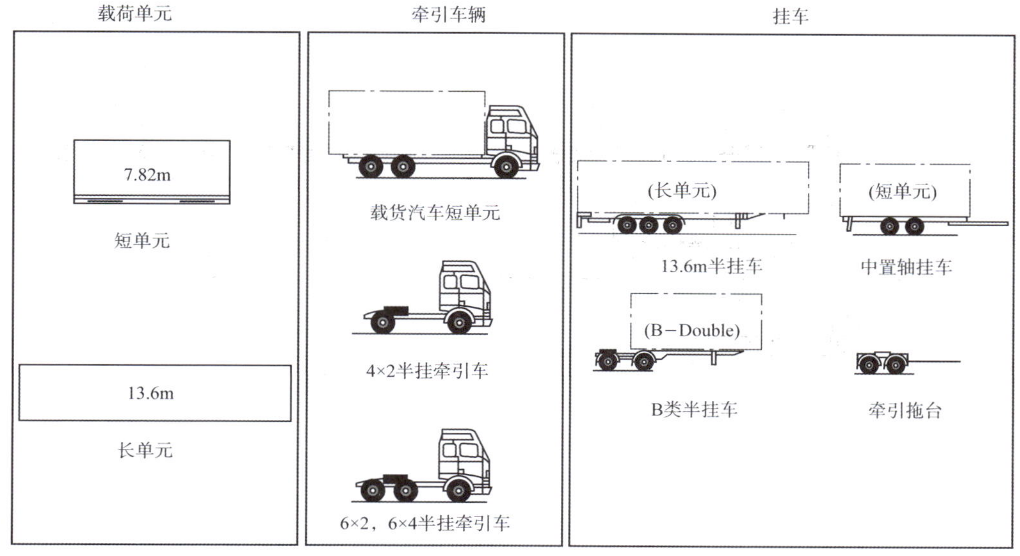

图6-7　模块化系统组成单元

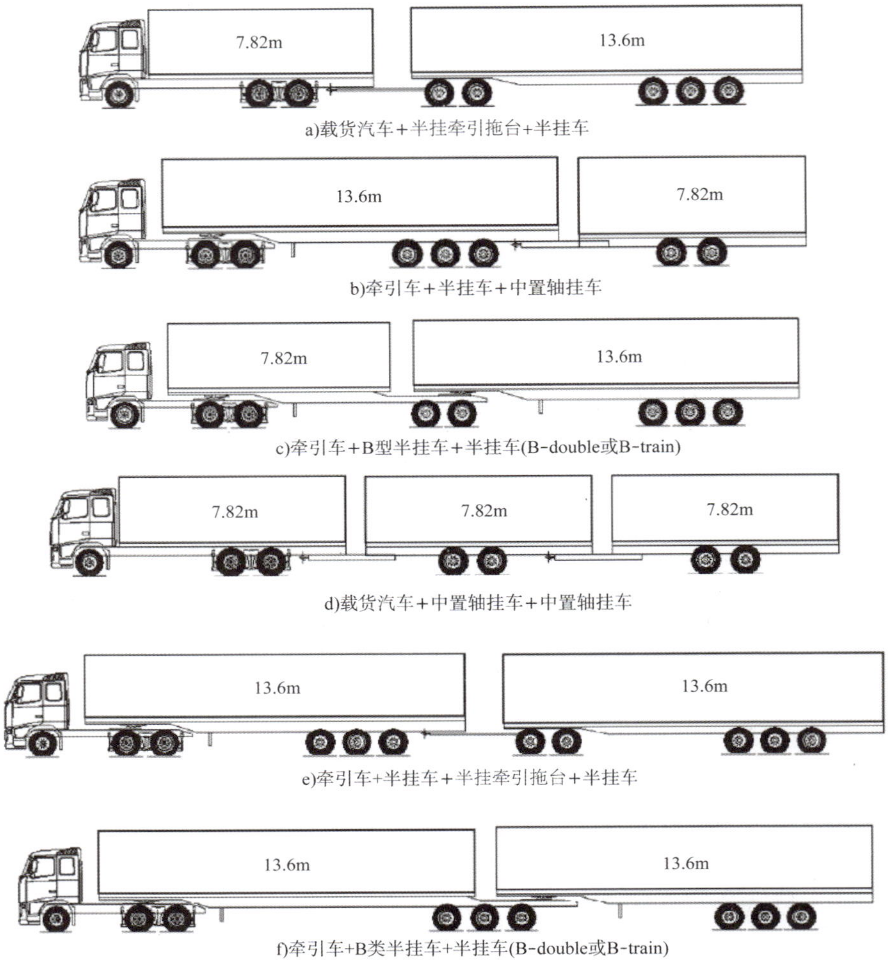
7.82m
13.6m
a)载货汽车+半挂牵引拖台+半挂车
13.6m
7.82m
b)牵引车+半挂车+中置轴挂车
7.82m
13.6m
c)牵引车+B型半挂车+半挂车(B-double或B-train)
7.82m
7.82m
7.82m
d)载货汽车+中置轴挂车+中置轴挂车
13.6m
13.6m
e)牵引车+半挂车+半挂牵引拖台+半挂车
13.6m
13.6m
f)牵引车+B类半挂车+半挂车(B-double或B-train)

图 6-8 常见的几种模块化运输汽车列车形式

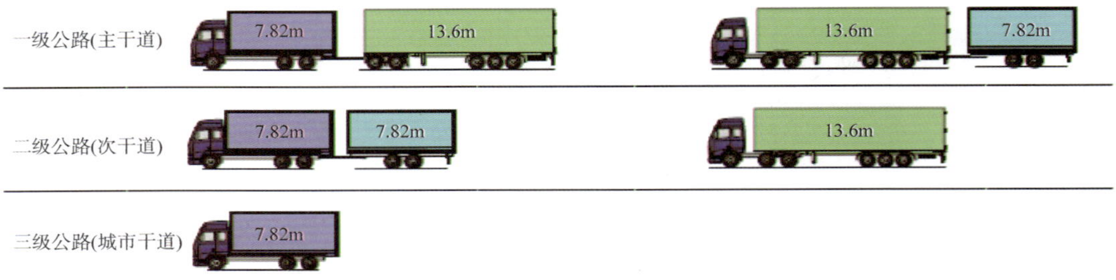
一级公路(主干道)
7.82m
13.6m
13.6m
7.82m
二级公路(次干道)
7.82m
7.82m
13.6m
三级公路(城市干道)
7.82m

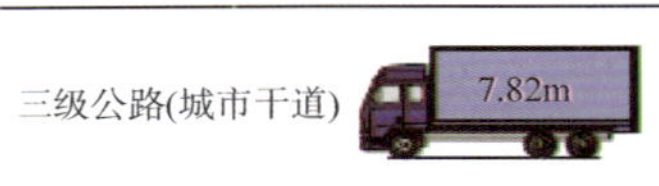

图 6-9 瑞典和芬兰的等级道路

(二)组成模块化汽车列车的关键部件

1. 半挂牵引拖台

半挂牵引拖台由牵引杆、拖台架、行走系统、悬架、牵引座及相关电系统、气系统等组成，用于承载被牵引的半挂车所传递的载荷，是组成汽车列车的专用装置。半挂牵引拖台在促进汽车列车从简单的一拖一挂模式向双挂甚至多挂汽车列车模式发展中起到了巨大的推动作用。

1）半挂牵引拖台的分类

（1）半挂牵引拖台按轴数可分为两种，即单轴式和双轴式。由于不同国家和地区对车辆轴荷限值规定不一样，因此半挂牵引拖台轴数的选择要综合考虑车辆轴荷限值的标准要求和载荷分配因素[6]。

（2）根据半挂牵引拖台与前车的连接方式，半挂牵引拖台牵引杆的结构形式分为A型与C型，如图6-10所示，其区别在于与前车牵引连接点的数量要求上。

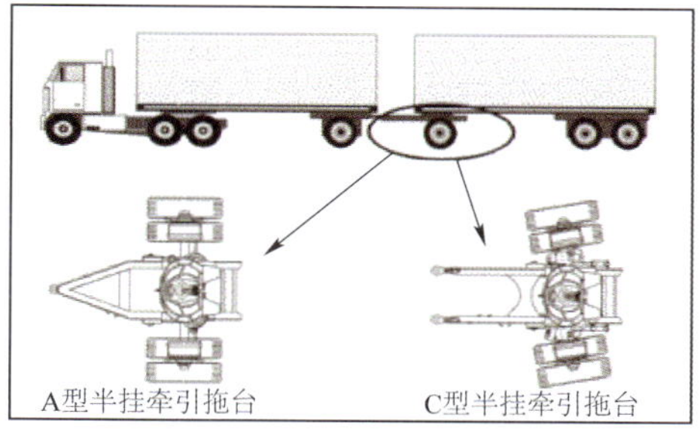

图6-10　A型半挂牵引拖台与C型半挂牵引拖台

A型牵引杆只带有1个牵引挂环，而C型牵引杆则带有2个挂环，其分别对应A型半挂牵引拖台与C型半挂牵引拖台。A型半挂牵引拖台具有结构强度好、转向灵活的优点，在欧洲、美国、澳大利亚广泛应用。C型半挂牵引拖台因与前车有两个连接点，具有连接稳定性好的优点，但转向灵活性不足，降低了汽车列车的机动性，低速转弯时半挂牵引拖台的轮胎更容易磨损。因此，在设计C型半挂牵引拖台时，采用带有自转向机构的行走系统，能够提高其转向灵活性。C型半挂牵引拖台主要在加拿大应用。

2）半挂牵引拖台的结构

半挂牵引拖台的主要结构包括牵引杆、牵引环、安全挂钩、拖架、牵引座、行走机构、电气路系统、制动系统等，如图6-11所示。

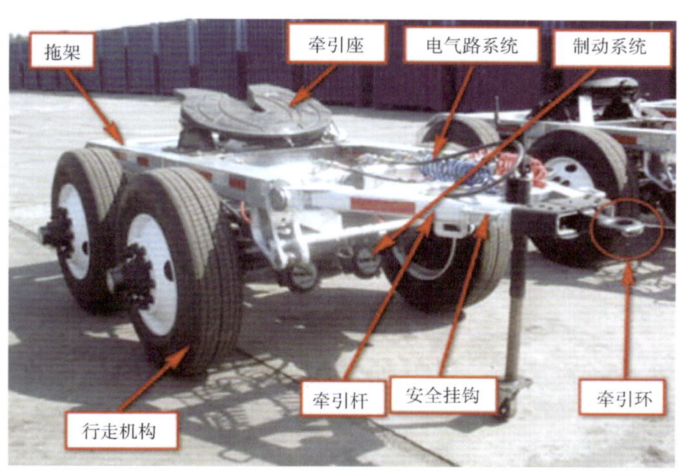

图6-11　半挂牵引拖台的主要结构

（1）牵引杆、牵引环是牵引拖台与挂车连接的过渡结构。对A型半挂牵引拖台而言，牵引杆既可以设计成刚性连接，通过与拖架焊接或者螺栓连接形成一个刚性整体，也可以设计成铰接连接结构，从而实现在水平面内一定范围的相对摆动，以提高半挂牵引拖台的转向灵活性。对于C型半挂牵引拖台，牵引杆多设计成刚性连接，以提高连接的稳定性[6]。

(2)牵引环的主要作用是通过与挂车或载货汽车尾部的挂钩连接。由于牵引环是主要的连接零件,在行车途中受到较大的纵向作用力,因此其强度必须满足相关标准要求,各地区的标准都对其有明确的要求。目前在北美、澳洲和欧洲都已形成标准件和通用件[6]。

(3)安全挂钩与前车尾部连接时,还将安全挂钩旁边的安全链与前车的连接座相连接,一般A型半挂牵引拖台设计有2个安全挂钩(安全链),C型半挂牵引拖台设计有1条安全链,确保连接的安全可靠[6]。

(4)拖架作为半挂牵引拖台的主要承载结构,其上面与牵引座连接,下方与悬架、车轴连接,前端与牵引杆连接,电路与气路的管线也固定在拖架内部,拖架通过牵引座承受半挂车转移过来的垂直载荷,同时通过牵引杆承受水平载荷。因此,拖架是半挂牵引拖台的主要承载结构,在进行结构设计时要充分考虑轴数、载荷的法规要求[6]。

(5)牵引座的主要功能是连接后面的半挂车,后面的半挂车通过半挂牵引拖台上的牵引座与前面的挂车或载货汽车连接后形成多挂汽车列车。牵引座的型号需与后面的半挂车的牵引销型号相匹配。目前半挂车常用的牵引销有两种型号,即50号和90号,因此半挂牵引拖台常用与这两种牵引销匹配的牵引座,牵引座的上表面离地高度与半挂车的牵引板离地高度相匹配,牵引座在半挂牵引拖台的纵向安装位置需要保证半挂牵引拖台的轴荷分配满足车辆轴荷标准要求[6]。

(6)行走机构包括车轴、悬架、轮胎、轮辋等。车轴可选用普通的随动转向轴,也可以根据实际需要选配主动转向轴。一般而言,C型半挂牵引拖台的车轴至少有1根车轴为主动转向轴。悬架根据不同的路况和运输货物选配机械悬架或者空气悬架[6]。

(7)电气路系统较为特别。一方面,半挂牵引拖台需要有自身的电气路系统,供给自身的制动系统和灯具,另一方面,由于其具有拖挂半挂车的连接功能,需要为后接半挂车提供电源和气源,因此,半挂牵引拖台的电气路除了匹配常规的电气管路和接口之外,还需要为后接半挂车提供电气路接口。

(8)制动系统主要用于对半挂牵引拖台本身行走机构的制动,目前一般都配置ABS。

从上面所述的各部件结构和功能可以看出,半挂牵引拖台本身并不具备车辆的一般属性,即本身并不能实现运载货物的功能。其主要作用是实现挂车(或载货汽车)与挂车之间的连接,从而组成双挂甚至多挂汽车列车,达到提升物流运输效率的目的。同时,在行驶途中汽车列车需要转向时,半挂牵引拖台的转向功能可以引导后接半挂车顺利转向,从而保证实现整个汽车列车的顺利转向[6]。

3)半挂牵引拖台的应用

半挂牵引拖台在发达国家与地区使用广泛,如北美地区、欧洲和澳大利亚等,其技术发展已经十分成熟。在美国,半挂牵引拖台牵引杆的结构形式分为A型与C型,A型半挂牵引拖台在美国绝大部分地区适用,而C型半挂牵引拖台则只在美国为数不多的几个州适用。

加拿大仅允许C型半挂牵引拖台上路行驶。加拿大机动车辆安全管理局在1992年颁布的903号文件对C型半挂牵引拖台的试验与检测方法提出了明确要求。

欧洲地区对半挂牵引拖台的结构形式、轴数等并未出台专门技术文件进行规定。通常情况下,欧盟统一指令94/20/EC中对不同车辆匹配连接件的尺寸和强度进行了规定,半挂牵引拖台的电气路系统、制动系统等,则需要满足欧盟统一指令对于车辆的一般性要求。另外,欧盟法规规定半挂牵引拖台需要有单独的尾灯和牌照。

在澳大利亚一般使用两轴或三轴 A 型牵引拖台,C 型牵引拖台在澳大利亚禁止上路,主要原因是其不满足澳洲现行标准中的挂车、全挂车上的铰接点连接设计。

2. 交换箱体

交换箱体是适用于公路和铁路运输的一种标准货运集装箱,是模块化系统中重要的标准装载单元之一,常用于欧洲内陆运输,其设计目的是箱体可以容易地从一辆车的底盘移到另一辆车的底盘上。采用交换箱体进行运输作为甩挂运输的一种具体形式,可降低空车质量,节省制造材料,并降低燃料成本,有效地提高车辆的使用效率,促进货物运输的标准化。

交换箱体作为一种准集装箱,底部常有国际标准角件,顶部结构是可选的,箱体尺寸通常与欧洲范围内集装箱一致,长度为 7.15m、7.45m、7.82m 和 13.6m,大多数宽度为 2.5m 或 2.55m,以适应欧洲托盘宽度。交换箱体固定或者安装在承载系列 1 国际标准集装箱的车辆上,其安装装置符合 ISO 668 和 ISO 1161 的规定。大部分交换箱体在箱体下配有 4 个向上折叠的支腿,在不使用起重机或吊机的情况下,可以从一个拖架到另一个拖架之间改变或"交换"箱体,或在目的地支承交换箱体。图 6-12 所示为欧洲常见的交换箱体,图 6-13 所示为交换箱体支腿。

图 6-12 欧洲常见的交换箱体

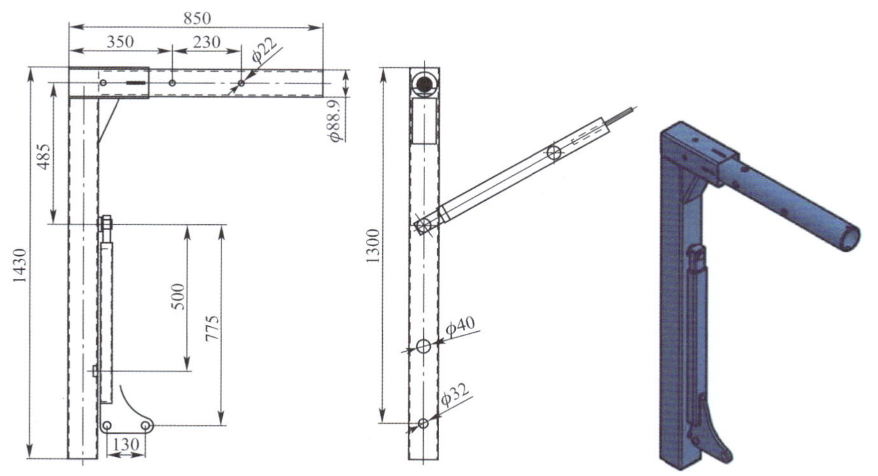

图 6-13 交换箱体支腿(单位:mm)

欧洲标准化委员会(CEN)制定了交换箱体的相关技术标准。交换箱体与国际标准集装箱一样需要进行非破坏性试验,以确保运输安全,常有的试验包括:交换箱体底板结构承受垂直动载荷的能力试验、侧底孔承受举升载荷的能力试验、夹钳臂位承受举升载荷的能力试验、承受叉车举升载荷的能力试验、基础结构承受纵向载荷(静态和动态)的能力试验、端墙的强度试验、侧墙的强度试验、底板强度试验、侧帘式交换箱体的淋雨试验、支腿支承时的交换箱体稳定性试验以及支腿垂直载荷变形试验等。

1)交换箱体的分类

(1)交换箱体按配备国际标准集装箱底部角件的不同,可分为A级、B级、C级,分别配备依据1A(40英尺)、1B(30英尺)和1C(20英尺)国际标准集装箱规范的角件。

①A级交换箱体的长度为12.50m或13.60m,最大总质量为34t(EN 452标准)。

②B级交换箱体的长度为9.125m。

③C级交换箱体的长度为7.15m、7.45m或7.82m,最大总质量为16t(EN 284标准)。

图6-14 端壁开门的厢式交换箱体

(2)按照箱体结构形式的不同,交换箱体可分为厢式、侧帘式和罐式。

厢式交换箱体是封闭式箱体结构,具有刚性顶面、侧墙、端墙、底板,至少一个端壁或侧墙配有箱门。该类型箱体可以有多种基本设计,如单侧设置单个或多个卷门或对开门,端面设卷门或对开门,如图6-14所示。由于其能防雨、防盗,且适合运输的货物类型多,因此该类型的交换箱体在欧洲应用最普遍。

2)厢式交换箱体与国际标准集装箱的异同

相同之处如下:

(1)结构都是刚性,封闭式的。

(2)都具有相同尺寸的底部角件结构。

(3)都需按照标准进行非破坏性测试,以保证其安全。

不同之处如下:

(1)国际标准集装箱具有堆垛性,一般可堆4~6层,部分甚至可堆8层,而厢式交换箱体一般不具备堆垛性,可堆垛箱体一般只能堆2~3层。

(2)适用范围不同。交换箱体不适用于海运,只适用于内陆道路或铁路运输。而国际标准集装箱通常用于海运,也可以在内陆道路或铁路上运输。

(3)交换箱体具有4个可以向上折叠的支腿,而国际标准集装箱并不具有。

图6-15 侧帘式交换箱体

侧帘式交换箱体的设计与标准的侧帘半挂车相似,其封闭框架由刚性顶部、端墙和底板以及可折叠的侧墙或可移动的帆布组成,如图6-15所示。侧帘式交换箱体由于侧墙是帆布或者塑料材料做成的,质量较轻,有效装载能力强,经济性好,但由于侧墙材料容易被刮破、火烧,存在货物被盗的危险。

CEN标准定义大多数交换箱体的长度为7.15m、7.45m、7.82m和13.6m,用于罐式交换箱体的CEN标准EN 1432包括4种其他长度,即6.058m(20英尺)、7.15m、9.125m(30英尺)和12.192m(40英尺)。但大部分罐式交换箱体长度为7.15m,宽度为2.5m和2.55m,高度为2.670m(EN 1432)和2.591m,容积一般为30000~36000L,约占市场份额的80%。

罐式交换箱体的设计比国际标准罐车简单，但是最重要的区别在于它们的操作方式和堆叠能力。大部分罐式交换箱体是可堆叠的，具有顶部和侧面举升能力，如图6-16所示，小部分是不可堆叠的，如图6-17所示。

图6-16　可堆叠罐式交换箱体

图6-17　不可堆叠罐式交换箱体

3. B类半挂车

B类半挂车与普通半挂车的最大区别是在其尾部安装固定的牵引座，牵引座可与第二辆普通半挂车的牵引销连接，最后形成B-double（或者B-Train）的双挂汽车列车，如图6-18所示。由B类半挂车组成的B-double相对于其他双挂汽车列车具有更好的横向稳定性，因此B类半挂车广泛应用在澳大利亚、巴西、加拿大、美国、丹麦、芬兰和瑞典。

图6-18　B类半挂车

B类半挂车因需安装牵引座拖挂其他半挂车，车架需要相对于车厢（或其他装载区域）后探出一定长度，用B类半挂车运输集装箱（或者交换箱体），无法满足从半挂车后端装卸货物的需要。因此，该类半挂车往往采用带有滑动副车架的结构，主要是将悬架、车轴等行走机构安装在副车架上，副车架可以相对主车架前后滑动。通过调整半挂车副车架前后位置实现调整半挂车轴荷的目的，并可将行走机构完全置于车厢底下，便于在半挂车后端装卸货物，其运输和装卸状态如图6-19所示。滑动副车架的关键技术包括副车架的结构设计、与副车架相连接的滑动梁的设计，以及副车架位置调整后的车架锁止结构设计。

并非所有B类半挂车都采用滑动副车架技术，对于运输重载货物（如矿石、木材、钢材等）的B类半挂车，其车轴相对于牵引销的位置是固定的，一方面可节约成本，另一方面能够提高车架的可靠性。

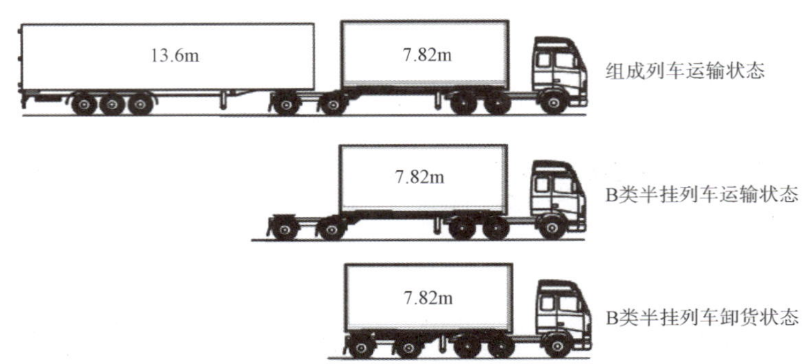

图 6-19　B 类半挂车运输和装卸方式示意图

4. 集装单元器具

集装单元器具是承载物品的一种载体，可把各种物品组成一个便于储运的基础单元。物流集装化是用集装单元器具或采用捆扎方法，把物品组成集装单元的物流作业方式。集装化的目的是为便于实现机械化、自动化装卸搬运作业，提高装卸搬运效率。

通过集装化形成单元货物具有以下优点：

(1)有利于开展多式联运，简化运输手续，加快载运工具周转，降低运输费用。

(2)便于实现装卸搬运作业的机械化和自动化，提高装卸搬运效率，节省劳动力，减轻劳动强度。

(3)节约包装材料，减少包装操作程序，降低包装费用。集装单元起到了外包装的作用，保护了产品，减少了破损，同时还能防止产品被盗和丢失。

(4)便于堆码，提高仓库和货场的储存能力，有些单元货物可以露天堆放，从而可节省仓库容积，减少仓储费用。

(5)污秽货物集装后，减轻或完全避免了对运输工具和作业场所的污染，改善了物流运输环境。

集装单元器具可以归纳成 4 类，即集装箱、托盘、集装袋及其他集装单元器具。

1)集装箱

《集装箱术语》(GB/T 1992—2006)对集装箱定义为："一种供货物运输的设备，应满足以下条件[7]：

(1)具有足够的强度和刚度，可长期反复使用。

(2)适于一种或多种运输方式载运，在途中转运时，箱内货物不需换装。

(3)具有快速装卸和搬运的装置，特别是从一种运输方式转移到另一种运输方式。

(4)便于货物的装满和卸空。

(5)具有 $1m^3$ 及其以上的容积。

(6)是一种按照确保安全的要求进行设计，并具有防御无关人员轻易进入的货运工作"。

根据《集装箱术语》(GB/T 1992—2006)，集装箱按运输方式、货物种类和箱体结构分为不同的类型，如图 6-20 所示。

集装箱标准按标准化程度分为国际标准、国家标准、地区标准和公司标准 4 种。集装箱标准化，不仅能提高集装箱作为共同运输单元在海、陆、空运输中的通用性和互换性，而且能够提高集装箱运输的安全性和经济性,促进国际集装箱多式联运的发展。

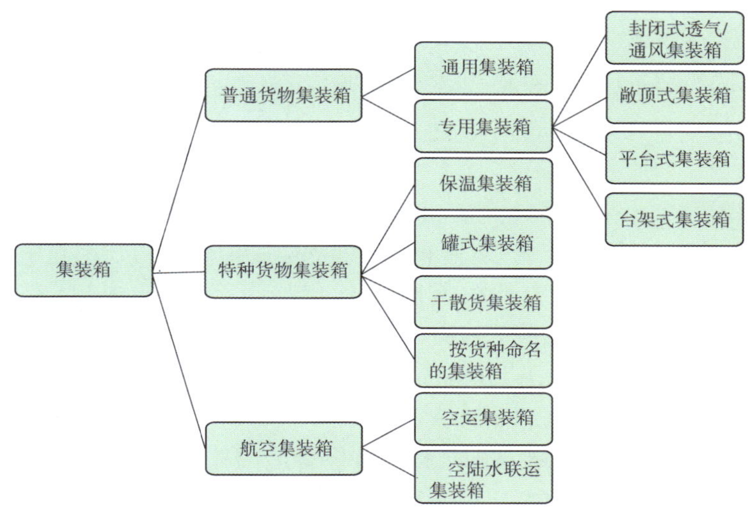

图 6-20　集装箱分类

为了便于集装箱在国际上的流通,ISO/TC104(国际标准化组织/集装箱技术委员会)规定了 3 个系列的国际标准集装箱,目前最通用的是系列 1。系列 1 各种型号集装箱的宽度均为 2438mm(8 英尺),根据集装箱的外部长度和高度将系列 1 集装箱型号划分成 15 种型号,见表 6-3。

系列 1 集装箱的型号　　表 6-3

集装箱型号	长度(mm)	宽度(mm)	高度(mm)	额定总质量(kg)
1EEE	13716	2438	2896	30480
1EE			2591	
1AAA	12192	2438	2896	30480
1AA			2591	
1A			2438	
1AX			<2438	
1BBB	9125	2438	2896	30480
1BB			2591	
1B			2438	
1BX			<2438	
1CC	6058	2438	2591	30480
1C			2438	
1CX			<2438	
1D	2991	2438	2438	10160
1DX			<2438	

2)托盘

托盘是一种重要的集装单元器具,是在物流领域中适应装卸机械化而发展起来的一种常用集装单元器具。托盘总是与叉车同步发展的,叉车与托盘的共同使用,形成的装卸搬运系统,大大地促进了装卸活动的发展,使装卸机械化水平大幅度提高。托盘以其简单、方便,在集装箱领域中颇受青睐。托盘的不足之处是保护性比集装箱差、露天存放困难、需要有仓库等配套设施。

托盘虽然只是一个小小的器具,但由于托盘具有重要的衔接功能、广范围的应用性和举足轻重的连带性,在装卸搬运、保管、运输和包装等各个物流环节的效率化中,都处于中心位置,所以,托盘的规格尺寸,是包装尺寸、车厢尺寸、集装单元尺寸的核心。目前我国《联运通用平托盘　主要尺寸及公差》(GB/T 2934—2007)规定了两种规格型号的平托盘,尺寸分别为 1200mm × 1000mm 和 1100mm × 1100mm。

在选择托盘尺寸时应该考虑以下因素[8]:

(1)要考虑运输工具和运输装备的规格尺寸。合适的托盘尺寸应该符合运输工具的尺寸,可以充分利用运输工具的空间,提高装载率,降低运输费用,尤其要考虑海运集装箱和运输商用车的箱体内尺寸。

(2)要考虑托盘装载货物的包装规格。根据托盘装载货物的包装规格选择合适的托盘,尽量最大限度地利用托盘的表面积,控制所载货物的重心高度。托盘承载货物的合理指标为:达到托盘 80% 的表面积利用率,所载货物的重心高度不应超过托盘宽度的 2/3。

(3)要考虑托盘尺寸的通用性。应该尽可能地选用国际标准的托盘规格,便于托盘的交换和使用。ISO 标准《洲际物料输送用平托盘　主要尺寸和公差》(ISO 6780:2003)中规定了 6 种尺寸规格,包括 1200mm × 1000mm、1200mm × 800mm、1219mm × 1016mm、1140mm × 1140mm、1100mm × 1100mm 和 1067mm × 1067mm。

(4)要考虑托盘尺寸的使用区域。装载货物的托盘流向直接影响托盘尺寸的选择。通常发往欧洲的货物要选择 1200mm × 1000mm 托盘或 1200mm × 800mm 托盘;发往日本、韩国的货物要选择 1100mm × 1100mm 托盘;发往大洋洲的货物要选择 1140mm × 1140mm 或 1067mm × 1067mm 的托盘;发往美国的货物要选择 48 英寸 × 40 英寸的托盘。

根据货物的类型、托盘所载货物的质量和托盘的尺寸,合理确定货物在托盘上的码放方式。对于托盘货物的码放有如下要求[9]:

①木质、纸质和金属容器等硬质体货物单层或多层交错码放,拉伸或收缩膜包装。

②纸质或纤维质类货物单层货多层码放,用捆扎带十字封合。

③密封的金属容器等圆柱体货物单层或多层码放,木质货盖加固。

④需进行防潮、防水等防护的纸制品、纺织品货物单层或多层交错码放,拉伸或收缩膜包装货增加角支撑,货物盖隔板等加固结构。

⑤易碎类货物单程或多层码放,增加木质支撑隔板结构。

⑥金属瓶类圆柱体容器或货物单层垂直码放,增加货框及板条加固结构。

⑦袋类货物多层交错压实码放。

3)集装袋

集装袋是一种以柔性材料制成的可折叠的袋式集装单元器具,如图 6-21 所示。集装袋是海运、铁路及公路运输中常见的运输包装，图6-22为集装袋吊装作业情景。集装袋特别适合于装载散装水泥、粮食、化工原料、饲料、淀粉、矿物等粉、粒状物体，甚至于电石之类的危险品。目前，集装袋产品正处于发展的上升阶段，特别是1t装、托盘形式（1只托盘装1个或装4个集装袋）的集装袋，更加受市场欢迎，发展前景广阔。

图6-21　集装袋

图6-22　集装袋吊装

集装袋设计要严格执行《集装袋》（GB/T 10454—2000），集装袋作为出口包装，要保证出口货物在装卸、运输和保管过程中有效地保护装载物品，安全完好地将货物运至目的地。因此，集装袋设计必须满足4大要点，即安全性、保管性、使用性、密封性[10]。

（1）安全性。主要指集装袋的强度。在设计时要考虑包装容积、盛载物质量和包装单位个数，还要考虑运输距离和搬运次数，采用何种运输工具和运输方法。《集装袋》（GB/T 10454—2000）中规定了集装袋基布和吊带技术指标要求，从安全角度出发，明确了集装袋结构全部为底吊结构，安全系数必须达到1.6。

（2）保管性。应根据用户的使用条件，合理的选用材料，合理的配比。塑料制品在阳光暴晒下的抗老化能力是目前比较关注的问题，也是集装袋在实际使用过程中经常遇到的问题。在生产过程中注意抗紫剂的使用以及材料的选择。

（3）使用性。在设计集装袋时，要充分考虑客户使用集装袋的具体方式和方法，如提吊、运输方式、装载物料性能等。另外还要考虑是否为食品包装，要考虑对所包食品无毒、无害。

（4）密封性。包装物料不同，密封要求不同。如粉料或有毒物品、怕受污染的物品对密封性能要求非常严格，容易受潮或霉变的物料对气密性也有特殊的要求。所以在设计集装袋时，注意考虑基布覆膜工艺和缝制工艺对密封性的影响。

4）其他集装单元器具

为了利用车辆运输车在返程运输时的装载能力，减少燃料消耗，某企业开发了名为Autobox的可拆卸式集装单元器具，其广泛用于运输家电、仪器仪表、食品等小型散装货物。用Autobox进行货运运输可节省包装费用，降低运输成本，加速物资周转，实现"门对门"运输，还能充分利用车辆装载空间，提高运输效率。图6-23所示为Autobox在车辆运输车上的装载状态。

Autobox是一种灵活的、可堆叠的、可折叠的、可滑动的多式联运小型集装单元器具。其空载质量小于250kg，最大满载质量为1200kg，装载容积为3.25m^3。底部架构的4个方向都具有供叉车叉入的叉孔，底部架构还具有可滑动的装置。底部架构通过连锁装置与4个侧板连接,空载时,侧板可按顺序折叠,如图 6-24 所示。4 个折叠状态的 Autobox 大小相当于一个装载状态的 Autobox,如图 6-25 所示。Autobox 顶部具有 4 个角吊点,便于货物的整体吊运。Autobox 还具有可堆叠性,在静态下可堆叠 3 层,动态下可堆叠 2 层,如图 6-26 所示。此外,Autobox 还具有良好的防水性能,面板材料易于清洗。

图 6-23 Autobox 在车辆运输车的装载状态

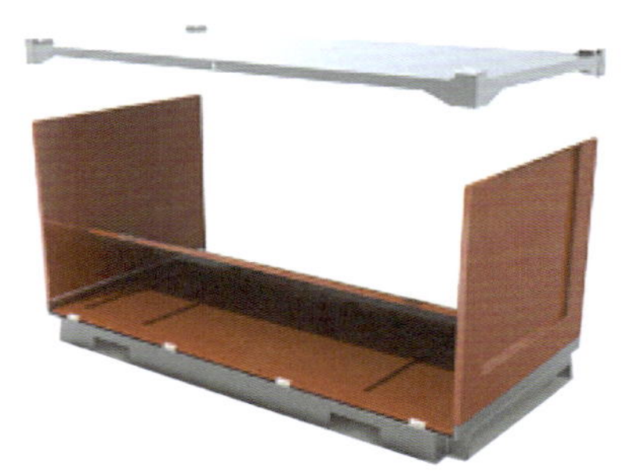

图 6-24 美国可转换挂车制造公司开发的 Autobox

图 6-25 Autobox 折叠时的状态

某企业开展了“城际城市配送标准箱物流平台项目”研究。该项目采用定点定线的班期化运作,调度具有自动装卸标准箱功能的城市物流配送车辆到客户指定地点接货,并做好安全封箱后,进入城际配送标准箱场站,装载到干线运输车辆上向目的地城市出发。运输途中,可在中转场站进行甩箱或甩挂作业。到达目的地场站,进行整车甩挂,或将标准箱装载至城市配送车辆上,进行市区的终端配送。利用标准箱运输能实行甩箱或者甩挂作业,达到快速装卸、快速理箱、快速分拣,大大提高物流效率。图 6-27 所示为干线运输上的标准箱。

图 6-26 Autobox 堆叠时的状态

图 6-27 “城际城市配送标准箱”运输

项目借鉴国际标准集装箱的设计理念，结合我国城市物流配送的实际情况，研发了标准箱，该箱适合运输的货物包括新鲜蔬果、家电、仪器仪表、小型机械、工艺品、日用品等散货。目前，标准箱的箱体结构与国际标准集装箱相似，都具有底架、门端、顶端、侧壁和前端结构，在箱体的每个角部都具有角件与相对应的角柱，在箱底具有供叉车进行搬运的叉槽，在强度方面的要求与系列1集装箱一致。该箱体具有4个规格型号，具体见表6-4和图6-28。4种箱体的外宽尺寸与系列1集装箱的相同，但外高和外长与系列1集装箱不相同，因此运输该箱体的车辆必须在底盘结构上安装与箱体长度相应的锁紧装置。

"城际城市配送标准箱"的规格型号　　表6-4

型　号	外尺寸(mm)	内尺寸(mm)	容积(m^3)	净重(kg)	载重(kg)
小箱	2050×2438×1600	1976×2294×1410	6.4	480	3000
保温箱小箱	2050×2438×1600	1914×2238×1298	5.6	600	2500
中箱	2050×2438×2600	1976×2297×2406	10.9	680	5000
大箱	4170×2438×280	4026×2297×2605	24.1	1200	8000

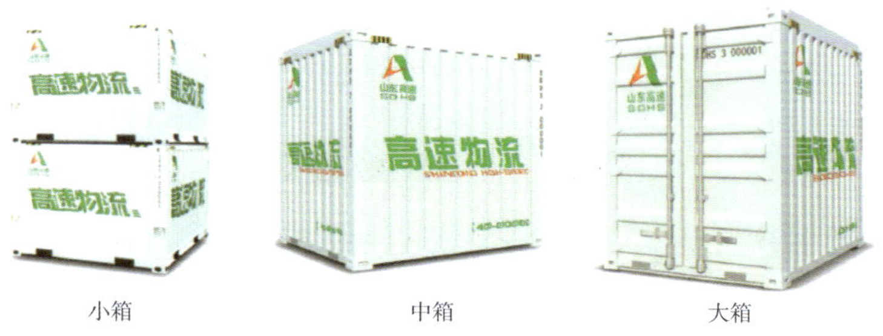

图6-28　"城际城市配送标准箱"的箱型

二、模块化汽车列车主要技术性能

(一)横向稳定性

汽车列车的横向稳定性是指汽车列车在行驶过程中，在转动转向盘后，能沿着驾驶员预定的线路行驶，或受到外界干扰时，抵御外界干扰并继续维持预定行驶线路行驶，不发生明显的侧向摆动、侧滑和侧向倾翻的能力。汽车列车的横向稳定性主要受车辆的尺寸参数(如外廓尺寸、轴距、牵引销到后轴的距离)、质量参数(如车辆质量、轴荷分配)和性能参数(轮胎侧偏刚度、悬架侧倾刚度)影响，如牵引车和挂车之间的参数不匹配，将降低汽车列车的横向稳定性，可能导致折叠、甩尾和侧翻，威胁交通安全。

目前经常使用的汽车列车稳定性的评价指标有后部放大系数、载荷转移率、横摆阻尼、挂车过冲(瞬态高速偏移量)、高速稳态偏移量等。沃尔沃公司针对9种不同结构形式的模块化汽车列车的横向稳定性进行了试验，依照ISO 14791标准利用后部放大系数评定模块化汽车列车的横向稳定性[11]。后部放大系数(Rearward Amplification，RA)是指在规定的驾驶操作过程中，随动车辆单元运动变量的峰值与第一车辆单元变量的峰值之比，其反映的是系统的稳态特性。对于多挂列车，每一个挂车都会放大前面车辆单元的侧向运动，后部放大系数越小，列车的性能越好，相反，其值越大，靠后的挂车就越容易侧翻。9 种不同结构形式的模块化汽车列车操纵稳定性试验结果[11]，如图 6-29 所示。

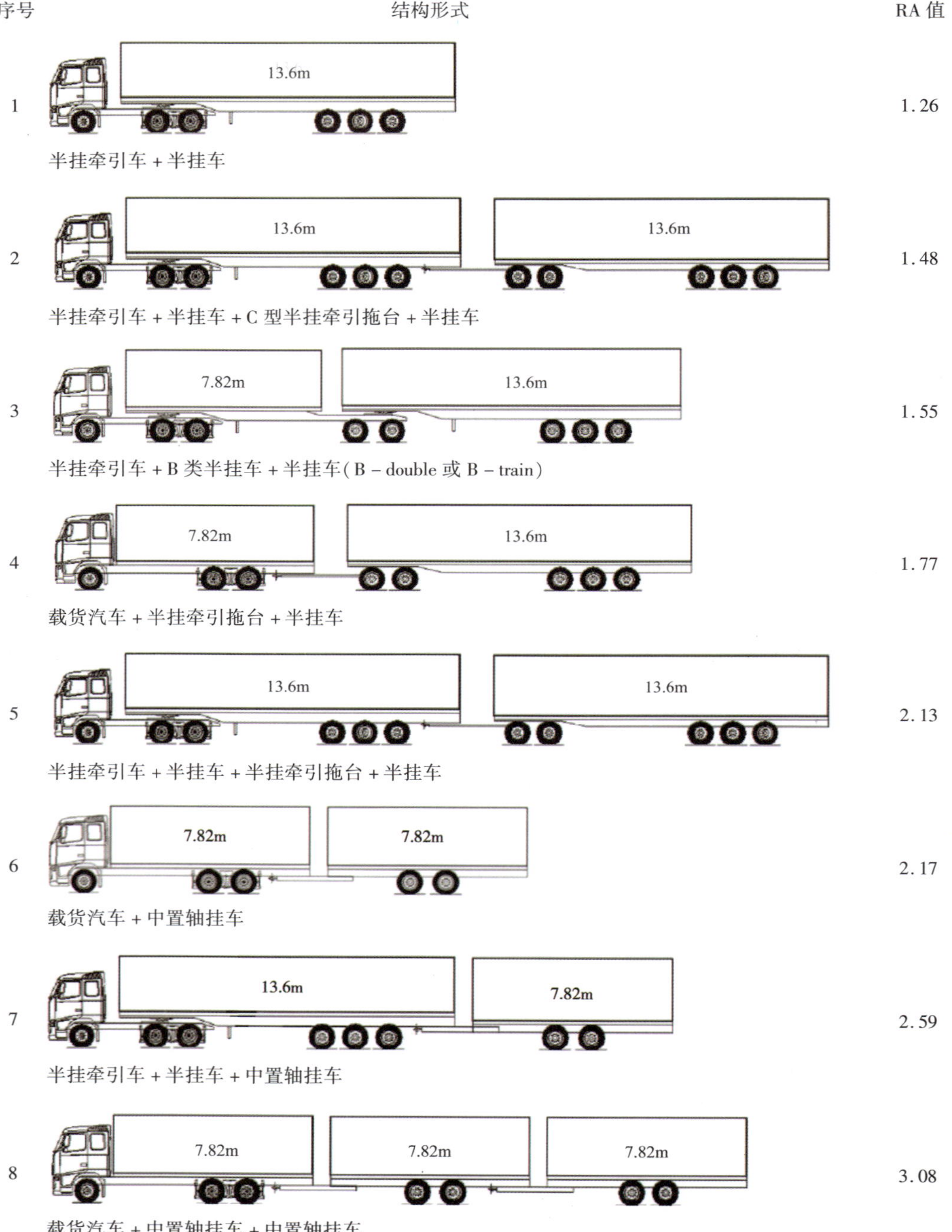

图 6-29

9	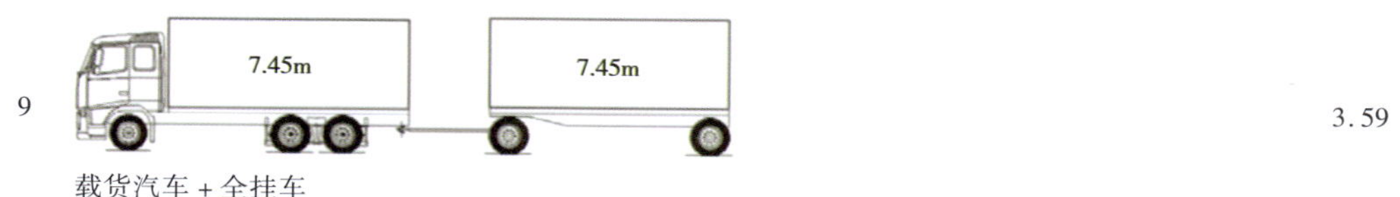 载货汽车 + 全挂车	3.59

图 6-29 不同结构形式的模块化汽车列车操纵稳定性试验结果

试验结果表明,牵引车 + 半挂车 + 半挂车的组合(序号 3)后部放大系数为 1.55,载货汽车 + 半挂牵引拖台 + 半挂车的组合(序号 4)后部放大系数为 1.77,牵引车 + 半挂车 + 中置轴挂车的组合(序号 7)后部放大系数为 2.59。该 3 种模块化汽车列车的横向稳定性相对于半挂汽车列车(序号 1)均有所降低,但并不比欧盟现运行的普通汽车列车(序号 6 和序号 9)差。

多挂汽车列车的横向稳定性受铰接点数量、牵引点位置、牵引杆长度、挂车轴距、挂车转向轴和质量分布的影响。

(1)铰接点数量。通常来说,铰接点数量越多,汽车列车的后部放大系数越大,但是汽车列车的横向稳定性受其他很多因素影响,对于不同类型的汽车列车结论可能是相反的,如载货汽车与两个中置轴挂车的组合(序号 8)比全挂汽车列车(序号 9)稳定。

(2)牵引点位置。牵引点相对于车辆后轴的距离对横向稳定性具有很大的影响,牵引点越靠近后轴,汽车列车的横向稳定性越好。

(3)牵引杆长度。牵引杆越长,汽车列车的横向稳定性越好。

(4)挂车轴距。挂车轴距越大,汽车列车的横向稳定性越好。

(5)挂车转向轴。安装挂车转向轴的主要目的是减少汽车列车的轮胎磨损和转向通道宽度,提高转向通过性,但降低了横向稳定性,因此,车轴生产企业通常设计在车速超过 40km/h 时,锁定转向轴。

(6)质量分布。载荷越靠后,汽车列车的横向稳定性越差。

(二)转向通过性

由于模块化汽车列车总长度增加,其转弯行驶时,需要比一般车辆更宽的空间,因此转向通过性有所下降。一般采用转向通道宽度衡量车辆转向通过性,转向通道宽度是指汽车或汽车列车转向所需要的空间宽度。根据 96/53/EC,所有的机动车和汽车列车必须能够在一个外半径 12.5m 和内半径 5.3m 的通道圆环内转向行驶,对应于一个宽 7.2m 的转向通道。由于瑞典和芬兰的 25.25m 长模块化汽车列车需要更大的转向通道,无法满足欧盟标准,瑞典当局制定了本国标准,要求模块化汽车列车必须能够在一个外半径 12.5m 和一个内半径 2.0m 的通道圆环内顺利转向行驶,转向通道宽度为 10.5m。

转向通道宽度除了与轴距、铰接点位置和数量以及牵引车转向角等模块化汽车列车参数和类型有关外,还与车辆的转弯类型有关。模块化汽车列车转弯类型主要有 4 类,如图 6-30 所示。

(1)第一类是在外半径较小的圆上 360°转弯,用于评价汽车列车在小转弯通道的通过能力。

(2)第二类是在外径较大的圆上 360°转弯,用于评价汽车列车在大转弯通道内的通过能力。

(3)第三类是 90°转弯,用于评价汽车列车在直角弯道的通过能力。

(4)第四种是 180°转弯,用于评价汽车列车在迂回道路上的通过能力。

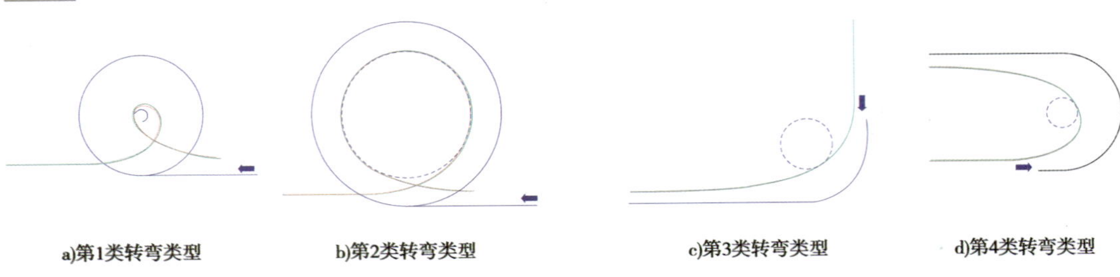

图 6-30 模块化汽车列车的 4 种转弯类型

沃尔沃公司对常用的 6 种模块化汽车列车的转向通过性进行了试验研究[11]，研究内容包括 4 种类型的通过性试验，车辆在外半径 12.5m 圆上分别进行 90°、180°、360°转弯行驶，以及在外半径 20m 圆上分别进行 90°和 360°转弯行驶，评价值为最大通道宽度，试验结果如图 6-31、图 6-32 所示。

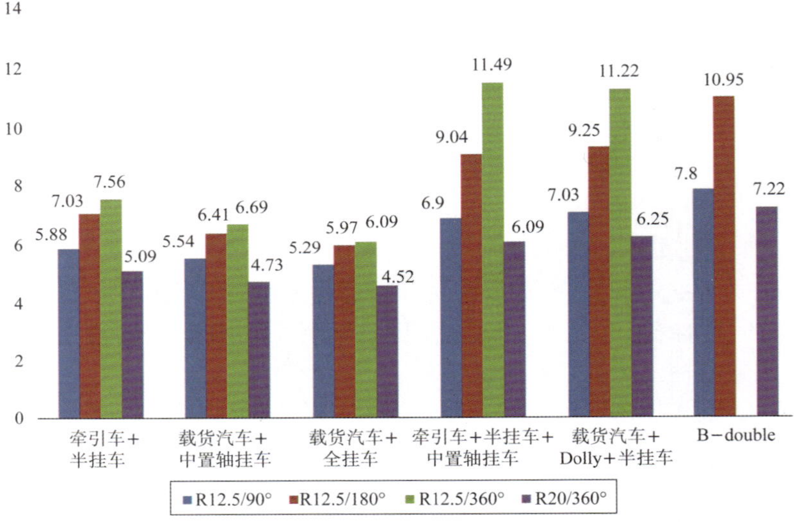

图 6-31 模块化汽车列车在 4 种类型的弯道转弯行驶时的通道宽度试验结果

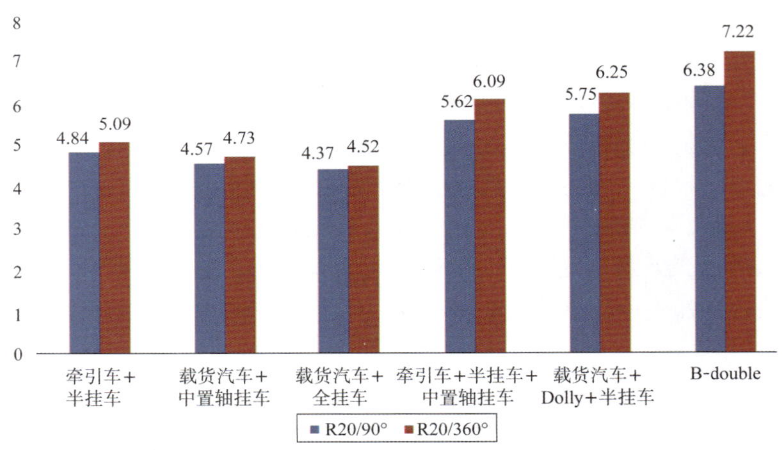

图 6-32 模块化汽车列车在 20m 转弯半径的弯道上转弯行驶时的通道宽度试验结果

由试验结果可知，当转弯半径增大时，通道宽度减小；当转弯角增大时，通道宽度随之增加。3 种单挂汽车列车中，全挂汽车列车的转弯通道最小，转向通过性最好，半挂汽车列车的转弯通道最大，转向通过性最差。3 种双挂汽车列车中，牵引车、半挂车和中置轴挂车的组合转向通过性最好，而牵引车 + B 类半挂车 + 半挂车的转向通过性最差。

（三）对公路使用寿命的影响

车辆在道路上行驶时对公路路面施加一定的动载荷，在该动载荷的作用下将引起路面结构产生压力和应变，导致道路的持久性破坏或疲劳性破坏。该动载荷随着路面的不平度、车辆的结构、载质量及悬架系统而动态变化，这一波动载荷的作用，将加剧路面的损坏，以致产生恶性循环，降低路面的使用寿命。

公路路面的破坏主要与车轴载荷和车轴数量有关，模块化汽车列车相对于普通货车车长增加，轴数增加，总质量增大。由于长度和车轴数量的增加，轴荷不变甚至降低，因此对路面的损坏程度可能减小。荷兰对总质量 50t 的普通五轴货车、五轴汽车列车、八轴汽车列车以及十轴汽车列车对道路路面的损坏程度进行了研究和对比，对比过程中假设总质量由各车轴平均分配。结果见表 6-5、表 6-6。

双挂汽车列车与普通货车对路面变形破坏的影响程度对比　　表 6-5

类　型	轴　荷 (t)	单轴轴荷对路面变形的影响程度(%) ($n=2$)	轴数对路面变形的影响程度(%)	车辆对路面变形的影响程度(%)
普通五轴货车	5×10	100	100	100
五轴汽车列车	5×10	100	100	100
八轴汽车列车	8×6.25	39	160	63
十轴汽车列车	10×5	25	200	50

双挂汽车列车与普通货车对路面疲劳损害的影响程度对比　　表 6-6

类　型	轴　荷 (t)	单轴轴荷对路面疲劳损害的影响程度(%) ($n=4$)	轴数对路面疲劳损害的影响程度(%)	车辆对路面疲劳损害的影响程度(%)
普通五轴货车	5×10	100	100	100
五轴汽车列车	5×10	100	100	100
八轴汽车列车	8×6.25	15	160	24
十轴汽车列车	10×5	6	200	12

由对比结果可知，在总质量相同的情况下，随着汽车列车轴数的增加，单轴轴荷对路面变形破坏和疲劳损害的影响程度减小，车轴数量对路面变形破坏和疲劳损害的影响程度增大。综合考虑轴荷和轴数对路面变形破坏和疲劳损害的影响程度可知，模块化汽车列车对路面总的变形破坏和疲劳损害的影响程度趋于减小。

第三节　车辆模块化推广应用策略

近年来,我国道路货运业发展迅速,基础性作用日益突出,为支撑经济社会平稳快速发展做出了巨大贡献。2006～2014 年间,我国公路货运量和货物周转量分别从 146.6 亿 t、97.5百亿 t·km 增加至 333.3 亿 t、610.2 百亿 t·km,年均增长率分别达到 10.8% 和 25.8% 左右;2014 年道路货运量和货运周转量分别占综合运输体系的 76.1% 和 33.1%。统计数据表明,公路货物运输业是我国经济发展的大动脉,这就意味着需要更为广泛地使用模块化汽车列车,以提高运输效率、降低物流成本、促进我国货运物流业转型发展。

一、运行车型及主要技术参数

2015 年 7 月,交通运输部发布文件《交通运输部关于开展超长汽车列车试点工作的批复》,同意黑龙江省龙运集团组织中置轴货车列车运行,并开展超长汽车列车运行试点工作,这意味着我国双挂汽车列车将会有组织地进行相关试点运行工作,逐步将双挂汽车列车从现有港区、矿区作业推广到公路试运行。

目前欧洲普遍使用的 3 种模块化汽车列车,如图 6-33 所示,第三种需要 B 类半挂车,但该车型暂未在我国普遍使用,相关技术要求不完善,因此建议我国采用图 6-33a)、b)所示的车型。

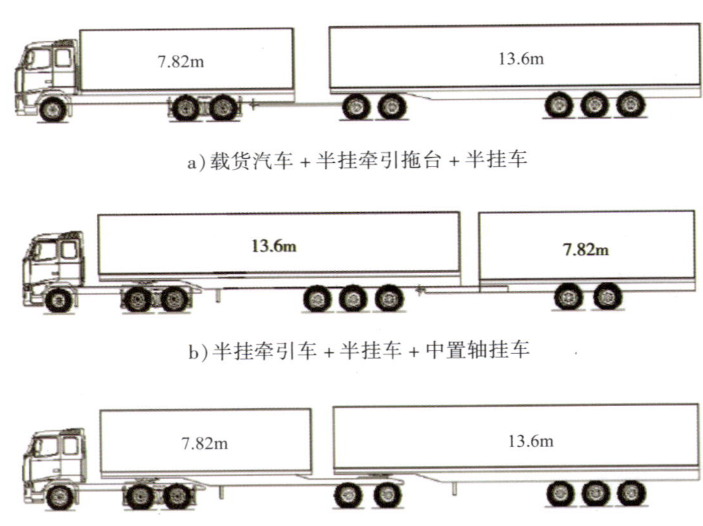

a)载货汽车 + 半挂牵引拖台 + 半挂车

b)半挂牵引车 + 半挂车 + 中置轴挂车

c)半挂牵引车 + B 类半挂车 + 半挂车(B-double 或 B-train)

图 6-33　欧洲普遍使用的 3 种双挂汽车列车

车辆尺寸方面,建议与欧洲模块化单元一致,即短单元长度为 7.82m,长单元长度为 13.6m,同时最大车辆长度为 25.25m,最大总质量为 60t。为了使模块化汽车列车在运行过程中有一定的功率储备,参考《道路甩挂运输车辆技术要求》(JT/T 886—2014)的要求,汽车列车比功率应不小于 5.50kW/t,建议使用发动机最大净功率不小于 330kW 的牵引车辆。为了保证通过性,建议模块化汽车列车能通过外径为 29m,内径为 13m 的通道圆。

同时为了提高行驶安全性,多挂汽车列车还应配备缓速器、空气悬架、防抱制动系统(ABS)、电子控制制动系统(EBS)、间距控制系统、车道偏离警告系统、间接视野装置、倒车影像、前下部保护装置、反光标志、轴荷平衡监测装置以及行车记录仪等,并且在车辆尾部要有醒目的标志标注该车为超长车,给后方车辆以警示。

二、关于道路设施的使用策略

考虑到模块化汽车列车通过性较差,为了保证运行安全和通行效率,建议允许模块化汽车列车在我国高速公路和一级公路上行驶。同时,要求试点企业在高速公路和一级公路进出口附近拥有物流园区,并且要求从高速公路进出口到物流园区的道路状况良好,保证车辆的良好运行。为了确保道路设施安全,建议修建更多的安全防护设施,如桥墩防护、下坡路段的紧急停车道等,高速公路休息区也需设立专门的多挂汽车列车停靠区,并进行相关设施改造,同时承载能力较低和跨度较大的桥梁需进行加固。

三、关于驾驶员的管理策略

模块化汽车列车总长和总质量的增加对驾驶员提出了更高的要求。驾驶员的驾驶水平和经验直接关系着模块化汽车列车的运行安全性和高效性,应加强对模块化汽车列车驾驶员的技能培训,建立考核机制,具体要求如下:

(1)驾驶员必须经过专门培训并获得资质证书,具有专门的驾驶证。

(2)驾驶员必须通过为期3天的综合理论学习和考试。

(3)驾驶员必须参加实践培训并通过实践考试,考试内容包括:考察车辆及相关条例的掌握情况、参与交通时的应变能力、节能环保的驾驶方式、车辆操作技能等。

(4)驾驶员应具有5年以上驾驶汽车列车的经验。

(5)在最初的3年里,驾驶员不能有丢失驾照或者因为不当行为或重罪被吊销驾照的情况。

四、关于车辆使用管理方面的策略

(1)建立模块化汽车列车的市场准入和退出机制。模块化汽车列车需满足车辆安全标准和道路设施标准才允许上路,并定期检查车辆的技术状况,不满足安全要求的车辆责令退出运输市场。

(2)建立模块化汽车列车运营许可机制。需设立模块化汽车列车线路审批部门,审批部门应论证并检验运行线路的道路、桥梁、涵洞等设施是否满足安全和通行要求,只有车辆技术和道路设施同时满足要求才允许上路行驶。同时建立违规的企业和地方管理部门处罚机制,维护运输市场的公平性。

(3)加强超限超载治理工作。为了保证多挂汽车列车运输安全和道路设施安全,维护运输市场的公平性,需采取更加严格的防止超限超载的措施,如在高速路入口方向设置称重仪,并推进计重收费,将超载部分的收费系数大幅提高。同时对于超载超限运输主体取消从业资格,使其退出运输市场,从而对违法运输行为起到震慑作用。

(4)健全管理部门的协同机制。欧美国家均建立了车、路、人等要素统一管理的交通运输大部门体制,便于把各类交通要素的安全技术要求进行目标统筹。模块化汽车列车的超长和超重问题,涉及车辆结构、组合形式、运输安全、道路设施和驾驶员的特殊要求等多种复杂因素,为了推动模块化系统在我国的广泛应用,不同监管部门需协同合作,统一规划和管理。

本章参考文献

[1] 倪元. 较长组合车辆,中长途公路运输的生力军(上)——较长组合车辆的定义及应用[J]. 商用汽车,2011,20:75-80.

[2] Doug Pape, Michael Arant, Wayne Brock, *et al*. U32: Vehicle Stability and Dynamics: Longer Combination Vehicles[R]. Knoxville: NTRCI University Transportation Center, 2011.

[3] Transport Canada. Road Transportation[EB/OL]. (2012-07-18)[2015-12-15]. http://www.tc.gc.ca/eng/policy/anre-menu-3021.htm.

[4] The National Heavy Vehicle Regulator's. General mass and dimension limits[EB/OL]. [2015-11-25]. https://www.nhvr.gov.au/road-access/mass-dimension-and-loading/general-mass-and-dimension-limits.

[5] 倪元. 较长组合车辆,中长途公路运输的生力军(下)——欧洲模块化较长组合车辆[J]. 商用汽车,2011,22:86-91.

[6] 宋延文,金武超. 让汽车列车越来越长——半挂牵引拖台(Dolly)简介[J]. 商用汽车,2014,18:47-51.

[7] 宋丰亮. 国标《物流术语》中几个名词术语的商榷[J]. 世界海运,2012,01:3-5.

[8] 中国托盘产品网. 托盘标准尺寸[EB/OL]. (2008-9-19)[2015-10-15]. http://www.soo56.com/news/131072008-9-19_0.htm.

[9] 托盘[EB/OL]. (2015-12-11)[2015-12-20]. http://baike.baidu.com/view/91235.htm.

[10] 于忠东. 集装袋设计应注意的几个问题[J]. 包装工程,2005,04:223-224.

[11] Ingemar Åkerman, Rikard Jonsson. European Modular System for road freight transport: experiences and possibilities[M]. Stockholm: TFK-TransportForsK AB, 2007.

第七章　甩挂运输站场优化技术

运输站场是开展甩挂运输的必要条件，相对于传统的单车运输方式，甩挂运输需要站场具备更大的停车场地，标准化的理货作业区以及完善的货物集散配送功能；需要运输装备与站场设施、设备有效衔接，如通过建设标准化的装卸月台，使得叉车、传送带等装卸机械与车辆有效衔接，从而提高装卸效率。

第一节　甩挂运输站场功能

结合甩挂运输的实际情况和发展方向，确定 4 种主要的甩挂运输类型，并根据不同类型甩挂运输的作业特点，设计甩挂运输站场功能。

一、甩挂运输类型

根据甩挂运输货运量大、货源稳定的要求，结合甩挂运输实践和发展趋势，研究确定甩挂运输有以下 4 种主要类型。

1. 零担甩挂运输

零担甩挂运输由零担货物运输发展而来，同时还包含整车货物运输中超过 3t 但不足 1 个半挂车满载要求，需要通过零担仓库重新分拣、装卸后进行运输的方式。随着货运车辆装备技术的提升，牵引车牵引动力大幅提高，半挂车的装载能力普遍达到 30t 及以上。因此，在整车运输中超过 3t 而又达不到半挂车满载要求的货物运输，其作业过程与零担运输类似，将其统一归类为零担甩挂运输。

2. 整车甩挂运输

整车甩挂运输由整车货物运输发展而来，货物质量或者体积无需通过分拣、组配就能满足 1 辆汽车列车的运输方式。目前，在生产企业与物流园区或者港口之间，较短运输距离内有部分运输企业采用客户端整车甩挂运输方式。

此外，在国内长途干线运输方面，换车不换挂整车甩挂运输处于起步阶段，以站场作为中心枢纽，统一调配线路，将整车货物通过站场进行牵引车互换，实现甩挂运输。

3. 集装箱甩挂运输

集装箱甩挂运输由公路集装箱运输发展而来，主要在我国沿海地区的港口、工厂和物流园区之间开展集装箱甩挂运输，近年来随着内陆无水港的建设，在沿海港口与内陆无水港之间也开始探索集装箱甩挂运输。

4. 多式联运甩挂运输

在货物运输方面，除了公路货物运输，其他运输方式需要通过公路来集散，因此公路与铁路、水运和航空之间的联合运输一直存在。公路、铁路、水运等每一种运输方式都有其技术经济特性，构建高效、绿色的综合运输体系可以实现各种运输方式之间的互补，有助于提高运输效率，降低物流成本。近年来，在渤海湾地区烟大航线上出现的滚装甩挂运输属于多式联运甩挂运输。

在欧美发达国家还普遍存在交换集装箱运输，也称为“高腿箱”运输，如图 7-1 所示。其运输组织形式与牵引车拖带挂车的形式相似，不同之处在于，“高腿箱”运输采用牵引车与可以用于交换的集装箱方式进行运输，交换集装箱装卸箱示意图如图 7-2 所示。与甩挂运输方式相比，“高腿箱”运输的优点在于，挂车的走行部分需要进行经常维护，而交换集装箱的维护量极少。目前，由于技术、制度等原因制约，交换集装箱运输还没有在国内普遍开展，只有个别企业在局部地区试点。如中国邮政物流自 20 世纪 90 年代末期采用非标准尺寸的交换集装箱运输，目前仅在武汉邮政集散中心使用，主要为武汉市内 3 个火车站之间的邮件交换提供甩挂运输服务，共有交换集装箱运输车 4 台，交换集装箱 5 只。

图 7-1　交换集装箱示意图

将车辆倒进“交换集装箱”支腿的空档内

在导向装置的作用下，交换集装箱与车辆底盘准确定位

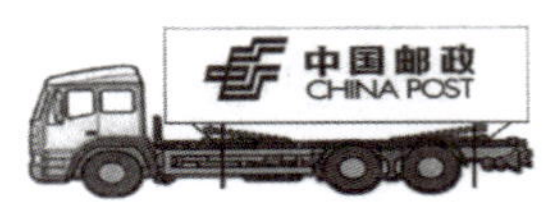

起动举升装置，举起交换集装箱

收起交换集装箱支腿

落下举升架，旋紧旋锁，使集装箱与车辆底盘连为一体

图 7-2　交换集装箱装卸箱示意图

甩挂运输作为公路货运的一种先进运输组织模式，需要运输站场的支撑和保障。根据公路货运站场规模大小以及运输企业运输经营业务的不同，有的站场可能以甩挂运输为主，有的站场甩挂运输仅是其中的一部分，因此本章所讲的甩挂运输站场是甩挂运输作业区，指为甩挂运输提供仓储、配载、装卸、理货、停车、信息服务等功能的场地。根据不同甩挂运输类型及作业特点，结合公路货运站场原有分类形式，将甩挂运输站场划分成以下几类：零担甩挂运输站场、整车甩挂运输站场、集装箱甩挂运输站场、多式联运甩挂运输站场。

二、甩挂运输站场功能

(一)基本功能

货运站场主要承担货物的转运功能,目的是为了提高运输效率,降低运输成本。根据《汽车货运站(场)级别划分和建设要求》(JT/T 402—1999),货运站主要有运输组织、中转装卸储运、中介代理、通信信息、辅助服务等五大功能。

(二)各类型甩挂运输站场功能

甩挂运输站场既需要具有货运站的一般功能,又需要满足甩挂作业的特殊要求,甩挂运输站场功能设计应结合不同甩挂运输类型的作业特点,重点确定特殊功能需求。

1. 零担甩挂运输站场

(1)作业特点。零担甩挂运输是通过企业自备集货网络(或企业间协作集货网络),通常采用城市配送车辆(或企业自送车辆)将小批次货物集结到甩挂运输站的零担作业仓库。通过卸货、分拣作业后,一般按货物送达目的地,将同一目的地货物装在同一辆挂车上,同牵引车组合成为汽车列车(上挂作业),然后运往目的地。运抵目的地后挂车与牵引车分离(摘挂作业),将挂车装载货物卸到零担作业仓库,最后通过配送车辆将货物配送到客户,反之作业过程亦然,如图7-3所示。

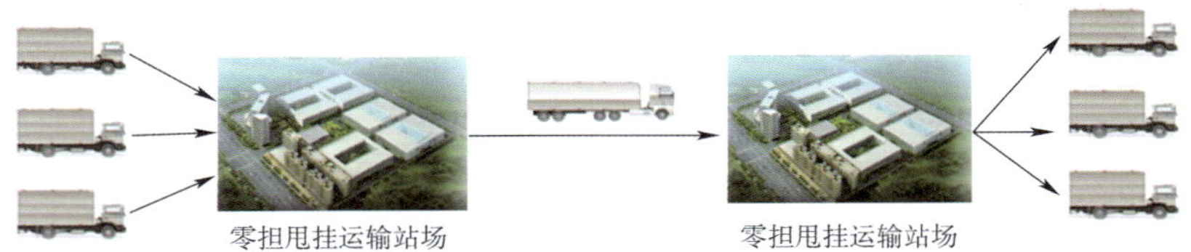

图7-3　零担甩挂运输作业示意图

(2)功能设计。根据零担甩挂运输作业特点,零担甩挂运输站场除具备公路货运站场一般功能外,应重点具备以下几方面的功能:

①装卸作业功能,零担甩挂运输需要在站场内将货物从配送车辆换装到挂车。

②分拣作业功能,零担甩挂运输需要在站场内按方向理货。

③牵引车、挂车中转停放功能。对于已完成装卸作业的挂车和摘挂后的牵引车在开始下一轮作业前需要临时停放。

2. 整车甩挂运输站场

(1)作业特点。在甩挂运输站场内挂车不开箱装卸货物,直接更换牵引车,继续运往目的地的甩挂运输,如图7-4所示。

图7-4　整车甩挂运输作业示意图

(2)功能设计。对于整车甩挂运输站场,应重点具备以下两方面的功能:

①车辆调度功能。站场中需要及时准确调配挂车与车头之间的衔接。

②牵引车、挂车中转停放功能,对于已完成装卸作业的挂车和摘挂后的牵引车在开始下一轮作业前需要临时停放。

3. 集装箱甩挂运输站场

(1)作业特点。在集装箱甩挂运输中,对于需要拆箱作业的,一般在集装箱站与进出口仓库之间开展,牵引车从集装箱站拖带空箱至进出口仓库,甩下空箱后,挂上已完成装载的重箱,牵引至集装箱站,反之亦然;对于不需要拆箱作业的,一般在集装箱站与进出口企业之间开展,牵引车从集装箱站拖带空箱至进出口企业,甩下空箱后,挂上已完成装载的重箱,牵引至集装箱站,反之亦然,如图7-5所示。

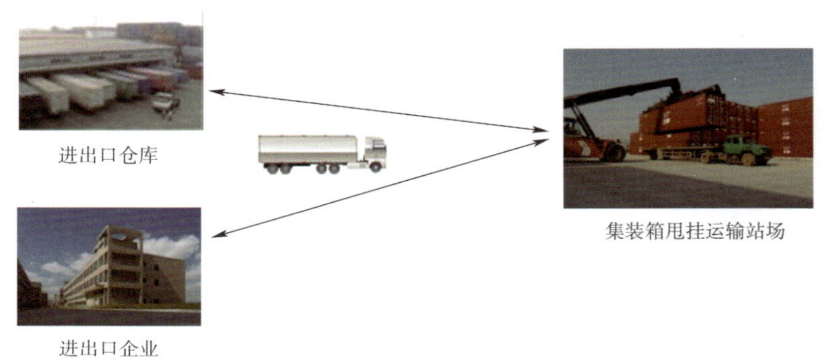

图7-5 集装箱甩挂运输作业示意图

(2)功能设计。虽然集装箱甩挂运输有的在集装箱站与进出口仓库之间开展,有的在集装箱站与进出口企业之间开展,但是对集装箱站的功能需要并无差别。集装箱甩挂运输站除具备集装箱站的一般功能外,应重点具备以下几方面的功能:

①集装箱堆存功能,满足空箱和重箱的堆存需求。

②拆装箱功能,提供出口货物拼箱、进口货物拆箱的场地。

③牵引车、集装箱挂车停放功能,为等待作业的牵引车和挂车提供停放场地。此外,还需具备集装箱维修、清理等附属功能。

4. 多式联运甩挂运输站场

(1)作业特点。多式联运甩挂运输又分公铁驮背甩挂和公水滚装甩挂两种类型。公铁驮背甩挂运输一般分两步,第一步由牵引车拖带挂车至滚装甩挂运输站场,摘下挂车,挂上运抵的挂车,牵引车拖带挂车至目的地;第二步是将驮背甩挂运输站内挂车装载到铁路运输车辆上或者将铁路运输车辆上的挂车卸到驮背甩挂运输站内。公水滚装甩挂运输同样也分两步,作业特点基本一致,只是装载工具由铁路运输车辆变为船舶,如图7-6所示。

(2)功能设计。根据多式联运甩挂运输作业特点,甩挂运输站除具备公路货运站的一般功能外,重点需具备以下两方面功能:

①多式联运快速转换功能,供等待装卸的挂车快速转运至其他运输方式上。

②挂车驳运加固功能,满足挂车驳运加固到铁路运输车辆或者船舶的需要。

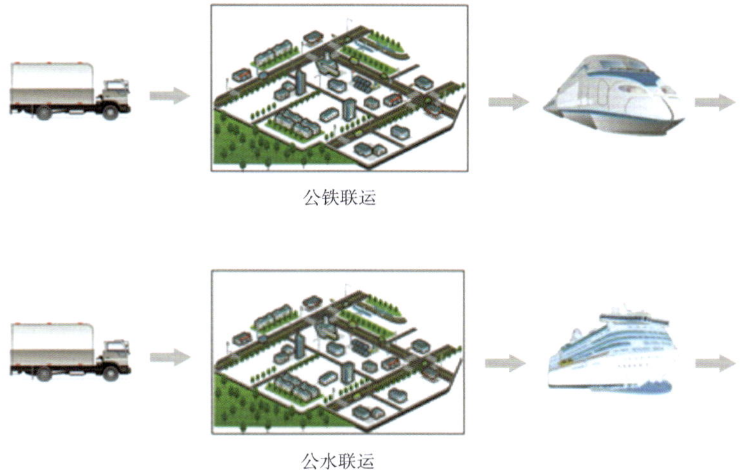

图 7-6　公铁、公水滚装甩挂运输示意图

第二节　甩挂运输站场作业工艺

根据公路甩挂运输的作业特点，将公路甩挂运输站场工艺分为零担甩挂运输站场工艺、整车甩挂运输站场工艺、多式联运甩挂运输站场工艺、集装箱甩挂运输站场工艺 4 种类型。

一、零担甩挂站场运输工艺

零担甩挂运输工艺分为干线甩挂和客户端甩挂两种类型。甩挂运输半挂车包括重挂和空挂两种工作状态，重挂是指半挂车上已装载完货物（含装载已装货集装箱），空挂是指半挂车上未装载货物（含装载集装箱空箱）；甩挂运输汽车列车在运行过程中包括重车和空车两种工作状态，重车是指半挂牵引车牵引重挂车，而空车是指半挂牵引车牵引空挂车。

（一）零担干线甩挂运输工艺

零担干线甩挂运输是甩挂运输中最常见的类型之一，指在零担站场之间的干线运输中采用甩挂作业，以节约两端站场间的装卸等待时间。

1. 运输组织

零担干线甩挂运输的组织过程如图 7-7 所示。

零担干线甩挂运输过程：

（1）零担站场 A 从附近企业利用轻型载货汽车集货，在装卸平台装载干线运输的空挂 a。

（2）零担站场 B 的重挂 b 经干线运输进入零担站场 A，牵引车将重挂 b 甩在装卸平台。

（3）理想状态下，牵引车随即拉上重挂 a，驶向零担站场 B。

（4）零担站场 A 将重挂 b 的货物利用轻型载货汽车配送。

（5）卸载后的空挂 b 再供零担站场 A 装载货物，进入下一循环。

在零担干线运输中，循环式和网络式等其他组织模式与两点一线模式比较，其主要区别体现在对半挂牵引车的调度上，即半挂牵引车甩下原重挂后，挂上新的重载挂驶向其他的站场而已，其在站场内部的工艺过程都基本一致。

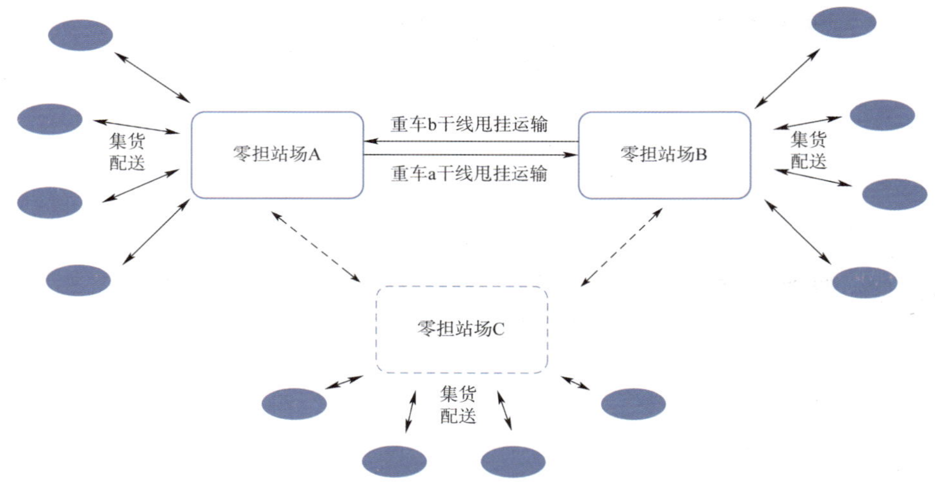

图 7-7　零担干线甩挂运输示意图

2. 站场工艺流程

根据零担干线甩挂运输组织过程，甩挂运输车辆在站场内部的工艺流程，如图 7-8 所示。图中用不同线型分别表示出货物、半挂牵引车、挂车、装卸机械和场地牵引车的流线，实线方框表示必经流程，虚线方框表示可能需要的流程。

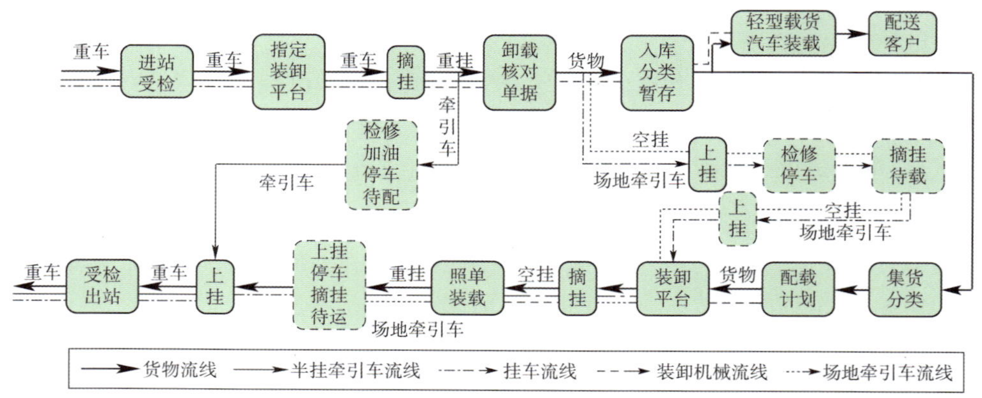

图 7-8　零担干线甩挂运输工艺流程

工艺流程如下：

(1)从某零担站场驶来的重车进入该站受检后，在指定的装卸平台卸下重挂 a。

(2)理想状态下，牵引车随即挂上已装载好的另一重挂 b，受检出站，返回或前往另一零担站场；但实际中受牵引车检修加油、驾驶员调休、运输调度排班等因素影响，牵引车可能需要在站场内停车等待一定的时间，再挂上重挂 b 驶离站场。

(3)重挂 a 经卸载、核对单据后，货物入库分类暂存，并由轻型载货汽车装载配送客户。

(4)理想状态下，卸载后的空挂 a 由场地牵引车拖至另一装卸平台或直接在原地进行装载;但实际中,受挂车检修、装卸调度、集货配载等因素的影响,空挂 a 可能需要由场地牵引车拖去检修、停车等待,再拖到新的装卸平台装载货物,形成重挂 b。

(5)理想状态下,重挂 b 装载后,随即挂到牵引车上驶离站场;但实际中,受牵引车调度等因素的影响,重挂 b 可能需要由场地牵引车拖至停车场等待,再根据调度挂到牵引车上驶离站场。

(二)客户端甩挂运输工艺

客户端甩挂指生产或商贸企业采用普通拖挂车通过运输站场实现集货或配送等功能的运输组织,不同于集装箱运输的客户端甩挂,没有还箱、取箱等环节,也没有集疏箱等环节。

根据企业的不同需求,按照货物的流向,客户端甩挂又可分为:企业至站场甩挂、站场至企业甩挂、企业至站场至企业甩挂等多种模式。

1. 企业至站场甩挂运输

1)运输组织

一些大型生产企业的生产规模较大,产品的种类、数量以及用户较多,如联合利华等,需要先将产品整车装载运送到站场,在站场内进行拆分和配送。运输过程中,货物是从企业流向站场,因此称之为企业至站场甩挂运输。运输过程如图 7-9 所示。

运输过程如下:

(1)运输站场 A 调度空车 a 前往企业,将空挂 a 甩在企业的产品堆存处。

(2)企业对空挂 a 进行装载作业,并当作临时仓库。

(3)同时,牵引车挂上已装载好的重挂 b,返回运输站场 A,将重挂 b 甩在装卸平台。

(4)运输站场 A 卸载重挂 b 的货物,并用轻型载货汽车进行配送。

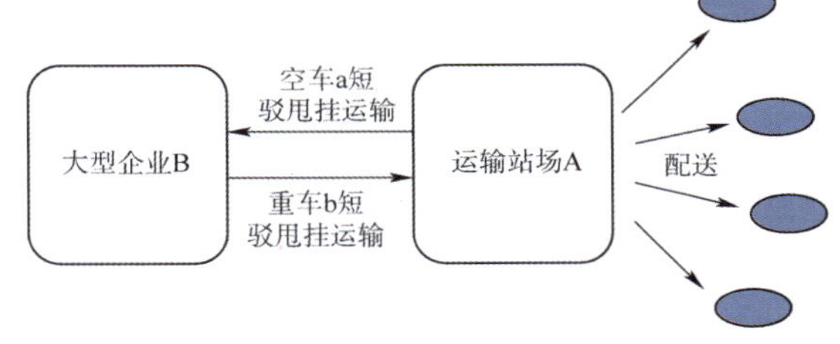

图 7-9　企业至站场甩挂运输示意图

(5)同时,牵引车挂上已卸载完毕的空挂,进入下一循环。

在站场内实现企业至站场甩挂运输的组织工艺称之为企业至站场甩挂运输工艺。

2)站场工艺流程

根据企业至站场甩挂运输组织过程,甩挂车辆在站场内部的工艺流程如图 7-10 所示。

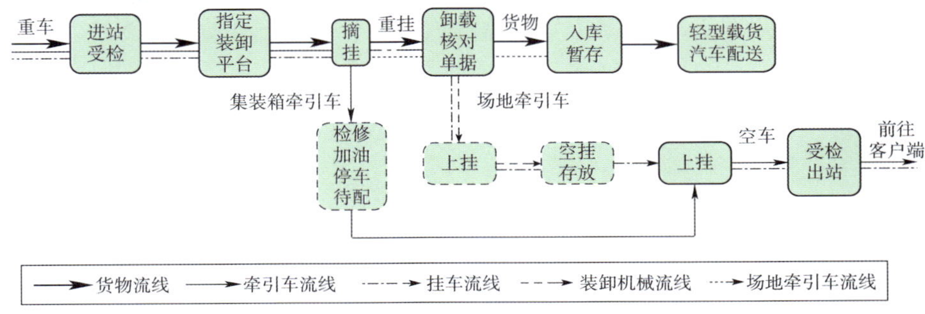

图 7-10　企业至站场甩挂运输工艺流程

工艺流程如下：

(1)牵引车从客户端挂上重挂进站受检，将重挂甩至站场指定装卸平台。

(2)理想状态下，牵引车直接挂上装卸平台的空挂，出站前往客户端；但实际中，牵引车可能需要检修加油，并受挂车装卸时间的影响，牵引车需要停车等待，再根据调度，装上指定的空挂出站驶离。

(3)同样，理想状态下，卸载完毕的空挂，直接由牵引车挂上拖走；但可能刚卸载完时的空挂也不一定有合适的牵引车直接挂上运走，空挂需要由场地牵引车拖至空挂存放处，再根据调度挂上指定的牵引车出站驶离。

2. 站场至企业甩挂运输

1)运输组织

一些大型生产企业，尤其是组装加工类的生产企业，所需组装加工的零部件种类和数量较多。需要先在站场内按生产要求进行集货和配载，再送至工厂进行组装加工。运输过程中，货物是从站场流向企业，因此称之为站场至企业甩挂运输，运输组织是企业至站场运输甩挂的逆过程，运输过程如图 7-11 所示。

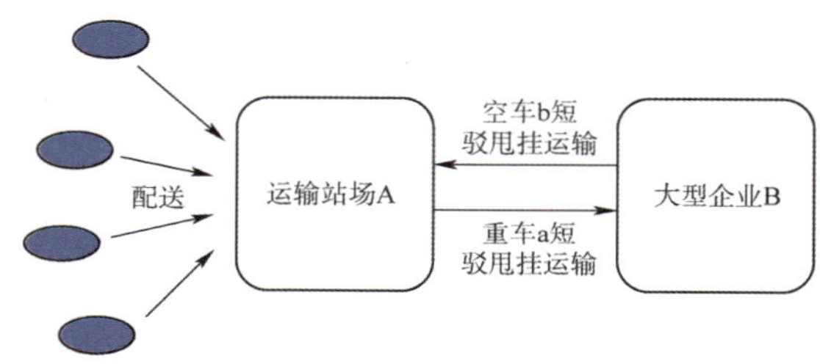

图 7-11 站场至企业甩挂运输示意图

运输过程如下：

(1)运输站场 A 根据大型企业 B 的生产要求，进行集货装载后，同牵引车组成重车 a。

(2)重车 a 前往大型企业，将重挂 a 甩在企业 B 的生产车间。

(3)企业对重挂 a 进行卸载作业，或当临时仓库使用。

(4)同时，牵引车挂上已卸载完的空挂 b，返回运输站场 A，将空挂 b 甩在装卸平台。

(5)运输站场 A 对空挂 b 进行装载，进入下一循环。

本研究将在站场内实现站场至企业甩挂运输的组织工艺称为站场至企业甩挂运输工艺。

2)站场工艺流程

根据站场至企业甩挂运输组织过程，甩挂车辆在站场内部的工艺流程如图 7-12 所示。

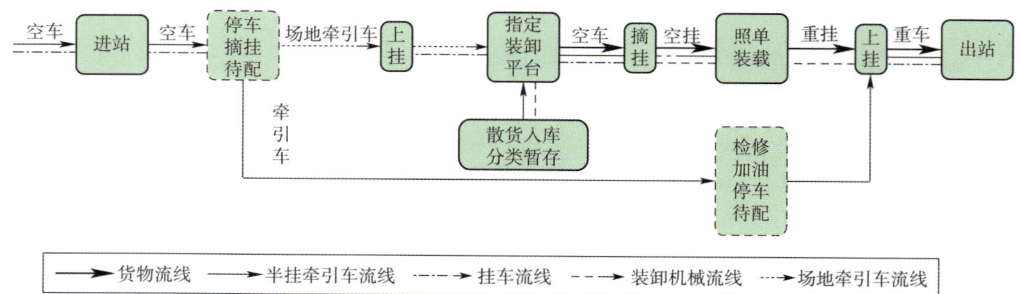

图 7-12 站场至企业甩挂运输工艺流程

工艺流程如下：

(1)牵引车从客户端挂上空挂进站,将空挂甩至站场指定装卸平台。

(2)理想状态下,牵引车直接挂上装卸平台已装载完毕的重挂,出站前往客户端;但实际中,牵引车可能需要检修、加油,并受挂车装卸时间的影响,牵引车需要停车等待,再根据调度,装上指定的重挂出站驶离。

(3)同样,理想状态下,重挂装载完毕后,直接由牵引车挂上拖走;但可能重挂刚装载完时也不一定有合适的牵引车直接挂上运走,重挂需要由场地牵引车拖至重挂存放处,再根据调度,挂上指定的牵引车出站驶离。

3. 企业至站场至企业甩挂运输

1)运输组织

一些大型商贸企业,如沃尔玛等,既需要多家生产企业供给商品,又需要为多家销售门店配送商品,货品将在站场被重新拣选、配货,为了提高效率、避免无效装卸搬运以及在此过程中可能出现的货损、货差,这些货物将尽量从供货商的车辆直接分装到销售门店的配送车上,再送往相应的门店。运输过程中,货物是从生产企业流向站场再流向销售门店,因此称之为企业至站场至企业甩挂运输,运输过程如图7-13所示。

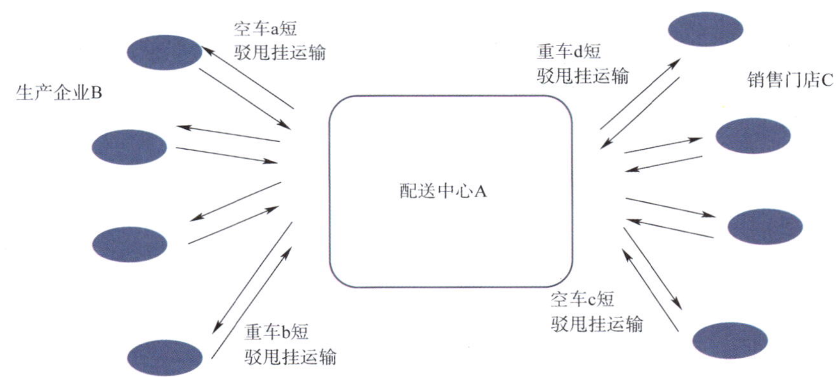

图7-13 企业至站场至企业甩挂运输示意图

运输过程如下:

(1)生产企业装载整批货品后,挂上牵引车,形成重车b。

(2)重车b经短驳运输进入配送中心A,甩下重挂b。

(3)重挂b在配送中心A中,直接将货品按照订单装载到配送挂车d上。

(4)同时牵引车挂上已在站内卸载完的空挂a返回生产企业B,进入(1)循环;或者牵引车挂上重挂d,前往销售门店。

(5)重挂车d经短驳运输到达销售门店C,甩下重挂d。

(6)重挂d在销售门店C进行卸载。

(7)同时牵引车挂上卸载完成的空挂c,返回配送中心A,甩下空挂c。

(8)空挂c在配送中心A中,再直接进行装载。

(9)同时牵引车进入(4)循环。

2)站场工艺流程

根据企业至站场至企业甩挂运输组织过程,工艺流程如图7-14所示。

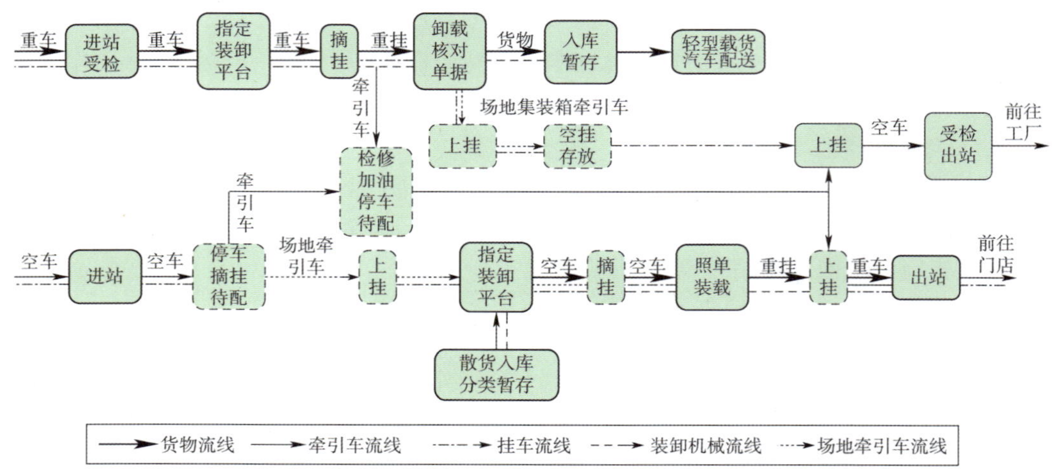

图 7-14　企业至站场至企业甩挂运输工艺流程

二、整车甩挂站场运输工艺

（一）整车干线甩挂运输

当公路货运站场之间进行长途、超长途干线运输时，可以在中途的货运中心进行整车甩挂作业，采用“接力”方式进行运输，一是将超长运输距离切割成段，减少车辆空载率，降低车辆等待时间，提高车辆运行效率，二是各段线路的驾驶员固定，路况熟悉，有利于减少行驶过程中的不安全因素，提高作业安全性。

1. 运输组织

运输组织过程如图 7-15 所示。

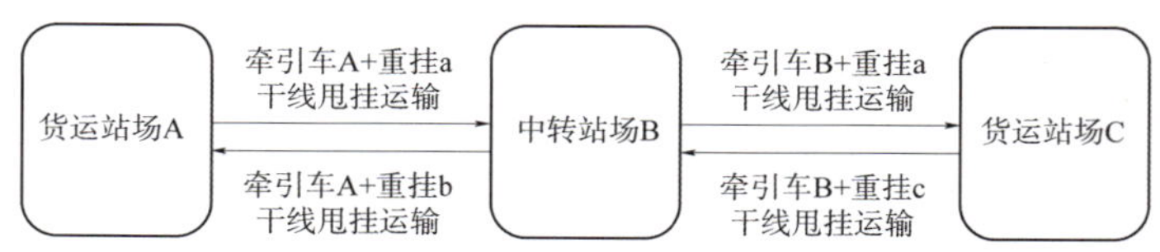

图 7-15　整车干线甩挂运输示意图

（1）货运站场 A 中的重挂 a，挂到牵引车 A 上，前往中转站场 B。

（2）到达中转站场 B 后，牵引车 A 甩下重挂 a。

（3）牵引车 A 挂上到达中转站场 B 的重挂 b，返回货运站场 A，甩下重挂 b，进入（1）循环。

（4）中转站场 B 中，牵引车 B 挂上重挂 a，前往货运站场 C。

（5）到达货运站场 C 后，牵引车 B 甩下重挂 a。

（6）牵引车 B 挂上在货运站场 C 的重挂 c，返回货运站场 B，甩下重挂 c，进入（4）循环。

在中转站场内实现对干线整车挂车换牵引车头的甩挂运输工艺称为整车干线甩挂运输工艺。

2. 站场工艺流程

根据整车干线甩挂运输组织过程，甩挂车辆在站场 A 和站场 C 内部的工艺流程与零担干线甩挂运输工艺相同，甩挂车辆在中转站场 B 内部的工艺流程如图 7-16 所示。

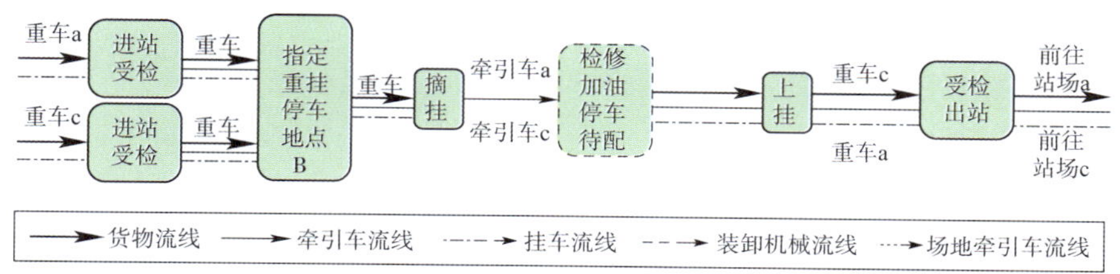

图 7-16 整车干线甩挂运输工艺流程

(1)重车 a 经干线运输进入中转站场 B,在指定重车停放地点摘挂停放。

(2)对向重车 c 经干线运输进入中转站场 B,在指定重载挂车停放地点摘挂停放。

(3)理想状态下,两牵引车互换重载挂车,返回各自站场;但由于受两牵引车运输时间,以及在站场内检修、加油等时间影响,两牵引车可能需要在站内等待一段时间,再根据调度,挂上合适的重挂返回各自站场。

(二)整车短驳加干线甩挂运输

1. 运输组织

当企业装载的整车需要长途干线运输时,可采用整车短驳加干线甩挂运输组织模式,以使运输企业中的短驳运输人员与干线运输人员分工合理,又能有效提高运输效率,运输过程如图 7-17 所示。

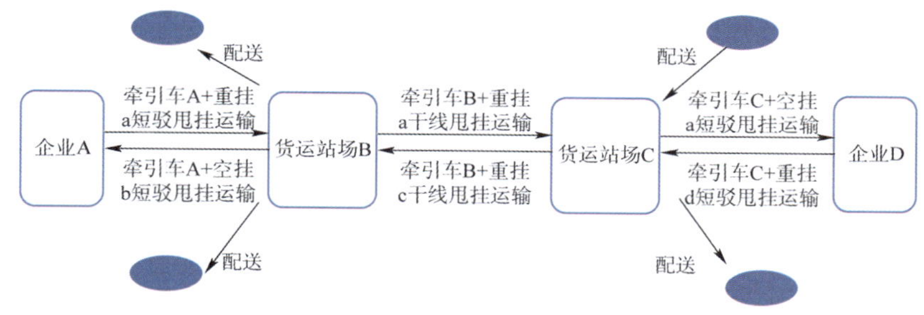

图 7-17 整车短驳加干线甩挂运输示意图

(1)在企业 A 进行装载后形成重挂 a,挂到短驳运输牵引车 A 上,经短驳运输到达货运站场 B。

(2)牵引车 A 甩下重挂 a,挂上从企业 D 来的并卸载完的空挂 b,返回企业 A,在其装卸平台甩下空挂 b,牵引车 A 进入(1)循环。

(3)在货运站场 B 中,重挂 a 挂到干线运输牵引车 B 上,经干线运输到达货运站场 C。

(4)牵引车 B 甩下重挂 a,挂上从企业 D 来的重挂 c,返回货运站场 B,甩下重挂 c,牵引车 B 进入(3)循环。

(5)在货运站场 C 中,重挂 a 进行卸载,变成空挂 a,货物用轻型载货汽车配送。

(6)空挂 a 挂到牵引车 C 上,经短驳运输到达企业 D。

(7)牵引车 C 甩下空挂 a 后,挂上装载好的重挂 d,返回货运站场 C,甩下重挂 d,牵引车 C 进入(6)循环。

(8)重挂 d 则成为(4)中的重挂 c,挂上牵引车 B 到达货运站场 B,进行卸载配送,成为

(2)中的空挂 b,挂上牵引车 A 到达企业 A,进入(1)循环。

本研究将在站场内实现对客户端货物进行短驳加干线整车挂车换牵引车头的甩挂运输工艺称为整车短驳加干线甩挂运输工艺。

2. 站场工艺流程

根据整车短驳加干线甩挂运输组织过程,甩挂车辆在站场 B 或站场 C 内部的工艺流程如图 7-18 所示。

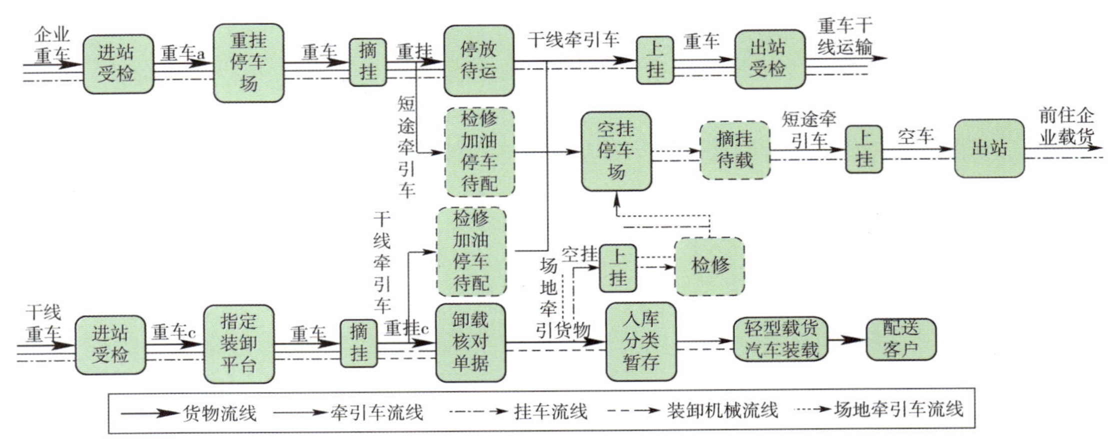

图 7-18　整车短驳加干线甩挂运输工艺流程

(1)从对向站场出发的重车 c 经干线运输进入站场 B,在指定装卸平台摘下重挂 c。

(2)从企业工厂出发的重车 a 经短驳运输进入站场 B,在重挂停车场摘下重载挂车 a。

(3)重挂 c 经卸载后,由场地牵引车拉入空挂车停车场。

(4)理想状态下,短驳运输牵引车摘下重挂 a 后,随即拉上卸载完的空挂 c 返回企业工厂,长途运输牵引车摘下重挂 c,随即拉上重挂 a 返回站场。但由于受短驳运输和干线运输时间差、装卸时间以及牵引车检修加油时间等影响,牵引车可能需要在站场停车等待,再根据调度拉上适当的挂车返回。

三、多式联运甩挂站场运输工艺

对公路运输而言,多式联运主要包括公铁联运、公水联运、公航联运等,联运的方式分整车运输和非整车运输两种。

(一)整车多式联运甩挂运输

整车运输是指在多式联运各运输工具的联结点,由牵引车将重挂直接开上铁路平板车或船舶上,停妥摘挂后离去,重挂由铁路车辆或船舶载运至前方换装点,再由到达地点的牵引车开上车船挂上重挂,直接运往目的地。由于航空运输高额的运价,决定了公航开展驮背运输的可能性很小。而公铁、公水间开展整车多式联运是一种有效加速车辆周转、扩大货物单元、节约装卸或换载作业时间、提高作业效率的先进运输组织模式。

1. 运输组织

整车多式联运甩挂运输过程如图 7-19 所示。

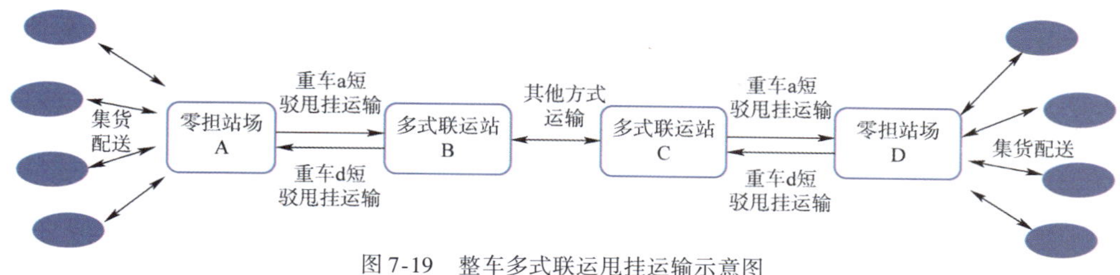

图 7-19　整车多式联运甩挂运输示意图

注：多式联运站包括公铁联运站、公水联运站。

(1)零担站场 A 从附近企业利用轻型载货汽车集货，在装卸平台装载空挂 a。

(2)牵引车牵引重挂 a 到达多式联运站 B，甩下重挂 a。

(3)理想状态下，牵引车随即拉上从零担站场 D 经联运到多式联运站 B 的重挂 d，到达零担站场 A，并在该站配送，卸载后的空挂 d，再供零担站场 A 装载货物；进入(1)循环。

(4)重挂 a 在多式联运站 B 经联运，到达多式联运站 C。

(5)与(1)同时，零担站场 D 从附近企业集货，在装卸平台装载空车 d。

(6)牵引车牵引重挂 d 到达多式联运站 C，甩下重挂 d。

(7)理想状态下，牵引车随即拉上到达多式联运站 C 的重挂 a，到达零担站场 D，并在该站配送，卸载后的空挂 a，再供零担站场 D 装载货物，进入(5)循环。

由以上运输组织过程可以看出，为实现整车多式联运甩挂运输，要求运输企业具有相当强的运输组织能力，不但要与铁路、水运等其他运输方式统筹协调，而且当重车经铁路、水运等运输结束后，还要组织牵引车再进行甩挂作业。

目前，我国环渤海等地区已经逐步开展了公水间的整车多式联运甩挂运输，又称滚装甩挂运输，获得了很大的经济效益和社会效益。由于管理体制等原因，目前我国公铁之间鲜见真正意义的整车多式联运甩挂运输，但随着我国交通运输体制改革的进程以及综合运输的发展，公铁间的整车多式联运甩挂运输将成为未来重要的运输组织模式。

将公水联运站场中的公水滚装甩挂运输工艺和公铁联运站场中的公铁驮背甩挂运输工艺统称为整车多式联运甩挂运输工艺。

2. 站场工艺流程

根据整车多式联运甩挂运输组织过程，甩挂车辆在多式联运站场内部的工艺流程如图 7-20 所示。

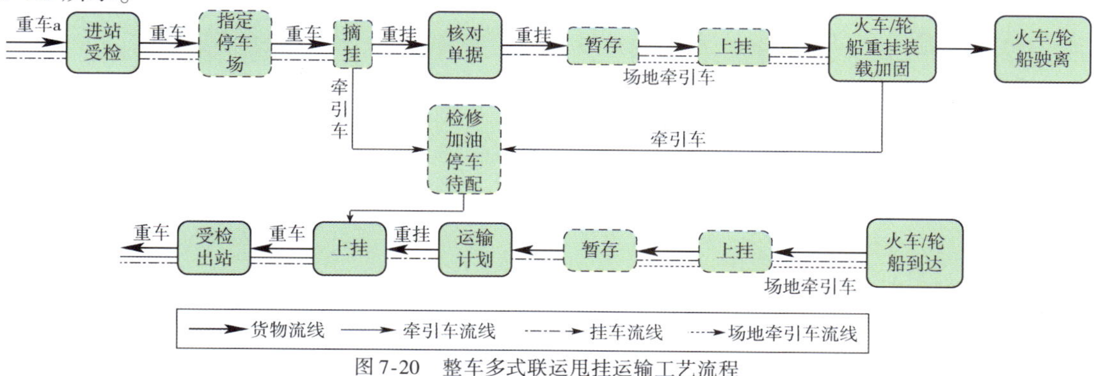

图 7-20　整车多式联运甩挂运输工艺流程

工艺流程如下：

(1)从零担站场驶来的重车 a 进站受检后，理想状态下，牵引车直接将重挂拖至待发的火车/轮船上，甩下重挂 a，随即到另一到达的火车/轮船上，挂上重挂 b，驶离站场。

(2)但实际中，受火车/轮船出发、到达时间的影响，并考虑安全的因素，进站的重挂可能需要先甩在指定的停车场暂存，待合适的时间再由场地牵引车拖至火车/轮船上，进行加固后运走。

(3)牵引车甩下重挂 a 后，可能需要检修、加油等，根据火车/轮船的到发时间，有时还需要停车等待火车/轮船进站/港后，再挂上进站/港的重挂 b 驶离。

(4)同理，刚到达的火车/轮船上的重挂，也可能没有足够的牵引车直接挂上重挂拉走，并考虑到安全的因素，重挂 b 需要先由场地牵引车拖至指定停车场暂存，再调度场外牵引车运走。

需要说明的是，由于是整车甩挂运输，站场中省去了装卸工艺，但需要对火车/轮船上的重挂进行加固处理，以保证运输安全。

(二)非整车多式联运甩挂运输

非整车多式联运运输是指货物由两种不同运输方式联合运输，但并非连同半挂车一起运输，而是货物在转运到不同运输方式时，需要装卸作业，虽然不及整车方式的运输效率高，但在现行体制和运输市场发展阶段，这种运输组织方式仍能体现综合运输的某些优势，将在今后相当长一段时期存在并有所发展。

1. 运输组织

非整车多式联运甩挂运输过程如图 7-21 所示。

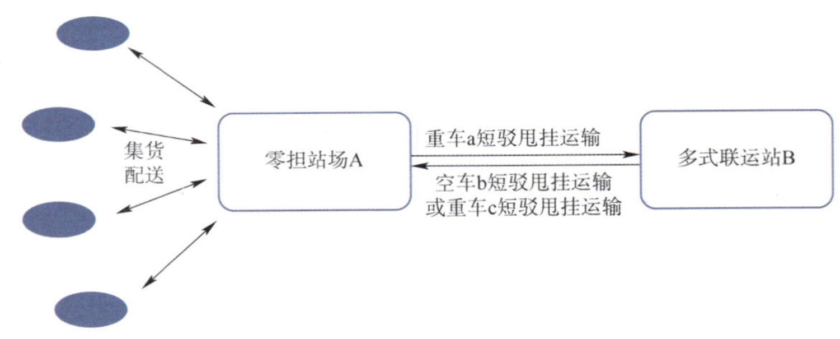

图 7-21 非整车多式联运甩挂运输示意图

(1)零担站场 A 从附近企业利用轻型载货汽车集货，在装卸平台装载空挂 a。

(2)牵引车牵引重挂 a 到达多式联运站 B，甩下重挂 a。

(3)理想状态下，牵引车随即挂上空挂 b 或重挂 c，返回零担站场 A 装载货物；空挂 b 进入(1)循环；重挂 c 卸载配送后，进入(1)循环。

(4)重挂 a 在多式联运站 B 卸货，再根据火车、轮船等其他运输工具的运输计划装载运输，空挂 a 进入(3)循环。

若公铁联运站有完善的配送功能，牵引车则挂上卸载后的空挂返回，若公铁联运站需要零担站场协助配送，则可装载后，由牵引车挂上重挂运送至零担站场配送。

将通过上述非整车甩挂运输过程的公水、公铁、公航等联运站场内部的甩挂运输工艺通称为非整车多式联运甩挂运输工艺。

2. 站场工艺流程

根据非整车多式联运甩挂运输组织过程，甩挂车辆在多式联运站场内部的工艺流程如图7-22所示。

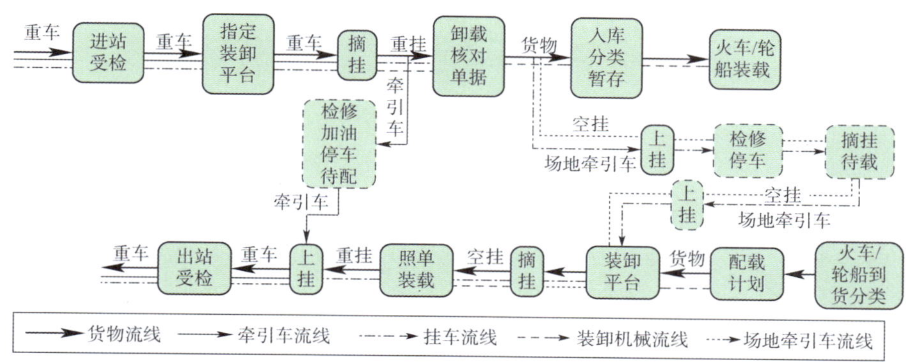

图7-22　非整车多式联运甩挂运输工艺流程

从图7-22可以看出，多式联运非整车甩挂运输工艺流程与零担干线甩挂运输工艺流程基本一致，唯一的区别是零担干线甩挂运输工艺流程中，是用轻型载货汽车进行集货配送的，多式联运非驮背甩挂运输工艺流程中是以火车/轮船运送货物的。

四、集装箱甩挂运输站场工艺

集装箱运输作为一种先进的运输组织形式，在全世界范围内迅速发展起来，其根本原因就在于它是以集装箱为运输单元，在运输过程中直接甩箱，减少了多次装卸作业，大幅提高了运输效率。但由于在甩箱作业中，需要使用专业的吊装机械，门槛较高，若能采用甩挂（集装箱运输半挂车）与甩箱（集装箱）相结合的方式，即“甩挂＋甩箱”模式，将进一步提高运输效率，并使集装箱运输应用到更广泛的领域。

集装箱运输由于涉及到港口、海关监管堆场、站场、企业等之间的多种运输组织，运输组织过程较复杂。可采用“甩挂＋甩箱”运输的几种基本的组织形式有：倒箱甩挂作业、客户端甩挂作业、集疏甩挂作业。

（一）倒箱甩挂

集装箱倒箱甩挂按照集装箱的流向，可分为进口倒箱和出口倒箱两种方式。

1. 进口倒箱甩挂运输

1）运输组织

有的集装箱中转站内没有海关监管的进出口重箱堆场，也不是集装箱租赁企业指定的空箱堆场，进口货物卸载后的集装箱需要还回指定空箱堆场，出口货物装载时所需的集装箱需要从指定的空箱堆场取回，这种情况下需要进行倒箱作业，甩挂运输过程如图7-23所示。

（1）牵引车从海关监管的进口重箱堆场C装载重箱，重车c经短驳运输进入集装箱中转站进口仓库A，甩下重挂c（甩挂）。

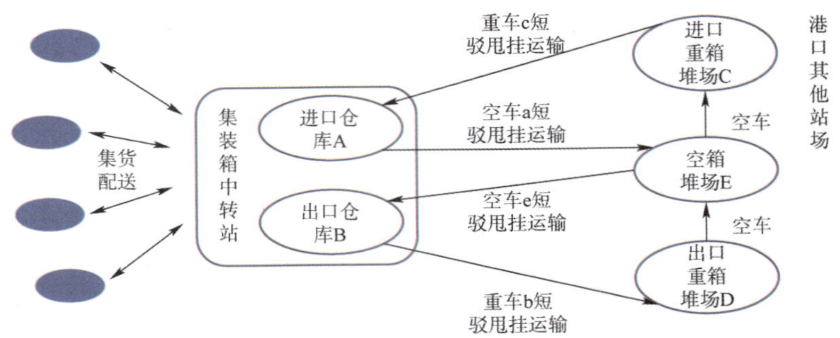

图 7-23　集装箱倒箱甩挂运输示意图

(2)重挂 c 在进口仓库 A 卸货,并用轻型载货汽车装载配送。

(3)同时,牵引车挂上在进口仓库 A 已卸载完成的空箱/空挂 a,经短驳运输到达空箱堆场 E,卸下空箱(甩箱)。

(4)空车再前往进口重箱堆场 C,装上进口重箱,进入(1)循环。

2)站场工艺

根据进口倒箱甩挂运输组织过程,甩挂车辆在集装箱站场内的工艺流程如图7-24所示。

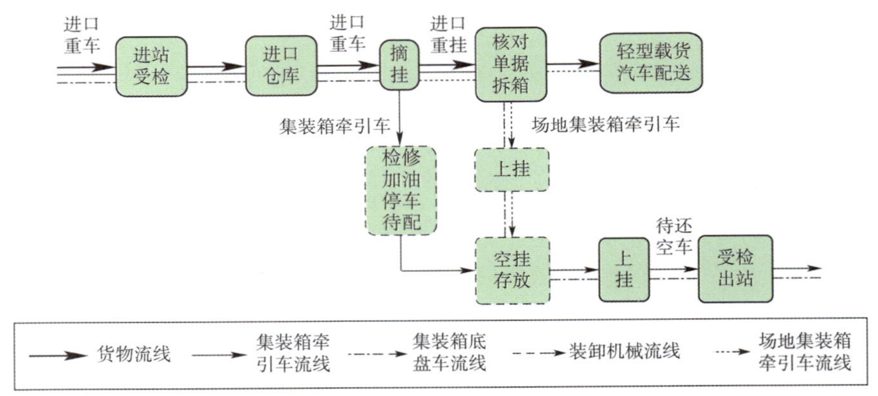

图 7-24　进口倒箱甩挂运输工艺流程

(1)集装箱牵引车从海关监管的进口重箱堆场挂上进口重车进站受检后,在进口仓库甩下进口重车。

(2)理想状态下,牵引车直接挂上刚卸载完的空挂空箱,出站还箱,再去进口重箱堆场;但实际中,牵引车可能需要检修加油,并受卸箱时间的影响,牵引车需要停车等待,再根据调度,挂上指定的空挂出站驶离。

(3)同样,进口重挂重箱刚卸载完时也不一定有合适的牵引车直接挂上拖走,并受到规定的还箱时间的影响,空挂需要由场地牵引车拖至停车场存放,再根据调度,挂上指定的牵引车出站驶离。

2. 出口倒箱甩挂运输

1)运输组织

出口倒箱甩挂运输过程如图 7-23 所示。

(1)集装箱中转站从附近企业利用轻型载货汽车集货,在出口仓库 B 装载到空挂后,挂上牵引车,形成重挂 b。

(2)重车 b 经短驳运输进入海关监管的出口重箱堆场,卸下重箱(即甩箱)。

(3)空车再前往空箱堆场 E,装上空箱 e。

(4)空车 e 经短驳运输进入集装箱出口仓库 B,甩下空挂(即甩挂),进入(1)循环。

本研究将集装箱中转站内实现倒箱甩挂运输的组织工艺称为倒箱甩挂运输工艺,又分为进口倒箱甩挂运输工艺和出口倒箱甩挂运输工艺。

2)站场工艺流程

根据出口倒箱甩挂运输组织过程,甩挂车辆在集装箱中转站内的工艺流程如图 7-25 所示。

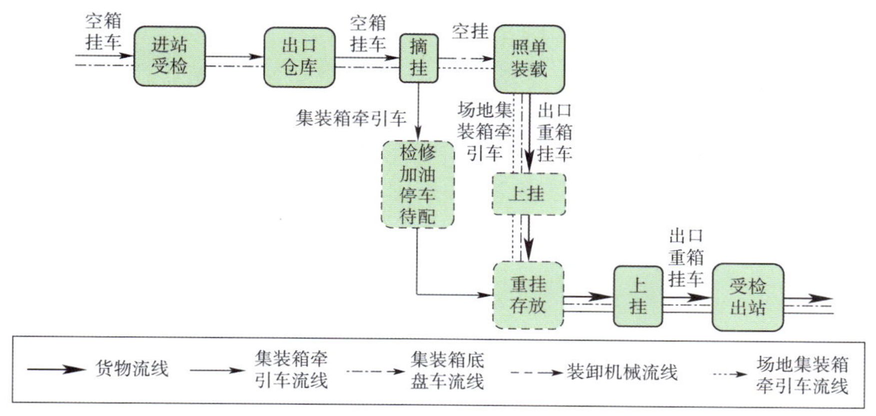

图 7-25　出口倒箱甩挂运输工艺流程

(1)集装箱牵引车从空箱堆场拖着空集装箱半挂车进站,将空挂甩在出口仓库装卸平台上。

(2)理想状态下,牵引车直接挂上出口重车,出站前往海关监管的出口重箱堆场。但实际中,牵引车可能需要检修加油,并受装箱时间的影响,牵引车需要停车等待,再根据调度,挂上指定的重车出站驶离。

(3)同样,出口重箱刚装载完时也不一定有合适的牵引车直接挂上运走,出口重车需要由场地牵引车拖至停车场存放,再根据调度,挂上指定的牵引车出站驶离。

(二)集装箱集疏甩挂运输

对港口集装箱进行集聚和疏散是集装箱中转站最重要的功能之一,采用甩挂与甩箱结合的组织模式,以摘、挂作业取代集装箱的吊装作业,能进一步提高运输效率。

1)运输组织

集装箱集疏甩挂运输过程如图 7-26 所示。

(1)集装箱中转站从附近企业利用轻型载货汽车集货,在出口仓库 B 装载到空挂(集装箱)后,挂上牵引车,形成重车 b。

(2)重车 b 经短驳运输,到达海关监管的出口重箱堆场 D,卸下重箱(即甩箱)。

(3)空车继续前往海关监管的进口重箱堆场 C,装载重箱。

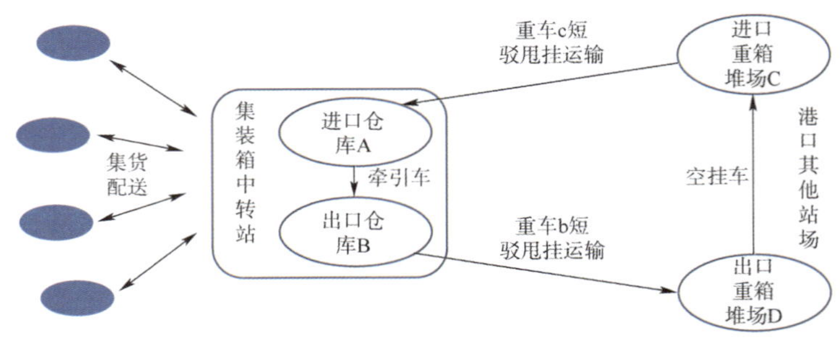

图 7-26　集装箱集疏运输示意图

(4)重车 c 经短驳运输,进入集装箱中转站,在进口仓库 A,甩下重挂 c(即甩挂)。

(5)重挂 c 在进口仓库卸载,并由轻型载货汽车配送。

(6)牵引车前往站内出口仓库,进入(1)循环。

将集装箱中转站内实现集装箱集疏甩挂运输的组织工艺称为集装箱集疏甩挂运输工艺。

2)站场工艺流程

根据集装箱集疏甩挂运输组织过程,甩挂车辆在集装箱站场内部的工艺流程如图 7-27 所示。

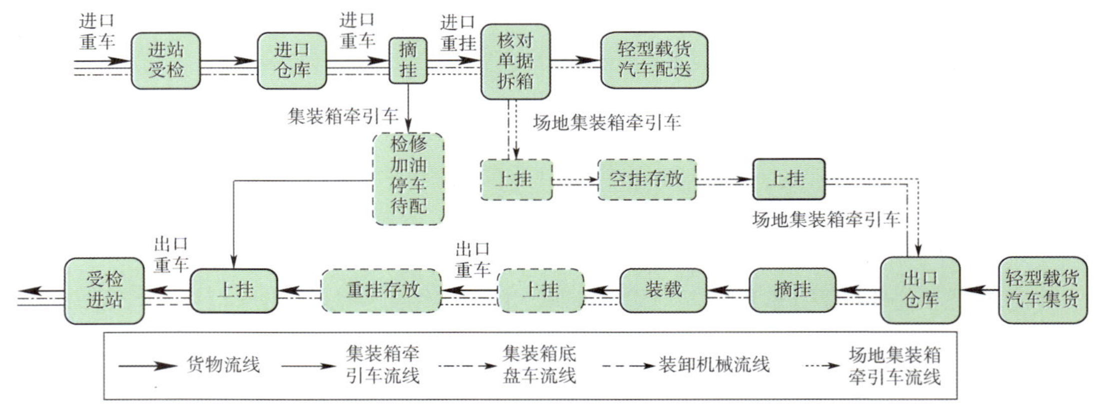

图 7-27　集装箱集疏甩挂运输工艺流程

(1)集装箱牵引车从海关监管的进口重箱堆场挂上进口重挂进站受检后,在进口仓库甩下进口重挂。

(2)理想状态下,牵引车直接牵引出口重挂,出站前往出口重箱堆场;但实际中,牵引车可能需要检修加油,并受卸箱时间的影响,牵引车需要停车等待,再根据调度,挂上指定的出口重挂出站驶离。

(3)同时,进口重挂拆箱后,空箱由场地牵引车拖至空挂存放处,或根据调度,直接拖至出口仓库,摘挂装载。

(4)理想状态下,出口重箱装载完毕后,直接由牵引车挂上拖走;但可能出口重箱刚装载完时不一定有合适的牵引车直接挂上运走,出口重挂需要由场地牵引车拖至停车场存放,再根据调度,挂上指定的牵引车出站驶离。

(三)集装箱客户端甩挂运输

对于大型生产企业或进出口商贸企业,需要运输的货物可能是整箱的,可在企业内部直接装载,无需站场内配载,既减少了库存,又提高了运输效率。但若是采取甩箱作业,则需要企业配备专业的吊装设备和人员,无疑增加了企业经营成本,若采用甩挂作业,则既可以提高运输效率,又不增加企业负担,会更受企业青睐。对于站内有海关监管的出口重箱堆场和指定空箱堆场的集装箱中转站来说,可以采用集装箱客户端甩挂,又可分为客户端倒箱甩挂和客户端集疏(循环)甩挂,其运输组织形式与上述倒箱和集疏甩挂相类似。

1. 客户端进口倒箱甩挂运输

1)运输组织

客户端倒箱甩挂运输过程如图7-28所示。

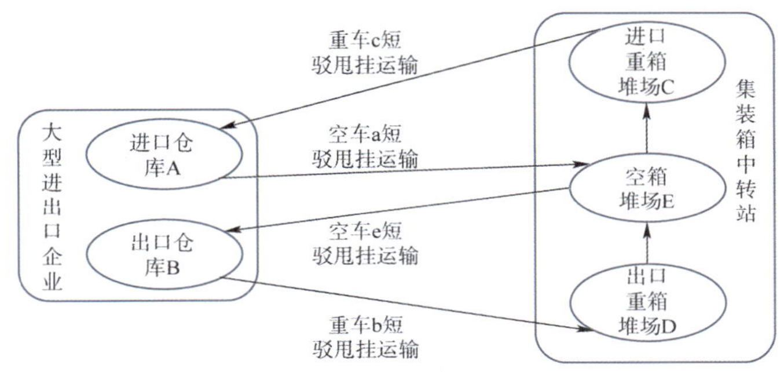

图7-28　客户端倒箱甩挂运输示意图

(1)牵引车从集装箱中转站中海关监管的进口重箱堆场C装载重箱,重车c经短驳运输到达企业进口仓库A,甩下重挂c(即甩挂)。

(2)重挂c在进口仓库A卸货,供企业使用。

(3)同时,牵引车挂上在进口仓库A已卸载完成的空挂,空车a经短驳运输到达集装箱中转站中的空箱堆场E,卸下空箱(即甩箱)。

(4)空挂车再前往进口重箱堆场C,装上进口重箱,进入(1)循环。

2)站场工艺流程

根据客户端进口倒箱甩挂运输组织过程,甩挂车辆在集装箱站场内部的工艺流程如图7-29所示。

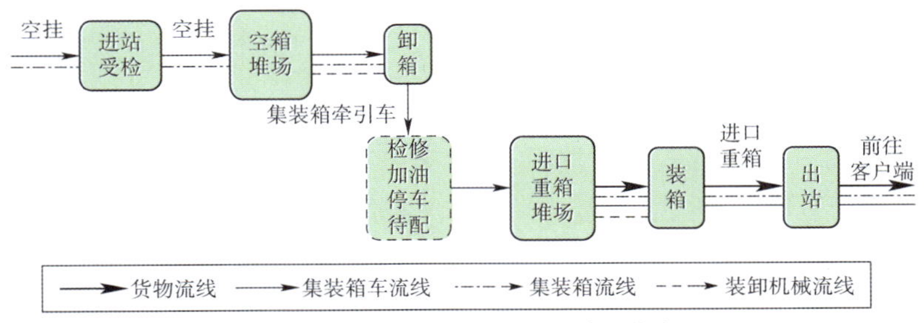

图7-29　客户端进口倒箱甩挂运输工艺流程

工艺流程如下:

(1)集装箱牵引车从客户端挂上空箱进站受检,将空箱卸箱至集装箱中转站中的空箱堆场E。

(2)理想状态下,牵引车牵引空挂直接在进口重箱堆场装上进口重箱,出站前往客户端;但实际中,牵引车可能需要检修加油,并受进口重箱到箱时间的影响,牵引车需要停车等待,再根据调度,装上指定的进口重箱出站驶离。

2. 客户端出口倒箱甩挂运输

1)运输组织

客户端出口倒箱甩挂运输过程如图7-28所示。

(1)企业在其出口仓库B装载到空挂后,挂上牵引车。

(2)重车b经短驳运输进入站场内海关监管的出口重箱堆场,卸下重箱(即甩箱)。

(3)空车再前往空箱堆场E,装上空箱。

(4)空车e经短驳运输进入集装箱出口仓库B,甩下空挂(即甩挂),进入(1)循环。

2)站场工艺流程

根据客户端出口倒箱甩挂运输组织过程,甩挂车辆在集装箱站场内部的工艺流程如图7-30所示。

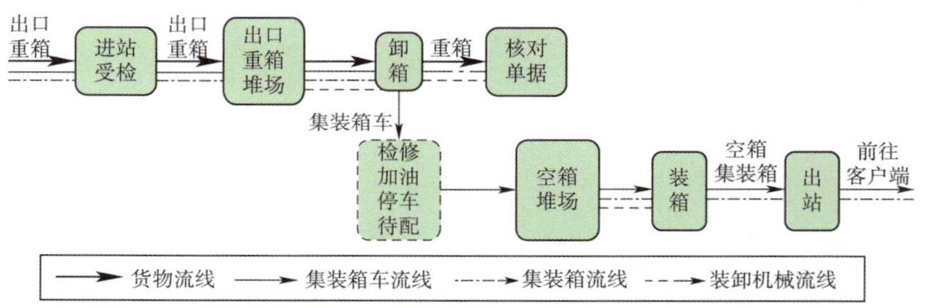

图7-30 客户端出口倒箱甩挂运输工艺流程

(1)集装箱牵引车从客户端挂上出口重箱进站受检,将出口重箱卸箱至站场出口重箱堆场。

(2)理想状态下,牵引车牵引空挂直接在空箱堆场装上空箱,出站前往客户端;但实际中,牵引车可能需要检修加油,并受空箱调度的影响,牵引车需要停车等待,再根据调度,装上指定的空箱出站驶离。

3. 客户端集疏甩挂运输过程

1)运输组织

客户端集疏甩挂运输过程如图7-31所示。

(1)企业在出口仓库B装载到空挂后,挂上牵引车,形成重车b。

(2)重车b经短驳运输,到达集装箱中转站海关监管的出口重箱堆场D,卸下重箱(即甩箱)。

(3)空挂车前往集装箱中转站海关监管的进口重箱堆场C,装载重箱。

(4)重车c经短驳运输,到达企业进口仓库A,甩下重挂c(即甩挂)。

(5)重挂c在进口仓库A卸载。

(6)牵引车前往企业的出口仓库B,进入(1)循环。

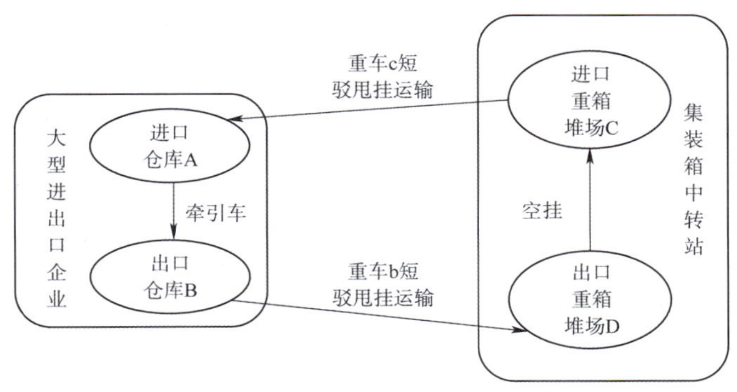

图 7-31　客户端集疏甩挂运输示意图

将集装箱中转站内实现客户端倒箱甩挂和客户端集疏甩挂运输的组织工艺分别称为集装箱客户端倒箱甩挂运输工艺、集装箱客户端集疏甩挂运输工艺。

2)站场工艺流程

根据客户端集疏甩挂运输组织过程,甩挂车辆在集装箱站场内的工艺流程如图 7-32 所示。

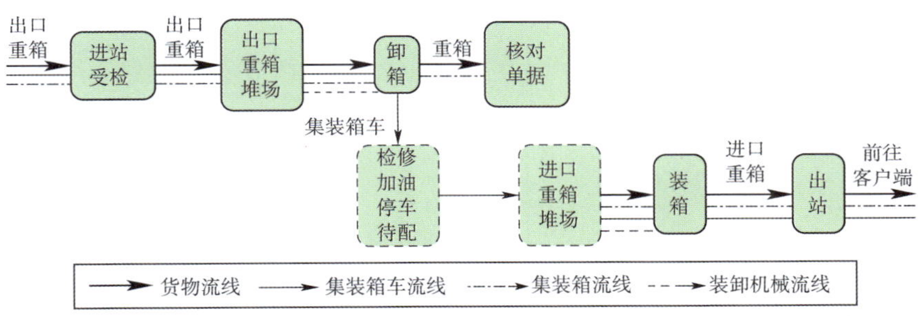

图 7-32　客户端集疏甩挂运输工艺流程

(1)集装箱牵引车从客户端挂上出口重箱进站受检,将出口重箱卸箱至站场出口重箱堆场。

(2)理想状态下,牵引车牵引空挂直接在进口重箱堆场装上进口重箱,出站前往客户端;但实际中,牵引车可能需要检修加油,并受重箱到箱时间的影响,牵引车需要停车等待,再根据调度,装上指定的进口重箱出站驶离。

根据货物运输的实际需要,站场、港口、企业等的各种现实条件,以及货代、箱代等企业的实际运输组织能力,可将上述几种基本的集装箱"甩挂+甩箱"运输组织模式进行简化或组合,形成更加复杂多样的"甩挂+甩箱"运输组织模式,以满足实际运输需求,并提高运输效率。

第三节　甩挂站场布局

不同组织模式的公路甩挂运输站场需要的站场设施类型和设施配置原则与要求是不同的。结合站场作业工艺研究成果和主要站场设施参数的确定,提出站场平面布局的优化方法，使站场内甩挂运输业务所需的功能区、辅助区、道路等做最优化分配和组合。

一、站场设施构成

不同类型的公路甩挂运输站场的设施配置见表7-1。

公路甩挂运输站场设施配置表

表7-1

设施类型	设施名称		零担甩挂运输站场	整车甩挂运输站场	多式联运甩挂运输站场	集装箱甩挂运输站场
办公设施	站房		√	√	√	√
	生产调度办公室		√	√	√	√
	信息管理中心		√	√	√	√
生产设施	库(棚)设施	甩挂中转库	○	○	○	○
		甩挂仓储库	○	√	○	○
		甩挂零担库	√	×	○	○
		甩挂集装箱拆装箱库	×	×	○	√
		甩挂货棚	○	○	○	○
	场地及道路设施	集装箱堆场	×	×	×	√
		货　场	○	√	○	√
		装卸作业场	√	○	√	√
		挂车停车场	√	√	√	√
		道　路	√	√	√	√
	甩挂运输车辆维修维护区		○	○	○	○
	动力设施		√	√	√	√
	安全监控设施		√	√	√	√
	防灾灭火设施		√	√	√	√
	供水设施		√	√	√	√
	供热设施		√	√	√	√
	环保设施		○	○	○	○
生活服务设施	食宿设施		○	○	○	○
	其他服务设施		○	○	○	○

注：√表示基本配置，○表示视条件配置，×表示无需配置。

二、设施参数确定

（一）甩挂业务办公设施

甩挂业务办公设施包括甩挂运输站场站房、甩挂业务生产调度办公室和甩挂业务信息管理中心。

1. 甩挂运输站场站房

甩挂运输站场站房由甩挂业务人员工作间和货主办理甩挂货物托运或仓储受理手续、提货手续的场所构成。站房面积计算方法见式(7-1)：

$$A_1 = A_{11} + A_{12} + A_{13} = a_1 \times R_1 + a_2 \times R_2 + a_3 \times R_3 \tag{7-1}$$

式中：A_1——甩挂运输站场的站房面积，m^2；

A_{11}——甩挂运输货物受理处工作间面积，m^2；

R_1——受理处业务人员数；

A_{12}——甩挂运输货物提货处面积，m^2；

R_2——提货处业务人员数；

A_{13}——其他业务办公区面积，m^2；

R_3——其他业务办公区业务人员数；

a_1、a_2、a_3——人均所需面积，一般取5～10m^2/人。

2. 甩挂运输业务生产调度办公室

甩挂运输业务生产调度办公室由甩挂业务生产调度人员办公场所构成，其面积计算方法见式(7-2)：

$$A_2 = a_4 \times R_4 \tag{7-2}$$

式中：a_4——人均所需面积，一般取5～10m^2/人；

R_4——甩挂运输业务生产调度人员数。

3. 甩挂运输业务信息管理中心

甩挂运输业务信息管理中心由机房与工作人员的办公场所和供信息发布及用户查询的场所构成。信息中心面积的计算参照各省市相关规定，必须大于50m^2，同时不得小于甩挂运输站场总建筑面积的0.3%（一般在0.3%～0.5%之间配置）。

以上甩挂业务办公设施的设置应尽可能方便货主和驾驶员，货物受理处与甩挂运输仓库、甩挂业务信息管理中心与甩挂停车场的布局应便捷。

（二）甩挂业务生产设施

甩挂业务生产设施包括两部分：库（棚）设施与场地设施。

1. 库（棚）设施

在甩挂运输作业过程中，仓库发挥了必不可少的功能，实现了产品的时间效用。通过合理储存能减少投入，缩短存储时间，加快货物流通周转。在甩挂运输作业中，仓库的主要类型有中转库、仓储库、零担库和集装箱拆装箱库等。中转库主要用于货物的短期存放；仓储库主要用于货主货物的较长时间存放；零担库主要用于零担货物分拣及临时存放；集装箱拆装箱库主要用于甩挂集装箱拆箱、装箱、拼箱、货物分拣、堆垛等作业；货棚则用于堆放不便进库但又不宜露天存放的货物。仓库设施通用建设要求参考相关标准[1]。

1）甩挂中转库

为甩挂运输中转货物集中、分拣、换装、发货的场所。具有铁路专用线的甩挂运输运输站场，甩挂中转库一侧设铁路装卸站台，宽度不小于13.5m；另一侧或多侧设挂车装卸站台，站台高度为1.3~1.4m,宽度不小于3m。

中转库面积计算方法见式(7-3):

$$A_3 = \frac{Q_1 \times T_1 \times K_1 \times a_5}{f_1} \tag{7-3}$$

式中:A_3——甩挂中转库面积,m^2;

Q_1——日均中转货物最大吞吐量,t/天;

K_1——入库系数,入库系数是入库堆存的货物吨数与货物总吨数的比值,取0.5~0.7;

T_1——中转储存期,取30min~2d;

a_5——中转库平均每吨货物占地面积,取1.0~3.0m^2/t;

f_1——中转库面积利用系数,一般取0.6~0.8。

2)甩挂仓储库

甩挂仓储库按建筑层数,可分为单层和多层仓储库。存放外形尺寸较小,单件质量较轻货物的仓储库可建成高架库。多层仓储库应在中央部位设置货梯。多层仓储库除设主楼梯外,还应设置疏散楼梯。

仓储库的仓储面积以日均仓储货物最大吞吐量计算,其计算方法见式(7-4):

$$A_4 = \frac{Q_2 \times T_2 \times K_1 \times a_6}{f_2} \tag{7-4}$$

式中:A_4——甩挂仓储库面积,m^2;

Q_2——日均仓储货物最大吞吐量,t/天;

T_2——货物平均储存期,取3~5d;

a_6——仓储库平均每吨货物占地面积,根据仓储货物各类、堆码高度确定,对单层仓储库取1.0~2.5m^2/t,对于立体仓库取0.5~1.0m^2/t;

f_2——仓储库面积利用系数,一般取0.7~0.9。

3)甩挂零担库

甩挂零担库应建成高站台仓库,站台宽度不小于3m,高度为1.3~1.4m,站台两端设置斜坡,站台车辆停车处安装挂车升降平台;可按需求建成一侧用于挂车装卸货作业,另一侧用于配送车辆装卸货作业,货物在仓库内或者装卸站台上进行分拣。

4)甩挂集装箱拆装箱库

甩挂集装箱拆装箱库用于进行甩挂集装箱拆箱、装箱、拼箱、货物分拣、堆垛等作业,其建设应符合《集装箱公路中转站级别划分、设备配备及建设要求》(GB/T 12419—2005)。

5)甩挂仓储货棚

货棚计算方法见式(7-5):

$$A_5 = f_3 \times A_4 \tag{7-5}$$

式中:A_5——甩挂仓储货棚面积,m^2;

f_3——面积调节系数,一般取0.3~0.5。

2. 场地设施

场地设施主要包括甩挂运输集装箱堆场、货场、装卸场或作业区、挂车停车场以及道路设施等。

1)甩挂集装箱堆场

甩挂集装箱堆场应靠近集装箱甩挂作业区,并与站内主要通道衔接;场地强度应满足集装箱堆码需要,并有一定坡度以利排水;堆存量较大的集装箱堆场还应划分空箱、重箱及冷藏箱堆存区。

2)甩挂运输货场

为便于运输车辆作业,甩挂运输货场应与甩挂仓储库一同位于仓储作业区内。甩挂运输货场面积计算方法见式(7-6)~式(7-8):

$$A_6 = A_7 + A_8 \tag{7-6}$$

$$A_7 = \frac{Q_1 \times T_1 \times K_2 \times a_8}{f_1} \tag{7-7}$$

$$A_8 = \frac{Q_2 \times T_2 \times K_2 \times a_8}{f_2} \tag{7-8}$$

式中:A_6——甩挂运输货场面积,m^2;

A_7——中转货场面积,m^2;

A_8——仓储货场面积,m^2;

K_2——入场系数,取0.3~0.5;

a_8——货场平均每吨货物占地面积,取0.6~1.2m^2/t。

3)装卸(作业)场

各类仓库、货场、铁路专用线一侧或两侧应设置装卸(作业)场,并与主要道路衔接。

装卸货场宽度应满足甩挂车辆掉头、装卸作业要求;甩挂装卸(作业)场地面荷载设计值应满足甩挂装卸作业和甩挂车辆行驶的承载要求。

单面作业装卸(作业)场面积计算方法见式(7-9):

$$A_9 = 2 \times L \times L_t \tag{7-9}$$

式中:A_9——单面作业甩挂装卸(作业)场面积,m^2;

L——仓库总长度,m;

L_t——甩挂运输车辆长度,m。

双面作业装卸(作业)场的面积是单面装卸(作业场)面积的2倍,即:

$$A_{10} = 2 \times A_9 \tag{7-10}$$

式中:A_{10}——双面作业甩挂装卸(作业)场面积,m^2。

4)挂车停车场

挂车停车场根据需要可划分成重挂停车场和空挂停车场,重挂停车场主要停放站内已装货待拖走的挂车或进站待卸货的挂车,空挂停车场则主要停放站内待装货的挂车或客户端甩挂需要拖走装货的挂车。为提高甩挂作业效率,节约成本,挂车停车场宜设置在甩挂仓库或货棚附近。

挂车停车场面积计算方法见式(7-11):

$$A_{11} = A_{12} + A_{13} \tag{7-11}$$

式中:A_{11}——挂车停车场面积,m^2;

A_{12}——重挂车停车场面积，m^2；

A_{13}——空挂车停车场面积，m^2。

其中重挂车停车场和空挂车停车场面积分别见式(7-12)和式(7-13)：

$$A_{12} = 3 \times N_1 \times F \tag{7-12}$$

$$A_{13} = 3 \times N_2 \times F \tag{7-13}$$

式中：N_1——日停重挂车数量，辆；

N_2——日停空挂车数量，辆；

F——挂车投影面积，m^2。

5)道路设施

甩挂运输站场的道路建设要求主要考虑道路标志线、道路宽度和转弯半径3个方面。

甩挂运输站场内的道路应依据《道路交通标志和标线》(GB 5768)的技术要求设置道路标志标线，以引导车辆在站内顺畅行驶，降低车辆运行安全风险和不必要的怠速慢车。

甩挂运输车辆(牵引车+挂车)一般长18.1m，宽2.5m(厢式车不超过2.55m)，高度不超过4m。站场内主要道路宽度应不低于15m，以15~30m较为适宜；其他次要道路宽度不低于9m，以9~15m较为适宜。

关于道路转弯半径，相关研究表明：在转弯时，半挂车各车轴车轮都必须处于纯滚动而无滑动状态，而在不考虑轮胎弹性变形的情况下，车轮只有沿着圆心的切线方向滚动才是纯滚动，所以理想的半挂车转弯中心应是各车轴轴线的交点。甩挂运输站场道路内缘转弯半径应不低于16m。

3. 甩挂业务生产辅助设施

甩挂业务生产辅助设施主要包括安全监控设施、防灾灭火设施、车辆维修维护设施、动力设施、供水供热设施、环保设施等。生产辅助设施可按需设置。

4. 甩挂业务生活服务设施

甩挂业务生活服务设施主要包括食宿设施和其他服务设施。生活服务设施可按需设置。

三、布局优化方法

甩挂运输站场设施布局应充分考虑站场内物流、交通流、人流和信息流等因素，对建筑物、站内道路和场地等进行合理规划，达到站场内部设施布置的最优化。

在甩挂运输站场设施布局过程中，先要进行总体方案设计、再进行详细布置，然后再根据详细布置设计修正总体布置方案，需要经历一个从宏观到微观，又从微观到宏观的反复迭代设计的过程[2]。

(一)甩挂运输站场设施布局优化的目标和原则

1. 甩挂运输站场设施布局优化的目标

道路甩挂运输站场设施布局优化的主要目标[2]如下。

1)总体目标

在已确定的空间场所内,将甩挂业务活动过程中的车辆、人员、设备、物料所需的空间做最适当的分配和最有效的组合。

2)具体目标

(1)最佳的工艺流程。保证甩挂作业在站场内的工艺流程畅通,便捷高效。

(2)最少的物料搬运费用。甩挂车辆在站场内的运输路线要尽可能简化,缩短不同作业部门间的距离,避免迂回往返和交叉,实现物料搬运费用的最小化。

(3)最有效的空间利用率。甩挂运输站场内的建筑设施、设备和单位货品的占有空间要最小。

(4)最好的柔性。甩挂运输站场的设施布局要适应产品需求的变化、工艺和设备的更新。

(5)最舒适的作业环境。保证站场作业的安全,满足站场内工作人员的生理和心理要求。

(6)最便捷的管理。有密切关系或性质相近的作业单位应靠近布局。

2. 甩挂运输站场设施布局优化的原则

从满足甩挂运输物流企业发展的角度来说,甩挂运输站场内部设施的布局应遵循以下原则:

(1)近距离原则。在条件允许的情况下,应使甩挂运输货物在站场内流动的距离最短。

(2)设施布局整体优化原则。应尽量使彼此之间物流量大的设施布置得近一些,而物流量小的设施可布置得远一些,同时尽量避免货物运输的迂回和倒流。

(3)系统优化原则。甩挂运输站场设施的布局,不仅要考虑到作业流程的优化,还要重视布局的整体优化。既要解决各物流环节的机械化、省力化和标准化,又要解决站场的整体化、合理化和系统化;既要考虑控制成本,又要使用户满意,提高服务水平,增强竞争力。

(4)柔性化原则。随着社会经济的发展,货流量及甩挂运输货物的种类也会发生变化,为适应未来发展情况,甩挂运输站场规划建设应留有发展空间,适应货流量的增加和种类的变化。

(5)满足物流作业流程和管理要求的原则。设施布局首先要满足甩挂运输站场的作业流程的要求。要有利于货畅其流,有利于物料流动和管理,有利于各环节的协调配合,使甩挂运输站场的整体功能得到充分的发挥并能获得最好的经济效益。

(6)特殊性原则。站场布局和建设应该能满足甩挂运输作业的特殊要求,如牵引车和挂车在站场内需要有合理的摘挂时间和空间,站内道路能满足甩挂车辆行驶要求,装卸平台能适合甩挂车辆作业等,以便最大程度发挥甩挂运输优势,优化车辆调度,提高作业效率,减少能源消耗,降低碳排放,创造最大的社会效益。

(二)设施布局设计的传统方法

设施布局设计的方法有摆样法、数学模型法、图解法[3,4]等,在物流中心和物流园区设施布局设计领域运用较为广泛的则是SLP(Systematic Layout Planning)法[5]。

1. 传统的 SLP 理论

1)SLP 法的基本思想

首先对各作业单位之间的相互关系进行综合分析，得到作业单位相互关系表；然后根据相互关系表决定各作业单位之间的相对位置，得到作业单位面积相关图；接着调整单位面积相关图，得到可行的布置方案。

2)SLP 法的基本要素

在 SLP 理论中，产品 P、数量 Q、生产路线 R、辅助部门 S 及时间安排 T 作为给定的基本要素，这五个要素是设施布局设计工作的基本出发点，只有在对各要素进行全面调查和准确分析的基础上，才能求得布局的最佳方案。SLP 法设计的一般流程如图 7-33 所示。

按照表 7-2 将区域间的关联程度分为 A、E、I、O、U、X 6 个等级。

关联程度等级表 表 7-2

符号	A	E	I	O	U	X
意义	绝对重要	特别重要	重要	一般重要	不重要	不可靠近
数值	5	4	3	2	1	0

2. 传统 SLP 法的不足和改进

由于甩挂运输站场的生产运作既有服务企业的特点，又有生产企业的特点，因此在甩挂运输站场的设施布局设计中，直接采用 SLP 方法进行甩挂运输站场的布置设计，存在如下诸多不足：

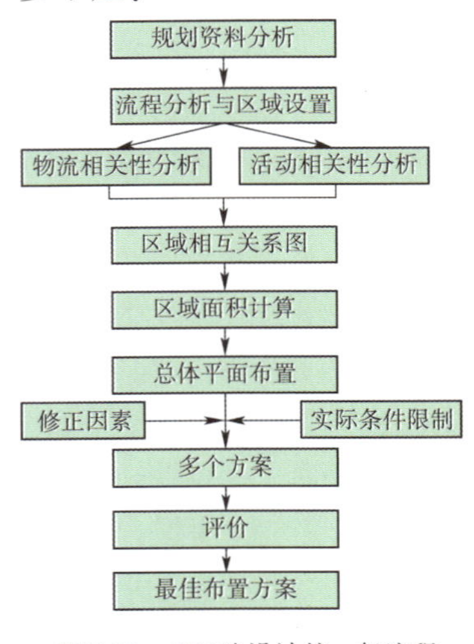

图 7-33 SLP 法设计的一般流程

(1)不适合甩挂运输站场的生产特点。传统的 SLP 方法是基于计划推动式生产模式，而甩挂运输站场的生产是基于市场订单需求，属于拉动式生产。

(2)缺少物流战略规划。战略规划比任何其他因素对甩挂运输站场设施布局的影响都要大，布局设计各项问题的分析都要基于企业经营战略、以实现战略规划为目标。传统的设施布局方法缺少物流战略规划，影响甩挂运输站场的持续发展。

(3)缺少动态柔性。SLP 方法基本上是静态的，缺乏动态柔性。而甩挂运输站场的生产经营是以市场为导向的，随机性、时效性等特点很明显，要求其设施布局和生产系统具有适当的柔性，能够紧随市场变化及时地、适度地进行调整。

(4)SLP 方法缺少动态分析过程。在甩挂运输站场内，车辆(牵引车和挂车)、货物和人员的流动不能发生阻断、迂回、绕行和相互干扰等现象，要求站场内的车辆、物料和人员的流动性要合理流畅。在总体规划方案初步确定后，需要及时地进行物料和人员的流动性分析，以便做出相应的调整。

(5)由于历史的局限性，SLP 方法没有充分考虑利用计算机技术。传统的方法主要是手工布局，受个人经验、自身知识及能力等多种因素的影响，虽然在布局过程中考虑了系统优化，但往往得不到较优解，有时得到的可能仅仅是非劣解，想要获得优秀的、令人满意的方案是比较困难的；而且手工布局程序烦琐，导致设计者最终提供给决策者的方案较少，可供决策者选择的余地太小，不利于科学决策。

通过以上分析，为满足甩挂运输站场的内部设施布局要求，需要对 SLP 进行改进，主要包括以下两个方面：

(1)补充完善甩挂运输站场相关资料分析，这些影响站场设施布局优化的基础数据和背景资料主要包括：E(Entry)，指服务的对象或接收的订单种类，如生产制造企业、电子商品流通企业等；I(Item)，指处理甩挂货物的种类如零担货物、集装箱货物还是特殊货物等；Q(Quantity)，指站场货物作业量；R(Route)，指甩挂运输站场的作业流程，如摘挂、卸货、装货、上挂、将挂车拖至停车场等；T(Time)，指甩挂运输各项工艺的服务时间；C(Cost)，指甩挂运输站场的建造预算。

(2)在得到初步的甩挂运输站场总平面布置后，根据站场的甩挂作业流程和作业要求，对站场内部的物流和人行进行详细的分析，其目的在于使其站场内部的物流和人行具有最大的合理性和流畅性，使站场的内部布局更加合理化，提高站场的运转效率。

改进的甩挂运输站场设施布局设计流程如图 7-34 所示。

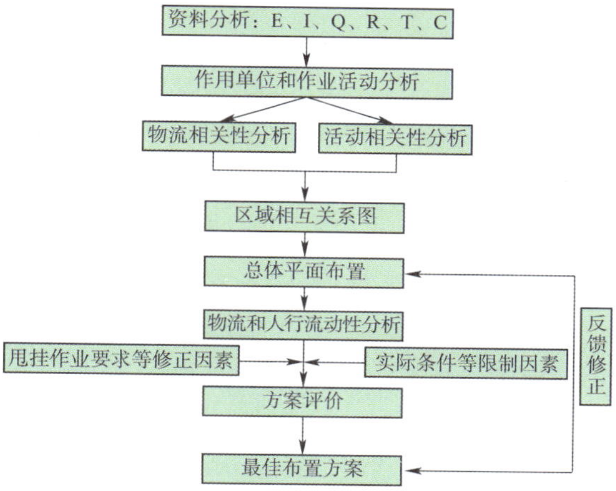

资料分析：E、I、Q、R、T、C
作用单位和作业活动分析
物流相关性分析
活动相关性分析
区域相互关系图
总体平面布置
物流和人行流动性分析
甩挂作业要求等修正因素
实际条件等限制因素
反馈修正
方案评价
最佳布置方案

图 7-34　改进的站场设施布局设计流程

(三)甩挂运输站场设施布局优化模型

甩挂运输站场设施布局优化的主要目标是提高站场内部甩挂运输作业的效率，实现站场内部各功能区之间物料搬运成本的最小化。甩挂运输站场设施布局优化问题的目标函数可定义为站场内各功能区间物料搬运成本最小和邻接关联度最大的多目标函数，为了便于求解模型，可采用比例分配的方法将其转化为单目标函数。但是站场设施布局优化问题是一个大规模组合优化问题及高度约束的工程问题，其求解是一个 NP-hard 问题，不存在多项式求解算法，即便借助现代计算机手段获得的也是近似解。近年来涌现出的遗传算法、模拟退火算法、微粒群算法等智能优化算法，尽管不能保证求得全局最优解，但具有容易操作、不需要导数和其他辅助知识、能尽可能找到全局最优解等优点，因而得到了广泛使用。

1. 模型假设前提和已知数据

根据模型需求，列出如下假设条件[2]：

(1)甩挂运输站场布局规划的范围为已知，且形状为矩形。

(2)甩挂运输站场内各设施所占区域平面为矩形。

(3)假设进行设施布置的平面为共平面。

(4)各设施四周都预留有固定宽度通道。

(5)假设甩挂运输货物进、出货点都设在各个设施的边的中点上。

根据模型需求，必须已知以下数据：

(1)需要布局优化的设施种类和数目。

(2)各设施间的关联度。

(3)各设施间的物料流动数。

(4)单位物料搬运成本。

(5)各设施的面积(其长和宽在模型中也应该为已知数据)。

(6)所有设施的总面积。

2. 模型目标函数表达

根据模型目标要求,构建多目标函数表达式:

$$\begin{cases} \min F_1 = \sum_{i=1}^{N-1}\sum_{j=i+1}^{N} f_{ij}c_{ij}d_{ij} \\ \max F_2 = \sum_{i=1}^{N-1}\sum_{j=i+1}^{N} A_{ij}R_{ij} \end{cases} \tag{7-14}$$

$$\sum_{i=1}^{N} s_i \leqslant S$$

$$d_{ij} = |x_{ci} - x_{cj}| + |y_{ci} - y_{cj}|$$

$$x_i + l_i \leqslant L, y_i + b_i \leqslant B$$

$$l_i = |2c_i - 1| \times k_i + ||2c_i - 1| - 1| \times h_i$$

$$b_i = |2c_i - 1| \times h_i + ||2c_i - 1| - 1| \times k_i$$

$$x_{ci} = x_i + \frac{l_i}{2}, y_{ci} = y_i + \frac{b_i}{2}$$

式中:F_1——各设施间物料流动总成本,元;

F_2——各设施间邻接关联度之和;

N——设施总数;

f_{ij}——设施 i 和设施 j 之间的物料流动流动数,件;

c_{ij}——设施 i 到设施 j 的单位物料搬运成本,元/(件·m);

d_{ij}——设施 i 中心到设施 j 中心的距离,m;

x_i、y_i——设施 i 的左下角坐标;

c_i——设施 i 的定向指标,设施 i 竖放时取值0.5,横放时取值1;

x_{ci}、y_{ci}——设施 i 的中心坐标;

l_i、b_i——设施 i 的 X 轴向、Y 轴向的长度,m;

k_i、h_i——设施 i 的实际长和宽($k_i \geqslant h_i$),m;

R_{ij}——设施 i 与设施 j 的关联度取值,根据SLP理论,将关联度分为A、E、I、O、U六个等级,对应取值见表7-3;

A_{ij}——设施 i 与设施 j 的邻接度因子,是由设施 i 到设施 j 的距离 d_{ij} 和设施之间可能的最大距离 d_{max} 所确定的邻接程度,具体见表7-4;

s_i——设施 i 的面积,m^2;

S——甩挂运输站场的总规划面积,m^2;

L、B——矩形规划面积的总长和总宽，总长对应 X 轴，总宽对应 Y 轴，m；

d_{max}——最大距离，可设置为整个甩挂运输站场规划区域面积的最大长边距离，m。

甩挂运输站场设施布局优化模型的设施坐标图解如图 7-35。

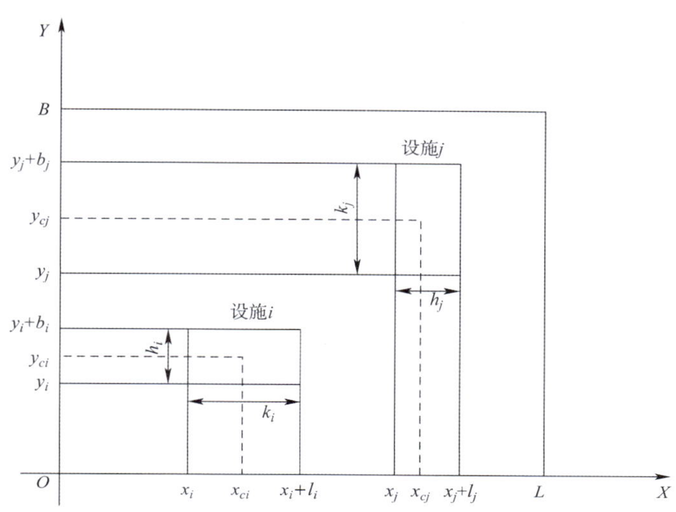

图 7-35　站场设施布局优化模型的设施坐标图

设施关联度量化表　　表 7-3

设施关联度	A	E	I	O	U	X
关联度对应值 R_{ij}	5	4	3	2	1	0

设施邻接度量化表　　表 7-4

设施间距 d_{ij}	设施邻接度因子 A_{ij}
$(0, d_{max}/6]$	1.0
$(d_{max}/6, d_{max}/3]$	0.8
$(d_{max}/3, d_{max}/2]$	0.6
$(d_{max}/2, d_{max}/3]$	0.4
$(2d_{max}/3, 5d_{max}/6]$	0.2
$(5d_{max}/6, d_{max})$	0.0

以上模型为多目标优化问题，而且 F_1 和 F_2 分别为最小化和最大化函数，可以采用比例系数法将模型转化为单目标函数，如式(7-15)所示：

$$\min F_3 = W_1F_1 + W_2F_2 = W_1\sum_{i=1}^{N-1}\sum_{j=i+1}^{N} f_{ij}c_{ij}d_{ij} + W_2\sum_{i=1}^{N-1}\sum_{j=i+1}^{N}(V - A_{ij}R_{ij}) \tag{7-15}$$

式中：W_1——物料流动总成本项权值；

W_2——邻接关联度项权值，$W_1 + W_2 = 1$；

V——将 F_2 转化为最小化函数的值，可取 1。

（四）基于遗传—模拟退火混合优化策略的模型求解算法

由于站场设施布局优化问题是一个大规模组合优化问题及高度约束的工程问题，其求解是一个 NP-hard 问题,不存在多项式求解算法,很难获得全局最优解。遗传算法[6]模拟达尔文的遗传选择和自然淘汰的生物进化过程,是一种新的全局优化算法,更易找到全局解,但是其中的一些参数诸如交叉概率、选择概率如何选取往往很难确定,如果选取不当,容易出现陷入局部最优解难以自拔、进化缓慢等不良现象。模拟退火算法[7]是另外一种高效的智能优化算法,虽然找到全局最优解的概率接近 100%,但是它的算法参数仍然很难确定,而且返回一个高质近似解的时间花费较多,当问题规模增大时,难于承受的运行时间将使算法丧失可行性。

基于以上分析,考虑采用基于遗传算法(Genetic Algorithm,GA)和模拟退火算法(Simulated Annealing,SA)的 GASA 混合优化策略求解甩挂运输站场设施布局优化问题。混合算法吸收了单一算法的各自优点,克服了它们本身的缺点,计算精确度高,更容易得到全局最优解。

采用遗传—模拟退火算法混合优化策略求解甩挂运输站场设施布局优化模型的基本思想是:对模型的变量进行编码,计算每个染色体字串的适应度,再经过复制、交叉、变异和模拟退火操作后,可以得到最佳串。具体算法步骤如下:

Step0 设置混合优化算法的参数。设置种群大小 popsize、交叉概率 P_c、变异概率 P_m、最大进化代数 max-gen、初始温度 t_0 等参数。输入甩挂运输站场设施布局优化问题中的已知条件。给出设施总数 N、总规划面积 S、规划面积的总长 L 和总宽 B 等参数值。

Step1 考虑优化模型的限制条件,随机产生初始种群。

Step2 根据确定的适应度函数,计算每一个体 $V_i(k)$,$k=1,2,\cdots N$ 的适应度。如果连续几代个体平均适应度的差异小于某一个极小的阈值,则选当前最佳的个体为最优染色体,进行解码得到最优解。否则转 Step3。

Step3 根据适应度分布复制种群 $V(k)$。

Step4 根据交叉概率 P_c,执行交叉操作。

Step5 根据变异概率 P_m,执行变异操作,从而得到新种群 $V(k+1)$。

Step6 对 $V(k+1)$ 中每一个体进行 Metropolis 抽样。

Step7 由 SA 状态产生函数产生新个体。

Step8 以概率接受新个体。

Step9 若抽样稳定,退温,转 Step2。否则,转 Step7。

关于上述算法的说明:

(1)在 Step1 中,初始种群中的个体染色体基因字串结构,是由设施个体左下角的横坐标与纵坐标以及其定向指标组成的。取设施 i 的基因形式为(x_i,y_i,c_i),可以将一完整的染色体表示为 $V=(x_1,y_1,c_1,x_2,y_2,c_2,\cdots,x_N,y_N,c_N)$。

(2)在 Step4 中,交叉操作可如下操作:

根据交叉概率选择染色体双亲 V_1 和 V_2,随机产生单断点数 i,找出两染色体中与断点 i 对应的双亲基因(x_i^1,y_i^1,c_i^1)和(x_i^2,y_i^2,c_i^2),分别在对方的染色体中寻找与 i 设施最近的设施:V_2 中的设施 k,V_1 中的设施 m,即 V_1 中的设施 i 与 V_2 中的设施 k 二者之间的中心距离最小,而 V_2 中的设施 i 与 V_1 中的设施 m 二者之间的中心距离最小。相互交换基因即可得到交叉后的子代。

交叉前的双亲：

$$V_1=(\cdots,x_i^1,y_i^1,c_i^1,\cdots,x_m^1,y_m^1,c_m^1,\cdots),V_2=(\cdots,x_i^2,y_i^2,c_i^2,\cdots,x_k^2,y_k^2,c_k^2,\cdots)$$

交叉后的子代：

$$V_1=(\cdots,x_i^1,y_i^1,c_i^1,\cdots,x_k^2,y_k^2,c_k^2,\cdots),V_2=(\cdots,x_i^2,y_i^2,c_i^2,\cdots,x_m^1,y_m^1,c_m^1,\cdots)$$

(3)在 Step5 中，变异操作可如下：

根据变异概率选择变异染色体，对变异染色体随机产生单断点 i，移动距离数为 k。设施 $i-1$ 及其前面的各个设施位置和方向保持不变，设施 i 移至原设施 $i+1$ 的位置并根据 $i+1$ 的定向指标确定自身的方向，而设施 $i+1$ 移至原设施 $i+2$ 的位置，并根据 $i+2$ 的定向指标确定自身的方向，依此类推至设施 $i+k-1$ 移至原设施 $i+k$ 处；而后设施 $i+k$ 移动到原来设施 i 的位置并根据 i 的定向指标确定自身的方向；最后设施 $i+k+1$ 及其后面的设施位置及方向保持不变。例如：

变异父代：

$$V=(\ldots,x_{i-1},y_{i-1},c_{i-1},x_i,y_i,c_i,x_{i+1},y_{i+1},c_{i+1},\ldots,x_{i+k},y_{i+k},c_{i+k},x_{i+k+1},y_{i+k+1},c_{i+k+1},\ldots)$$

变异子代：

$$V'=(\ldots,x_{i-1},y_{i-1},c_{i-1},x_{i+k},y_{i+k},c_{i+k},x_i,y_i,c_i,\ldots,x_{i+k-1},y_{i+k-1},c_{i+k-1},x_{i+k+1},y_{i+k+1},c_{i+k+1},\ldots)$$

(4)在 Step7 中，SA 状态产生函数可设计为逆序操作(INV)，即将染色体中两不同随机位置间的基因串逆序。例如，随机产生两个断点 i 和 $k(i<k)$，将它们之间的基因串逆转顺序后就形成新的个体，例如：

逆序前的父代：

$$V=(\ldots,x_{i-1},y_{i-1},c_{i-1},x_i,y_i,c_i,x_{i+1},y_{i+1},c_{i+1},\ldots,x_{i+k-1},y_{i+k-1},c_{i+k-1},x_{i+k},y_{i+k},c_{i+k},x_{i+k+1},y_{i+k+1},c_{i+k+1},\ldots)$$

逆序后的子代：

$$V'=(\ldots,x_{i-1},y_{i-1},c_{i-1},x_i,y_i,c_i,x_{i+1},y_{i+1},c_{i+1},\ldots,x_{i+k-1},y_{i+k-1},c_{i+k-1},x_{i+k},y_{i+k},c_{i+k},x_{i+k+1},y_{i+k+1},c_{i+k+1},\ldots)$$

(五)站场改造布局优化方法及求解算法

目前一些货运站场仅能适应传统货运作业的需求，必须实施改造才能进行甩挂作业。已建站场为增加甩挂运输功能进行改造，在现有基础条件下进行布局优化。

1. 模型假设前提和已知数据

根据模型需求，列出如下假设条件：

(1)现有站场内增加的各甩挂运输作业设施所占区域平面为矩形。

(2)各新增设施四周都预留有固定宽度通道。

(3)假设甩挂运输货物进、出货点都设在各个设施的边的中点上。

根据模型需求，必须已知以下数据：

(1)需要布局优化的甩挂运输作业设施数目。

(2)各甩挂运输作业设施间的关联度。

(3)各甩挂运输作业设施间的物料流动数。

(4)单位物料搬运成本。

(5)各甩挂运输作业设施的面积(其长和宽在模型中也应该为已知数据)。

(6)所有甩挂运输作业设施的总面积。

2. 模型目标函数表达

根据模型目标要求,构建站场改造布局优化的多目标函数表达式:

$$\begin{cases}\min F_1 = f_1 + f_2 = \sum_{i=1}^{M-1}\sum_{j=i+1}^{M} f_{ij}c_{ij}d_{ij} + \sum_{i=1}^{N-1}\sum_{j=i+1}^{N} f_{ij}c_{ij}d_{ij} \\ \max F_2 = f_3 + f_4 = \sum_{i=1}^{M-1}\sum_{j=i+1}^{M} A_{ij}R_{ij} + \sum_{i=1}^{N-1}\sum_{j=i+1}^{N} A_{ij}R_{ij}\end{cases} \tag{7-16}$$

$$\sum_{i=1}^{N} s_i \leqslant S.$$

$$d_{ij} = |x_{ci} - x_{cj}| + |y_{ci} - y_{cj}|$$

$$x_i + l_i \leqslant L, y_i + b_i \leqslant B$$

$$l_i = |2c_i - 1| \times k_i + ||2c_i - 1| - 1| \times h_i$$

$$b_i = |2c_i - 1| \times h_i + ||2c_i - 1| - 1| \times k_i$$

$$x_{ci} = x_i + \frac{l_i}{2}, y_{ci} = y_i + \frac{b_i}{2}$$

式中:F_1——各设施间物料流动总成本,其中f_1是新增甩挂运输作业设施与相邻的站场原有设施间的物料流动总成本,f_2是新增甩挂运输作业设施之间的物料流动总成本;

F_2——各设施间邻接关联度之和,其中f_3是新增甩挂运输作业设施与相邻的站场原有设施间的邻接关联度之和,f_4是新增甩挂运输作业设施之间的邻接关联度之和;

N——新增甩挂运输作业设施总数;

M——与新增甩挂运输作业设施相邻的原有站场设施的数目。

其他参数和模型(7-14)中的定义与取值一致,同理可以采用比例系数法将模型转化为单目标函数,如下:

$$\min F_3 = W_1F_1 + W_2F_2 = W_1\sum_{i=1}^{N-1}\sum_{j=i+1}^{N} f_{ij}c_{ij}d_{ij} + W_2\sum_{i=1}^{N-1}\sum_{j=i+1}^{N}(V - A_{ij}R_{ij}) \tag{7-17}$$

3. 模型求解算法

模型(7-16)同样是NP-hard问题,仍然可以采用遗传—模拟退火混合优化策略来求解。

(六)布局优化模型求解后的站场设施布局进一步调整

以上建立的优化模型(7-14)和(7-16)是针对甩挂运输站场内分区块的设施布局的模型,由于模型并未考虑设施区域之间的通道,也就是未对站场内部的人流、车流和物流进行分析。因此,在求出模型(7-14)和(7-16)后,还需要根据站场的甩挂作业流程和作业要求,对甩挂运输站场内部的人流、车流和物流等动态分析,结合站场的出入口设置、通道设置、用地地形和对外交通等因素,对初步方案进行适度调整,进一步优化站场设施布局,最终得到甩挂运输站场的合理布局。

第四节　甩挂站场设施设备

提高装卸效率是发挥甩挂运输优势的重要环节，装卸设施设备的选取、数量配置的优化等是提高装卸效率的关键技术。本节根据不同货类、不同甩挂组织模式对装卸的不同需求，分别研究装卸设备种类和技术要求，以及与站场功能、设计能力相配套的装卸设备数量计算方法，并提出不同功能的仓储设施及装卸平台的设计参数。

一、仓储设施设计

根据仓储设施设计要充分考虑甩挂运输作业过程中挂车停靠、货物装卸作业的特殊要求，甩挂运输站场仓储设施与甩挂运输作业密切相关的参数主要包括仓库类型、仓库高度、仓库进深、仓库内作业通道宽度、装卸平台等设计参数。

（一）仓库类型

仓库按照建筑形式可分为单层和多层两种类型，单层仓库又可分为平库、起重机平库、立体库、坡地单层等形式，多层仓库又可分为垂直搬运式和盘道运输式两种形式。具体形式及适用条件见表7-5。

仓库形式及适用条件　　表7-5

<table>
<tr><th colspan="2">建筑形式</th><th colspan="3">特　点</th><th rowspan="2">使用条件</th></tr>
<tr><th>类别</th><th>形式</th><th>示　图</th><th>优　点</th><th>缺　点</th></tr>
<tr><td rowspan="4">单层</td><td>平库</td><td></td><td rowspan="2">结构简单；
作业方便；
造价低；
柱网跨度大</td><td rowspan="2">占地面积大；建筑空间利用率低</td><td>适用于大多数情况，场地充裕，投资有限</td></tr>
<tr><td>起重机平库</td><td></td><td>需要采用起重机进行重大件的装卸或搬运</td></tr>
<tr><td>立体库</td><td></td><td>空间利用率高；
容量小；
占地小；
机械自动</td><td>施工精度要求高；设备投资大</td><td>适用于存放品种多，数量大的各种单元式货物；
建筑高度≥24m时，需按高层建筑设计</td></tr>
<tr><td>坡地单层</td><td></td><td>作业方便；
可有效利用地形；
可不需要垂直提升设备</td><td>受地形限制</td><td>适用于在高差较大的台地地形或类似场地</td></tr>
<tr><td rowspan="2">多层</td><td>垂直搬运式</td><td></td><td>节约用地；
容量大</td><td>需垂直运输设备；结构较复杂</td><td>适用于场地受限、可采取机械进行楼层间物料垂直搬运的建筑</td></tr>
<tr><td>盘道运输式</td><td></td><td>货车直接行驶到每一楼层装卸、操作方便；
可充分发挥土地资源效益</td><td>盘道设计复杂；造价较高</td><td>适用于场地受限条件下</td></tr>
</table>

(二)仓库高度

仓库内净空高度的确定与以下因素密切相关：

(1)堆垛或存储货架高度。

(2)工艺设备及使用和安装高度。

(3)公用设备管线安装及检修。

(4)仓库结构占用空间。

(5)大门高度。

(6)安全与人性化作业环境。

(7)特大件的装卸高度。

考虑上述影响因素，结合我国现有甩挂运输站场仓库实际建设情况，推荐各类型仓库高度取值见表7-6。

甩挂运输站场仓库高度推荐值　　表7-6

物品存放形式	仓库净空高度(m)	备　注
码垛	5.4	叉车最大举升货物高度加1.5~2.0m确定
普通货架	6.0	
多层	7.8	结合货车车道或盘道半径与坡度参数确定
高架库	8~36	超过36m的高架库需进行技术安全性论证

(三)仓库宽度与进深

仓库的建筑宽度应满足工艺布置及高峰时装卸车辆停靠泊位数量需求。仓库进深应根据物品处理工艺流线和流量确定，一般情况下，单侧出入库作业不宜超过60m，双侧作业不宜超过120m，高架库或其他形式的立体库则需根据工艺设备选型进行计算，见表7-7。

甩挂运输站场仓库进深推荐值　　表7-7

工 艺 形 式	建筑进深尺寸
单侧出入库作业	一般不宜超过60m
双侧作业	一般不宜超过120m
高架库或其他形式的立体库	根据工艺设备选型进行计算确定

(四)仓库门窗要求

仓库大门的数量应满足高峰时装卸物流量的要求，1000m^2 的物流仓库不宜少于2个门，窗的日照光线不应直射货物，取值见表7-8。

甩挂运输站场仓库门窗推荐值　　表7-8

项　　目	工　　况	数据(m)	要　　求
侧墙窗下沿高出室内地坪的高度	库房或物流厂房	≥1.8	外开、避光直射
	危险品库	≥2.2	避光
大门净高	无轨运输工具通行	≥2.4	应比运输工具的载货高度高出300mm以上
	铁路线进入	≥5.4	

(五)仓库通道宽度

仓库通道是为了满足装卸货物要求,为人或者叉车、搬运车、堆高机等装卸机械通过和装卸货物而留出的空间。考虑到甩挂运输站场仓库内主要的装卸机械为叉车、搬运车、堆高机,因此,仓库内通道的宽度(W)最小要满足叉车、搬运车、堆高机等装卸机械的最小转弯半径(R)和货物集装单元的外扩尺寸(L)两者的最大值,即 $W \geq \mathrm{MAX}(L,R)$。一般情况下,适宜甩挂运输作业的仓库,走道占仓库面积的50%左右,见表7-9。

甩挂运输站场仓库进深推荐值　　表7-9

通道功能		通道宽度(m)
手动搬运车通道		2~2.5
3t以下小型叉车		2.4~3.0
汽车单行道		3.6~4.5
货架间通道	人工存取	1.0~1.2
	设备存取	根据货载单元尺寸和设备操作空间确定
堆垛间过道		>1.0

(六)仓库装卸平台宽度

仓库装卸平台可分为直线型、锯齿型、梳子型等类型,如图7-36所示。一般情况下,若为人工搬运,站台宽度≥2.5m,若为叉车搬运,站台宽度≥3.0m。

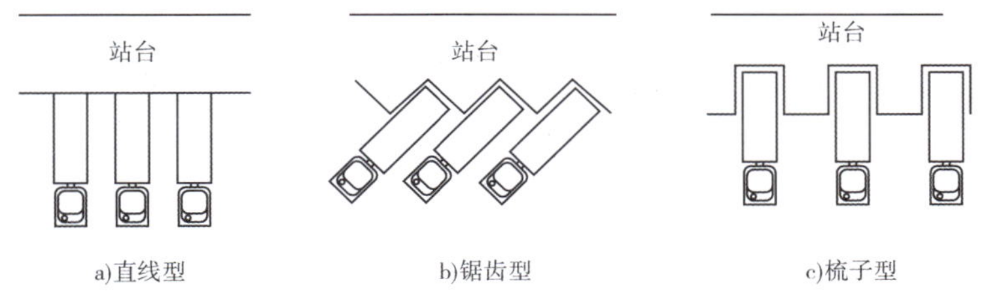

图7-36　仓库装卸平台类型

(七)装卸平台高度

装卸平台高度(H)是地面到装卸平台承载面的高度。为了满足甩挂运输挂车快速、标准化装卸的需要,要求具有标准的装卸作业平台,即装卸平台高度与挂车货箱承载面到地面的高度尽可能相同。但实际上,由于挂车空载和满载时货箱承载面与地面的距离会发生变化。因此,为满足这种变化,部分仓库的装卸平台的高度相对于挂车空载的情况下低一些,在挂车和平台之间搭一块钢板,实现叉车等装卸机械在货箱内的进出作业,随着挂车逐渐满载,挂车货箱到地面的距离会缩短,钢板会慢慢变平。此外,目前很多仓库的装卸平台普遍配置站台登车桥的形式,可以根据挂车货箱的高度变化调整高度实现挂车货箱与装卸平台的衔接,如图7-37所示。

根据公路甩挂运输推荐车型基本要求以及目前开展甩挂运输的企业挂车的基本情况,挂车货箱承载面到地面的距离一般在1.5m左右。因此,考虑到空载和满载时挂车货箱承载面到地面距离的变化,甩挂运输站场装卸平台的高度在1.3~1.4m较为适宜。

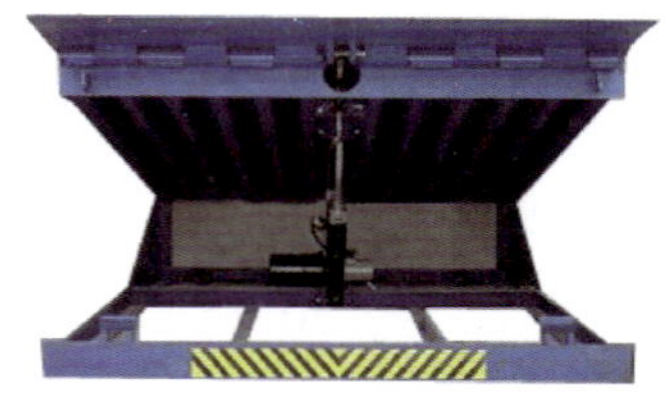
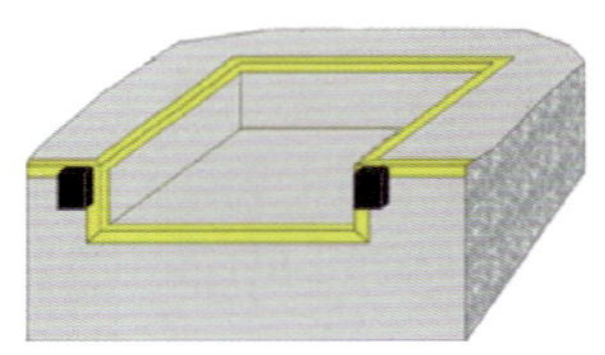

图 7-37　站台登车桥及其在装卸平台上的安装槽

（八）装卸台间距

装卸台间距（D）是指两个装卸位置间的距离，可以是一个大的装卸平台上的两个装卸车位，也可以是单独两个装卸台间的距离。根据挂车停车、摘挂、放支架等过程中对安全作业距离要求，装卸台间距的最小值要满足两个挂车支架收放过程中的距离，若挂车支架长度为 l，则两个装卸台的间距 $D \geqslant 2l$。

二、装卸设备种类

（一）甩挂运输站场装卸设备配置需求分析

根据对甩挂运输作业区类型划分及其功能设计，虽然其均需要具有装卸和搬运的功能，但由于不同类型的甩挂运输作业区甩挂运输组织和作业模式的不同，其对装卸设备的配置要求存在一定差异。各类型甩挂运输作业区的装卸设备配置需求见表 7-10。

不同类型甩挂运输站场装卸设备配置需求表　　表 7-10

站场类型	装卸货物	货物特点	装卸设备需求
零担甩挂运输作业区	服装、家电、鞋帽、五金等零担货物	货物种类多，包装不一	叉车、搬运车、托盘、场地牵引车
整车甩挂运输作业区	电器、零件、整车、烟酒等整车货物	品种和包装相对单一	叉车、皮带输送机、搬运车、堆高机、托盘、周转箱、场地牵引车
集装箱甩挂运输作业区	集装箱及箱内货物	同一集装箱内货物品种和包装相对单一	集装箱正面吊、集装箱堆高机、皮带输送机、叉车、搬运车、托盘、场地牵引车
多式联运甩挂运输作业区	挂车及车内货物	货物种类多，包装不一	场地牵引车、叉车、搬运车、托盘

（二）装卸设备种类及技术特点

甩挂运输站场装卸设备分为装卸和搬运设备两种，根据以上对不同类型甩挂运输站场装卸设备需求分析，甩挂运输站场的装卸设备主要包括叉车、搬运车、集装箱正面吊、皮带输送机等，而搬运设备主要包括场地牵引车、叉车、皮带输送机、堆高机、搬运车、托盘和周转箱等。各装卸和搬运设备的种类和技术特点如下。

1. 叉车

叉车是指具有各种叉具，能够对货物进行升降和移动以及装卸作业的搬运车辆。按照动力类型分为电动式叉车和内燃机式叉车，电动式叉车常用于室内、短距离和工作量较小的搬运作业,内燃机式叉车常用于室外、长距离和工作量较大的搬运作业。

按其基本构造可分为平衡重式叉车、前移式叉车、侧叉式叉车、窄通道叉车等,如图7-38所示。其中平衡重式叉车应用最为普遍,可用于露天货场和室内作业;前移式叉车的门架(或货叉)可前后移动,运行时,门架后移,使货物重心位于前、后轮之间,适用于车间、仓库内工作;侧面式叉车主要用于长料货物的搬运,叉车驾驶员的视野好,所需通道宽度较小。

a)平衡重式叉车　　b)前移式叉车　　c)侧叉式叉车

图7-38　常见叉车结构类型

甩挂运输站场对叉车的选用时需要结合装卸作业的货物类型和集装单元类型、作业场地的实际情况以及装卸的日作业量、作业高度和距离等因素,根据叉车的额定起重量、载荷中心距、叉车全高、最大起升高度、自由起升高度和最小转弯半径等性能参数选择合适的叉车类型。

2. 集装箱叉车

集装箱叉车是集装箱甩挂运输站场所需的主要装卸设备之一(图7-39)。典型的集装箱叉车有集装箱正面吊运叉车和集装箱堆垛叉车两种类型。集装箱叉车是专门为20英尺和40英尺国际集装箱而设计的。集装箱正面吊运叉车主要用于重箱的装卸和搬运,而集装箱堆垛叉车主要用于空箱的堆垛作业。

a)集装箱正面吊运叉车　　b)集装箱堆垛叉车

图7-39　集装箱叉车

集装箱甩挂运输站场在选择集装箱叉车时要考虑集装箱内货物的种类、质量以及站场内堆场的大小、转弯半径等因素,合理选择集装箱叉车的额定载荷、整车质量、最小转弯半径、最大牵引力等性能参数。

3. 皮带输送机

皮带输送机运用输送带的连续或间歇运动来输送各种轻重不同的物品,既可输送各种散料,也可输送各种纸箱、包装袋等单件质量不大的件货,皮带输送机具有输送量大、结构简单、维护方便、成本低、通用性强,用途广泛等优点,如图7-40所示。目前甩挂运输站场装卸所用的皮带输送机主要是用于粮食、煤炭等大宗货物的装箱和入库作业。

图7-40 移动式皮带输送机

甩挂运输站场对皮带输送机的选择需要结合装卸作业的货物种类、装卸速度要求以及场地大小等因素,根据输送带的长度、输送速度、输送高度、输送能力等性能参数合理选择皮带输送机。

4. 堆高机

堆高机是以较安全的方式,举升及搬运负载的机械。根据堆高机动力的不同可分为3种,如图7-41所示。其种类和特点如下:

(1)手动液压堆高机。不附带任何动力装置,完全靠人力推拉升降,周转半径小,起升费力。

(2)半电动堆高机。人力推拉前后转向,电动升降,周转半径小,灵活方便。

(3)全电动堆高机。完全由电力驱动,使用方便、快捷。

堆高机具有结构简单、稳定性好、转弯半径小、提升高度高等特点,适用于狭窄通道和有限空间内的作业,是高架仓库、车间装卸托盘化的理想设备。可广泛应用于甩挂运输站场进行装卸、堆码和搬运作业,可以极大地提高工作效率,减轻工人的劳动强度。

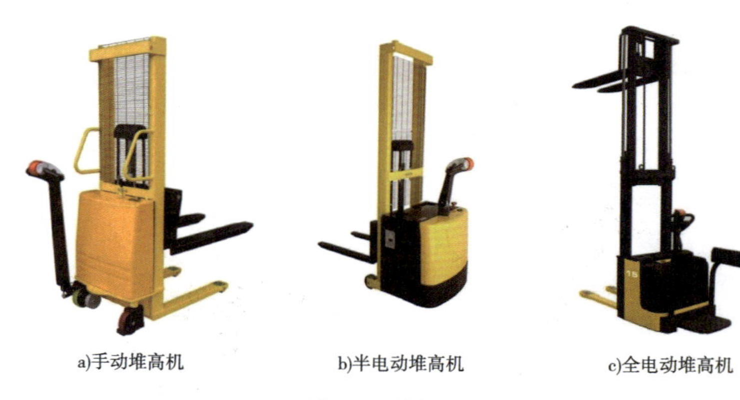

图7-41 堆高机

甩挂运输站场堆高机的选择要考虑仓库存储货物类型、货架高度、装卸搬运和堆放速度要求以及集装单元货物质量等因素,合理选择堆高机的额定载质量、最大起升高度、货叉长度、货叉宽度等性能指标。

5. 搬运车

搬运车又称托盘车,根据动力不同可分为3类,如图7-42、图7-43所示。

(1)手动搬运车。手动液压搬运车主要依靠人力进行搬运的叉车。

(2)半电动搬运车。依靠人力与电力相结合的方式实现搬运作业的叉车。

(3)全电动搬运车。完全依靠电力实现搬运作业的叉车。

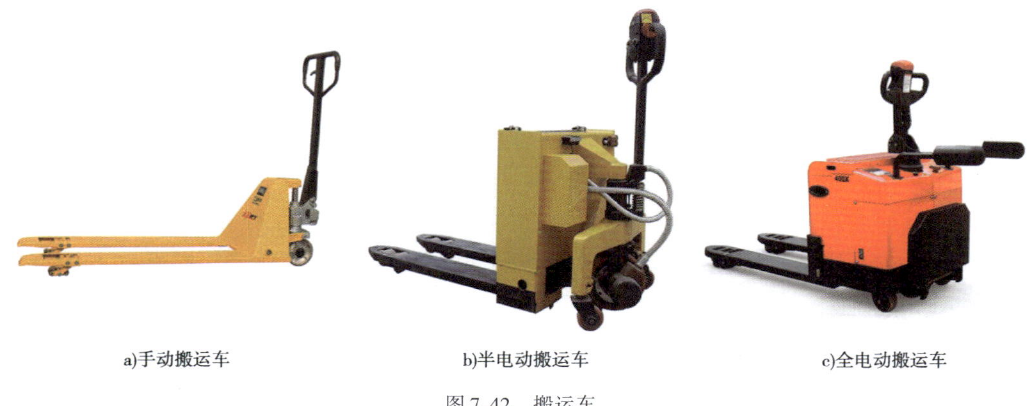

a)手动搬运车　　b)半电动搬运车　　c)全电动搬运车

图 7-42　搬运车

手动搬运车与电动搬运车都是用于平面点到点搬运的工具。手动搬运车由于是人工操作,适用于搬运 2t 以下的物品,搬运距离在 15m 左右;而电动搬运车的搬运货物质量更重,适用的搬运距离也更长,如主要搬运路线距离在 30 ~ 70m 时,可以采用带折叠式踏板的电动搬运车,驾驶员站立驾驶,相对手动搬运最大速度可提高近 60% 。

图 7-43　全电动搬运车在仓库中的应用

甩挂运输站场选用搬运车时要考虑仓库存储货物类型、单位集装单元的质量、装卸搬运速度要求、仓库大小等因素,合理选择搬运车的额定载质量、货叉高度、转弯半径等性能指标。

6. 托盘

托盘是在运输、搬运和存储过程中,将物品规整为货物单元时,作为承载面并包括承载面上辅助结构件的装置。按照不同的标准,可以将托盘分成不同的类别,其中按结构特点,可分成单面托盘、单面使用型托盘、双面托盘和双面使用型托盘 4 种;按叉车叉入方式,可分为双向进叉型、四向进叉型和局部四向进叉型 3 种;按材料,可分为木托盘、金属托盘(钢制托盘、铝合金托盘)、塑料托盘、塑木托盘(胶合板托盘、复合材料托盘)、纸质托盘等,如图 7-44 所示[8]。

a)木质托盘

b)塑料托盘

c)钢质托盘

图 7-44　木质、塑料、钢制托盘

托盘可以实现货物包装的单元化、规范化和标准化，并可以起到保护货物的作用。方便利用叉车及其他自动化设备进行搬运，从而大幅度提高装卸搬运效率，用托盘堆码货物，可以提高仓库利用率，通过托盘一贯化运输，可以大幅度降低成本。

甩挂运输作为一种先进的运输组织形式，要求运输装卸作业的单元化、规范化和标准化是甩挂运输站场的基本要求。因此，托盘是甩挂运输必不可少的集装单元器具，托盘的通用性很强，在选择时需根据货物的种类、质量以及装卸要求选择合适的托盘类型。

7. 周转箱

周转箱也称为物流箱，广泛用于机械、汽车、家电、轻工、电子等行业的运输、配送、储存、流通加工等环节。周转箱根据性能可分为可堆式周转箱、可插式周转箱、折叠式周转箱及万通板周转箱等几种类型，如图 7-45 所示。

图 7-45　可堆式、可插式、折叠式、万通板周转箱

在甩挂运输中，周转箱主要用于对运输的服务质量要求高、专业化强的甩挂运输生产作业。目前长春一汽物流有限公司和天津立和工贸有限公司两个甩挂运输试点项目的汽车零件运输中便主要采用周转箱。甩挂运输站场选择周转箱要根据运输货物的类型及其包装要求、装卸要求等具体确定。

8. 场地牵引车

场地牵引车即普通的牵引车，主要用于站场内挂车在装卸作业区与停车场之间的运输作业。场地牵引车的具体技术要求根据所牵引挂车的实际情况确定。

三、装卸设备配置

甩挂运输站场装卸搬运设备的配置数量主要由各种设备的装卸作业量确定。

1. 装卸设备配置系数

配置系数按式(7-18)计算：

$$K = \frac{Q_c}{Q_t} \tag{7-18}$$

式中：K——装卸设备配置系数，一般取 $K = 0.5 \sim 0.8$；

Q_c——利用装卸设备完成的作业量，t；

Q_t——甩挂运输站场总作业量，t。

通常情况下，当 $K > 0.7$ 时，表明站场机械化作业程度高；当 $K = 0.5 \sim 0.7$ 时，表明站场机械化作业程度中等；当 $K<0.5$ 时，表明站场机械化作业程度低。

2. 装卸设备配置数量

甩挂运输站场装卸设备的配置数量按式(7-19)计算：

$$Z=\sum_{i=1}^{m}Z_i \tag{7-19}$$

式中：Z——甩挂运输站场内装卸设备总台数；

m——装卸设备类型数；

Z_i——第 i 类装卸设备台数，

$$Z_i=\frac{Q_{ci}}{(Q_m\beta\eta\delta)_i} \tag{7-20}$$

Q_{ci}——第 i 类装卸设备日完成的作业量；

Q_m——设备的额定起重量；

β——起重系数，即平均一次吊装或搬运的质量与 Q_m 的比值；

η——日工作小时数；

δ——单位工作小时平均吊装或搬运次数，由运行距离、运行速度及所需辅助时间确定。

$$Q_t=\sum_{t=1}^{m}(H_ia_i) \tag{7-21}$$

式中：m——作业环节的数目；

H_i——第 i 个作业环节的作业量；

a_i——第 i 个作业环节的倒搬系数，根据物品的重复搬运次数确定。无二次搬运时，$a_i=1$。

甩挂运输站场装卸设备完成的总作业量，可由总作业量 Q_t 乘以设备配置系数 K 求得，即：

$$Q_c=KQ_t \tag{7-22}$$

计算某类装卸设备数量时，Q_{ci} 可由 Q_c 分配决定。

本章参考文献

[1] 中华人民共和国国家质量监督检验检疫总局，中国国家标准化管理委员会. 通用仓库及库区规划设计参数：GB/T 28581—2012[S]. 北京：中国标准出版社，2012.

[2] 关健. 基于多目标规划的物流中心设施布置设计的研究[D]. 成都：西南交通大学，2008.

[3] 林立千. 设施规划与物流中心设计[M]. 北京：清华大学，2003.

[4] 孙焰. 现代物流管理技术[M]. 上海：同济大学出版社，2004.

[5] 理查德·缪瑟. 系统布置设计[M]. 北京：机械工业出版社，1988.

[6] 玄光男，程润伟. 遗传算法与工程设计[M]. 北京：科学出版社，2000.

[7] 康立山，谢云，尤矢勇，等. 非数值并行算法(第一册)—模拟退火算法[M]. 北京：科学出版社，2000.

[8] 靳伟.《现代物流系列讲座》第三十四讲集装单元化物流[J]. 中国物流与采购，2003，17：44-45.

第八章　甩挂运输组织与管理技术

作为一种先进的运输组织方式，甩挂运输对于提升道路货物运输的组织化程度、集约化和网络化水平，促进现代物流发展和深化节能减排，具有重大的现实意义。实现组织优化、运输高效的甩挂运输，首先必须对甩挂运输流程进行科学设计，合理化的运输流程才能体现出甩挂运输的便捷优势；其次需要在运输装备、站场、信息化等方面具备良好的技术条件，除此以外，甩挂运输企业联盟的出现，为甩挂运输实现规模化、集约化和运输协同化提供了更好的平台；在甩挂运输运行过程中，为了实现运营组织的统一调度，实现整体效益的最大化，运用智能调度技术对车辆、人员和货物进行实时智能调度，提高运输效益；最后通过对甩挂运输的信息统计和数据分析，不断地优化改善甩挂运输的运营组织水平。

因此甩挂运输组织与管理关键技术主要是指包括甩挂运输组织模式、甩挂运输运营技术条件、车辆智能调度技术、甩挂运输统计与运行分析技术等多重现代信息技术、运输要素、组织管理技术的综合利用。

第一节　甩挂运输组织模式

运输组织模式是运输生产实施主体根据业务的需求与构成和外部运输条件（公路、水路、铁路、航空等），对运输的站场与设施设备、运载工具、人员等各组成要素进行统筹安排，并以运输效率最高、效益最大化为目的，经过不断调整与优化，从而形成运输组织的标准模式，具有重复性和可复制性。

一、模式划分标准

甩挂运输的组织模式特征，是以车辆使用效率最高为基本约束条件，即充分利用牵引车运输生产过程与挂车的装卸过程在空间上的分离与时间上的并行作为基础。按照以货物从起点到终点的全过程，或牵引车从起点抵达终点后返回起点的全过程作为运输组织模式的完整周期；牵引车运行线路中的节点数量，牵引车在节点网络中的运行路径这 3 个原则，可以对甩挂运输组织模式划分为基本型、循环型、网络型 3 种适合我国现阶段发展的通用甩挂运输组织模式。

二、基本型甩挂运输组织模式

基本型甩挂是指甩挂运输模式中最基础的类型，也是最简单的一种甩挂模式。基本型中依据节点数量和相互组合的差异，包含“一线两点”、“客户端甩挂”两种模式。

“一线两点”模式是指牵引车往复运行于两个装卸点之间，车辆在线路一端或两端装卸作业地点实行甩挂作业,在装卸作业地各预先配备一定数量的周转挂车,在牵引车进行运输作业时,装卸点对预先放置的挂车进行装载或卸载作业,以保证牵引车抵达后无需等待就能开始下一阶段运输任务。“一线两点”甩挂运输模式的示意图如图 8-1 所示。

图 8-1　“一线两点”甩挂模式示意图

“一线两点”甩挂运输组织模式适用于运输需求量大且稳定,货流相对平衡的短途往复式运输线路。甩挂站点主要布置在货源需求相对集中的区域。“一线两点”的模式对站场要求不高,只要有满足牵引车摘挂、换挂、转弯的场地即可,只有一端满足甩挂作业条件的称为“一线两点一端甩挂”模式,两端均满足甩挂作业的称为“一线两点两端甩挂”模式。

“客户端甩挂”(或称“一点多线”)模式是指以 1 个货运站场为中心,辐射周边小型甩挂作业点的模式,在线路两端进行甩挂。该模式也是由“一线两点”衍生而来,所不同的是,一般其运输是单向的,即在 1 个完整的运输过程中(去程 + 回程),货物从甩挂作业点向货运站场方向运输,或与之相反。因此,在该模式下,牵引车在去程是空驶,回程是满载,或与之相反[1]。客户端甩挂模式的示意图如图 8-2 所示。

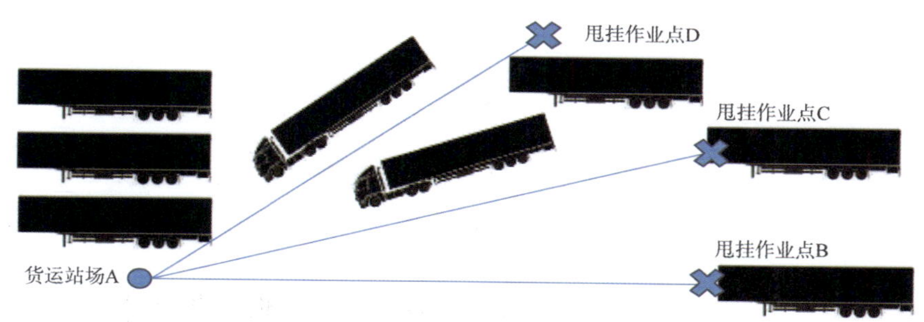

图 8-2　客户端甩挂模式示意图

“客户端甩挂”模式适用于大型货运站场与周边分布的制造型企业之间运送产成品或原材料,也可以是将大型生产基地的产成品运往周边分散的仓库。客户端甩挂模式可以很好地弥补生产企业仓库不足的情况,同时通过以箱代库配合即时生产,既节省了企业的仓储成本,又减少了一次货物装卸搬运环节,提高了运输效率。该模式多用于生产量大、周转快的生产制造企业进行产成品的运输。

三、循环型甩挂运输组织模式

循环型甩挂是牵引车从起点出发后经过线路中多个甩挂作业点后重新回到起点的甩挂运输过程,当前的应用是以“一线多点”的形式体现。“一线多点”的甩挂模式由“一线两点”演化而来,与后者的区别是线路上的甩挂作业点在两个以上,完成一次运输作业过程中,在每个甩挂作业点预存数量不等的半挂车,由单一的牵引车顺次在多个甩挂作业点进行甩挂作业,在最后一个甩挂作业点直接满载回到起点或按原路返回起点的运输过程[1]。循环型甩挂模式的示意图如图 8-3 所示。

图 8-3　循环型甩挂模式示意图

“一线多点”模式适用于线路中多个甩挂作业点之间货物流量和流向较为均匀的情况，且多个甩挂作业点有适合于甩挂作业的场地及设备。

四、网络型甩挂运输组织模式

网络型甩挂是利用先进的信息系统，依靠现有的干线运输网络，合理布局各甩挂站场，在多个甩挂站场之间进行分拨或循环甩挂作业。它是甩挂运输发展到一定阶段的产物。独立的几条线路带来的经济效益必然是有限的，发展甩挂运输的最终目的是在整个运输网络中所有线路尽可能地实现甩挂作业。网络型甩挂又分为“网络型分拨”甩挂模式和“网络型循环”甩挂模式。

“网络型分拨”甩挂模式主要在现有运输网络基础上，利用各个转运中心（分拨中心）将长途或超长途线路“分割”成多段，在转运中心和线路的端点进行甩挂作业，实现服务质量和效率的提高。“网络型分拨”甩挂的具体线路主要为线性的或单向的，而“网络型循环”甩挂则是在分拨的基础上发展起来的更高级的形式，适用于货流方向较为固定的循环线路，能将整个运输网络有机结合起来[1]，网络型甩挂运输的模式如图 8-4 所示。

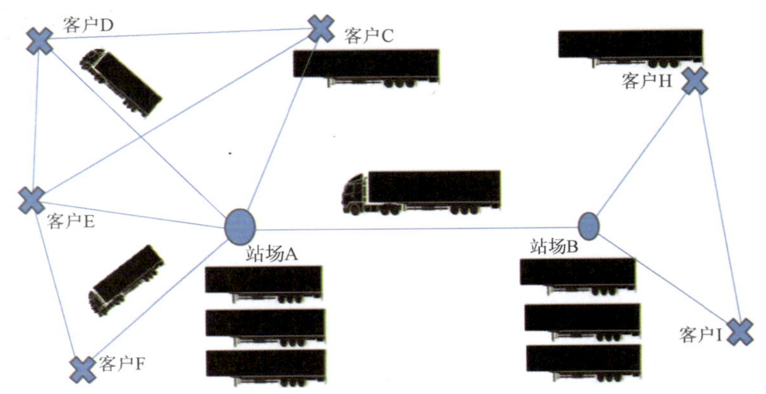

图 8-4　网络型甩挂模式示意图

网络型甩挂模式适用于网络基础良好、信息系统功能完善、车辆标准化程度较高、组货能力强的企业运作。实施主体应具备广泛的运输网络，且枢纽地区应有自有或租赁的甩挂作业站场（该站场能够满足各分支线路货物的集散），还应具备功能较为完善的信息系统，能够在运输网络内对牵引车实施灵活调度。

五、特殊型甩挂运输组织模式

在企业甩挂运输实践中，以基本型、循环性、网络型3种基本模式为基础，通过不同组合，结合客户需求与企业自身条件，衍生出集装箱甩挂、多式联运甩挂、接驳甩挂等多个各具特点的甩挂运输组织模式。

（一）集装箱甩挂运输[1]

集装箱甩挂模式就是对集装箱运输过程中采用甩挂作业的方式，表现形式有"甩挂"和"甩箱"及两者相结合的方式，主要应用于港口或内陆无水港周边，多涉及进出口业务。内陆无水港辐射连接各个分散的进出口企业，在无水港与企业之间开展短驳甩挂运输，利用内陆还箱点的优势，有效汇集区域内出口集装箱运输资源，从而保障无水港至港口之间的干线甩挂运输。在短驳甩挂中，采用"甩挂"和"甩箱"两种方式。"甩箱"即利用正面吊等设备将集装箱从挂车托板上吊下，并吊上另一待运集装箱。一般是在有装卸设备的港口、无水港等进行甩箱作业，在工厂客户端处进行甩挂作业。由于进出口集装箱多涉及海关、商检等报关、检验检疫等诸多手续，环节众多，对于运输有特殊的需求，每个环节的排队等待时间较长，因此采用甩挂模式可以大为提高牵引车的使用效率。

该模式适用于集装箱运输，线路涵盖港口、无水港及周边进出口企业，需要具备大型的集装箱吊装设备。

（二）多式联运甩挂运输

多式联运甩挂模式是依托铁路、港口等多式联运枢纽节点，围绕公铁、公水联运，开展与铁路、水运对接的集疏运甩挂。从甩挂网络形态看主要呈现以铁路、港口等为核心的一点多线的放射状分布[1]，其具体表现形式是滚装甩挂运输与铁路驮背甩挂运输。滚装甩挂运输是专门运输半挂车的水陆联运方式，即由牵引车将半挂车牵引上滚装船后，牵引车与挂车脱离，由滚装船将挂车运输至目的港，再由目的港的牵引车将船上挂车牵引至最终目的地的运输组织过程。铁路驮背运输的原理与滚装运输相同，只是中间过程使用的是专用铁路平板车。

以厢式半挂车为标准运载单元的滚装甩挂、驮背甩挂等多式联运甩挂模式，已成为欧美国家内贸运输的主要形式。由于各种运输方式具有各自不同的技术经济特点，载货汽车长途货运在成本、能耗等方面并不具有优势，因此各国普遍在长途货运中尽可能使用铁路和水运等相对低成本、低能耗的运输方式，但解决最后一公里"门到门"服务仍需依赖载货汽车运输，故而必须更多使用联合运输（欧洲称 combined transport）的组织方式——即以厢式半挂车为基本运载单元、运输过程中无需拆解、能够实现载货汽车—船（火车）—载货汽车便捷转运的一种特殊多式联运。水路滚装甩挂、铁路驮背甩挂就是这种特殊多式联运的主要表现形式。

当前，适应绿色、低碳发展的需要，多式联运已经成为货物运输的主要发展方向。按照"尽可能将更多的公路货运转向铁路和水运"的基本思路，只要综合运网条件具备，只要是适箱货物，则尽可能采用滚装甩挂、驮背甩挂等多式联运方式，尤其是长途货运，必须充分挖掘多式联运的最大潜力。

在中国，近海航道条件良好，内河航运条件也在不断改善，铁路货运能力正在逐渐扩大，未来发展滚装甩挂、驮背甩挂的潜力巨大。但要真正发展起来，当前还面临综合运网衔接不畅、设施设备标准化程度不高、缺乏具备精细化运作能力的多式联运经营主体等突出问题，尤其是作为基本运载单元的厢式半挂车标准落后、车型杂乱，缺乏与之相匹配的专用滚装船、专用铁路平车，相关的管理和服务规范也是完全空白，滚装、驮背甩挂中的车、船、站、运、管难以一体化协同，以厢式半挂车为标准运载单元的内贸多式联运体系基本上还未起步，未来发展任重而道远。

（三）接驳甩挂运输

牵引车和挂车组合运行中有两种接驳甩挂模式，一是“对向行驶、中间换挂、原路返回”模式，二是“网络多向行驶、中途按需换挂、重新集约组合”模式。欧美国家应用较多，我国国内却几无所见。

第一种模式主要适用于固定线路的长途（美国一般800km以上）货运，要求双向货源较稳定、双向对开的时间计划对应周密，确保在对向行驶的中间地带可以适时衔接换挂。当然，其对中途换挂的站场设施、车型的标准化程度有相应的要求。在我国，目前由于主要干线公路两边的停车场所并不缺少（尤其是高速公路服务区沿线密布），单一公司内部车型标准化程度也较高，故在单一公司内部实行长途货运接驳甩挂运输，并不存在大的技术性障碍。但是会增加企业运营组织成本，且对公司的精细化管理有较高要求。

第二种模式主要适用于网络型的物流运作，且一般需要有全挂、多挂汽车列车的参与（如果单纯只是半挂汽车列车，此种模式的适用性很有限，因为两台半挂牵引车之间一挂换一挂，并不能达到节省运力、提高运作效率的目的）。目前在我国，由于全挂汽车列车受到限制、双挂及多挂汽车列车受到禁止，此种运作模式根本不可能得到发展。而且，我国现阶段物流业发展整体集约化水平低，货源组织、企业规模、车型标准等均难以满足其运行的基本要求。

总体而言，对于双向货源稳定、距离超长的线路，应尽可能安排第一种模式的接驳甩挂，从而减轻驾驶员劳动强度，提高运输的安全性，减少人工成本。对于网络化程度较高、各个流向货源不够均衡、运输组织效率挖潜空间较大的运输企业，可通过精细化的货物配载和运力调度，应尽可能组织第二种模式的接驳甩挂。

第二节　甩挂运输运营技术条件

甩挂运输运营技术条件即支撑甩挂运输各环节合理化、高效化运转起来的各种技术条件，包括甩挂运输组织、运输装备技术条件、甩挂运输站场技术条件、信息化技术条件以及甩挂企业联盟模式等5个方面。甩挂运输流程设计的合理性、运输装备的数量及质量、站场的条件及运输组织信息化程度都极大地影响甩挂运输组织的效率和效益。另外，单一的甩挂运输企业由于自身资源的有限性，难以实现最优经济运输，因此，只有通过企业战略联盟，才可以把运输各个环节联合起来，降低各自的经营成本，提高各企业的资源利用率。

一、甩挂运输组织

不论是“循环型”甩挂组织模式还是“网络型”甩挂组织模式，都是以“一线两点”为基础，“一线两点”是各种甩挂组织模式的基础单元，运输流程设计即对每一个基础单元进行设计。根据运输组织学相关理论，运输过程分为技术准备过程、基本运输过程、辅助运输过程和运输服务过程等，此处主要对基本运输过程和辅助运输过程进行详细的设计。当前国内外对道路运输组织的分类是基于托运人一次托运的货物是否够整车来划分，即分为零担货物运输组织和整车运输组织。甩挂运输组织作为道路运输组织的一种，也应根据零担和整车进行分别设计。

（一）整车甩挂运输组织

所谓整车运输是指按整车办理承托手续、组织运送和计费的货物运输。即托运人一次托运的一批货物的质量、性质、体积、形状需要以 1 辆或 1 辆以上货车装运的汽车运输。流程图如图 8-5 所示，其主要流程如下。

1. 托运受理

在托运受理过程掌握托运的单据、货物限制、注意事项、保险等规定。

2. 承运验货

承运人在接收货物前，应对托运单进行审核，审核合格后方可验收货物，验收时应仔细检查所运货物，以避免货物受损等赔偿责任。

3. 计划配运与派车

整车甩挂运输一般在客户端处进行甩挂，因此运输企业会在托运人处预留若干挂车。调度中心根据业务计划，将装车信息发往装货处，运输企业的驻站人员开始检查货物包括品名、件数与托运单是否一致以及包装的情况。然后安排装车作业，装载应合理，并注意装货的顺序。

同时，调度中心安排附近空闲牵引车前往拖带挂车。牵引车到达后，挂上装载完成的挂车，再一次检查货物装载情况，并与驾驶员办理交接手续。

4. 运送与途中管理

驾驶员在运送途中随时注意车辆的技术状况，保证货物的安全性。有条件的企业可安装相关信息系统进行监控。

5. 到达卸货交付

车辆到达目的地后，与驻站人员完成相关单证的交接，然后甩下挂车。根据调度中心的指示挂上另一待运挂车，开始新一轮运输。

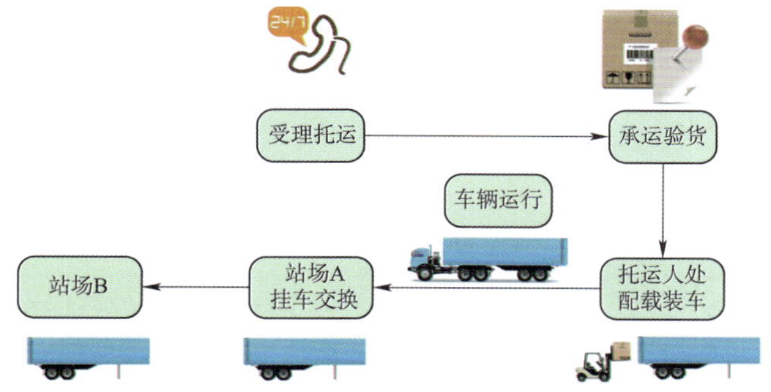

图 8-5　整车甩挂运输组织流程图

(二)零担甩挂运输组织

零担运输指按零散货物办理承运手续、组织运送和计费的货物运输。即托运人需要运送的货不足一车,作为零星货物交运,承运部门将不同货主的货物按同一到站凑整一车后再发运的形式。普通零担运输与零担甩挂运输的基本工作过程是一致的,甩挂模式下多了牵引车与挂车的组合过程,其流程图如图8-6所示。

1. 货源组织

与整车甩挂运输不同,零担货物甩挂还有一个零担货源组织工作。该工作始于货源调查,止于货物受理托运,是为寻找、落实货源而进行的一切组织工作。零担货源的具体组织方法包括实行合同运输、设立零担货运代办站(点)、委托社会相关企业代理零担货运业务、聘用货运信息联络员建立货源情报网络、设立电话受理业务以及网上接单业务等。

2. 受理托运

托运受理是指零担货物承运人根据经营范围内的线路、站点、运距、中转站及各车站的装卸能力、货物的性质及受运限制等业务规则和有关规定接受托运零担货物、办理托运手续。

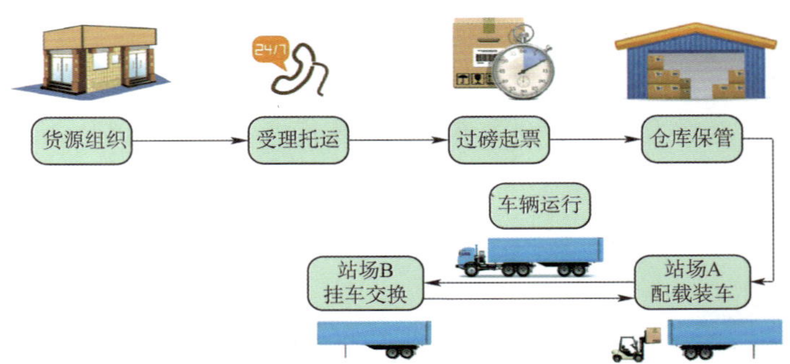

图8-6　零担甩挂运输组织流程图

3. 过磅起票

零担货物受理人员在接到托运货物后,应及时验货过磅,认真点件交接,做好记录。按托运单编号填写货物标签,填写零担货物运输货票,收取运杂费。

4. 仓库保管

零担货物进出仓要照单入库或出库,做到以票对票、票票不漏、货票相符;零担货物仓库应严格划分货位,一般可分为待运货位、急运货位、到达待交货位。零担货物仓库要具有良好的通风能力、防潮能力、防火和灯光设备、安全保卫能力。

5. 配载装车

1)零担货物的配载原则

(1)中转先运、急件先运、先托先运、合同先运。

(2)尽量采用直达方式,必须中转的货物,则应合理安排流向。

(3)充分利用车辆额定载货量和容积。

(4)严格执行混装限制规定。

(5)加强对中途各站待运量的掌控,尽量使同站装卸的货物在质量和体积上相适应。

2)装车准备工作

(1)按车辆容积、载重和货物的形状、性质进行合理配载,填制配装单和货物交接清单。填单时应按货物先远后近、先重后轻、先大后小、先方后圆的顺序进行,以便按单顺次装车,对不同到达站和中转的货物要分单填制。

(2)将整理后的各种随货单证分别附于交接清单后面。

(3)按单核对货物堆放位置,做好装车标记。

3)装车

对于甩挂运输组织,该过程需要在信息系统的指令下完成。当接到系统发出的提前装车通知时,站场(点)即预先安排停在场内的挂车进行装车。装车时需要注意以下几点:

(1)按交接清单的顺序和要求点件装车。

(2)将贵重物品放在防压、防撞的位置,保证运输安全。

(3)检查车辆、关锁及遮盖捆扎情况。

6. 挂车交接

牵引车到达站场(点)后,将挂车甩下,甩下的挂车由站场工作人员安排卸货及配送。随后牵引车将之前装载完成的挂车挂上,并与站场管理人员完成相关单证的交接。

7. 车辆运行

牵引车拖带挂车驶往目的地站场。

二、甩挂运输装备

作为运输组织中的重要组成部分,运输装备的要求极大地影响了运输组织的效率。运输装备的种类、数量、技术要求以及汽车列车的不同组合,都对运输组织的每一个环节起到不同的作用。

(一)运输装备种类

甩挂运输车辆装备包括不同类型的牵引车、半挂车、全挂车及中置轴挂车,以及由其组合而成的汽车列车。牵引车辆又分为半挂牵引车、牵引货车、站场用牵引车3类,挂车可分为半挂车、全挂车、中置轴挂车3类,常见汽车列车可分为半挂式汽车列车、全挂式汽车列车、中置轴式汽车列车3种,在此基础上,应用一些专用结构和装备进行组合,可形成双挂汽车列车甚至是多挂汽车列车。

(二)汽车列车的技术要求

作为牵引车和挂车的不同组合,汽车列车在技术要求上主要有以下两个特点。

1. 高度标准化

包括牵引车和挂车各自的车型标准、牵引车和挂车连接方式的技术标准、牵引车和挂车组合时的匹配技术标准等。其中牵引车和挂车各自的技术标准是基础性技术标准,根据车辆结构安全、道路通行要求(轴荷标准、外廓尺寸标准等)等确定;牵引车和挂车连接方式的技术标准主要涉及连接锁销的尺寸、牵引台平面(鞍座高度、后回转半径)、鹅颈形状等;牵引车和挂车组合时的匹配技术标准主要指根据牵引车的牵引能力所能拖带的挂车数量及型号要求。

2. 不同的适用性

单半挂汽车列车的通用性最好，除了大宗物资（煤炭、矿石、建材等）外，其他适箱货都可适用。欧洲的双挂汽车列车一般是一长（40 英尺厢式半挂）加一短（可拆卸箱体或者中置轴短挂），美国的三挂汽车列车则是三个短半挂，“短挂”一般用于包裹、快递运输。美国还有一种 10 轴的超长汽车列车，则专用于资源性货物运输（即煤炭、矿石、建材等）。澳大利亚三轴以上的重型汽车列车也主要是用于资源性货物运输。单半挂汽车列车、两个短挂组成的汽车列车可以在所有非限定公共道路上行驶，而两个长挂、三挂以及多挂汽车列车一般只能在特定等级的公路路段上行驶（由公路部门指定）。

（三）运输装备数量配置

车辆配置包括牵引车和拖挂比配置。在甩挂运输发展的高级阶段，应从运输网络整体来考虑车辆的配置，根据需要在各网络节点灵活调配车辆。而在甩挂运输的起步阶段，由于缺乏实践的经验仍然需要针对某线路进行车辆的配置。牵引车配置不足会导致运输任务无法按时完成，从而影响企业声誉；牵引车配置过剩会造成运力浪费增加企业负担。某线路上牵引车的数量主要通过甩挂运量及运输效率确定。牵引车数量采用式（8-1）计算：

$$N_i = \frac{D_i}{t_i \cdot d_i \cdot \eta_i} \tag{8-1}$$

式中：N_i——某一具体线路牵引车配车数量，辆；

D_i——特征年具体线路每日单向最大货运量，t/天；

t_i——牵引车运行次数，次/天；

d_i——挂车核定载质量，t；

η_i——吨位利用率，%。

甩挂运输挂车数量的设置十分关键。如果挂车数量不足，牵引车会增加等待挂车的时间，进而影响甩挂运输的效率。如果挂车数量过剩，挂车非作业时间增加，会增加购置挂车的成本。通常来讲，挂车数量的确定与车辆在途运行时间、装卸时间以及该线路投入牵引车车辆数关系密切。某条线路的挂车配比数量具体可根据以下公式测算。

$$N_{2i} = N_{1i} + N_{ai} + N_{bi} + \cdots + N_{ni} \tag{8-2}$$

式中：N_{2i}——第 i 条线路配置挂车数量，辆；

N_{1i}——第 i 条线路配置牵引车数量，辆；

N_{ai}——第 i 条线路 a 端站场预留挂车数量，辆；

N_{bi}——第 i 条线路 b 端站场预留挂车数量，辆；

N_{ni}——第 i 条线路 n 端站场预留挂车数量，辆。

$$N_{ai} = \mathrm{INT}\left(\frac{T_{ai}}{T_{1i}} - 0.001\right) + 1 \tag{8-3}$$

式中：T_{ai}——第 i 条线路 a 端站场中装卸时间，h。

$$N_{bi} = \mathrm{INT}\left(\frac{T_{bi}}{T_{1i}} - 0.001\right) + 1 \tag{8-4}$$

式中：T_{bi}——第 i 条线路 b 端站场中装卸时间，h。

$$N_{ni}=\text{INT}\left(\frac{T_{ni}}{T_{1i}}-0.001\right)+1 \tag{8-5}$$

式中：T_{ni}——第 i 条线路 n 端站场中装卸时间，h。

$$T_{1i}=\frac{T_{2i}}{N_{1i}\cdot r_i}\times 2 \tag{8-6}$$

式中：T_{1i}——第 i 条线路上两牵引车发车间距时间，h；

T_{2i}——第 i 条线路单趟在途运行时间与进站趟检时间之和，h；

N_{1i}——第 i 条线路配置牵引车数量，辆；

r_i——第 i 条线路上两牵引车发车间距时间调节系数，一般取1.0～1.2。

三、甩挂运输站场

根据我国目前的甩挂运输运作实际，运输站场主要包括货主自有站场、公共型站场两大类。对于集装箱甩挂模式还有一种特殊的站场，即内陆无水港。

1. 货主自有站场

货主自有站场一般为工商企业（货主）服务自身生产经营、商贸活动的仓储设施，依托生产基地，具有可供挂车装卸作业的标准装卸平台，由货主自建自管。从事整车运输的运输企业一般直接将挂车放在货主站场并进行甩挂运输作业，促进货主提高物流效率、降低库存成本。

2. 公共型站场

公共型站场是货物流通的集散地，是组织货物运输服务的重要依托。无论是传统运输还是甩挂运输依托的货运站场本质上并没有太大差异，都是要完成运输组织、中转换装、装卸存储等功能。甩挂运输对货运站场的特殊性需求主要体现在甩挂作业区、装卸平台、挂车停车场及场地牵引车的配置等方面。由于甩挂运输所采用的汽车列车大都是多轴、大吨位车辆，车辆长度普遍偏长，牵引车加挂车长度达20m左右，因此甩挂作业区的设置应充分考虑车辆的长度及宽度，并根据列车转弯半径预留合适的通道。对于零担运输还需仓库两侧布设装卸平台，牵引车则拖带挂车背靠装卸平台将挂车卸下，以方便挂车进行装卸货。由于甩挂运输时一辆牵引车拖带多辆挂车，且大部分挂车要进行预留作业，因此货运站场会滞留大量挂车，相应地需要配置挂车专用停车场以及进行场地内短驳的场地牵引车[1]。

其中，公共型站场中，有一类较为特殊的是内陆无水港，是随着我国对外贸易日趋活跃，由海关、边检等通关业务行政机构向内陆延伸而形成的一类公共型站场。

无水港是指在内陆地区建立的具有报关、报验、签发提单等港口服务功能的物流中心。在无水港内设置有海关、检验检疫等监督机构为客户通关提供服务。同时，货代、船代和船公司也在无水港内设立分支机构，以便收货、还箱、签发以当地为起运港或终点港的多式联运提单。内陆的进出口商则可以在当地完成订舱、报关、报检等手续。内陆无水港的甩挂作业采用了“甩挂”与“甩箱”相结合的方式。即挂车空余时采用“甩挂”模式，挂车紧张时利用吊机进行“甩箱”作业。

四、甩挂运输信息化

与传统运输组织模式相比，甩挂运输的有效组织更需要完善的信息系统作为支撑，以通过对车载终端的交互,实现对车辆的动态调度;通过货运站场的信息管理,将货运站基础信息与驻场、待入场车辆的动态空间信息相结合,实现牵引车的快速摘挂;通过货物信息采集、货物的跟踪实现对货源的管理。利用现代管理科学和信息技术建立起来的现代信息网络系统,能够实现车辆、货源、站场、人员信息的有效整合,提高企业甩挂运输组织效率,进而提高企业经济效益和核心竞争力。支撑甩挂运输的主要信息化项目,有车辆智能调度系统、作业站场管理信息系统、运输组织与订单管理系统、甩挂运行实时监控系统、甩挂运输燃料消耗监测系统等[1]。

五、甩挂运输企业联盟

单一的甩挂运输企业由于自身资源的有限性,难以实现最优经济运输,更难以实现企业对服务整体的有效控制,无法使运输全过程的价值与经营活动发挥最大的效用。因此,只有通过企业战略联盟,才可以把运输各个环节联合起来,降低各自的经营成本,提高各企业的资源利用率,实现企业联盟的规模优势。通过合作以达到整个联盟的最大收益,分享更多的利润,同时可以创造新的市场机会,提高企业自身的竞争力,达到扬长避短,最大限度地发挥企业各自优点的目的,促进联盟企业取长补短完善自身的服务体系。

企业实施联盟与高价值、高效益、高风险、高失败率并存,使许多企业望而却步,其中的原因之一是联盟企业间存在着企业文化、发展理念等方面的差异,使联盟最终有可能走向瓦解。因此,有必要在建立战略联盟的同时找出导致联盟可能瓦解的各种风险,做好相应的防范工作。

第三节　甩挂运输车辆智能化调度技术

车辆智能化调度技术是一种对卫星导航、移动通信、地理信息系统、计算机技术等进行综合应用的技术,通过信息化手段解决甩挂运输过程中牵引车、半挂车、作业人员及货物的组织与调度问题。车辆智能化调度技术的应用是提高甩挂运输运行效率的重要举措,对提高甩挂运输企业的服务水平和作业效率具有显著的促进作用。

一、甩挂运输调度中存在的问题

甩挂运输车辆调度的优化主要包括配货优化、在途运输路径优化及送货路线优化等。在我国甩挂运输的运输组织中存在以下问题[2]。

1. 车辆空载问题较严重

因为车辆运输节点间往来货物不均匀,配货信息传达不及时,使得车辆空载率较高,容易造成甩挂运输过程中人力、物力的极大浪费,不利于物流企业降低运输成本,获取更高的收益。

2. 车辆路径有待优化

在实际运输活动中,造成车辆路径问题产生的原因往往存在着大量的不确定性,如交通事故、道路堵塞、车辆故障、货物是否充足、线路制定者的主观偏好以及天气和驾驶员人为因素等,都会导致车辆路径问题的不稳定、不可测甚至瞬息万变。这常常会超出最初运输计划所设想的问题范围,从而阻碍计划的顺利完成。

3. 车辆调度作业智能化程度不高

大多数甩挂运输车辆调度都是工作人员凭经验来完成的,虽然工作人员对车辆调度方面有丰富的经验,但毕竟是凭主观经验,对于不可预见的突发事件应对能力不足,容易造成运输资源的浪费。

因此,本节围绕甩挂运输车辆智能调度问题,结合甩挂运输的组织模式,设计甩挂运输智能调度系统及车载智能终端,进行牵引车和挂车的匹配,在满足各类客户需求的条件下,最大限度地降低物流成本,提高运输企业的服务水平和经济效益。

二、甩挂运输智能调度系统设计方法

(一)甩挂运输智能调度系统总体架构设计

甩挂运输智能调度系统总体架构[3]如图8-7所示。主要由订单管理、车辆监控、智能调度、统计分析等部分组成,根据企业运营组织形式通过标准接口及互联网、短消息等多种发布方式为运输公司提供车辆智能调度方案;为制造、商贸企业提供物流过程信息;为牵引车、挂车运输企业提供车辆实时在线监控;系统还可以通过标准接口与企业ERP系统、站场监控系统对接,获得人、车、货、站场等信息,根据相应的调度技术模型进行智能调度。

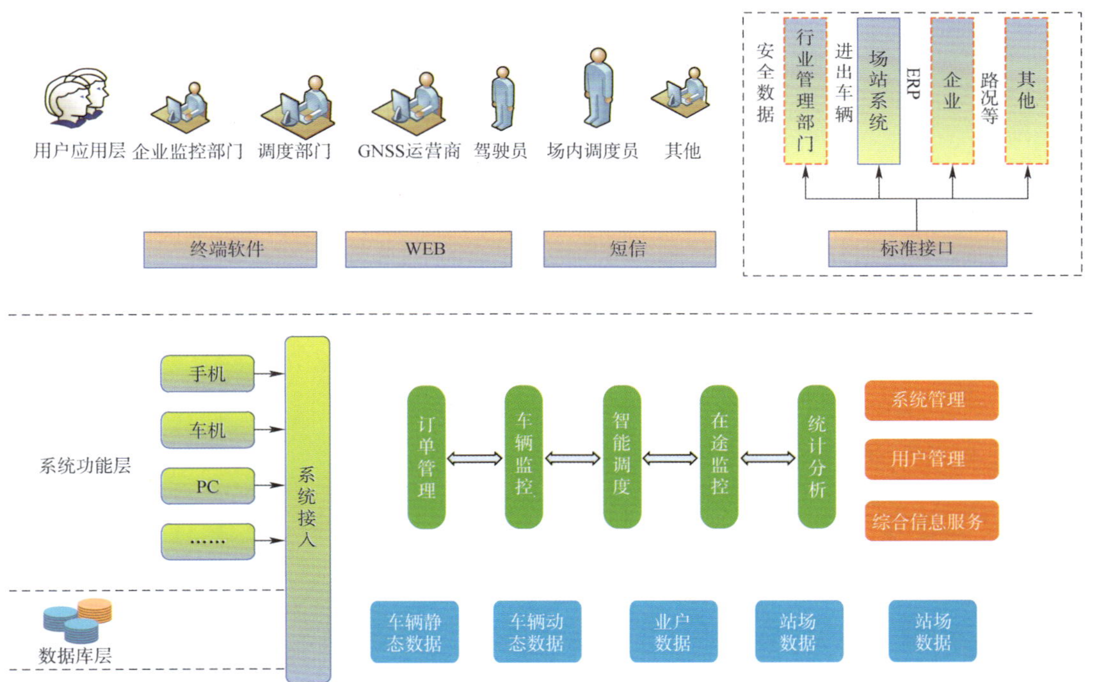

图8-7　甩挂运输智能调度系统总体架构

甩挂运输智能调度系统可实现甩挂运输车辆智能调度管理、车辆实时监控及在途跟踪等功能。在接入系统的设计上,能够连接车载智能终端、手机、RFID、PC等多种数据设备,提高了调度系统的数据接入能力,保证了系统可用性。在用户应用层方面,运输企业内部、运输企业之间及各类企业用户可以通过互联网、手机短信等途径直接对系统进行访问。系统还能够适应用户不同的应用习惯,保证用户随时随地都能获得所需系统服务。

此外,系统还通过标准接口与企业ERP、站场监控系统等系统连接,为智能调度系统提供必要的数据支持。针对信息化应用水平较高的企业,系统能够通过标准接口与企业自己的 ERP 连接,使企业的 ERP 系统能够自动从该系统中获取智能调度数据(例如车辆动态数据、实时交通数据等),提高企业整体信息化水平。

(二)甩挂运输业务流程设计

甩挂运输业务流程主要分为托运受理、计划配送及派车、运输与途中管理、到达卸货交付阶段。甩挂运输基本业务流程如图 8-8 所示。

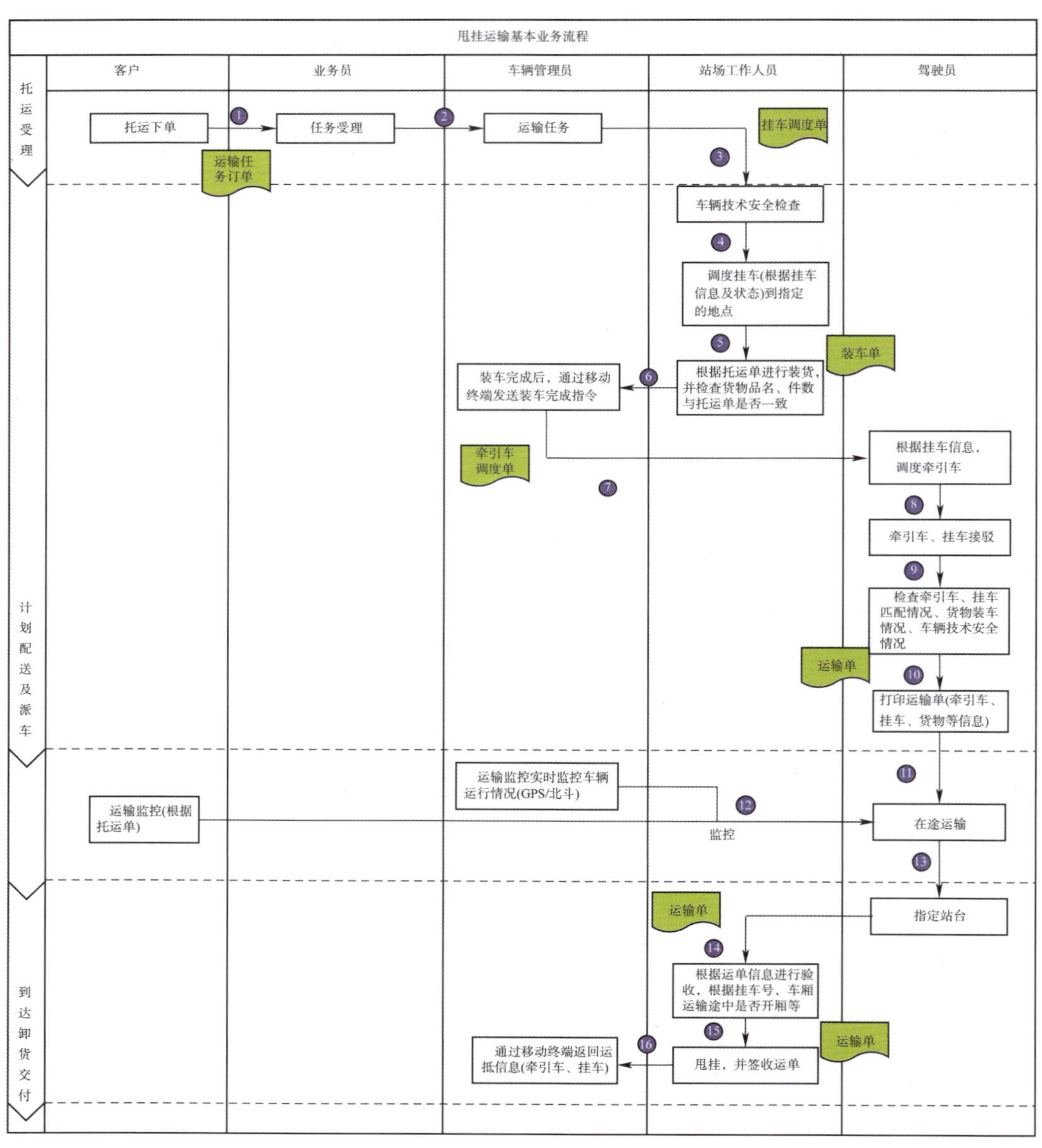

图 8-8　甩挂运输基本业务流程

(1)客户向运输企业业务员托运下单。

(2)业务人员根据确认托运单,掌握托运的单据、货物限制、注意事项、保险、运输日期、车辆要求等信息，给车辆管理员下发运输任务。

(3)车辆管理员根据运输任务通过甩挂运输智能调度系统下达挂车调度指令。

(4)站场工作人员对挂车技术条件进行安全检查，确认挂车满足运输任务安全的各项指标。

(5)站场工作人员调度挂车到指定装货地点。

(6)站场作业人员根据托运单进行装货，并检查货物品名、件数等基本信息是否与托运单一致，站场工作装车完成之后，对车门进行铅封，并把铅封号发给调度人员和收货人。

(7)车辆管理员收到装车完成指令后，调度牵引车。

(8)牵引车驾驶员根据调度单到指定位置。

(9)驾驶员进行牵引车、挂车接驳。

(10)驾驶员检查牵引车与挂车的匹配情况，厢门的铅封情况，确保牵引车车辆技术安全及货物安全。

(11)驾驶员打印运输单，进行运单确认，办理交接手续。

(12)有条件的客户和车辆调度人员可进行货物的在途监控。

(13)驾驶员在运送途中随时注意车辆的技术状况，保持货物的安全性。

(14)驾驶员根据运单信息将牵引车和挂车停靠在指定站台。

(15)站场工作人员验收运输任务，确认货物在途安全。

(16)驾驶员驾驶车辆到达目的地后，与驻站人员完成相关单证的交接，然后甩下挂车。根据调度中心的指示挂上另一待运挂车，开始新一轮运输。

(三)甩挂运输智能调度系统功能设计

甩挂运输智能调度系统功能包括基础资料管理、订单管理、站场管理、甩挂车装配、陆运管理、调度管理、监控管理、权限管理和车辆线路维护九大功能。甩挂运输智能调度系统的主要功能框架如图8-9所示。

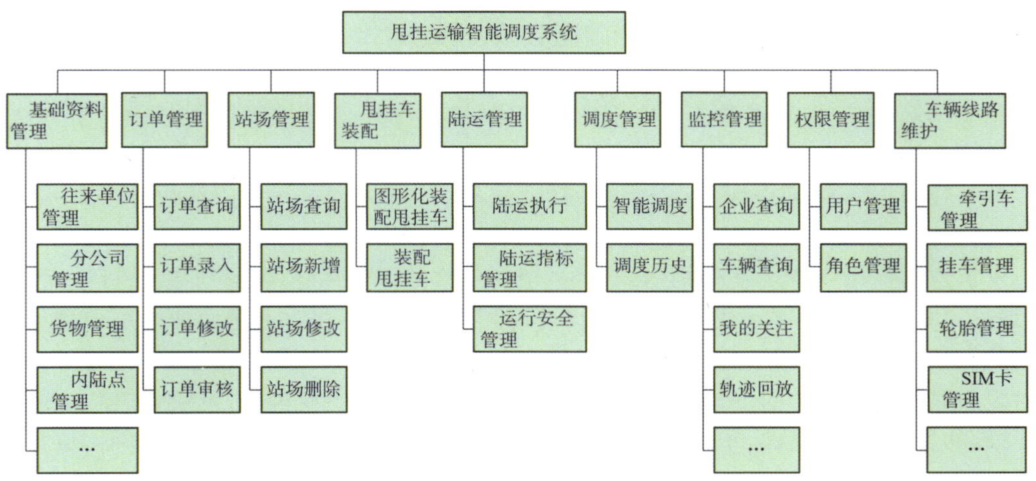

图8-9　甩挂运输智能调度系统的功能

1. 基础资料管理

基础资料管理主要包括往来单位管理、分公司管理、货物信息管理、国家管理、内陆点管理、币种管理、系统代码管理等功能，并支持以上信息的查询、新增、修改、删除和审核等操作。

2. 订单管理

订单管理主要是维护订单信息，提供查询、新增、修改、删除和审核等功能。为装配甩挂车提供订单数据。当有新的订单需要维护时，需要订单管理模块对订单进行维护。

3. 站场管理

站场管理主要是维护站场信息，提供查询、新增、修改和删除等基本功能。为订单管理、陆运管理、车辆管理提供基础数据。当维护订单时，需要用到站场管理模块维护的站场信息。

4. 甩挂车装配

甩挂车装配主要包括图形化装配和非图形化装配两种模式。图形化装配是通过图形界面装配甩挂车，提供查询、生成派车功能，可以生成陆运单，为智能调度提供必要数据。非图形化装配则是不通过图形界面的方式装配甩挂车，其他功能与图形化装配相同。

5. 陆运管理

陆运管理主要包括陆运执行、陆运指标管理和运行安全管理。陆运执行用于查看生成的陆运单以及修改陆运单的状态，为智能调度提供必要数据；陆运指标管理用于维护陆运指标信息，提供查询、新增、修改和删除等基本功能；运行安全管理用于维护运行安全信息，提供查询、新增、修改和删除等基本功能。

6. 调度管理

调度管理主要包括智能调度、调度历史两个功能。智能调度提供牵引车和挂车的智能匹配及调度单的下发；调度历史提供查询功能，查询指令（自动响应、接受、匹配成功、车辆出发、车辆到达、拖挂等）下发成功与否。

7. 监控管理

监控管理主要包括企业查询、车辆信息搜索、我的关注、车辆详情、轨迹回放、重点监控、放大缩小、测面、测距、批量跟踪、批量点名和在途监控等功能。企业查询功能可模糊查询企业名称及车辆情况，进而查看该企业下所有车辆信息；车辆信息搜索功能可通过车牌号、内部编号或者终端手机 SIM 卡号进行查询；用户可以通过“我的关注”功能实现对重点车辆进行关注和快速查询车辆等操作；车辆详情功能包括当前车辆动态信息、驾驶员信息、组织信息、线路信息和终端信息；轨迹回放功能显示车辆的行驶轨迹；重点监控功能中用户可对车辆下发重点监控指令，车辆按照要求定时上报指定次数的位置信息，对车辆进行重点监控；放大缩小功能可选择不同级别的地图，对应鼠标滚轴的放大和缩小；测面功能用于测量制定区域的面积；测距功能用于测量地图位置点之间的距离；批量跟踪功能是对多车进行跟踪，实时更新显示车辆上传的位置、行驶方向、车速、转速和瞬时燃料消耗；批量点名功能可对多个车辆同时进行点名操作，车辆需将当前位置立刻上传到平台，并且在地图上进行位置更新显示；在途监控功能用于显示在途的车辆信息。

8. 权限管理

权限管理主要包括用户管理和角色管理两个功能。用户管理用于维护用户信息；角色管理用于维护角色信息。

9. 车辆管理与路线维护

车辆管理与路线维护主要包括牵引车管理、挂车管理、轮胎管理、车辆注册、SIM 卡管理、终端管理、驾驶员管理、线路管理及车队管理。牵引车管理功能包括维护牵引车信息，提供查询、新增、编辑和删除等基本功能，为车辆注册，智能调度提供基础数据；挂车管理功能用于维护挂车信息，提供查询、新增、编辑和删除等基本功能，为车辆注册、装配甩挂车提供基础数据；轮胎管理用于维护轮胎信息，提供查询、新增、编辑和删除等基本功能；车辆注册用于注册车辆信息，将智能车载终端同车辆信息、SIM 卡信息绑定，提供查询、新增和解绑等操作；SIM 卡管理用于维护 SIM 卡信息，提供查询、新增、编辑和删除等基本功能，为车辆注册提供基础数据；终端管理用于维护终端信息，提供查询、新增、编辑和删除等基本功能，为车辆注册提供基础数据；驾驶员管理用于维护驾驶员信息，提供查询，新增、编辑和删除等基本功能，为车辆管理提供基础数据；线路管理用于维护线路信息，提供查询、新增、编辑和删除等基本功能，为车辆管理提供基础数据；车队管理用于维护车队信息，提供查询、新增、编辑和删除等基本功能。

三、甩挂运输车载智能终端系统[4]

（一）车载智能终端系统设计思路

车载智能终端系统主要包括牵引车传感器，牵引车终端和挂车终端等部分。系统拓扑图如图 8-10 所示。

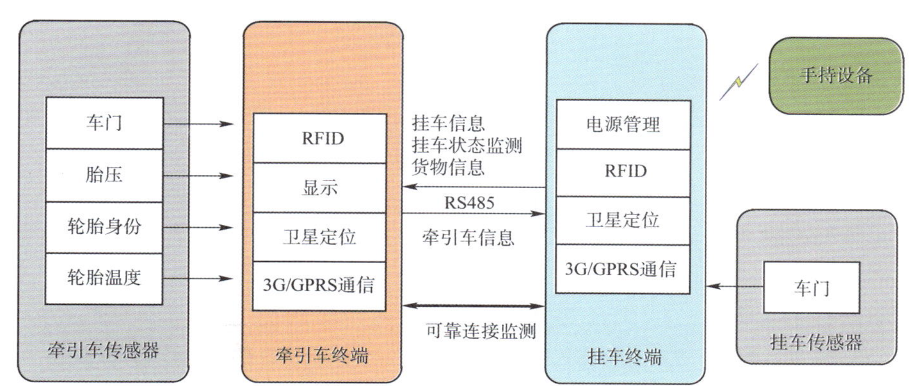

图 8-10 车载智能终端系统拓扑图

1. 初步设计

甩挂运输调度车载智能终端系统主要由牵引车终端、挂车终端及彩色调度屏组成。

1）终端主机

终端主机包括微处理器、数据存储器、卫星定位模块、车辆状态信息采集模块、无线通信传输模块、实时时钟、数据通信接口等部分，可包括显示器、打印机和读卡器。如果显示器、打印机、读卡器不包含于主机本体上，则其可列为外部设备，但主机留有相应接口。

2）外部设备

外部设备包括卫星定位天线、无线通信天线、应急报警按钮、语音报读装置，可包括通话装置、操作键、读卡器、打印机和显示器等信息发布设备，以及图像、视频、音频、驾驶员身份、电子运单和物流等信息采集设备。彩色调度屏通过 Wifi 或者有线的方式与牵引车车载终端设备连接并显示车辆状态信息。

3)行业标准符合性

牵引车终端的外观、功能及性能应符合《道路运输车辆卫星定位系统车载终端标准》(JT/T 794—2011)要求。

4)牵引车终端与挂车终端的匹配

根据甩挂车辆的工作场景,在牵引车连接上挂车时,以牵引车终端为主,挂车终端为辅,牵引车获取挂车的所有信息,并对挂车进行信息匹配,例如牵引车终端获取挂车的类型、容量、货物的种类、货物数量、发货地、目的地货主等信息;而当牵引车与挂车脱挂时,则各自的终端能够独立工作。

牵引车终端与挂车终端通过串口连接进行数据指令交互。为了避免单一通信造成的不可靠性,特设计相互的可靠连接检测,检测可以通过物理有线的方式实现,并且可以多预留几个信号作为冗余判断。

在智能匹配时,牵引车终端与挂车终端之间通过 RS485 连接,挂车终端将数据传递到牵引车终端。

挂车终端在没有和牵引车终端配对时,进入休眠状态,定时唤醒向系统平台发送定位数据;挂车和牵引车配对时,退出休眠状态,向平台发送位置信息和状态信息,通过串口向牵引车车载终端设备发送智能识别信息,在完成识别后向平台传递识别状态信息并发送配对信号。

5)RFID 自动识别

牵引车单独或者拖挂状态下,都可通过 RFID 自动识别站场进出信息;同理,挂车终端也可以通过 RFID 自动识别站场进出信息。两个终端的 RFID 既可独立使用,也可互为配合使用,作为各自的冗余备份,避免因为单个终端通信故障造成监控无数据情况。

管理人员可通过手持终端与挂车终端 RFID 通信,把相关的货物信息、货主信息、挂车信息等写入到挂车终端中。

6)挂车信息上报

牵引车与挂车连接时,牵引车终端获取挂车终端内的相关信息,并对信息进行匹配,同时上传到监控平台。脱挂时,牵引车终端上传到平台的信息不含任何挂车终端的信息。

7)电源性能要求

牵引车终端与挂车终端必须保证电源安全。

由于挂车终端存在长时间不供电的情况,因此挂车终端低功耗设计非常重要,通过加大电池并且延长上报信息的时间间隔,使其长时间处于休眠状态以达到节约用电的目的。

8)拓展功能

用户可以通过彩色调度触屏与终端进行信息互动。彩色调度屏除了显示牵引车和挂车的状态信息外,还提供天气提醒、导航、车与货的查询服务。

2. 详细设计

为了能够更好地获得车辆数据,采集甩挂车辆信息,甩挂运输车载智能终端详细功能设计见表 8-1。

车载智能终端详细设计

表 8-1

终端	分类	要求	
挂车终端	基本功能	有线数据接口	能够与外接设备通信
		无线数据接口	与其他车机、手持设备等通信
		开关量、模拟量采集	开关量和模拟量采集(挂车电气信号采集)
		网络通信	信息上报:挂车可以把自身信息直接上传到中心
		短距离通信	与半挂牵引车之间通信,有线或者无线
		显示和手动输入	选装的扩展接口
		扩展接口	外接设备通信设置使用
		定位功能	挂车单独定位
		超低功耗	保证在挂车长时间单独放置时,保持可工作状态
		高低温特性	-20~70℃
		与牵引车终端信息交换	挂车和牵引车终端能够信息交换
		行驶里程数据采集	能获取挂车行驶里程表
		速度数据采集	能获取挂车运行速度
	RFID	远距离通信	远距离读取标签,有源电子标签(2.45GHz 或 5.8GHz)
		不停车收费系统识别模块	与绑定的银行账户直接收费结算
	数据连接	主机	可与牵引车终端系统连接
		中心	可与指挥中心通信
		手持终端	可以和场站工作人员的手持终端通信
	数据采集	传感器	质量、轮胎状态(品牌、温度、气压)、车速、制动状态等
		RFID	有源 RFID(包含企业信息、车辆状态等)
		车门状态	每个车门的开关状态
		挂车状态	空车、重车、装货、卸货
		胎压监测	轮胎气压监测
		轮胎身份信息	轮胎身份信息采集
		轮胎温度	行驶中每个轮胎的温度信息采集
		外接 I/O 口	扩展连接:下载数据或者设置状态等
	供电	自备电池	可以长时间为设备供电,电池长寿命,可以在高低温的情况下,长时间提供电力(一个月以上)
		车头线路供电	通过快速接插件与车头连接获得电力
牵引车终端	基本功能	标准符合性	符合交通部行业标准(JT/T 794—2011、JT/T 808—2011)
		能够与挂车终端信息交互	与挂车连接后能够获得挂车信息(挂车基本状态、公司属性、备件维修提示等)
		牵引车与挂车配对	当牵引车和挂车连接后,平台可以看到挂车终端连接的状态和传输的信息
		挂车状态监测	在牵引车的显示设备上可以看到挂车的运行信息

续上表

终端	分类	要求	
牵引车终端	数据信息	RFID	有源 RFID(包含企业信息、车辆状态等)
		信息传递	其他的设备可以通过牵引车主机读出挂车的信息
		车门状态	每个车门的开关状态
		挂车状态	空车、重车、装货、卸货
		货物信息	通过与挂车终端信息交互能够获得货物的种类、质量、数量、目的地、发货地、货主信息等
	数据采集	胎压监测	轮胎气压监测
		轮胎身份信息	轮胎身份信息采集
		轮胎温度	行驶中每个轮胎的温度
		人机交互显示	彩色触屏,支持信息输入

(二)甩挂运输车载智能终端系统组成

为实现甩挂运输车辆的智能调度,甩挂运输车载智能终端系统由牵引车终端、挂车终端和调度屏3部分组成。牵引车终端和挂车终端同时具有GNSS定位功能和GPRS/3G通信功能;牵引车终端和挂车终端可通过有线和无线两种方式进行适配和通信;调度屏和牵引车终端之间可通过Wifi连接,调度屏用于显示甩挂运输智能调度系统发布的各种调度信息,同时向驾驶员提供可视化的路径导航。设备组成示意图如图8-11所示。

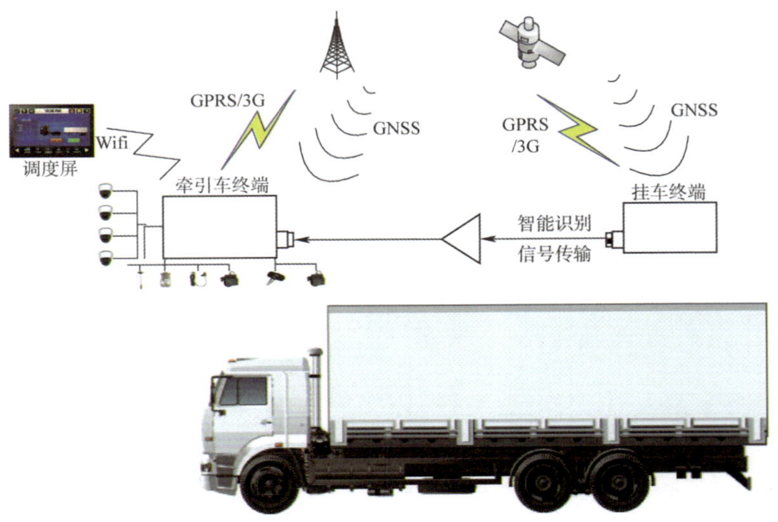

图8-11　车载智能终端系统组成

(三)牵引车终端设计要求

1. 牵引车终端功能设计要求

1)符合交通运输部行业标准

牵引车终端功能设计要求符合交通运输部行业标准《道路运输车辆卫星定位系统车载

终端技术要求》(JT/T 794—2011)、《道路运输车辆卫星定位系统终端通讯协议及数据格式》(JT/T 808—2011)的要求。

(1)自检。系统启动后首先自检,如果出现故障,则显示故障状态,并将故障状态通过位置信息上报的报警标志上传给平台。

(2)注册和鉴权。终端正常启动后,首先检查是否已注册。如果未注册,则进入注册状态。终端向平台发送注册信息,收到成功注册应答后,将平台发送的注册码存储到终端,将终端状态置为已注册状态,然后进入鉴权状态。终端向平台发送鉴权码,鉴权成功后,进入工作状态。

(3)通信。支持移动 GSM 通信和电信 CDMA 通信,支持两个远程链接,默认连接主监控中心,如果主监控中心链接中断,则会自动连接备份监控中心。

(4)休眠。支持车辆的 ACC 点火检测功能。当车辆熄火后,终端向监控中心发送车辆熄火信号,并自动进入休眠状态。终端根据预设的休眠参数,按照固定的频率上线上传定位信息,然后根据车辆的状态,决定是否继续休眠。设备在休眠状态下,功耗低于 2W,可降低对汽车蓄电池电量的损耗。

2)与挂车终端信息交互

根据终端和平台扩展传输协议,终端上传的状态中包含有与其匹配的挂车或牵引车状态及车牌号信息。当牵引车和甩挂车通过串口进行连接时,牵引车终端和挂车终端检测到匹配状态发生改变,将通过串口传递过来的匹配信息上传至服务器。

3)挂车状态监测

牵引车和甩挂车终端自动匹配后,能够搜集挂车信息,并且通过信息跟踪挂车状态数据,判断并上报平台。

4)RFID

支持实时更新 RFID 卡的信息。

5)车门状态

支持采集车辆车门开关量信息。

6)卫星定位功能

支持卫星定位(GPS/北斗兼容定位模式),定位输出信息包括纬度、经度、高程、方向和速度。定位信息根据平台设置的位置上报策略,定时或定距上报给平台服务器。

7)信息传递及故障检测

可扩展车辆 CAN 总线信息采集及故障分析功能。

8)轮胎胎压、温度等传感器接入

支持采集车辆胎压、胎温等信息。

2. 牵引车终端接口设计要求

牵引车终端通过各类硬件接口采集车辆信号。牵引车终端的接口设计如图 8-12 所示。

牵引车终端接口包括电源线、速度信号线、左右转弯、制动、车门、车笛、报警等信号线及状态确认线等。终端主机通过这些接口将车辆的各种信号、状态信息采集并上传至系统平台。在与挂车终端连接时,牵引车终端接收挂车识别信息进行匹配并将匹配结果上报系统平台,匹配成功后负责接收挂车的数据信息并上报。

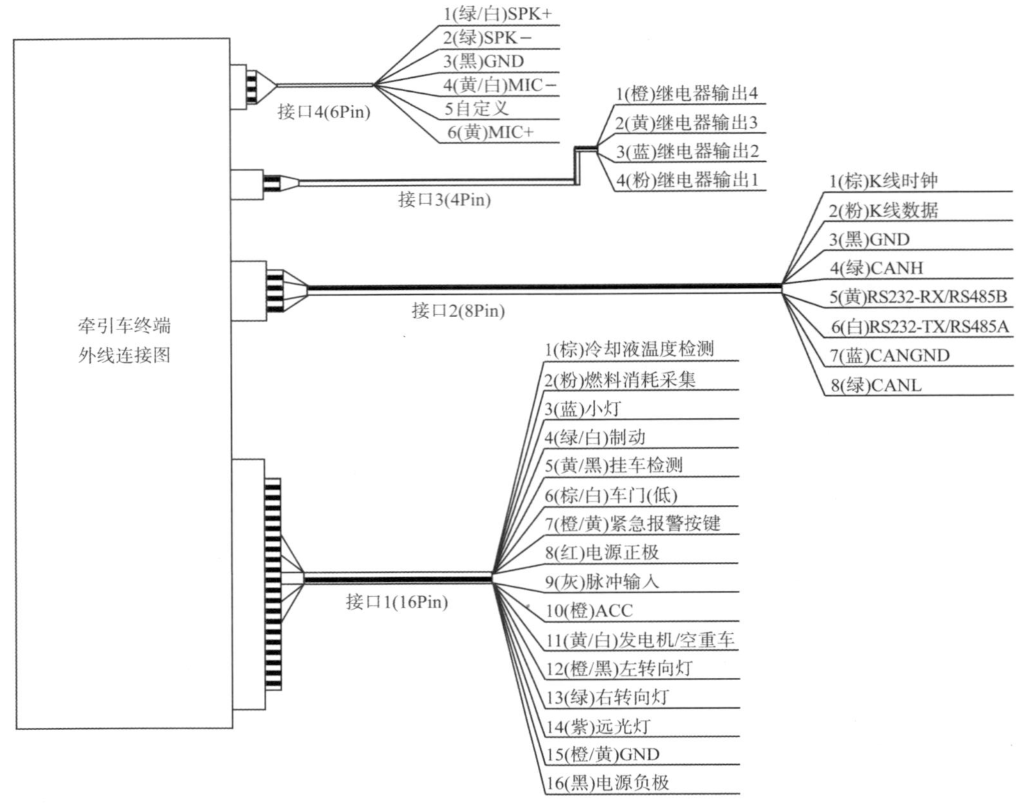

图 8-12　牵引车终端接口设计

(四)挂车终端设计要求

1. 挂车终端功能设计要求

1)与牵引车终端通信

根据终端和平台扩展传输协议,终端上传的状态中包含有与其匹配的挂车或牵引车状态及车牌号信息。当牵引车和甩挂车通过串口进行连接时,牵引车终端和挂车终端检测到匹配状态发生改变,将通过串口传递过来的匹配信息上传至服务器。

2)卫星定位

支持卫星定位(GPS/北斗兼容定位模式),定位信息包括纬度、经度、高程、方向和速度。定位信息根据平台设置的位置上报策略,定时或定距上报给平台服务器。

3)轮胎胎压、温度等传感器接入

支持采集车辆胎压、胎温等信息。

4)RFID

支持实时更新 RFID 卡的信息。

5)长时间供电

内置大容量电池,可为设备长时间提供电力。电池寿命长,在休眠的情况下,主机工作状态能够达到 1 周以上。

6)终端休眠

挂车终端在与牵引车终端断连后,自动进入休眠状态,能够按照固定的时间间隔启动并通过无线通信的方式向平台上报信息。

2. 挂车终端接口设计要求

挂车主要通过485接口与外部通信。挂车终端的接口设计如图8-13所示。

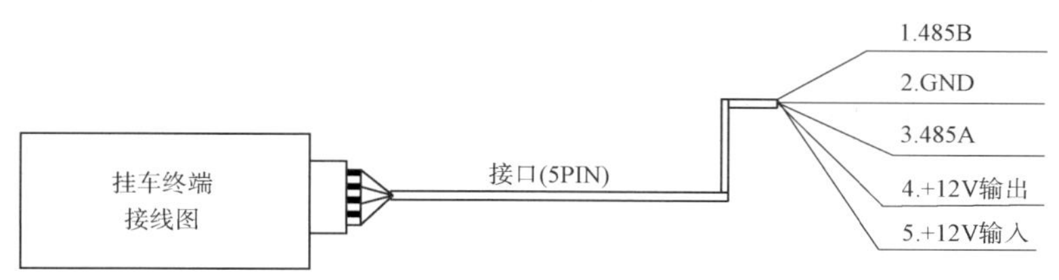

图8-13 挂车终端接口设计

挂车终端接口包括电源线、RS485通信线等;在与牵引车终端连接时发送挂车识别信息,在通过认证后传输挂车的数据信息至牵引车终端;与牵引车终端断连时通过无线通信的方式将数据上报系统。

(五)调度屏设计要求

1. 调度屏功能设计要求

牵引车终端可配备5英寸或7英寸TFT彩色触摸液晶调度屏,为便于安装和使用,建议采用7英寸显示屏高端PAD,可使用支架安装。高端PAD为采用Android操作系统的消费类PAD,至少应带有蓝牙接口。PAD上开发其与终端连接的程序,并能将采集数据保存在内存中供二次开发者调用。

(1)与牵引车终端连接。通过有线或者无线的方式能够和牵引车终端通信,并显示车辆信息。

(2)显示甩挂车辆位置数据及状态数据。

(3)功能操作和数据处理。调度屏可以安装通用软件(如采用Android操作系统,可以安装Android App);终端可以实现一键恢复(在系统崩溃后使用)。

(4)信息提示及告警。提供通用的语音短信报读功能。

(5)设备支持影音播放,内置小功放和喇叭。

(6)导航。支持SD卡,支持离线或在线导航地图。

(7)功能扩展。支持USB接口,提供手写输入法。

(8)二次开发功能。采用Android操作系统(或WinCE系统),以支持通用的Android软件和用户开发;终端设备支持方便的浏览器访问,浏览器能通过和网站交互,实现终端上大部分数据上报、命令接收等功能;提供完整的二次开发SDK包。

2. 调度屏软件功能设计

调度屏的软件界面如图8-14所示。

1)车辆调度

终端接收智能调度系统发送的调度单信息,实现对牵引车、挂车的调度,主要操作有调

图 8-14　调度屏软件界面

度单查询、调度单查看等操作。

2）作业管理

根据调度单，实现对挂车的自动识别及在途运输、抵达等运输作业节点的管理。

3）智能匹配

识别挂车信息并根据系统下发的匹配信息对牵引车与挂车匹配状态进行识别，并将识别结果上报平台；调度屏可显示匹配的挂车信息。

4）信息中心

后台向终端推送的综合信息，主要是天气、路况、交通事件、车辆报警和危险路段提醒等信息。

5）车辆告警

牵引车、挂车的车辆 CAN 数据异常、超速、疲劳驾驶等告警信息的自动识别与提示。

6）车辆装载状态

车辆装载状态分为空车、半载、满载 3 种装载状态，根据车载实际装载状态进行装载状态的录入，将车辆装载状态回传到后台。

7）地图导航

在车载彩色调度屏的导航地图软件上任意标注两点后，导航软件便会自动根据当前的位置，为用户设计最佳路线。车辆位置偏离最佳线路轨迹 200m 以上，导航系统会根据车辆所处的新位置，重新为用户设计一条回到主航线路线，或是为用户设计一条从当前位置到终点的最佳线路。

8）增值业务服务

实现了除基本的定位、导航、监控和调度功能外，还可附加生活、交通、娱乐、服务、公共设施等方面基于位置的各种增值信息服务，如失窃物品追踪、餐馆和公园指南、火车时刻表、天气预报以及互动娱乐游戏等。

9）系统设置

终端参数的设置及管理。

第四节　甩挂运输统计与运行分析技术

统计与运行分析及相关信息技术在国外发达国家公路运输领域普遍应用，有效支撑了企业运行管理及政府统计监测。随着我国甩挂运输逐渐发展和推广，建立符合我国国情的统计与运行分析技术体系已经成为开展甩挂运输政策评估和加强企业运行监测的必要手段，有助于不断总结和优化我国甩挂运输的发展。

一、甩挂运输运行监测评价指标体系及测算方法

运输组织绩效评价指标是对运输活动过程中的组织绩效进行评价，是运输组织管理的

重要内容。一般按照统一的评价标准，采用一定的评价指标，按照一定的程序，运用定性和定量的方法，对一定时期内运输组织绩效等方面做出综合判断。

（一）货物运输服务评价指标体系现状

我国的道路货物运输统计建立起了一套指标体系与数据采集方法，但随着我国经济体制的不断变革、道路货物运输生产方式的转型发展以及现代信息管理技术的进步，现有道路货物运输服务评价指标体系存在不足之处，突出体现在以下 3 个方面。

1. 指标的经济性水平低

我国道路货物运输评价指标体系反映总量的指标多，而分类指标、经济性指标、地理信息类指标等很欠缺，难以客观反映道路货运服务质量。

2. 不同运输组织方式的特点反映不足

与运输组织模式特点结合不紧密，尤其是在多式联运、甩挂运输等领域缺乏统一、规范的评价指标，难以客观全面反映特殊运输组织方式的运行效果。

3. 忽视评价指标间的内在联系

道路货物运输评价指标往往考虑各个指标的含义和计算，而忽视了对指标进行分类和归纳，并根据其相关关系进行分层。

（二）甩挂运输运行监测及评价指标体系需求分析

1. 甩挂运输绩效影响因素分析

1）装卸等待时间占在途运输时间的比例

甩挂运输组织模式最大的特点在于运输过程与装卸过程的并行，即在不同的空间同时进行运输和装卸作业，大大节省了牵引车因为等待装卸而停驶的时间。装卸等待时间占在途运输时间的比例越大，甩挂运输的效益越为明显[5]。

2）牵引车与挂车的配置比例

牵引车配置不足会导致运输任务无法按时完成；牵引车配置过剩会造成运力浪费且增加企业负担。合理配置牵引车和挂车的比例，能够最大化提高牵引车的运行效率，高效利用挂车，降低车辆的购置成本。

3）站场设施的作业能力

站场的作业能力和服务内容直接影响甩挂运输的效率。站场的设施设备必须满足甩挂运输的作业条件。站场也应当提供基础的车辆维护和简单修理的功能，从而保证车辆及设备等的正常运行和快速周转。

4）运输管理信息化水平

甩挂运输的技术重点在于对甩挂运输车辆和驾驶员的调度和管理要实现科学优化的调度指挥，企业的信息系统应当具备对车辆进行实时调度、货物配载等功能。现代化技术应用有助于确保甩挂运输各环节的衔接顺畅和高效运行。

2. 甩挂运输评价指标的特点

对甩挂运输的运行情况进行实时监测和评价，必须结合甩挂运输的特点科学合理设置评价指标，才能保证监测和评价效果的全面性和客观性。考虑国家开展甩挂运输试点工程的评估要求，需要对试点车辆的运输效率、经济和社会效益以及甩挂运输试点的运输车辆购置、站场建设、信息化改造等方面进行评估。

（三）指标体系框架

甩挂运输运行监测及评价指标体系应当从甩挂运输试点工作实际出发，依据评价目的而设计。针对评价的目的不同，设计了两套指标体系。

1. 试点工程评价指标体系

对于甩挂运输试点工程的评估，评价指标体系应当反映甩挂运输的运行效果和试点投资完成情况。指标体系应当包含运行效果性指标和运行支持（投资完成情况）性指标。

甩挂运输最为鲜明的特点是牵引车与挂车分离且任意搭配，牵引车效率大幅提升，从而降低了单位运输成本和燃料消耗量及排放[6]。因此，甩挂运输效果体现在运输效率、运输效益、节能减排等方面。同时，运输安全是运输服务永恒的主题，甩挂运输作为一种现代化的运输组织方式，更应当注重运输的安全性。因此，可从上述 4 个方面考察甩挂运输的运行效果。

对于甩挂运输运行支持（投资完成情况）指标，根据试点工作的相关要求，试点承担单位需要按照经审定的《试点实施方案》，完成如下 4 项重点工作：一是开通一定数量的甩挂运输试点线路；二是在试点中投入适量的牵引车和挂车，并保持合理的比例；三是改造或新建标准的甩挂运输站场，用以支持试点的运行；四是对信息系统进行更新和改造以满足甩挂运输运作的需求。因此，在评价指标的设置上要重点反映上述 4 个方面内容。

甩挂运输试点工程评价指标体系框架，如图 8-15 所示。

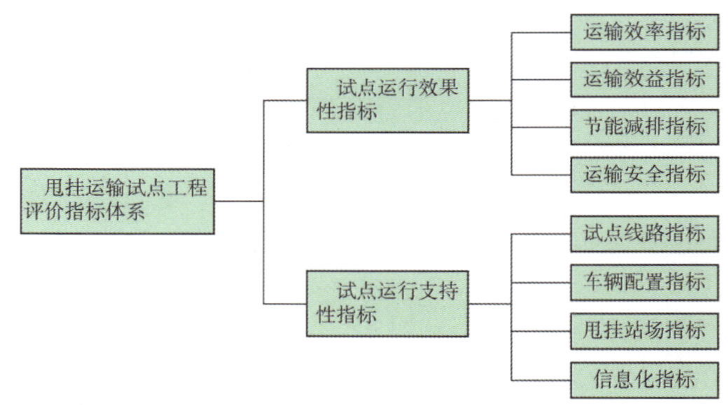

图 8-15　甩挂运输试点工程评价指标体系框架

2. 运行监测指标体系

对于试点运行情况的实时监测，重点关注的则是运行效果，考察效率、效益等方面的变化情况，因此利用甩挂运输试点工程评价指标体系中的运行效果性指标就可以达到运行监测的目的。运行监测评价指标体系的构成如图 8-16 所示。

（四）评价指标体系及测算方法

根据前文确定的指标体系框架，在既有道路货物运输服务评价指标[7,8]的基础上，结合甩挂运输的运行特点，设计出较为科学合理的评价指标。对于甩挂运输试点工程评价指标体系的指标由两大部分(运行效果性指标和运行支持性指标)、八个方面构成。其中,运行效果性指标也是运行监测指标体系的全部内容。

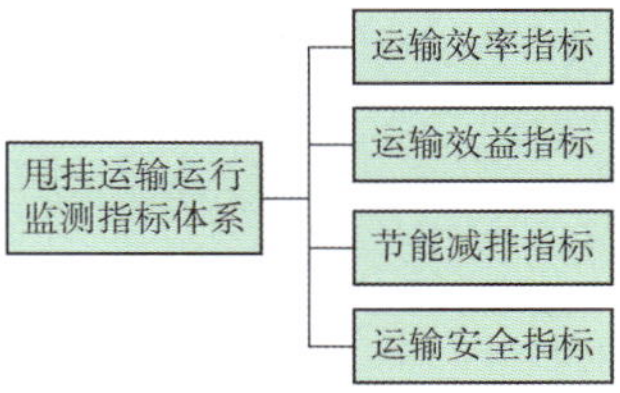

甩挂运输运行监测指标体系 → 运输效率指标；运输效益指标；节能减排指标；运输安全指标

图 8-16　甩挂运输运行监测评价指标体系框架

1. 运行效果性指标

运行效果性指标由运输效率指标、运输效益指标、节能减排指标、运输安全指标 4 个方面构成。

1)运输效率指标

运输效率指标重点考察牵引车在报告期内的运行效率,选取了单车产量、里程利用率、车辆工作率作为考察运输效率的指标。

(1)单车产量是指在一定时期内,企业甩挂营运车辆(牵引车)平均完成的周转量。该指标表征营运车辆运用的生产效率,该指标值越高,说明营运车辆的使用效率越高,甩挂运输组织越高效,是企业运输生产组织工作的综合体现。

$$单车产量 = 统计期单车全部换算周转量/统计期自然月数$$

(2)里程利用率是指在统计期内车辆(牵引车)的总行程中,重车行驶里程所占的比重,反映车辆行驶里程的利用程度。该指标是表征车辆利用效率的指标,指标值越高,车辆的空驶率越低,说明车辆的调度科学合理,车辆使用效率高。

$$里程利用率 = \frac{统计期内车辆载重行驶里程}{车辆总行驶里程} \times 100\%$$

(3)车辆工作率是指营运车辆(牵引车)的总车日中,工作车日所占的比重。该指标是反映货源组织调度、货源与运力匹配科学性的指标,该指标值越高,则表明车辆等货时间越短,货源组织调度效率越高。在实际的运输生产中,车辆每月有用于修理、维护、检测、待修、待养和待检的时间,除去这些无法进行生产工作而停驶的日数之后,余下的车日为完好车日,其中实际出车工作的车辆累计数为工作车日。

$$车辆工作率 = \frac{统计期内车辆工作车日数}{总车日数} \times 100\%$$

2)运输效益指标

运输效益指标选取单位运输成本为关键指标。

单位运输成本也可称为吨公里运输成本,是指 1t 货物被运送 1km 所分摊的运输成本。是反映运输企业单位运输周转量成本水平的指标。

$$吨公里运输成本 = \frac{单车运输成本}{单车完成周转量}$$

单车运输成本是单车一定时间内完成一定货运量的全部费用支出。主要包括折旧费、燃料费、修理费、保险费、工资、通行费、管理分摊、其他费用和税金,其计算方法如下:

(1)折旧费。按固定资产额及其折旧年限,计算出的每年应分摊的费用。固定资产原值为车辆价格,包括牵引车和挂车,一般残值率取 10%,折旧年限取 5 年。

$$折旧费 = \frac{固定资产原值 \times (1 - 残值率)}{折旧年限}$$

(2)燃料费。车辆的燃料消耗与燃料单价的乘积。

$$燃料费 = \frac{总行驶里程}{100} \times 百公里燃料消耗量 \times 燃料单价$$

百公里燃料消耗量是汽车在道路上行驶时每百公里平均燃料消耗量。燃料价格以当地公布燃料价格为准。

(3)保险费包含五项,分别为交强险、第三责任险、机动车险、驾驶员意外伤害险和货物险,可直接获取。

(4)通行费。单车完成周转量与通行费率的乘积。通行费率可从当地直接获取。

(5)工资。根据当地平均工资水平计算,可直接获取。

(6)税金。按实际发生额计算,可直接获取。

管理分摊、其他费用、修理费则根据企业实际情况来直接获取。

3)节能减排指标

节能减排指标选取单车吨百公里燃料消耗量和单车吨百公里 CO_2 排放量作为评价指标。

(1)单车吨百公里燃料消耗量。牵引车运输 1t 货物行驶 100km 的燃料消耗量,燃料为目前主流货运车辆使用燃料,包括柴油与 LNG。该数据可以通过企业的信息系统燃料监控模块提出,指标反映了单位运输产品的燃料消耗水平。

(2)单车吨百公里 CO_2 排放量。统计期内,单车运输 1t 货物行驶 100km 的 CO_2 排放总量。反映了单位运输产品对环境影响程度。该值通过燃料或 LNG 的消耗量进行计算。柴油的 CO_2 排放系数为 2.73kg/L,LNG 的 CO_2 排放系数为 2.66kg/L。

4)运输安全指标

万车公里事故次数表示在一定空间和时间内,按机动车拥有量和行驶距离所平均的责任交通事故次数的一种相对指标,反映企业安全管理水平。其中责任交通事故次数为:统计期内,车辆发生的由交警认定承担 50% 以上责任(不包含 50% 责任)的事故次数。

$$万车公里事故次数 = \frac{责任交通事故次数}{\sum 甩挂运输车辆行驶里程}$$

2. 运行支持性指标

运行支持性指标由试点线路指标、车辆配置指标、站场建设指标、信息化指标 4 个方面构成。

1)试点线路指标

试点线路开通完成率是以经审定的《试点实施方案》中确定的试点开通数量为基准,线路实际开通数量和承诺开通数量的比率,反映了企业试点线路完成开通情况。

$$试点线路开通完成率 = \frac{已开通线路数量}{承诺开通线路总数量} \times 100\%$$

2)车辆配置指标

(1)牵引车数量。试点中参与甩挂运输的牵引车数量。

(2)挂车数量。试点中参与甩挂运输的挂车配置数量。

(3)拖挂比。参与甩挂运输的牵引车与挂车的比值。

3)站场建设指标

站场建设完成率是以经审定的《试点实施方案》中确定的站场建设内容为目标,站场建设改造已投入资金与预计总投入的比率,反映了企业站场建设完成情况。

4)信息化发展水平

信息系统开发完成率是以实施方案中列出的信息系统投资为考察范围,已投入资金与预计总投入资金比率,反映了企业信息系统开发完成程度。

二、数据采集技术与统计方法

(一)数据采集与统计方法

根据掌握的甩挂运输运行状态指标体系相关指标项的数据来源和获取渠道来研究适合的采集技术。在实地调研、采集技术研究的基础上,以需求为导向,以科学合理评价和验证甩挂运输试点工作在降低成本、提高效率、节能减排等方面的效果为宗旨,研究提出了甩挂运输运行分析信息系统的数据采集技术与统计方法。

1.运行效果性指标的统计学分类

甩挂运输运行效果性指标主要包括运量、运距等单车运行状态以及能耗排放指标,结合已有信息来源基础的研究和分析,这些指标构成可以从企业调度系统、重点营运车辆 GPS 联网联控系统、车辆专用终端等系统进行获取,并以企业填报提取数据、相关数据复核为辅。

根据统计学理论,统计指标是综合反映总体数量特征的概念和数值;统计指标体系则是有一系列相互联系的统计指标组成的有机整体。利用指标体系可以从各个侧面完整地反映现象总体或样本的数量特征。根据甩挂运输运行分析需求,按照统计描述对象的综合性和总体性可以将甩挂运行效果性指标分为统计指标和监测指标。

统计指标是指综合反映甩挂运输总体数量特征的指标。统计指标可以分为调查指标和推算指标。调查指标是指针对一定数量甩挂运输车辆及作业过程进行直接观察的统计指标;推算指标是指根据调查指标计算获得的统计指标,大多反映总体数量在结构、效率等方面的相对特征。监测指标主要包括车型、货类、运量、运距、在途时间、在场时间等单车运行状态。

几类指标的基本关系可以描述为:推算指标可以由调查指标计算获取,监测指标经过累计和折算可以获取部分调查指标,推算指标和调查指标共同构成统计指标。

因此,甩挂运输运行分析的数据基础和信息采集及统计的关键是监测指标和不能由监测指标推演获得的调查指标。这些指标可以称为指标元,指标元全体可以总称为指标元集合。根据甩挂运输业务特点和效果性指标总体结构,可以确定甩挂运输运行监测(效果性)指标元,见表 8-2。

甩挂运输运行监测(效果性)指标元　　表 8-2

指标类别	效果性指标	序号	指　标　元	计量单位
运输效率指标	单车产量	1	车辆载重行驶里程	km
		2	车辆实载货运量	t
		3	自然月数	月
	里程利用率	1	车辆载重行驶里程	km
		4	车辆总行驶里程	km
	车辆工作率	5	车辆实际工作日数	日
		6	车辆完好日数	日

续上表

指标类别	效果性指标	序号	指　标　元	计量单位
运输效益指标	吨公里运输成本	7	折旧费	元
		8	燃料消耗量	L
		9	燃料单价	元/L
		10	修理费	元
		11	保险费	元
		12	工资	元
		13	通行费	元
		14	管理分摊	元
		15	其他费用和税金	元
		1	车辆载重行驶里程	km
		2	车辆实载货运量	t
节能减排指标	吨百公里燃料消耗量	8	燃料消耗量	L
		2	车辆实载货运量	t
		1	车辆载重行驶里程	km
	吨百公里 CO_2 排放量	8	燃料消耗量	L
		2	车辆实载货运量	t
		1	车辆载重行驶里程	km
		16	单位燃料消耗量 CO_2 排放	kg/L
运输安全指标	万车公里事故次数	17	责任交通事故次数	次
		4	车辆总行驶里程	km

2. *数据采集与统计方法技术方案*

数据采集与统计方法技术方案主要将数据采集和统计过程分为3层，即基础数据层、采集处理层和数据分析层。

基础数据层包括甩挂运输运行状态指标体系相关所需采集指标，指标数据分别来源于全国道路运输证件查询系统采集指标、企业GPS平台、企业管理信息系统、人工填报等方式。

采集处理层通过在甩挂运输企业部署的数据采集系统，从基础数据层采集甩挂运输运行状态指标体系所需指标数据，并对所采集的指标数据进行初步统计分析，并定时生成统计报表，其所生成的统计报表一方面定时发送给交通运输部甩挂运输运行分析信息系统，另一方面可通过接口导入企业管理信息系统。

数据分析层定时接收由企业数据采集系统生成的统计报表，汇总各甩挂运输试点企业统计报表，并根据业务要求全面分析我国甩挂运输试点工作在降低成本、提高效率、节能减排等方面的效果。具体技术路线如图8-17所示。

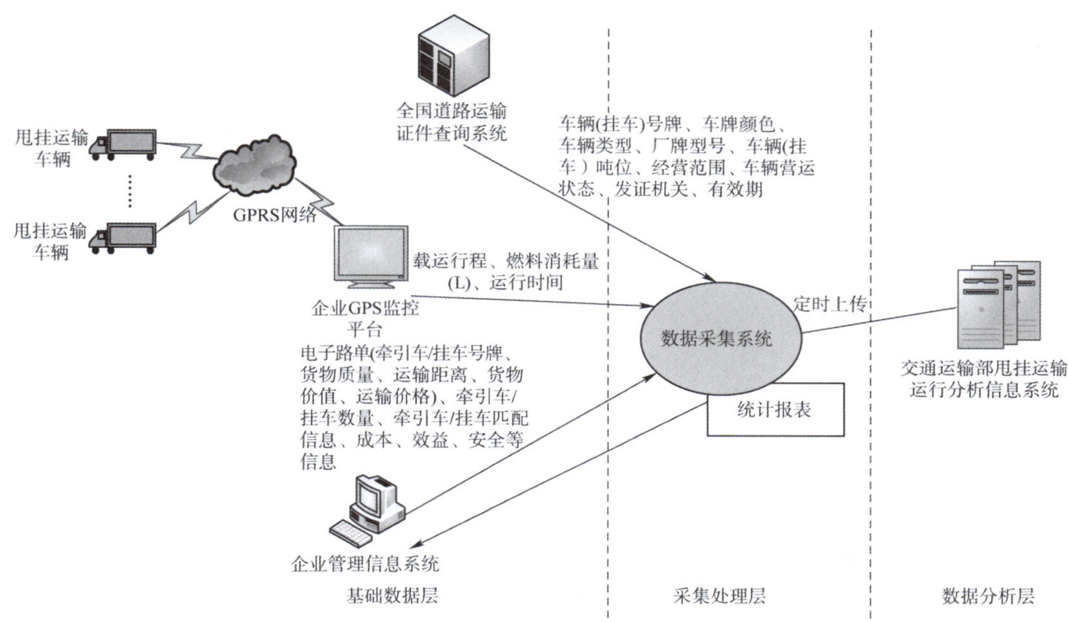

图 8-17　数据采集与统计方法技术路线

3. 数据采集与形成方案

结合上述研究与分析，提出甩挂运输运行监测指标元的数据采集方案，见表 8-3。

甩挂运输运行监测(效果性)指标元的数据采集方案　　表 8-3

序　号	指　标　元	数 据 来 源	采 集 方 式	更 新 频 率
1	车辆载重行驶里程	企业调度系统(电子路单)	数据接口	实时
2	车辆实载货运量	企业 ERP	数据接口	实时
3	自然月数	企业 ERP	数据接口	每月
4	车辆总行驶里程	企业卫星定位系统	数据接口	实时
5	车辆实际工作日数	企业 ERP	数据接口	每月
6	车辆完好日数	企业 ERP	数据接口	每月
7	折旧费	企业 ERP	数据接口	每月
8	燃料消耗量	专业终端	数据接口	每月
9	燃料单价	企业 ERP	数据接口	每月
10	修理费	企业 ERP	数据接口	每月
11	保险费	企业 ERP	数据接口	每月
12	工资	企业 ERP	数据接口	每月
13	通行费	企业 ERP	数据接口	每月
14	管理分摊	企业 ERP	数据接口	每月

续上表

序号	指标元	数据来源	采集方式	更新频率
15	其他费用和税金	企业 ERP	数据接口	每月
16	单位燃料 CO_2 排放	人工测算	直接录入	每月
17	责任交通事故次数	人工统计	直接录入	每月

(二)数据上报规范

1. 数据上报方式

考虑多平台的兼容性和适用性,系统接口提供 HTTP POST 和 WebService 两种方式,由交通运输部数据中心系统发布,各企业信息系统调用。推荐采用简单直接的 HTTP POST 方式,整体结构如图 8-18 所示。

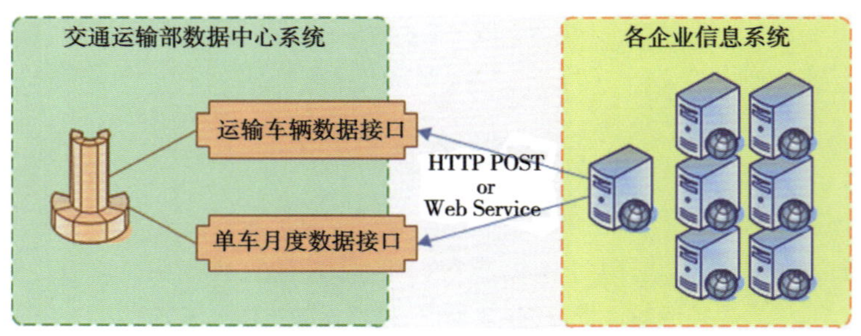

图 8-18　数据上报结构示意图

2. 典型数据结构

定义了运输车辆、单车月度数据等数据结构。其中,以运输车辆数据类型为例定义数据结构,具体见表 8-4。

运输车辆数据类型　　表 8-4

字段名称	字段类型	描述说明
orgCode	string	单位代码,已在系统中注册过的单位代码
vehicleCode	string	车牌号码,如:京 A12345
transCertNo	string	道路运输证号,半角英文数字,最大 14 位
vehiclePrice	decimal	车辆价值(万元),0 ~ 1000,最多小数 2 位
ton	decimal	标记吨位,0 ~ 100,最多小数 2 位
weight	decimal	自重(吨),0 ~ 100,最多小数 2 位
power	decimal	功率(kW),0 ~ 1000,最多小数 2 位
startDate	dateTime	投入使用日期,应小于当前时间可为固定估算值
descInfo	string	备注,500 字以内,可空

三、甩挂运输运行效果评价模型

通过制定科学合理的评价方法，一方面对甩挂运输试点工程从个体、省级和全体3个维度进行评估，客观评价试点取得的效果；另一方面，对试点项目的运行情况进行实时监测和评估，及时发现存在的问题，为试点企业随时调整发展策略、管理部门及时调整支持政策提供决策依据。

（一）甩挂运输试点项目评价体系

按照不同的评估目的，试点项目评价分析对应两种不同的评价思路。

1. 甩挂运输试点项目评价

试点项目评价是指对甩挂运输试点项目开展以来的运行绩效进行全面客观评估。与传统模式项目相比，甩挂运输可以提高运输效率和经济效益，降低单位能耗、实现节能减排，提高运输过程的安全性。因此，运输效率、运输效益、节能减排和运输安全将是甩挂运输在提升运行效果方面的4个重要指标。与此同时，为保障甩挂运输的顺利开展，中央财政对各试点项目的车辆购置、站场建设和信息系统改造给予了一定额度的资金补贴，鼓励试点企业开通甩挂线路，成为甩挂运输重要的支持性条件。因此，试点项目评价的主要内容包括对运行效果的评价和对运行支持的评估：运行效果的评估主要集中在运输效率、运输效益、节能减排和运输安全4个方面；运行支持方面评估则重点考察试点线路开通情况、甩挂运输车辆配置情况、甩挂站场建设情况和信息系统改造情况。进行评价分析，首先要选择比较的对象。按照对比对象的不同，试点项目评价又可以分为：以行业最佳实践为对比对象的试点项目综合评估、以传统运输模式为对比对象的试点项目运行效果评价。

1）试点项目综合评估

试点项目综合评估是以甩挂运输试点的最佳实践为标杆，通过确定指标体系和评价方法，从个体、省级和全体3个维度综合评价各批次甩挂运输试点的完成情况。指标体系包括运行效果性指标和运行支持性指标两个方面，并将其分别与行业最佳实践相对比，进行优、良、中、差4个等级的价值判断，通过评价方法来对试点项目进行合理客观的评价。综合所有试点的评价结果，最终产生对整体试点效果的全面评价。

2）试点项目运行效果评价

运行效果评价是以传统运输方式为标杆，对比甩挂运输试点项目在提升运输效率、促进节能减排等方面的实际效果，评价其运行效果。运行效果评价主要针对运行效果性指标。

在实际评估中，可以对试点项目进行单独评估，也可将所有试点指标综合后进行总体评估，所不同的仅是评估的范围和目的。

2. 甩挂运输试点项目运行实时监测

甩挂运输运行实时监测主要是针对处于试点期内的甩挂运输试点方面，通过构建模型和指数，实时监测试点项目每一期的运行状况，反映各期之间的变化情况和幅度，构建时间序列数据用于对可能出现的问题和未来趋势进行预测分析。根据上述目的，本部分对指标体系中的运行效果性指标进行考察。

(二)甩挂运输试点项目评价方法

1. 试点项目评价方法

1)试点项目综合评估

按照评价方法选择的原则[9],选取模糊综合评价法从个体、省级和全体3个维度进行试点项目评价。模糊综合评价结果以向量的形式出现,提供的评价信息比其他方法丰富。特别是对于指标体系中难以进行定量评价的指标,使用模糊综合评价可以发挥模糊方法的优势,评价效果优于其他方法。但是,在模糊综合评价中,因素的权重不是在评价过程中伴随产生的,而是主观决定的,与客观实际可能会有偏差。因此,采用定性与定量相结合的层次分析法确定每个评价因素的权重,使之能更好地反映客观实际情况。

2)运行效果评价[1]

运行效果评价采用有无对比的方法,即对在实施甩挂模式和传统运输模式情况下,运行效果的7项指标值进行对比,分析其变化情况。运行效果评价的关键在于各项评价指标值的真实性和客观性。设计了两种方法进行对比,分别是同需求模拟对比和实时采集对比。

(1)同需求模拟对比。

同需求作对比的传统模式与甩挂模式有相同的货源需求,运输方向一致,运量相同。考虑两种运输方式在同一线路运营的各项指标的表现情况。由于实际运作中,某线路达到了甩挂组织的条件即会逐步用甩挂模式代替传统模式,即使在甩挂模式与传统模式并存的时期内也无法具体区分甩挂车辆与非甩挂车辆,因而同需求的对比无法获得实时的数据。但可根据以试点项目实施方案为基础进行模拟对比。具体有两种对比方式,即同周期对比和同运量对比。

同周期对比是以甩挂运输单车为基本单位,以单位时间内(每月)完成的运输量作为基本模拟条件,计算单车在这个时间内的效率变化和能耗及排放水平,具体步骤如下。

①确定评估对象。根据待评企业已开通的甩挂运输情况选择适合的线路进行对比测算。线路合适与否是评估结果是否准确的关键因素,选择线路货运不稳定,变化风险大的线路会造成评估结果偏离预期。所选取的线路开展甩挂运输的条件较为成熟,具体来说要满足以下基本条件:

a. 线路两端货源稳定充足,历史运营数据较为平滑,波动性不大,运量的增长有明显的规律性。

b. 线路组织较为完善,有专门的甩挂运输工作小组,可绘制牵引车运行图。

c. 线路两端有较规范的甩挂运输站场,场区道路尺寸满足汽车转弯半径要求,有专门的甩挂作业区及装卸平台。

②线路确定后选取该线路上运营的牵引车作为对比对象。确定对比周期,为消除估计误差及其他不均衡因素,对比周期取一个月为佳。在模拟计算中,甩挂模式的数据仍以实测为准,通过信息系统及企业填报方式获取效果指标体系的指标值。

传统模式数据采用模拟方式获取。参考试点企业项目实施方案,传统模式与甩挂模式有相同的挂车吨位,相同的运量,其具体的差别在实载率上。

效率指标。通过统计获得的行驶里程、载重行驶里程和挂车实际载重吨计算得到甩挂模式实载率。传统模式实载率根据企业历史运营情况估算获得。

效益指标。通过企业财务系统对历史数据的调取,可得到传统模式各项经济指标;对于甩挂模式,可以采取实时采集的方式获取。

能耗及排放指标。考察甩挂模式开展前,车辆的里程利用率以及挂车的吨位利用率或箱容利用率,并估算其取值,计算方法见式(8-7)。

$$\bar{E} = \frac{E}{L \times Q_{额} \times \alpha_{实载}} \tag{8-7}$$

式中:$\bar{E}$——单位周转量的燃料消耗量,L/100t · km;

E——统计期内单车燃料消耗量总量,L;

L——统计期单车总行驶里程,km;

$Q_{额}$——挂车额定吨位,t;

$\alpha_{实载}$——实载率,%。

分别计算甩挂模式和传统模式在同一个月内的单位周转量、燃料消耗量。采用甩挂模式后的节能减排效果为二者的差值。排放水平的测算采用燃料折算数的方法,柴油的 CO_2 排放系数为2.73kg/L,LNG 的 CO_2 排放系数为2.66kg/L。

同运量对比是以一条线路单位时间内车队的总运量为基础计算两种方式下平均的效率、能耗、排放等指标,具体来说就是对比相同数量的单体车,在本企业正常的组织模式下,完成这些运量所需时间,进而算出效率、效益、能耗和排放等指标。具体步骤如下:

①确定评估对象。同样地,选择适合的线路进行对比测算。选取原则与同周期对比方式相同。线路确定后选取该线路上运营的牵引车,以相同数量的单体车作为对比对象。

②确定对比运量。对比的运量选取过少则会影响对比精度,运量过大则耗费时间长,评估效率低下。试点企业甩挂车辆平均单车年完成周转量300万t · km,根据牵引车数量选取不同的对比吨位数如100万t、200万t、300万t。

③模拟计算。同样地,在模拟计算中,甩挂模式的数据以实测为准,通过信息系统及企业填报方式获取效果指标体系的指标值。当周转量达到确定的对比数量时则停止统计。传统模式的数据根据试点企业项目实施方案,计算传统模式运输效率指标,计算完成相同运量所需时间。同样根据公式计算不同模式的能耗及排放水平。

(2)实时采集对比。

同需求模拟有较好的对比条件,排除了一切与甩挂无关的因素影响,其对比结果为甩挂运输带来的最直接效益。但从上面的分析可以看出同需求模拟是一种理想的对比模式,其数据实测性较差。在运输实际中,同一条线路进行甩挂和非甩挂的车辆是难以严格区分的,企业会根据实际情况进行即时的调整。因此,同需求对比只能依靠经验进行模拟分析,因此其对比结果客观性一般。

为此,提出一种补充对比方式即实时采集对比。实时采集即同时对采用甩挂运输模式和传统运输模式的运输车辆进行实时监控,对比其统计周期内的数据。实时采集对比只要设定一定的对比条件,亦能获得较高的信服度。具体评估步骤为:

①确定评估对象。确定评估对象即选定作对比的实时甩挂运输的车辆与采用传统运输

方式的车辆，要求车辆的载重吨位相同，车型相同。由于各项对比指标值是由多个因素共同作用的结果，包括运输组织调度能力、货源的组织水平、发动机的性能、驾驶员操作水平及行驶的路况的具体条件等。为准确统计甩挂运输带来的效果，应尽量避免其他因素的影响。因此选取的车辆所参与的线路应该是相似的。具体来说，线路上通行的交通基础设施、企业管理组织应相似，牵引车型号及载重吨位相同，运输的货种类似，驾驶员驾驶水平接近。同时为平抑误差，选取一定数量的车辆组成对比小组进行相关指标对比。对比所需数量以服务线路运量为基础。

②确定对比周期。对比周期过短计算结果不精确，周期过长则评估效率低下，因此对比周期一般以一个月为最佳。

③车辆监控、数据采集。确定了对比的车辆和周期后，则以一个时间为基点开始对两组车辆进行监控。一个月后通过信息系统提取对比数据。分别计算两组车辆的效率、效益、能耗、排放指标。

④评价过程。在前述指标体系的基础上，运用模糊综合评价法进行试点工程评价最关键的是确定指标和评语集。将试点各项运行指标与样本中的最大(小)值、实施方案中的对应目标值和行业最佳实践的目标值分别进行对比，对数据进行归一化处理，并确定各项指标的评语集，通过层析分析法确定各项指标的权重大小，从而得出首批甩挂运输试点的个体和省级评价结果，最后运用模糊综合评价法对首批试点的整体情况进行评价。

2. 甩挂运输试点运行实时监测方法

1)评价方法的确定

运行监测目的的实现是通过编制运行指数实现的，指数采用指标变化率的加权平均方式进行计算。为了与前述评价保持一致，权重仍然是通过 AHP 评价的方法获得。

2)运行实时监测过程

与试点工程评价不同，运行实时监测评价主要侧重于对试点项目的运行情况给出量化的指数，从而为决策提供参考。因此，运行监测评价的指标体系主要是效果性指标，除了给出不同指标的权重之外，还要对指标数据的变化做出价值判断。另外，根据选择的对比期不同，指数也可以有定基指数、同比指数等不同的形式。

(三)评价模型及验证

1. 甩挂运输试点项目综合评估

从个体、省级和整体 3 个维度对首批试点项目的效果进行评价。首先，确定评价的指标体系及每项指标的归一化处理方法；其次利用 AHP 层次分析法确定每项指标的权重。对于个体评价和省级评价而言，采用每一项指标得分乘以相应权重的方法得到每个项目的评价结果，并对结果进行排序和分析；对于总体评价而言，由于涉及到价值判断，因此采用模糊综合评价法评估首批试点项目总体评价结果。

1)首批甩挂运输试点项目个体评价

通过前述的方法对于首批试点项目的样本数据进行了处理，结合 AHP 层次分析法确定的权重，对首批试点的每一个项目进行了评价分析。以某企业甩挂运输项目为例，说明甩挂运输试点项目的个体评价。

根据甩挂运输运行分析系统采集的数据，得到该企业甩挂运输项目的指标数据为：

c^3 = [861370.2,100.0%,90%,0.2,0.8,2.1,0.0,11.0,0.8,0.7,2.1,1.1,1.0]

根据上述方法对每项指标数据进行标准化处理，得到归一化之后的指标得分为：

C^3 = [1.00,1.00,0.90,0.76,0.95,0.95,1.00,1.00,0.85,0.69,1.00,1.00,1.00]

将指标得分与相应的权重相乘，得到该企业甩挂运输项目的评价结果为：

$$F^3 = C^3 \cdot \begin{bmatrix} \bar{w}_1 \cdot 0.5 \\ \bar{w}_2 \cdot 0.5 \end{bmatrix} = 0.9652$$

2）首批甩挂运输试点项目省级评价

由于首批试点中，部分省份有1个试点项目，部分省份有多个试点项目。对于只有1个试点项目的省份，采用该项目的评价结果代表该省的省级运行效果；对于有多个试点项目的省份，采用这些试点项目的平均得分代表该省的省级运行效果。

3）首批甩挂运输试点项目总体评价

与单个甩挂运输试点项目的评价思路不同，对甩挂运输试点项目总体评价是对所有试点项目的13个指标进行分别考察，得出每个指标的优劣在所有评估项目中的分布，然后通过模糊综合评价方法得出项目的总体评价。

（1）模糊综合评价法的基本思想。

模糊综合评价法的基本步骤如下：

①确定评判集 $V = (v_1, v_2, \cdots, v_m)$。根据甩挂运输运行的特点，将评判集分为4个等级：

$$V = (v_1, v_2, v_3, v_4) = (\text{优、良、中、差})$$

②在构造等级模糊子集后，要逐个对被评事物从每个因素上进行量化，即确定从单因素来看被评事物对等级模糊子集的隶属度，从而得到模糊关系矩阵 R。

③根据评价因素的权重向量 W 和模糊关系矩阵 R，得到被评价事物的模糊综合评价结果向量 Z：

$$Z = W \cdot R$$

④根据被评价事物的模糊综合评价结果向量 Z 和评语集对应的数值集 N，确定综合评判分值 F：

$$F = Z \cdot N$$

（2）模糊综合评价的指标评价等级。

为了得到模糊关系矩阵，需要确定每个项目的每一个指标所属的等级。以归一化之后的指标数据为基础，结合评语集对应的数值集，可以自动确定每个指标的所属的等级，这样基本可以排除主观因素对于最终结果的影响。根据归一化之后的指标数据的分布情况，综合考虑行业最佳实践、甩挂运输督查情况、甩挂运输专家意见等各种因素，将指标评审各等级的阈值分别定义为0.9、0.8和0.6。

根据以上方法，可以得到所有指标的隶属等级评价结果。所有指标的评价结果见表8-5。

首批试点各指标评价结果 表 8-5

类别	一级指标	二级指标	优	良	中	差
甩挂运输运行效果	运输效率指标	单车产量	2	0	1	22
		里程利用率	12	6	7	0
		车辆工作率	3	8	10	4
	运输效益指标	吨公里运输成本	5	6	6	8
	节能减排指标	吨百公里燃料消耗量	12	10	2	1
		吨百公里 CO_2 排放	12	10	2	1
	安全性指标	万车公里事故次数	25	0	0	0
甩挂运输运行支持	试点线路指标	试点线路完成率	23	1	0	1
	车辆配置指标	牵引车购置完成率	4	4	4	13
		挂车购置完成率	4	1	5	15
		拖挂比	20	2	2	1
	站场作业指标	站场建设完成率	14	5	2	4
	信息化指标	信息系统开发完成率	11	1	4	9

（3）首批项目试点整体评价。

根据表 8-5 可以得到每项一级指标的模糊评价矩阵。运行效果中运输效益的模糊评价矩阵：

$$R_{12} = [0.2 \quad 0.24 \quad 0.24 \quad 0.32]$$

进行运输效益的模糊矩阵的复合运算：

$$S'_{12} = w_{12} \cdot R_{12} = [0.2 \quad 0.24 \quad 0.24 \quad 0.32]$$

同理得到运输效率、节能减排、安全性的隶属度评判值，并构造运行效果的一级模糊评价矩阵：

$$S_1 = \begin{bmatrix} 0.18 & 0.09 & 0.14 & 0.59 \\ 0.2 & 0.24 & 0.24 & 0.32 \\ 0.48 & 0.40 & 0.08 & 0.04 \\ 1.00 & 0.00 & 0.00 & 0.00 \end{bmatrix}$$

把模糊评判矩阵与因素的权重向量集进行模糊运算并进行归一化，得到模糊综合评判结果集：

$$Y_1 = W_1 S_1 = [0.18 \quad 0.13 \quad 0.07 \quad 0.61]$$

同理，可得到支持性指标的模糊综合评价向量：

$$Y_2 = W_2 S_2 = [0.71 \quad 0.08 \quad 0.06 \quad 0.14]$$

由各评估主体得到的综合评估矩阵为：

$$Y = \begin{bmatrix} Y_1 \\ Y_2 \end{bmatrix} = \begin{bmatrix} 0.26 & 0.15 & 0.15 & 0.44 \\ 0.71 & 0.08 & 0.06 & 0.14 \end{bmatrix}$$

最终，综合评判（三级模糊综合评价）结果：

$$Z = WY = [0.4851 \quad 0.1172 \quad 0.1052 \quad 0.2925]$$

评语集对应的数值集定义为 $N = (N_1, N_2, N_3, N_4) = (1, 0.9, 0.8, 0.6)$，如果综合评判分值 $F \in [0.9, 1]$，则首批试点项目的运行效果为“优秀”；如果综合评判分值 $F \in [0.8, 0.9]$，则首批试点项目的运行效果为“良好”；如果综合评判分值 $F \in [0.6, 0.8]$，则首批试点项目的运行效果为“中等”；如果综合评判分值 $F < 0.6$，则首批试点项目的运行效果为“差”。首批试点项目的最后得分为：

$$F = Z \cdot N = 0.8502$$

首批试点项目总体评价结果为0.8502，运行效果比较良好。分指标来看，运行支持性指标的表现良好，试点线路完成率、拖挂比、站场建设完成率、信息系统开发完成率等指标的等级分类大多数为“良”以上；相对而言，牵引车购置完成率和挂车购置完成率的结果不是十分理想，半数以上线路的车辆购置完成率低于60%。对于运行效果性指标而言，单车产量的指标得分普遍较低，而吨公里运输成本的等级分布较为平均；吨百公里燃料消耗量、吨百公里 CO_2 排放、万车公里事故次数等4项指标的得分普遍较高。

2. 试点运行效果评价

1）对比组数据构成

从某企业随机提取了20辆运输车辆1个月的运输统计数据，作为对比数据。这些车辆的标记吨位在30～34t，以承担长途干线运输任务为主，采用传统运输方式开展运输生产。

2）运行效果试评价

（1）首批试点企业运行效果试评价。

根据对首批甩挂运输试点企业的运行情况跟踪，获取了首批试点企业在试点期的运行效果性指标，经合理化加工处理后，结果见表8-6。

首批甩挂运输试点企业效果性指标值　　表8-6

序号	指标元	计量单位	指标值
1	单车产量	t·km/月	304464.93
2	里程利用率	%	83.54
3	车辆工作率	%	72
4	吨公里运输成本	元/t·km	0.22
5	单车吨百公里燃料消耗（燃油、LNG/CNG）	L/100t·km	1.47
6	吨百公里 CO_2 排放量	kg/100t·km	3.99
7	万车公里事故次数	次/万车·km	0

经与对比组各项指标对比，见表8-7。

首批试点企业与对比组效果性指标对比　　表8-7

序号	指标元	计量单位	对比组	首批试点	变化率
1	单车产量	t·km/月	191226.3	304464.93	59.22%
2	里程利用率	%	88.82	83.54	-5.28%
3	车辆工作率	%	55.27	72	16.73%
4	吨公里运输成本	元/t·km	0.34	0.22	-35.29%

续上表

序号	指标元	计量单位	对比组	首批试点	变化率
5	单车吨百公里燃料消耗(燃油、LNG/CNG)	L/100t·km	1.82	1.47	-19.23%
6	吨百公里 CO_2 排放量	kg/100t·km	4.96	3.99	-19.56%
7	万车公里事故次数	次/万车 km	0	0	0

数据显示，虽然首批试点组的里程利用率较对比组下降 5.28%，但试点企业的单车产量和车辆工作率较传统运输方式大为提高，分别上涨 59.22%、16.73%，与运输效率有关的两项指标都有大幅上涨，表明甩挂运输组织模式能有效提高运输效率；试点企业的吨公里运输成本为 0.22 元/t·km，较对比组的 0.34 元/t·km 下降 35.29%，表明甩挂运输组织模式能降低运输成本，提高运输效益；单车吨百公里燃料消耗和吨百公里 CO_2 排放量分别下降 19.23% 和 19.56%，证明甩挂运输组织模式能带来节能减排收益；万车公里事故次数在对比组和首批试点组均为零次，因此无法对甩挂运输在运输安全方面的作用做出结论。对比两组数据能够发现，首批试点组的里程利用率较对比组有所降低，主要原因在于，对比组的数据来源于长途干线运输车辆，根据运输合理化的基本原则，里程利用率本来就较高，而试点企业的指标值取自多种运输距离、多种运营模式的平均数，故产生如上差异。综上所述，本次运行效果评估可得到如下结论：甩挂运输能带来运输效率、运输效益和节能减排方面的收益。

(2)个例分析。

通过对某货运企业运行情况的跟踪，获取了该货运企业试点期内传统运输方式和甩挂运输方式的各项效果性指标。做法为选取 20 辆利用传统运输方式进行作业的货运车辆作为对比组，选取 20 辆开展甩挂运输的货运车辆作为甩挂组，对各项指标开展为期 3 个月的连续监测。通过对数据的合理加工与计算，各项指标的数值见表 8-8。

某物流企业甩挂组与对比组效果性指标对比 表 8-8

序号	指标元	计量单位	对比组	甩挂组	变化率
1	单车产量	t·km/月	205717.9	268965.12	23.52%
2	里程利用率	%	50.06	55.37	5.31%
3	车辆工作率	%	73.84	85	11.16%
4	吨公里运输成本	元/t·km	0.26	0.17	-36.10%
5	单车吨百公里燃料消耗(燃油、LNG/CNG)	L/100t·km	2.27	1.52	-32.94%
6	吨百公里 CO_2 排放量	kg/100t·km	6.20	4.16	-32.94%
7	万车公里事故次数	次/万车·km	0	0	0

运输效率方面，甩挂组的单车产量、里程利用率、车辆工作率数值分别达到 268965.12t·km/月、55.37% 和 85%，较对比组分别提高 23.52%、5.31%、11.16%，与运输效率有关的 3 项指标均得到较为明显的改善，表明甩挂运输组织模式能够帮助物流企业实现运输效率的提升；甩挂组的吨公里运输成本为 0.17 元/t·km，较对比组降低 36.10%，表明甩挂

运输组织模式能带来运输成本的下降，进而提升运输效益；甩挂组单车吨百公里燃料消耗、吨百公里 CO_2 排放量较对比组均下降32.94%，表明甩挂运输组织模式能够促进节能减排；万车公里事故次数在对比组和首批试点组均为零次，因此无法对甩挂运输在运输安全方面的作用做出结论。基于以上指标的变化，可以得到如下结论：即开展甩挂运输能帮助物流企业提升运输效率、效益，促进节能减排。由于对比组和甩挂组隶属于同一家物流企业，货物运输业务的货类、货量、货值、流向、运距和客户群等属性相近，因此该公司的运行效果进行个例分析，更能直接反应甩挂运输组织模式在运输效率、运输效益、节能减排和运输安全等方面起到的作用。

3. 运行实时监测评估

1）指标选择

运行监测的目的主要是评价运行状况及其变化趋势，因此本部分主要采用前述指标体系中的效果性指标，见表8-9。

运行监测的指标体系　　表8-9

指标类别	一级指标	二级指标
甩挂运输运行效果	运输效率指标	单车产量
		里程利用率
		车辆工作率
	运输效益指标	吨公里运输成本
	节能减排指标	吨百公里燃料消耗量
		吨百公里 CO_2 排放
	安全性指标	万车公里事故次数

2）数据处理

（1）指标变化评价。

运行监测主要通过指标的变化率来反映整个甩挂运输试点的状况。因此，首要任务是对数据的变化趋势做出价值判断。每个重点指标的含义和表征不同，分析和评价的思路有所区别。

单车产量为极大型指标，当不同时间段其变化值增大时，表明运输效率有所提升，运行效果良好。

吨公里运输成本、单车吨百公里燃料消耗量、吨百公里 CO_2 排放量以及万车公里事故次数为极小型指标，在不同时点其值变小，则说明甩挂运输在节能减排和成本效益、安全生产的效果方面的积极作用有所体现，运行效果向好的方向发展。

里程利用率、车辆工作率为区间型的极大值指标，其值增大时，表明运行效果朝着好的方向发展，但是其变化范围有区间限制。

通过分析以上各指标的变化情况，可以综合判断甩挂运输的实施效果。

（2）基期的确定。

根据试点运行的波动情况，可以采用运行初期前两个月的数据或多个月的平均数据作为基础数据，然后通过首期数据与该基础数据的同比计算变化率，并通过计算公式得到基期指数。按照惯例指数基点设为100。当然,根据基期选择的不同,具体的指数形式可以有定基指数、同比指数。

(3)权数的确定。

本部分指标的权重采用前述层次分析法得到的运行效果指标的权重系数。

3)指数计算

(1)定基指数。

定基指数通过将报告期的指标数据与基期的指标数据进行对比,从而得到反映试点运行情况的一组变化率数据,通过加权平均的方法来反映试点运行的整体情况,具体计算见式(8-8):

$$I_0 = W \cdot \left[\frac{C_{1t}-C_0}{C_0},\frac{C_{2t}-C_0}{C_0},\cdots,\frac{C_{it}-C_0}{C_0}\right] \tag{8-8}$$

式中:W——前述层次分析法确定的效果性指标权重;

C_{it}——报告期的指标数据值;

C_0——确定的基础数据值;

$\frac{C_{it}-C_0}{C_0}$——相应指标与固定期的变化率。

(2)同比指数。

同比指数通过将报告期的指标数据与上一期的指标数据进行对比,从而得到反映试点运行情况的最新变化情况,具体计算见式(8-9):

$$I_c = W \cdot \left[\frac{C_{1t}-C_{1t-1}}{C_{1t-1}},\frac{C_{2t}-C_{2t-1}}{C_{2t-1}},\cdots,\frac{C_{it}-C_{it-1}}{C_{it-1}}\right] \tag{8-9}$$

式中:W——前述层次分析法确定的效果性指标权重;

C_{it}、C_{it-1}——报告期和上一期的指标数据值。

(四)评价方案的推广应用

1.应用范围

以上评价模型和方法经过对首批20余个试点项目评价的实践检验,其结论具有较高的可信度,对于甩挂运输试点的行业主管部门评价、制定行业政策,试点承担企业运行监测和自评估等方面着重要的参考价值。目前,甩挂运输试点项目已经开展了3批共计148个项目,其中第二批、第三批试点正在进行中。前述的评价方法不仅可以应用于首批26个试点项目的评价,而且可以应用于第二批、第三批以及后续的试点工作的分析评价工作。通过个体、省级和总体3个维度,不仅可以对试点运行效果进行全面系统的评估,通过不同指标的对比分析,还可对指标值反映出的问题进行追根溯源,为提出解决方案奠定基础。

同时,通过对每一批次的评估结果之间的对比分析,可以判断整个甩挂运输试点的发展趋势,对于我国甩挂运输整个行业的发展具有重要的参考价值。

2.使用者

以上评级方案可供国家层面的甩挂运输试点的组织者、省级甩挂运输试点的管理者和甩挂运输试点企业使用。

对于交通运输部、财政部和国家发展改革委等甩挂运输试点的组织者而言，通过对每一个试点的评估和排序，可以为找出甩挂运输试点的最佳实践提供参考，为后续的典型示范工作的开展奠定基础；与此同时，甩挂运输的实时监测结果可以使得相关部门实时掌握甩挂运输运行的最新动态，不仅可以为相关政策的出台提供数据基础，而且能够为政策效果的评价提供依据。

对于省级的甩挂运输试点管理者而言，通过对本省内的项目进行评估排序，可以使其深入了解省内甩挂运输企业的运行状况，有利于先进运输组织模式和经验借鉴在省内的推广和传播。

对于甩挂运输试点承担企业而言，一方面可以通过该评价方案评估自身的运行效果，查找问题，并作出相应的调整，有利于提高运输效率、降低成本；另外一方面，通过本项目与其他项目的对比分析，可以找出差距所在，通过先进经验的相互学习和借鉴，有利于促进甩挂运输行业的整体发展水平。

3. 适用周期

对于甩挂运输试点项目的评价，可以规定的试点期(2 年)为一个评价周期，也可以年作为评价周期，评估试点项目的年度运行情况。

对于实施监测的评估，可以月为最小周期，用以监测试点的运行状况，及时调整政策或企业发展重心。

四、甩挂运输运行分析信息系统设计

本系统的主要用户包括部级用户、省级用户、企业用户、系统管理员，可以与各运输企业信息系统对接进行数据报送。

(一)业务功能逻辑

系统整体功能自下而上可以分为系统运行支持、基础信息维护、数据信息报送、统计汇总查询、业务报表生成和运行分析与评价 6 部分。上层功能需要依托于各下层功能的支撑。功能逻辑结构如图 8-19 所示。

1. 系统运行支持

系统运行支持主要用于提供系统运行所需的基础功能，主要包括用户管理、角色权限、身份验证和系统参数功能。

2. 基础信息维护

基础信息维护主要对系统中相对静态的数据信息进行维护，具有对各类数据进行添加、删除、修改和查询的功能。

3. 数据信息报送

数据信息报送主要是提供企业公司用户将数据报送到系统中的相关功能和接口程序。

4. 统计汇总查询

统计汇总查询主要是基于基础信息和报送信息，在不同时间范围和空间范围上进行数据的统计汇总，同时提供用户对这些数据进行查询的功能。

5. 业务报表生成

业务报表生成主要是基于统计汇总的结果,生成各种报表的相关功能,主要支持 PDF、EXCEL、HTML3 种格式。

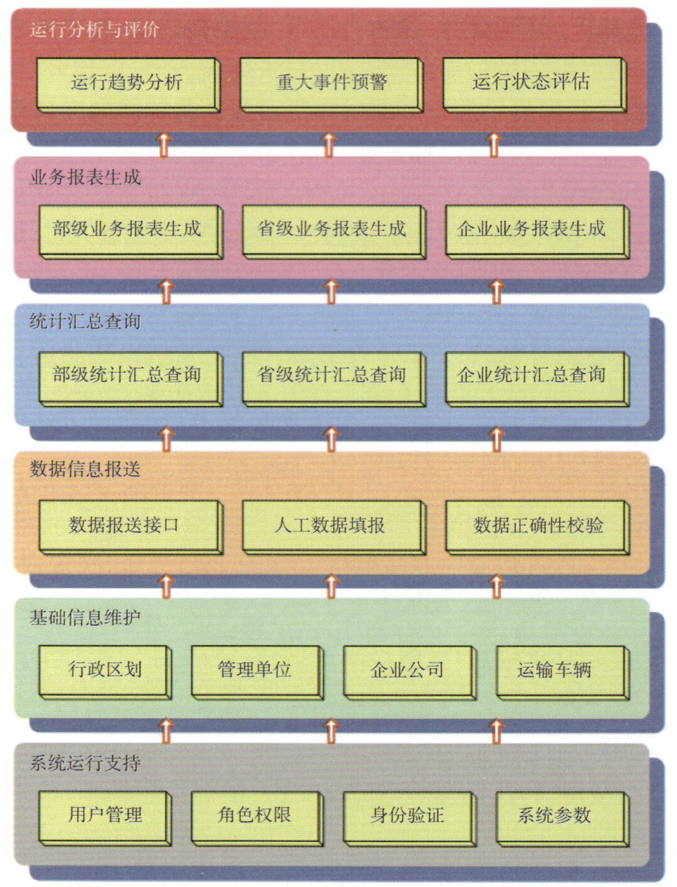

图 8-19　系统功能逻辑架构

(二)软件技术架构

根据系统技术路线,本系统的软件技术架构分成以下 4 个层次,即页面视图层、交互控制层、业务逻辑层、数据访问层,如图 8-20 所示。

1. 页面视图层

提供可视化的各种表现视图,是用户操作各种功能的视觉表现[10]。用户通过客户端浏览器的 URL 向交互控制层发起请求。

2. 交互控制层

提供将数据转换为用户可视页面的控制,以及对用户操作请求做出响应的交互机制。

3. 业务逻辑层

用于将各种业务逻辑进行封装,形成可以重复利用的功能组件,以实现所需的各种业务逻辑、算法模型等。

4. 数据访问层

用于对各种业务数据进行提取、添加、更新和删除等操作，可以根据需要由逻辑功能层进行调用。

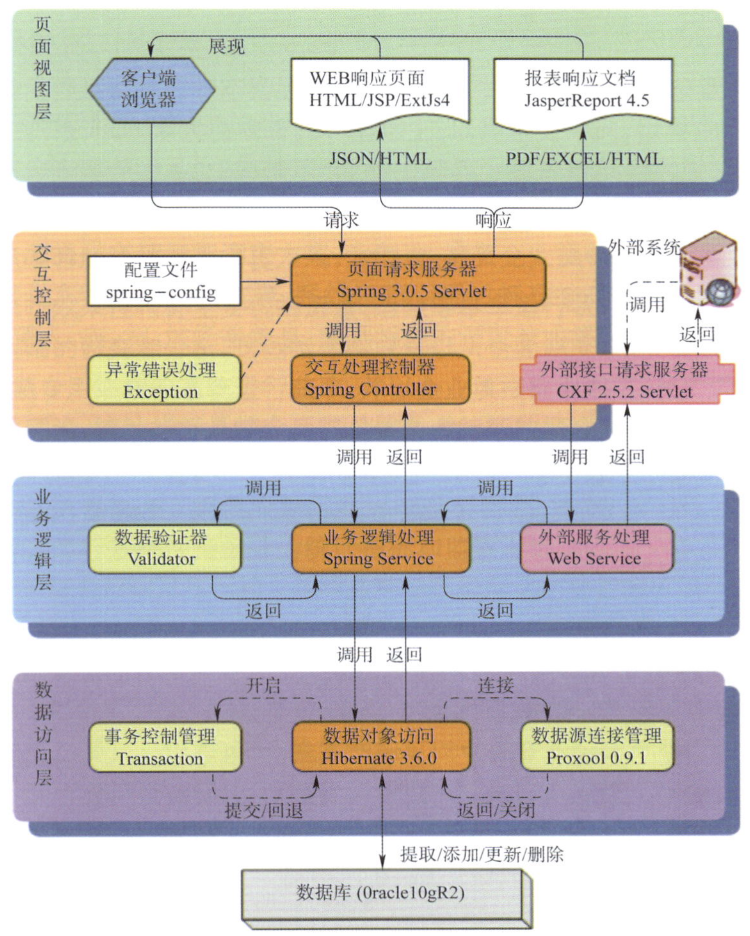

图 8-20　系统软件技术架构设计

本章参考文献

[1] 范蕾. 甩挂运输节能减排效益评估研究[D]. 武汉:武汉理工大学,2012.

[2] 李弢,谭小平. 现阶段甩挂运输发展契机剖析[J]. 交通建设与管理,2011,05:48-51.

[3] 高晖. 甩挂运输智能调度系统[J]. 卫星与网络,2013,03:62-69.

[4] 赵鲁华,任传祥,李玉善,等. 基于RFID/Compass/3G技术的甩挂车辆安全监控系统研究[J]. 物流技术,2015,04:140-142.

[5] 杨晓,张谦. 甩挂运输发展的影响因素的影响度分析[J]. 物流科技,2012,07:82-84.

[6] 高洪涛,李红启.道路甩挂运输组织技术及其应用实践.[M].北京:中国物资出版社,2011.

[7] 张志俊、袁长伟.道路运输统计[M].北京:人民交通出版社,2010.

[8] 中华人民共和国交通运输部.关于发布道路运输统计报表制度的通知[EB/OL].(2010-11-30)[2014-07-13].http://www.moc.gov.cn/zizhan/siju/daoluyunshusi/zongheguanli/guanliwenjian/201012/t20101210_885362.html.

[9] Michael Florian,Donald Hearn. Chapter 6 Network equilibrium models and algorithms [M]. Handbooks in Operations Research and Management Science. Elsevier,1995:485-550.

[10] Steven John Mestsker,William C. Wake. Java 设计模式[M].2 版.张逸, 史磊,译.北京:电子工业出版社,2012.

第九章　甩挂运输关键技术应用

科技专项研究采取示范/试点同步实施、开展的方式，依托全国甩挂运输试点项目开展了一系列的阶段性成果的验证、使用和示范应用。科技专项研究期间，交通运输部、国家发展和改革委员会、财政部共同确定了148个甩挂运输试点项目，相关研究成果已服务于甩挂运输试点工作的需要。

在研究过程中有关甩挂运输轻量化车辆已经被甩挂运输试点承担单位认可并选购；国家标准《道路车辆　牵引车与挂车之间的电气和气动连接位置》等多项标准的制定和甩挂运输标准体系的构建，已有效地指导了甩挂运输试点工程建设，并为甩挂运输的标准化管理提供依据；相关车辆检测仪器设备已在推荐车型遴选过程中得到了应用，遴选出的推荐车型（含轻量化车型）获得甩挂运输试点承担单位认可并选购；车辆交强险、挂车报废制度、资金补贴管理办法在甩挂运输试点工程中得到了应用；标准规范的有效实施已明显提升了企业内部设施配备、作业与管理的科学性、规范性；站场优化技术以及运营组织相关技术已在甩挂运输试点项目工可方案的编制过程中得到应用，反馈效果良好；智能调度与运行分析系统在甩挂运输示范单位和交通运输行业主管部门得到应用，已为主管部门提供了一手可靠的数据来源。

第一节　甩挂运输标准化技术的应用

科技专项研究开展4年来，甩挂运输促进货运行业提质增效的理念，得到了全行业和社会的广泛认同。一系列甩挂运输标准规范的颁布实施，已明显提升了甩挂运输企业内部设施配备、作业与管理的科学性、规范性，为我国甩挂运输发展的标准化、规范化和可持续化奠定了坚实的基础，也为交通运输部对甩挂运输进行标准化管理提供了依据。同时，结合我国标准体系建立的原则与相关要求，建立了我国甩挂运输标准体系框架，形成了甩挂运输标准体系表，为下一步甩挂运输标准的制定和修订指明了方向，也为甩挂运输各相关标准化委员会制定其归口标准的年度制定和修订计划起到了重要指导作用。

随着车辆技术的发展和国外先进技术的引入，充分借鉴国外先进的甩挂运输经验，对国内外甩挂运输车辆及装备、站场设施及设备、运输组织及调度以及信息化等发展现状、市场需求及标准状况的研究和分析，标准体系也得到不断补充完善。

按照项目构建的甩挂运输标准体系以及标准制定和修订计划，国家标准《道路车辆　牵引车与挂车之间的电气和气动连接位置》（图9-1）、《中置轴挂车通用技术条件》的制定，《适宜滚装船舶运输的道路车辆上的栓固点布置和固定方式　一般要求　第2部分：半挂车》（ISO 9367-2：1994）的国标转化，以及交通运输行业标准《半挂牵引拖台技术要求》（图9-2）、《公路货运站货物堆垛规范》、《道路运输行业节能评价方法》、《营运车辆驾驶人从业资格证

IC 卡通信协议》和《道路运输驾驶员夜间行车安全要求》的制定，都将及时解决甩挂运输过程中存在的技术标准缺乏的问题，指导甩挂运输站场应急需要，实现对道路交通安全的保障。

GB

中华人民共和国国家标准

GB/T XXXXX—XXXX

道路车辆　牵引车与挂车之间的电气和气动连接位置

Road vehicles — Location of electrical and pneumatic connections between towing vehicles and trailers

（ISO 4009:2000（E），MOD）

（报批稿）

XXXX－XX－XX 发布　　XXXX－XX－XX 实施

中华人民共和国国家质量监督检验检疫总局
中国国家标准化管理委员会　发布

图 9-1　《道路车辆　牵引车与挂车之间的电气和气动连接位置》报批稿封面

JT

中华人民共和国交通运输行业标准

JT/T XXXXX—XXXX

半挂牵引拖台技术要求

Technical requirements for trailer converter dolly

（报批稿）

XXXX－XX－XX 发布　　XXXX－XX－XX 实施

中华人民共和国交通运输部　发布

图 9-2　《半挂牵引拖台技术要求》报批稿封面

通过已有标准的修订、新标准的逐步制定，密切跟踪并及时转化国际标准（ISO 或 ECE），促进我国甩挂运输标准体系建设更加科学、系统、全面，以满足甩挂运输发展需要，形成了国家高度重视、多部门共同支持、各层级齐抓共管、全行业共同参与切实推进的良好氛围和态势，同时在技术标准层面与国际接轨，进而有助于国际道路运输的发展。

第二节　甩挂运输测试评价技术装备及车辆专用装置的应用

一、甩挂运输测试评价技术装备应用

科技专项研制了汽车列车制动协调性测试仪、汽车列车行驶轨迹测试仪和汽车列车气电连接测试仪 3 套测试设备，适用于甩挂运输车辆关键性能测试和匹配评价。

汽车列车制动协调性测试仪（图 9-3 ~ 图 9-6）以车轮转速作为基本的数据来源，采用陀螺仪测速技术实现车轮转速的实时检测，同时设计了适应不同车型的轮速传感器安装固定装置；该设备经过了交通运输部汽车保修设备质量监督检测测试中心的试验检测，能够按照《商用车辆和挂车制动系统技术要求及试验方法》（GB 12676—2014）、《机动车运行安全技术条件》（GB 7258—2012）和《甩挂运输推荐车型基本要求（修订版）》规定的技术要求，实现“制动协调时间”、“制动距离”、“平均制动减速度”、“踏板力”和“各轮制动效能滞后时间”

等项目的性能测试,数据重复性好;经计量检定机构检定,测试精度符合标准要求。整个系统以“分布采集、无线传输、集中处理”为设计思想,高度集成,安装简便,测试结果精确,具有广阔的应用前景。同时,该系统和国外一些产品相比性价比高,在达到相同技术条件下价格上的优势将会使其快速在有关汽车企业、检测机构中得到推广,产生较好的经济效益。目前该设备已纳入国家汽车质量监督检验中心(北京通州)的技术能力范围,可为设备改进和全国范围内推广应用提供经验积累。

图 9-3　轮速传感器

图 9-4　汽车列车制动协调性测试仪操作界面

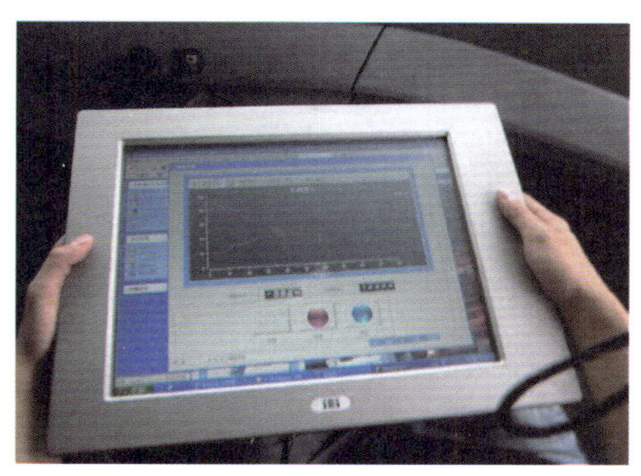

图 9-5　汽车列车制动协调性测试仪终端

图 9-6　测速装置装车示意

汽车列车行驶轨迹测试仪(图 9-7、图 9-8)采用市场成熟的 GPS 技术集成开发而成,同时为了提高测试精度,采用双频载波相位差分测向方法进行数据的采集,整套 GPS 设备由 4 个天线和 3 台接收机组成,可以实现对载体航向和坐标的高精度解算。该系统可以实现对 GPS 信号的实时采集,实现汽车列车在行驶过程中的前摆值、后摆值、外摆值、转向通道最大宽度和直线行驶稳定性的测试,并显示行驶过程中汽车列车的行驶轨迹。该设备经过了交通运输部汽车保修设备质量监督检测测试中心的试验检测,能够按照《汽车列车性能要求及试验方法》(GB/T 26778—2011)、《营运车辆综合性能要求和检验方法》(GB 18565—2001)、《道路车辆外廓尺寸、轴荷及质量限值》(GB 1589—2004)和《甩挂运输推荐车型基本要求(修订版)》规定的技术要求,实现前摆值、后摆值、转向通道最大宽度、最小转弯直径和直线行驶稳定性项目的性能测试,数据重复性好,测试精度符合标准的要求。本设备设计原理先进,测试结果精确,其推广应用将产生极大的社会效益和经济效益,与国外同类产品相比,该设备性价比较高,例如项目所开发的检测装置价格约为 20 万元人民币左右,而达特朗同类设备价格在40万元人民币左右。目前该设备已纳入国家汽车质量监督检验中心(北京通州)的技术能力范围,可为设备改进和全国范围内推广应用提供经验积累。

图9-7　汽车列车行驶轨迹测试仪基站系统

图9-8　汽车列车行驶轨迹试验

由于牵引车和半挂车之间需要经常相互匹配,因此需要对每对新匹配的牵引车和半挂车组合进行安全性能的快速检测,项目研制的汽车列车气电连接测试仪,如图9-9所示,就是为了满足这种需求,可以在没有牵引车牵引的情况下对半挂车进行测试检验,也可以对牵引车相关功能进行测试,具有机动灵活,一机多用的优点,而且对测试场地基本没有要求,可以方便快速地测试汽车列车的制动反应时间、制动管路密封性和灯光系统功能,及时排除可能存在的安全隐患,保证汽车列车在甩挂运输中的基本安全性。项目至今已申请两个专利和一个软件著作权,已形成一套完整的测试检验设备和程序,并将此测试检验设备的测试结果作为标准修改、完善的重要支持。该设备经过了交通运输部汽车保修设备质量监督检测测试中心的试验检测,经测试,该设备能够按照《商用车辆和挂车制动系统技术要求试验方法》(GB 12676—2014)、《机动车运行安全技术条件》(GB 7258—2012)、《道路车辆　牵引车与挂车之间电连接器　7芯24V标准型(24N)》(GB/T 5053.1—2006)和《甩挂运输推荐车型基本要求(修订版)》规定的技术要求,实现牵引车制动反应时间、挂车制动反应时间、牵引车密封性、半挂车外部照明与信号装置、汽车列车制动滞后时间和制动管路断裂失效等项目的性能测试,数据重复性好,测试精度符合标准要求,其中作为关键部件的压力传感器经过了计量检定。该测试仪已在定远汽车试验场和交通运输部公路交通试验场进行多次试验,设备运行稳定,操作简便,试验数据真实可靠。该测试仪可应用于我国的大型牵引车生产企业和半挂车生产企业,用于产品的出厂检验、事故分析以及售后维修等。因此该设备的市场前景十分良好。目前该设备已纳入国家汽车质量监督检验中心(北京通州)的技术能力范围,可为设备改进和全国范围内推广应用提供经验积累。

图9-9　汽车列车气电连接测试仪

在第三批甩挂运输推荐车型的遴选过程中,利用科技专项研究成果开发的设备以及相关评价方法，对参与匹配试验的车型进行了评价测试，主要包括：513 次结构与连接匹配适应性评价，59 次汽车列车经济性测试，136 次汽车列车通过性测试，63 次半挂牵引车、18 次半挂车以及 63 次汽车列车的灯光与静态制动参数测试。

相关测试设备以及评价方法的应用，为甩挂运输试点工程成功的筛选出合规、高效的车辆装备，为未来标准化车型的应用发展奠定了基础。

二、车辆专用装置的应用

双联动半挂车支承装置，作为科技专项研究成果之一，由青岛奥博坦车辆装备有限公司研制。该装置具有多项技术优势，获得一项实用新型专利（专利号：ZL201320110358.0），如图 9-10 所示。2012 年 4 月，该装置被安装到轻量化样车上，在定远试验场进行了场地性能、可靠性和耐久性试验，如图 9-11 所示。另外还在试验场进行了重车升降、脱挂试验，重车升降时，分别在支承盘未与地面接触时，使用高速挡对支承进行快速下落和在支承盘着地时，使用低速挡，支承装置的行程均符合设计要求。慢速挡时对摇柄力进行测量，测得手柄力为 280N，符合小于 300N 的设计要求。

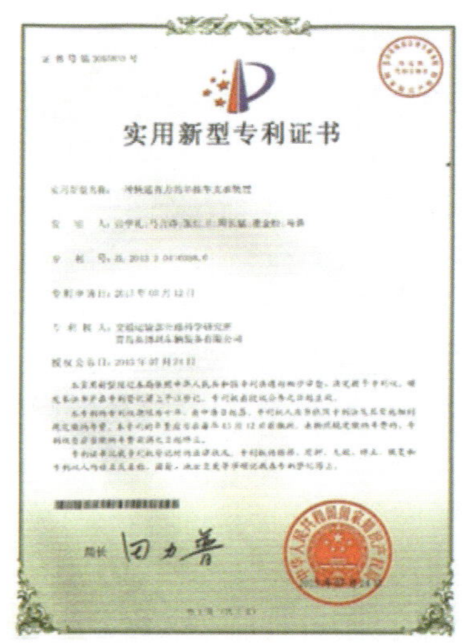

实用新型专利证书

图 9-10　实用新型专利

图 9-11　产品试验检测

此外，青岛奥博坦车辆装备有限公司于 2012 年 6 月将公司试制样品发往深圳中集专用车有限公司、扬州中集通华专用车有限公司、扬州市天成国际集装箱货运有限公司和韶关市东南盈通物流有限公司进行装车试用。由扬州通华中集专用车有限公司装配到扬州市天成国际集装箱货运有限公司所购置的 THT9402TJZ 型半挂车、深圳中集专用车有限公司装配到韶关市东南盈通物流有限公司、深圳市创兴发运输实业有限公司所购置的 ZJV9400 型半挂车进行试用，经过各用户近 1 年的应用，得出“该支承结构合理，安装方便，高速挡运行速度较快，慢速挡运行稳定”的结论。

此外，按照项目立项规划，优先推荐半挂车制造企业选择优质高效的支承装置，促进货运装备部件的升级换代。

第三节 甩挂运输车辆技术及应用

一、车辆轻量化技术及应用

自从2012年7月,轻量化厢式半挂车样车下线以来,已经销售了500多辆。上海申申物流公司、深圳市美泰国际物流有限公司等使用轻量化厢式半挂车后,无故障运行1年半时间,车辆主体结构、配件质量经受住了检验,应用效果良好。该半挂车每天运行12h以上,每辆车平均比普通厢式半挂车多装3000kg货物,节约了运行成本,提高了营运利润,为长途物流运输提供了节能、环保的轻量化产品。

轻量化牵引车自样车下线以来,已经销售3000余辆,在甩挂运输试点项目中应用效果良好,整备质量比同等配置牵引车轻1000kg以上,动力性、经济性良好。与厢式半挂车匹配性能优越,高速公路行驶时列车时速可以达到100 km/h。轻量化牵引车节约燃料,减少了CO_2排放,是绿色环保、节能产品,为甩挂运输轻量化牵引车的推广应用奠定了基础。

二、甩挂运输推荐车型技术研究及应用

2009年12月31日交通运输部、国家发展和改革委员会、公安部、海关总署、保监会联合发布了《关于促进甩挂运输发展的通知》(交运发〔2009〕808号),明确提出积极推进甩挂运输车辆标准化是发展甩挂运输的必要条件,制定牵引车与半挂车匹配技术标准、尽快启动我国货运标准车型的选定和使用是关键。2010年2月1日,交通运输部道路运输司部署了推进公路甩挂运输的一系列工作,在《关于发布货运汽车及汽车列车推荐车型工作规则的通知》(交公路〔2005〕170号)中,要求实施甩挂运输推荐车型制度;确定了甩挂运输车型范围与技术要求研究制定的原则、进度、遴选方式以及责任分工等事项;强调了推荐车型与车辆标准化工作要有机结合,以及保障先进技术与治超要求、运输效益充分协调等。自此开始,货运车辆推荐车型工作进入了"全国公路甩挂运输推荐车型"这一新阶段。

(一)推荐车型工作的意义及工作规则

甩挂运输推荐车型工作是交通运输行业节能减排的重要抓手,是促进甩挂运输快速发展的重要条件,是实现货运车辆标准化的基础,同时也有利于车辆生产企业的技术进步。

项目组针对甩挂运输对牵引车、半挂车的技术要求,结合国内外调研和技术研究成果,研究制定了第一批公路甩挂运输推荐车型遴选工作实施方案,探索性地开展了列车匹配的测试评价。

2012年7月27日,交通运输部办公厅印发了《关于遴选第二批公路甩挂运输推荐车型的通知》(厅运便〔2012〕26号),明确了有关工作程序、申报规则和技术支持单位。为了确保甩挂运输推荐车型遴选工作的公平、公正、公开、高效,交通运输部汽车运输节能技术服务中心在总结第一批公路甩挂运输推荐车型遴选工作的基础上,于2012年8月修订形成了《公路甩挂运输推荐车型遴选工作实施方案》、《公路甩挂运输推荐车型匹配验证实施方案》,并成功应用于推荐车型遴选工作中,收效显著。

《公路甩挂运输推荐车型遴选工作实施方案》共包括申报程序、申报受理与评审程序、管

理要求、相关信息以及推荐车型工作主要流程等5部分内容，规定了申报企业的资格、车型范围、文件资料要求、审查程序与要求、工作人员要求等各环节的业务内容、具体要求，并组织开展了企业宣传、交流与咨询。

《公路甩挂运输推荐车型匹配验证实施方案》的制定是为确保交通运输部公布的推荐车型产品技术水平与使用质量满足公路甩挂运输试点工作对推荐车型的需求，并为车辆生产企业的产品改进、工艺确认与质量控制提供依据。该方案包括依据、对象、试验人员、主要试验仪器与设施、验证试验项目与实施要求、记录与总结等6部分内容。通过对项目组成员、相关试验检测人员、参试企业技术人员的培训与技术交流，在实践中摸索、实现、改进完善了甩挂运输车辆匹配验证技术，达到了车型遴选目的、积累了技术研究与管理经验、创新了货运车辆应用技术研究模式。

通过这一系列的研究与实践，进一步完善了甩挂运输推荐车型工作制度、实施要求，确认了专家队伍，同时也对下一步加强推荐车型评价方法研究提出了要求。

（二）推荐车型基本要求的研究制定

1.甩挂运输对车辆的基本要求

甩挂运输要求牵引车、半挂车在产品结构、参数性能、装备配置、制造质量等方面实现合理的匹配与标准化，并与货物类型、装卸设备、场站设施、货运组织及其管理模式等技术要求保持协调统一。

甩挂运输对车辆的基本要求具体包括以下几个方面：

（1）车辆结构设计的匹配。科学规定牵引车牵引座与半挂车牵引销的安装位置（前后）、承载/结合面高度（上下）、挂车车轴布置与安装位置等要求，保证汽车列车质量与尺寸参数符合法规要求、运动不干涉且具有良好的运动协调性，满足汽车列车的相关设计与使用要求、实现车辆与道路的协调发展。采用标准化的车厢/货箱结构与尺寸，并与标准托盘规格尺寸相匹配，以便提高车辆的装载能力和空间使用效率。

（2）安全连接的匹配。明确要求牵引车牵引座与半挂车牵引销的机械连接件型号尺寸统一；牵引车与半挂车电器连接形式与规格统一、协调；气制动连接器形式与规格统一、协调、可靠；防抱制动系统（ABS）接口形式协调适用；各种连接件产品质量应满足标准要求且安装位置与排列顺序协调统一。保证耦合顺畅、性能优良、操作便利、安全可靠，确保不同的牵引车与半挂车能够顺利进行甩挂作业，满足基本行车条件。

（3）牵引车与半挂车性能的优化匹配。通过对整车及各总成的优化设计与测试评价，确保汽车列车既要有充足的动力储备、良好的燃料经济性和排放性能，还要在列车的制动协调性、行车稳定性、道路通过性等方面满足行车安全要求。

（4）配套装备的先进、适用。半挂车支承装置应安全可靠、操作方便；快速接驳辅助工具应使用方便、快捷，通用性好；货物装卸装备应与货物及其包装方式、设施条件相适应且性能优良；推广应用涵盖车辆、货物、驾驶员以及行车计划在内的，便于甩挂运输调度和货运行业统计管理的信息自动采集与传输技术，满足甩挂运输管理系统的统一要求且有高度的信息安全性、通信有效性、数据准确性等；保证甩挂运输车辆的安全、高效使用与快捷准确的信息交流，提高综合工效。

2.《甩挂运输推荐车型基本要求》制定的原则

《甩挂运输推荐车型基本要求》制定的原则，主要包括以下几个方面。

1）适用性原则

由于甩挂运输在我国尚处于起步试行、示范推广阶段，2010 年 10 月开始，交通运输部联合国家发展和改革委员会、财政部在全国先后组织开展了 3 批甩挂运输试点工程，共筛选确定了 148 个试点项目。在少部分货运企业试行、示范时期，应综合分析甩挂运输货物的主要种类、车型的需求以及行业对车型结构调整的方向后，从当前实际货运市场中量大面广的主力车型种类逐步开始研究，结合国内外车辆技术发展应用实际以及产品制造、质量保证与售后服务综合能力评估结果，分步、科学确定甩挂运输试点中市场急需、符合道路运输发展方向、有一定代表性与推广价值的车型。

2）匹配性原则

牵引车与挂车组合时将不受地区、企业、号牌不同的限制，但牵引车的准拖总质量与挂车的总质量以及相关车辆结构与连接、技术性能等都需要满足相关技术标准规定且匹配良好，确保牵引车与挂车“甩得下、挂得上”和汽车列车在符合法规标准前提下安全高效“行得通”。

3）协调性原则

车辆必须符合国家车辆主管部门的车辆产品公告和强制性产品认证（China Compulsory Certification，3C 认证）技术要求，各项参数要求应与国家相关强制性标准/推荐性标准要求、相关国际标准或发达国家车辆规定相协调，相关车辆的结构、配置、参数要求应有一定的先进性和可操作性。

3.《甩挂运输推荐车型基本要求》主要内容与解析

根据交通运输部道路运输司规范货运车辆管理、推动甩挂运输发展的工作部署，项目组在原《货运汽车及汽车列车推荐车型基本要求》（交路发〔2005〕170 号）附件 1 的基础上，结合交通运输行业发展对货运车辆产品技术与技术管理的需求及相关规定，结合 3 批甩挂运输试点企业的车型需要，分别于 2010 年、2012 年和 2014 年先后研究制定和修订了既符合推荐车型规则要求又适用于甩挂运输发展的《甩挂运输推荐车型基本要求》、《甩挂运输推荐车型基本要求（修订版）》和《第三批甩挂运输推荐车型基本要求》（以下简称《基本要求》），其推荐车型范围包括：4×2、6×4、6×2 共 3 类半挂牵引车，两轴 40 英尺、三轴 40 英尺两类集装箱运输半挂车，两轴厢式、三轴厢式两类厢式半挂车。

1）牵引车基本要求

《基本要求》中共包括了 3 类半挂牵引车及其组成的列车。按驱动形式分为 4×2、6×4 和 6×2 三种，按发动机燃料种类分为柴油和 LNG 两种，按车辆主要用途又可分为普通牵引车和集装箱牵引车两类。车型基本要求包括发动机性能、牵引座及其安装、操控配置与环境、行车安全装置、整车配置、与半挂车匹配的互换性及汽车列车性能 7 部分，见表 9-1。

2）半挂车基本要求

《基本要求》共包括了 4 类半挂车车型。车型基本要求包括质量与尺寸、行车安全装置、主要配置、与牵引车匹配互换性 4 个方面，见表 9-2。根据车型的功能与结构特点，不同车型款式之间会有所差异，多数要求基本相同。

半挂牵引车及列车基本要求

表 9-1

项　目		基本要求			
		4×2 半挂牵引车	6×4 半挂牵引车	6×2 集装箱半挂牵引车	6×4 集装箱半挂牵引车
驱动型式		4×2	6×4	6×2（单转向轴）	6×4
发动机性能要求	发动机净功率（kW）	≥231	≥270	≥253	≥253
	发动机最低比油耗[g/（kW·h）]	≤193（LNG 半挂牵引车暂不要求）			
	发动机最大转矩（N·m）	≥1500	≥1700	≥1700	≥1700
牵引座及安装要求	牵引座承载面离地高度（无拖挂状态）（mm）	1290～1320	1290～1320	1290～1320/1080～1110（适于集装箱高箱运输）	1290～1320/1080～1110（适于集装箱高箱运输）
	牵引车牵引座前倾角/后倾角（装车测量）（°）	≥6/7			
	牵引座最大允许承载质量（kg）	≥11000	≥16000	≥13000	≥16000
	准拖挂车总质量（kg）	35000	40000	≥37000	≥37000
操控配置与环境要求	动力转向	有			
	驾驶室空调	有			
	驾驶室平顺性指标（无拖挂状态，等效均值）（dB）	≤120			
	离合器助力装置	有			
行车安全装置要求	ABS	符合 GB/T 13594 标准要求			
	制动器规格及性能	符合企业产品设计要求及 QC/T 239 相关规定			
	带有行驶记录功能的卫星定位终端（与北斗系统兼容）	有			
	制动间隙自动调整装置	有			
	符合 GB 12676 和 GB/T 5922 要求的测试接头（连接器）	有			
	符合 GB 7258 要求的辅助制动装置	有；* 液力或电涡流缓速控制装置（优先推荐）			
	车轮动平衡	是			

续上表

项目		基本要求			
		4×2 半挂牵引车	6×4 半挂牵引车	6×2 集装箱半挂牵引车	6×4 集装箱半挂牵引车
整车配置附加要求	导流装置	有			
	后空气悬架	推荐	推荐	是	是
	轮胎	子午线轮胎；* 无内胎子午线轮胎（优先推荐）			
	驾驶室卧铺	有（优先推荐）			
	工作台板及登梯	有；工作台板板面应具有防滑功能，安装位置、尺寸和强度均应满足企业要求			
与半挂车匹配的互换性要求	半挂牵引车后回转半径（mm）	≤2200			
	牵引座型号	50 号			
	牵引座前回转半径（mm）	≥2120		≥1900	
	牵引座中心至最前端的距离	≤4500	≤5100	≤5100	≤5100
	电器连接装置	位置灯、示廓灯、牌照灯接 2 号线，后雾灯接 6 号线，倒车灯接 7 号线，其余接线应符合 GB/T 5053.1 的要求			
	气制动连接装置	制动连接器符合 GB/T 13881 的要求，应在工作状态下进行 2500 次摘挂试验后，密封性能应良好			
	ABS 类型及接口	匹配挂车 4S/4M 或 4S/2M 的 ABS 接口，符合 GB/T 20716.1 的规定；各接口安装位置参照 ISO 4009：2000 标准要求，按气控、电连接、ABS 和供气的顺序自左至右依次排列			
汽车列车					
最大允许质量（kg）		42000	49000	46000	46000
综合燃料消耗（L/100km）（按 JT 719—2008 测试，LNG 半挂牵引车暂不要求）		≤35.0	≤36.0	≤35.5	≤35.5
最高车速（km/h）		≥100			
汽车列车通道圆尺寸（m）	内圆直径 D_1	10.60			
	外圆直径 D_2	25.00			
	外摆值	≤0.80			
30 km/h 制动距离（满载）（m）		≤10.0			
制动滞后时间（s）		≤0.2			
行驶轨迹摆幅（mm）		≤110			
热制动效能（满载）		按照 GB 12676 规定的行车制动系 I 型试验制动性能要求测试，制动距离不超过 30 km/h 制动距离的 125%			

半挂车及列车基本要求

表 9-2

项目		基本要求					
		两轴厢式半挂车	三轴厢式半挂车	两轴 40 英尺集装箱运输半挂车		三轴 40 英尺集装箱运输半挂车	
				普通集装箱运输半挂车	高箱集装箱运输半挂车	普通集装箱运输半挂车	高箱集装箱运输半挂车
质量与尺寸要求	最大允许总质量(kg)	≤35000	≤40000	≤35000		≤37000	
	* 整备质量(kg)	≤7100	≤8100	≤4300		≤6000	
	宽度(mm)	≤2550		—			
	长度(mm)	≤13000	≤14600	—			
	车厢内部长度(mm)	≥12300	≥13500	—			
	** 车厢内部宽度(mm)	≥2440		—			
	车厢内部高度(mm)	≥2200		—			
	车厢装货容积(m^3)	≥72	≥80	—			
	牵引销与第一轴左右轮的距离差(mm)	≤3					
	车轴间左右轮中心距差(mm)	≤1.5					
	满载质心位置与载荷布置规划图或相应的技术文件	有		—			
行车安全装置要求	ABS	符合 GB/T 13594 标准要求					
	制动器规格及性能	符合企业产品设计要求及 QC/T 239 相关规定					
	制动间隙自动调整装置	有					
	符合 GB 12676 和 GB/T 5922 要求的测试接头(连接器)	有					
	车轮动平衡	是					

续上表

项目		基本要求					
		两轴厢式半挂车	三轴厢式半挂车	两轴40英尺集装箱运输半挂车		三轴40英尺集装箱运输半挂车	
				普通集装箱运输半挂车	高箱集装箱运输半挂车	普通集装箱运输半挂车	高箱集装箱运输半挂车
主要配置要求	车轴规格及数量	10t级/2	10t级/3,最后轴应采用随动转向	10t级/2		10t级/3	
	车架结构	—		平直梁骨架式/鹅颈骨架式			
	轮胎	子午线轮胎或宽断面单胎(名义断面宽度≥400mm);无内胎子午线轮胎(优先推荐)					
	空气悬架	是(优先推荐)					
	挂车车轴	符合 JT/T 475—2002 的要求					
	挂车支承装置	符合 GB/T 26777—2011 的要求,双联动					
	货运挂车气压制动系统	符合 GB 12676 的要求					
与牵引车匹配互换性要求	半挂车前回转半径(mm)	≤2040		≤1820			
	牵引销型号	50号					
	牵引销座板离地高度(空载)(mm)	1230～1250		1230～1250	1020～1040	1230～1250	1020～1040
	半挂车间隙半径(mm)	≥2300					
	承载面高度(空载)(mm)	—		≤1410	1080～1100	≤1410	1080～1100
	牵引销中心至半挂车最后端的距离	≤12000	≤13000	≤12000			
	电器连接装置	位置灯、示廓灯、牌照灯接2号线,后雾灯接6号线,倒车灯接7号线,其余接线应符合 GB/T 5053.1 的要求					
	气制动连接装置	符合 GB/T 13881 的要求,应在工作状态下进行2500次摘挂试验后,密封性能应良好					
	ABS类型及接口	装配4S/4M或4S/2M的ABS,接口符合 GB/T 20716.1 的规定;各接口安装位置参照 ISO 4009:2000 标准要求,按气控、电连接、ABS和供气的顺序自左至右依次排列					

3）推荐车型的技术特点

分析我国3批甩挂运输推荐车型的基本要求，归纳其主要特点如下：

（1）车型种类与项目要求设定合理，满足当前试点工程需要。研究单位在广泛调研首批甩挂运输试点单位车辆与运输现状、征求甩挂运输企业车型需求意见、总结首批推荐车型推广应用经验的基础上，充分考虑了我国目前车辆设计、制造技术水平和国外相关车辆技术发展现状，经过反复研讨、分析、验证，依照继承、发展的原则，使车型更合理、指标更先进，确保甩挂运输车辆“甩得下、挂得上、运得多、行得快”。

（2）动力配置高、燃料限值指标高。依照国家标准GB 1589—2004对五轴、六轴半挂汽车列车最大总质量要求，分析国内外同类车辆技术水平后确定了牵引车发动机净功率（最小）与最低比油耗的限值；要求汽车列车最高车速不小于100km/h，须满足营运车辆燃料消耗量准入第二阶段限值要求。保证了汽车列车有充足的动力储备、运输效率和较好的燃料经济性。

（3）牵引车、半挂车的结构尺寸、安装与连接技术要求明确。满足列车尺寸限值，利于甩挂操作的实施和行车安全，防止出现主、挂车运动干涉，降低风阻影响，保持货箱底板与货运场站货台高度相协调，确保甩挂运输车辆的快速、安全接驳以及货物装卸效率与质量安全。

（4）车辆的配置与操控环境优化。ABS、助力、缓速、导流、车轮动平衡、10t级挂车车轴、卫星定位终端等一系列装备要求将有效提升汽车列车的行车安全性能、改善驾驶员作业条件、提高运输管理水平，有利于超限超载运输的控制。

（5）限定了关键质量与尺寸参数。自重轻、载质量大、限制超载能力，有利于标准化托盘运输和厢式运输的发展。引导货运车辆标准化和轻量化技术的应用，进一步提高运输效率与质量安全。

（6）强调国家强制性标准的有效实施。落实GB 7258—2012、GB 1589—2004对汽车列车制动性、通过性、行驶稳定性等技术要求的测试评价，确保行车安全。

（7）重视新技术、新结构的示范应用。明确了液化天然气（Liquefied Natural Gas，LNG）牵引车的推荐要求，鼓励空气悬架、无内胎子午线轮胎的安装使用，引导骨架式集装箱半挂车结构与低承载面车辆技术的应用，推动了新技术、新结构在道路运输车辆上的应用。

（三）推荐车型遴选工作的实施

1.《公路甩挂运输推荐车型遴选工作实施方案》的制定

依照2012年7月27日交通运输部办公厅印发的《关于遴选第二批公路甩挂运输推荐车型的通知》（厅运便〔2012〕26号）（以下简称《通知》）要求，为了确保甩挂运输推荐车型遴选工作的公平、公正、公开、高效，遵循《通知》规定的“企业自主申报、申报材料初审、实地样车核查、牵引车与半挂车拟推车型的性能匹配、社会公示”等工作程序，根据推荐车型相关性能参数的查证需要，在以往推荐车型工作基础上，研究制定了《公路甩挂运输推荐车型遴选工作实施方案》，确定了申报程序、申报受理与评审程序、管理要求、相关信息4个部分具体内容与要求。

1）申报程序

规定了企业资格、申报车型应符合的条件、申报时应提交的文件、资料，以及试验/检验报告的内容、要求及其他规定。

（1）企业资格。申报甩挂运输推荐车型的国内企业、单位，应为国家汽车行业主管部门批准注册、许可的车辆生产企业；对于进口车型，应由具备3C认证资格的厂商或其正式授权的代理机构提出申请。

（2）申报车型应符合的条件。牵引车应列入《道路运输车辆燃料消耗量达标车型表》（LNG半挂牵引车应列入车辆产品公告或通过3C认证）、半挂车应列入车辆产品公告或通过3C认证；符合GB 1589—2004、GB 7258—2012、GB 18565—2001和GB/T 6420—2004等技术标准的规定；企业自评能达到《甩挂运输推荐车型基本要求（修订版）》规定的各项要求。

（3）申报时应提交的文件、资料。加盖公章的正式申请报告，每种型号配置的牵引车、半挂车应分别提交申请表、相关检验报告、自评估技术文件以及售后服务质量保证文件、企业推荐车型工作人员信息等。

（4）试验/检验报告的内容、要求及其他规定。

2）申报受理与评审程序

规定了申报材料初审、实地样车核查、牵引车与半挂车拟推车型性能匹配、社会公示、发布5个阶段的工作内容与要求。其中：

（1）申报材料初审。收到推荐车型申报材料后按规定进行登记，5个工作日内完成资料的齐全性、有效性、符合性初审。以通知单的形式发放审查结果通知。

（2）实地样车核查。有计划地组织专家进行样车的现场查验和测试，确认申报资料的真实性和样车配置、参数性能的符合性。一是查验车辆的质量、尺寸、半挂牵引车牵引座承载面/半挂车牵引销座板离地高度、连接互换性（机械、电器、气制动）等参数；二是核实主要总成、装备的规格型号与功能；三是确认相关技术文件、实施记录、工艺条件等。

（3）牵引车与半挂车拟推车型性能匹配。对经过样车核查、根据模拟分析、兼顾企业实际与行业需求初选的代表样车按照研究制定的匹配验证方案进行结构与连接、操控匹配适应性主观评价和各列车组合的主要技术性能匹配测试评价。

3）管理要求

规定了推荐车型工作的人员的工作要求、考核评价；明确了推荐车型申报企业及车型的违规处理规定等。

2.《公路甩挂运输推荐车型匹配验证实施方案》的制定

为确保交通运输部公布的甩挂运输推荐车型产品技术水平与使用质量满足公路甩挂运输试点工作对推荐车型的需求，并为车辆生产企业的产品改进、工艺确认与质量控制提供依据，项目组按照项目研究大纲设定的技术路线进行了充分调研和测试评价技术研究，结合当前我国在汽车及汽车列车性能测评技术的实际能力，针对前期申报资料审查、企业现场核查和匹配样车的初选结果设计策划了《公路甩挂运输推荐车型列车匹配验证实施方案》，用以指导整个列车匹配验证活动的组织实施。其内容主要包括依据、对象、试验人员、主要试验仪器与设施、验证试验项目与实施要求以及记录与总结6个方面。

1）依据

明确了匹配验证活动应严格遵循、贯彻落实的文件要求、技术标准。

(1)《交通运输部办公厅关于遴选第二批公路甩挂运输推荐车型的通知》(厅运便〔2012〕26 号)及其附件。

(2)GB 7258—2012、GB 1589—2004、GB 12676—1999。

(3)相关产品的企业技术文件。

2)对象

明确了参加现场列车匹配验证的样车条件与筛选方式。

(1)通过样车现场核查且问题整改验证完全符合申报要求。

(2)半挂车。有适配牵引车样车;能代表企业产品特点、产销量大、相同总成配置中轻量化车型;经尺寸核测、仿真分析能满足 GB 1589—2004 和相关安全连接要求,尺寸最大的样车(可覆盖尺寸小的相关车型)。企业同一类别产品不重复交叉。

(3)牵引车。有适配半挂车样车;能代表企业产品特点、产销量大、相同总成配置中动力最高或次高车型配置(如通过匹配,可涵盖更高动力配置车型);经尺寸核测、仿真分析能满足 GB 1589—2004 和相关安全连接要求,企业同一类别产品不重复交叉。

(4)按照 GB 1589—2004 对列车质量与尺寸要求本着最大运输能力、合理甩挂组合的原则进行样车分组,确保各样车均与可能的匹配方在最苛刻工况下(最大总质量、最大迎风面积)进行组合验证。

(5)车辆符合推荐车型企业核查规定且按要求满载(或根据匹配需要加载至规定总质量)。

3)试验人员

为利于匹配验证活动能够按计划、安全、规范实施,明确了参与匹配验证活动的各相关方人员的职责与数量范围。对技术人员、试验人员、驾驶员等各岗位进行了明确的任务分工。

4)主要试验仪器与设施

为确保测评活动规范、安全、及时、有效,按照测评项目与技术标准/方法的规定,配置符合要求的测试仪器设备和道路设施。

(1)试验仪器。满足货运列车性能测试需要的速度计、燃油流量计、综合气象仪、角度仪、静态制动参数测量装置、列车行驶轨迹测量装置、钢卷尺、秒表、轴重仪等,仪器设备须计量检定/校准合格且功能正常等。

(2)测评场地。性能试验路、高速试验环道、必要的测试广场等。选定襄阳、定远以及北京通州汽车试验场相关设施。

5)验证试验项目与实施要求

规定了当前条件下满足甩挂运输的牵引车、半挂车匹配验证的主要项目和具体的实施方法、相关要求,以期对列车匹配的科学性、合理性、有效性做一全方位的技术评价。

(1)利用计算机对样车关键连接尺寸进行仿真匹配分析。分别以每辆牵引车牵引座中心距车辆前端距离和每辆半挂车牵引销中心距车辆后端距离为基础,与所有接合面高度适配的半挂车样车或牵引车样车进行列车长度测算;按照到 GB 1589—2004 规定的厢式半挂列车 18.1m、其他半挂列车 16.5m 为限,考虑 1.5% 的测量误差(271mm、247mm)后进行超限初判;考虑到可能出现对方结构不合理可能引起总长超差情况,特规定"如有超限但比例不足 20%，可初判为不符合，允许参与匹配但匹配时重点监控；如超限比例高于 20%，判为不符合，不再安排进行列车匹配试验”。

(2)静态制动、灯光参数检查。按照 GB 7258—2012、GB 12676—1999 及甩挂项目要求，分别对牵引车、半挂车、列车进行静态制动、灯光参数检测。结果用于试验方法、设备验证，仅供参考。

(3)结构与连接匹配适应性评价。首先验证初步选定的评价驾驶员技术能力，详细讲述评价项目、评分标准和具体要求；将技术人员、2 名选定的评价驾驶员分成一、二组，分别对选定的牵引车与半挂车进行匹配连接性能、驾驶操控性能、行车制动性能等部分关键技术参数的测试与评价——驾驶员按规定填写主观评价记录表；技术人员观察、记录操作过程，对驾驶员记录表进行统计分析；记录相应的参数测量结果，结果用于车型优选。

(4)动力性、经济性匹配评价。为了确保甩挂运输推荐车型具有良好的动力经济性能，分别对由各企业申报车型中筛选出来参加现场列车性能匹配的牵引车与半挂车在最大负荷状态下进行最高车速、加速性能、综合燃料消耗试验与评价，以证实其满足最高车速和二阶段燃料消耗限值要求，是车型优选的主要指标。

(5)列车行车安全评价。选典型的匹配组合模式进行列车的直线行驶轨迹、30km/h 紧急制动测试以及热衰退制动测试，开展部分列车组合模式的通道圆、直角转弯、最小转弯直径、横向稳定性能等项目测试以及接驳提示适用性演示与评价等。制动性能为否决项，其他为参考项。

(6)其他要求。主要是为便于活动的组织实施明确了有关试验组织、管理规定、时间安排等具体内容。

6)记录与总结

从科研与实验检测的规范化管理出发，强调了相关要求。

(1)全面系统搜集试验车记录、照片、摄像资料。

(2)及时搜集汇总驾驶员评价记录、测量与试验记录。

(3)未经许可严禁泄漏试验结果、数据等信息。

3. 甩挂运输推荐车型遴选过程

1)甩挂运输推荐车型遴选

交通运输部公路科学研究院(部汽车挂车质量监督检验测试中心/部汽车运输节能技术服务中心)作为甩挂运输推荐车型专项工作的技术支持单位，依照相关文件要求开展一系列申报受理、资料审查、样车核查、匹配验证、车型初选及相关技术咨询服务等具体工作。

(1)第一批推荐车型遴选。

2010 年 11 月向国内 21 家主要的牵引车与半挂车生产企业发布了组织进行甩挂运输推荐车型申报工作的通知，号召企业对产品技术情况根据推荐车型技术要求开展自查，将符合要求的车型按照申报要求向部汽车挂车质量监督检验测试中心提出推荐车型申请。

2011 年 1 月 17 日在北京向来自全国牵引车、半挂车骨干制造企业及部分国外牵引车公司的 30 多家企业、50 多位代表介绍甩挂运输试点工程的整体部署、《甩挂运输推荐车型基本要求》技术内容，并研讨、确定了《甩挂运输推荐车型工作实施方案》。

2011 年 1 ~ 4 月底，依照《甩挂运输推荐车型工作实施方案》及《基本要求》共完成了 14

个牵引车与半挂车生产企业、50 多款车型/配置的申报资料初审和企业样车现场核查与整改，共计 7 个牵引车生产企业 18 个车型和 6 个半挂车厂生产的 19 个车型符合推荐车型技术要求。于 2011 年 5 月 2～9 日在湖北襄樊汽车试验场，对 7 家牵引车生产企业的 12 个牵引车样车和 5 家半挂车生产企业的 7 个半挂车样车进行了系统、严谨的匹配评价，证实甩挂运输推荐车型样车的技术符合性、实用性，如图 9-12 所示。

本着好中选优、宁缺毋滥的原则，经严格筛选最终选定了 11 个车辆生产企业的 10 个牵引车车型和 6 个半挂车车型作为第一批甩挂运输推荐车型，于 2011 年 6 月 28 日在交通运输部网站上进行了公示，2012 年 1 月 18 日正式发布。

a) 汽车列车匹配试验人员合影

b) 参试的汽车列车

图 9-12　第一批甩挂运输推荐车型匹配试验现场

(2)第二批推荐车型遴选。

2012 年 8 月 3 日在北京向来自国内外 37 家货运车辆生产企业的 45 名代表，讲解了《基本要求(修订版)》内容与《公路甩挂运输推荐车型遴选工作实施方案》要求，对相关技术问题和操作事宜进行了咨询，听取了企业意见与建议。

自 2012 年 8 月 28 日开始对国内外 45 家车辆生产企业(其中牵引车 18 家，半挂车 27 家)的共计 143 个车型，先后分两期按程序完成了申报资料初审、企业现场核查(资料、样车、相关的工装与记录等)；项目组结合项目研究对样车核查结果进行了统计分析和仿真匹配计算，依照 GB 1589—2004 对列车总长度限值要求进行牵引车与半挂车的适配性分析和列车匹配样车筛选。

2012 年 9 月 22 日、10 月 17 日分别在定远汽车试验场组织实施了为期 7 天的两期推荐车型列车匹配验证评价活动，如图 9-13 所示。按照《公路甩挂运输推荐车型匹配验证实施方案》完成了 42 个企业、64 个代表车型的列车匹配验证评价，提出了存在的问题和整改要求，形成了《2012 年甩挂运输推荐车型匹配试验验证评价报告》。

a) 汽车列车匹配试验

b) 参试的牵引车、半挂车

图 9-13　第二批甩挂运输推荐车型匹配试验

根据列车匹配评价结果及企业整改情况,项目组进行了数据汇总和标准、要求的比较分析,向业务主管司局进行了工作汇报,经过认真核对、技术补充后将拟推车型及其技术参数报部,按程序要求在交通运输部网站进行公示,2013 年 1 月 14 日正式公布 40 个企业的 59 个车型为第二批甩挂运输推荐车型。

(3)第三批推荐车型遴选。

2014 年 3 月 25 日在北京向来自国内外 30 家货运车辆生产企业的 47 名代表,讲解了《第三批甩挂运输推荐车型基本要求》内容、其与之前《基本要求(修订版)》技术内容调整情况以及《公路甩挂运输推荐车型遴选工作实施方案》要求,对相关技术问题和操作事宜进行了咨询,听取了企业意见与建议。

2014 年 4 月 23 日至 5 月 8 日对国内外 32 家车辆生产企业(其中牵引车 20 家,半挂车 12 家)的共计 100 个车型,按程序完成了申报资料初审、企业现场核查(资料、样车、相关的工装与记录等);并对样车核查结果进行了统计分析和仿真匹配计算,依照 GB 1589—2004 对列车总长度限值要求进行牵引车与半挂车的适配性分析和列车匹配样车筛选。

2014 年 5 月 22 日、6 月 6 日分别在定远汽车试验场组织实施了两期推荐车型列车匹配验证评价活动,如图 9-14 所示。按照《公路甩挂运输推荐车型匹配验证实施方案》完成了 31 个企业、75 个代表车型的列车匹配验证评价,提出了存在的问题和整改要求。

a)汽车列车匹配试验

b)参试的牵引车、半挂车

图 9-14 第三批甩挂运输推荐车型匹配试验

根据列车匹配评价结果及企业整改情况,项目组进行了数据汇总和标准、要求的比较分析,向业务主管司局进行了工作汇报,经过认真核对、技术补充后将拟推车型及其技术参数报部,按程序要求在交通运输部网站进行公示,2015 年 1 月 9 日正式公布 69 个车型为第三批甩挂运输推荐车型。

2)匹配评价与结果分析

甩挂运输推荐车型的匹配评价试验验证包括结构与连接匹配适应性的主观评价和列车主要性能匹配试验评价两部分。一方面分别由专业的技术人员、驾驶人员对半挂牵引车与半挂车机械、电/气路、ABS 等结构与连接匹配合理性和列车驾驶操控方便性、适应性进行实际操作综合评价;另一方面对最大负荷状态下汽车列车的动力性、经济性、紧急制动性能进行试验和评价。与此同时,结合测试技术研究需要,对挂车列车的制动匹配性能、道路通过性能、行驶稳定性能等进行了探索性的测试评价;组织专家进行测评结果的系统分析和研究,提出主要问题与改进建议。在各单位的共同努力和支持下预定的匹配评价试验验证任务圆满完成。这是我国首次有组织地开展大规模牵引车与半挂车匹配评价试验工作,参试车型均为代表我国当前货运车辆最高水平的产品；通过本试验，发现了牵引车和半挂车在匹配连接操作等方面一些问题，提出了措施建议，有利于提高甩挂运输用牵引车、半挂车的运行安全性，为甩挂运输试点工作的顺利开展提供了车辆技术保障，同时也为同步开展的甩挂运输科技专项研究积累了经验。

针对第三批推荐车型遴选的测试结果进行了数据分析，主要试验内容与数据分析处理结果如下：

(1)动力性试验结果分析。

动力性试验包括最高车速试验、60 ~ 80km/h 直接挡加速试验、0 ~ 60km/h 起步加速加速试验 3 个方面的试验，下面以《基本要求》的否决项指标最高车速试验为例进行数据分析说明。

按照《汽车最高车速试验方法》(GB 12544—2012)，结合公路甩挂运输推荐车型匹配试验验证大纲的具体要求，开展汽车列车最高车速的测试。

①6 × 4 牵引车汽车列车。6 × 4 牵引车在不同速度区间的分布如图 9-15 所示，不同车速下的车辆数量分布如图 9-16 所示。在 31 辆参加匹配验证的 6 × 4 牵引车中，所有车辆最高车速均高于推荐车型的技术要求 100km/h。约有 64% 车型的最高车速超过了 105km/h。

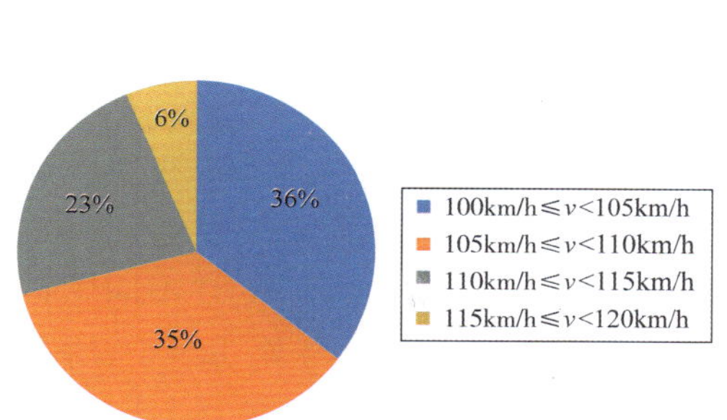

图 9-15　6 × 4 牵引车在不同速度区间的分布图

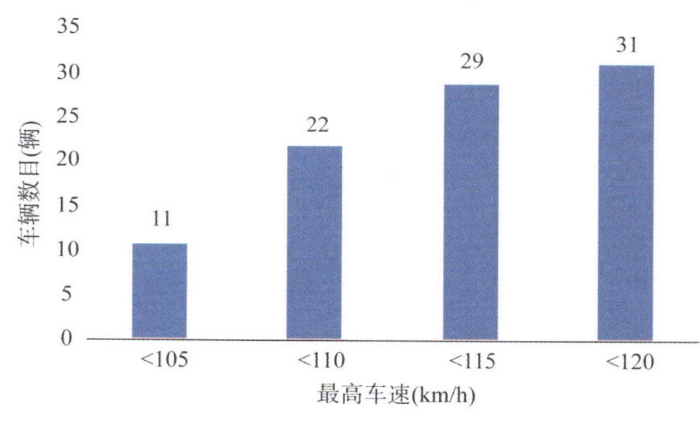

图 9-16　6 × 4 牵引车在不同车速下的车辆数量分布图

②4 × 2 牵引车汽车列车。4 × 2 牵引车在不同速度区间的分布如图 9-17 所示，在不同速度下的车辆数目分布如图 9-18 所示。在 16 辆参加匹配验证的 4 × 2 牵引车中，所有车辆最高车速均能满足推荐车型的技术要求 100km/h，约为 50% 车型的最高车速超过了 110km/h。

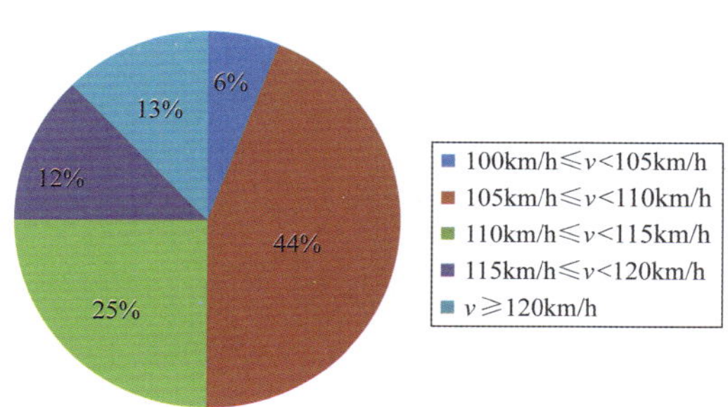

图 9-17　4 × 2 牵引车在不同速度区间的分布图

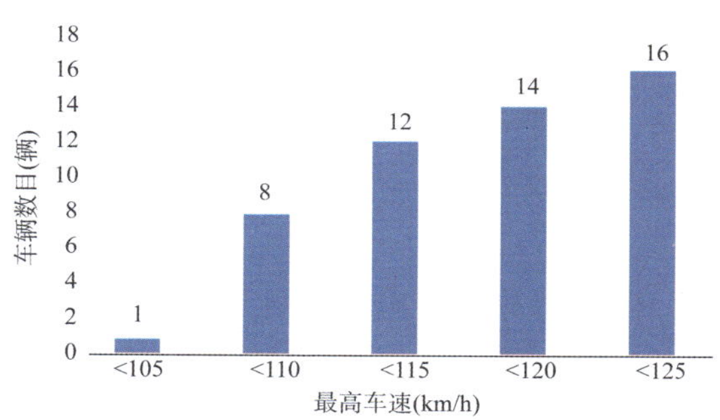

图 9-18　4 × 2 牵引车在不同车速下的车辆数量分布图

③6×2 牵引车汽车列车。6×2 牵引车在不同速度区间的分布如图 9-19 所示，在不同速度下的车辆数目分布如图 9-20 所示。在 11 辆参加匹配验证的 6×2 牵引车中，所有车辆最高车速均能满足推荐车型的技术要求 100km/h，约为 64% 车型的最高车速超过了 115km/h。

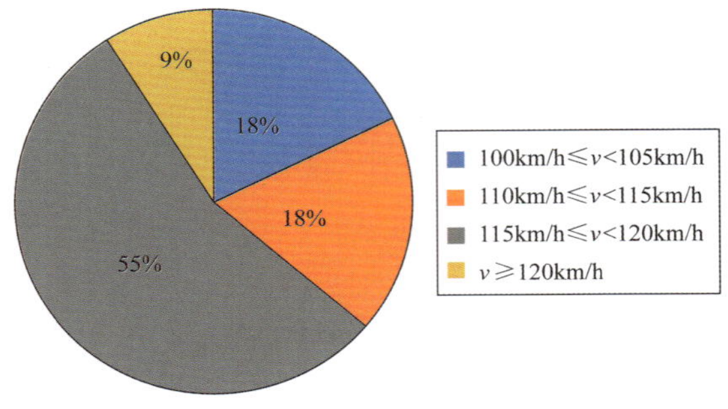

图 9-19　6×2 牵引车在不同速度区间的分布图

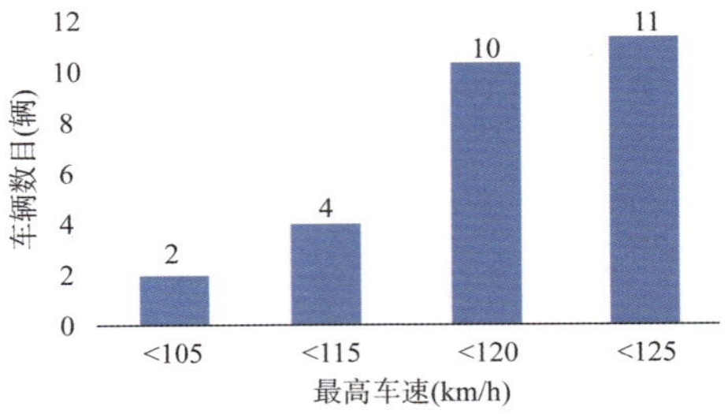

图 9-20　4×2 牵引车在不同车速下的车辆数量分布图

（2）经济性试验结果分析。

经济性试验包括等速燃料消耗试验、60～80km/h 直接挡加速燃料消耗试验、0～60km/h 起步加速燃料消耗试验 3 个方面的试验，以下就《基本要求》的否决项指标等速燃料消耗试验为例进行数据分析说明。

按照《营运货车燃料消耗量限值及测量方法》（JT 719—2008）规定的等速燃料消耗量试验方法，结合公路甩挂运输推荐车型匹配试验验证大纲的具体要求，展开汽车列车燃料经济性的测试。

①6×4 牵引车汽车列车。6×4 牵引车综合燃料消耗分布如图 9-21 所示，在不同燃料消耗区间车辆分布如图 9-22 所示。在 27 辆参加综合燃料消耗验证的 6×4 牵引车中，所有车辆综合燃料消耗在燃料消耗限值 39L/100km 之内，且平均水平较限制优 16% 以上。

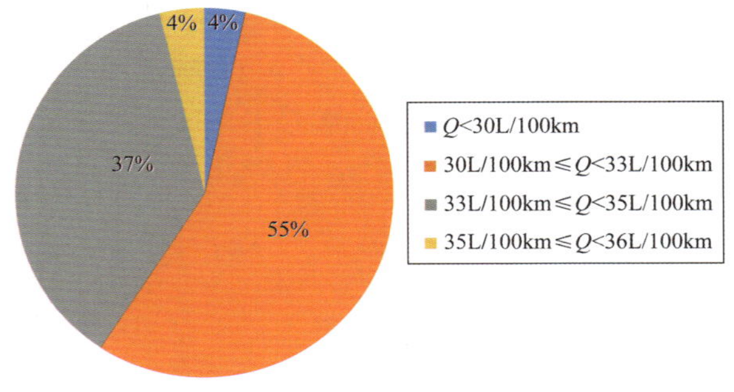

图 9-21　6×4 牵引车综合燃料消耗分布图

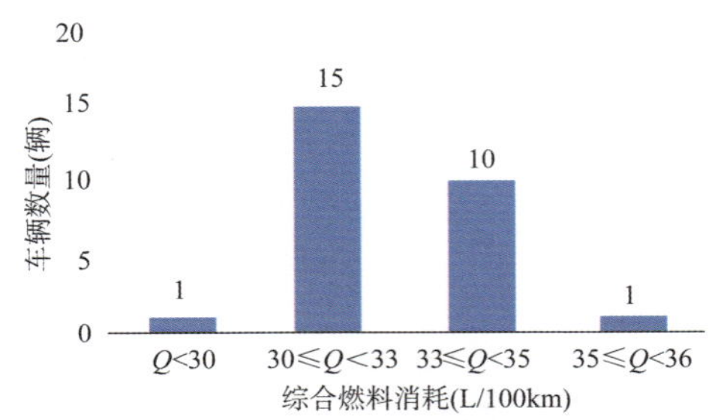

图 9-22　6×4 牵引车在不同燃料消耗区间的车辆数量分布图

②4×2 牵引车汽车列车。4×2 牵引车综合燃料消耗分布如图 9-23 所示，在不同燃料消耗区间车辆分布如图 9-24 所示。在 14 辆参加匹配验证的 4×2 牵引车中，所有的车辆综合燃料消耗在燃料消耗限值 38L/100km 之内，不仅符合 JT 719—2008 中汽车列车第二阶段燃料消耗量限值的要求，且平均水平较限制优 20%。

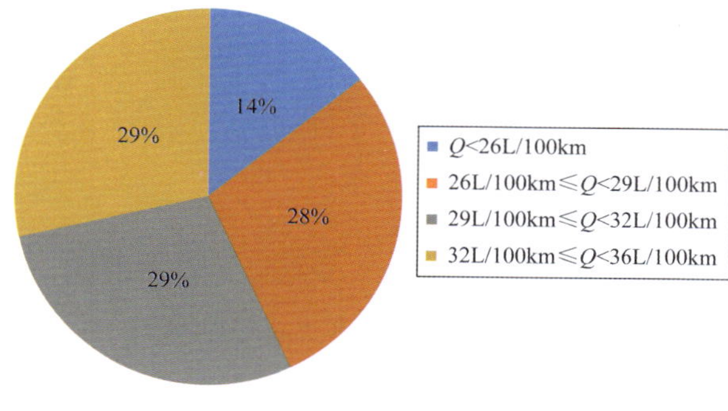

图 9-23　4×2 牵引车综合燃料消耗分布图

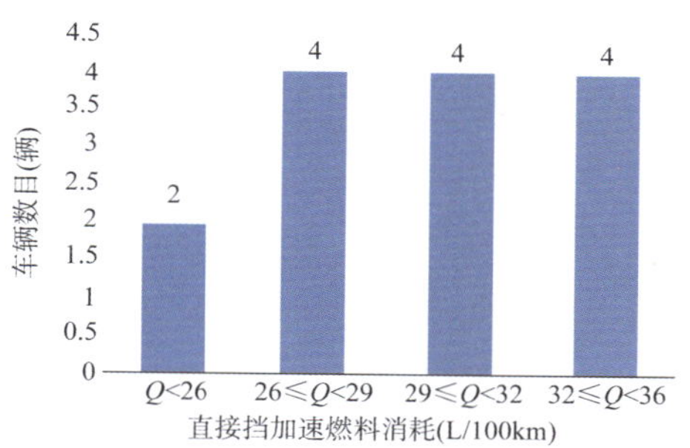

图 9-24　4×2 牵引车在不同燃料消耗区间的车辆数量分布图

③6×2 牵引车汽车列车。6×2 牵引车综合燃料消耗分布如图 9-25 所示，在不同燃料消耗区间车辆分布如图 9-26 所示。在 11 辆参加匹配验证的 6×2 牵引车中，所有的车辆综合燃料消耗在燃料消耗限值 39L/100km 之内，不仅符合《营运货车燃料消耗量限值及测量方法》(JT 719—2008) 中汽车列车第二阶段燃料消耗量限值的要求，且平均水平较限制优 26%。

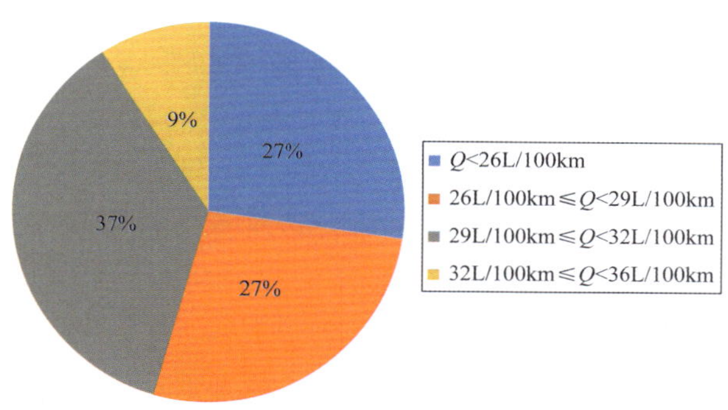

图 9-25　6×2 牵引车综合燃料消耗分布图

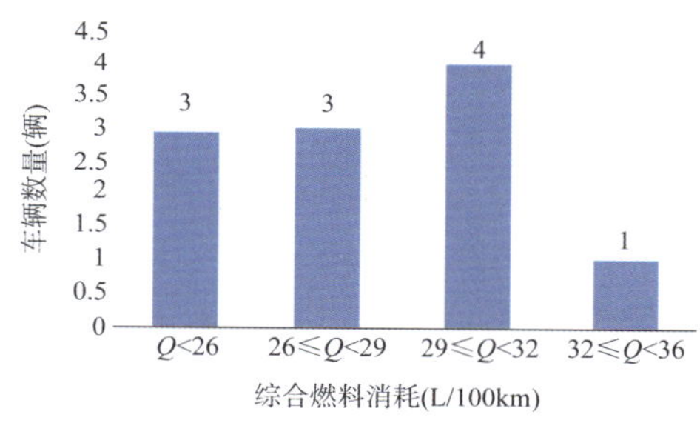

图 9-26　6×2 牵引车在不同燃料消耗区间的车辆数量分布图

(3) 汽车列车制动性能试验结果分析。

GB 7258—2012 中 7.10.2.1 款规定，汽车列车在满载时，以 30km/h 初速度制动后，制动距离应小于 10.5m；按照《商用车辆和挂车制动系统技术要求及试验方法》(GB 12676—2014) 规定的行车制动系 I 型试验制动性能要求测试，制动距离不超过 30 km/h 制动距离的 125%。按照国标的要求和结合公路甩挂运输推荐车型匹配试验验证大纲的具体要求，展开汽车列车制动性能的测试。

①6×4 牵引车汽车列车。6×4 牵引车汽车列车 30km/h 制动距离分布如图 9-27 所示，在不同制动距离车辆分布如图 9-28 所示。车辆热衰退后制动距离分布如图 9-29 所示，在热衰退后不同制动距离区间车辆分布如图 9-30 所示。在 58 组参加 30km/h 制动验证的 6×4 牵引车汽车列车中，1 组汽车列车制动距离不满足 GB 7258—2012 要求，不予以推荐，约 79% 的车辆制动距离在 10.0m 以内，约 64% 的汽车列车制动距离在 9.5m 以内，表明列车制动系匹配较好，制动有保障；在 33 组参加 30km/h 制动验证的 6×4 牵引车汽车列车中，67% 的汽车列车制动距离在 10.0m 以内，表明汽车列车制动系热衰退性能较好，制动有保障。

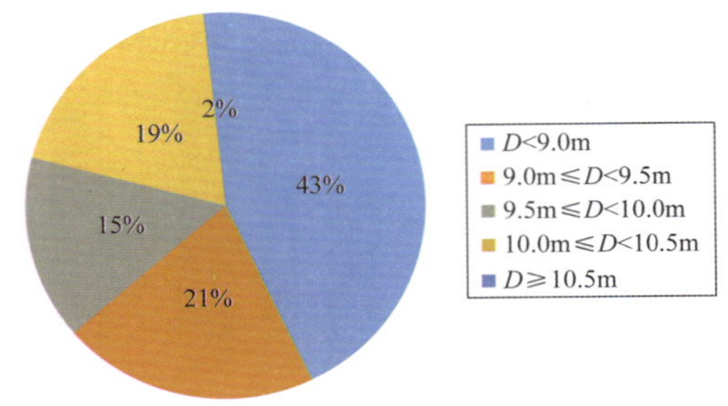

图 9-27　6×4 牵引车制动距离分布图

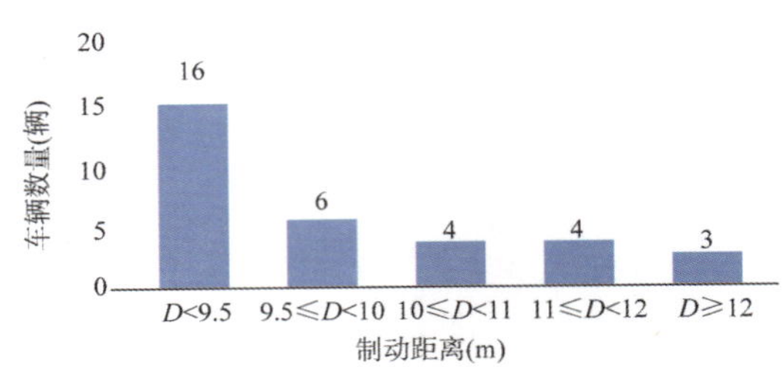

图 9-28　6×4 牵引车在不同制动距离的车辆数量分布图

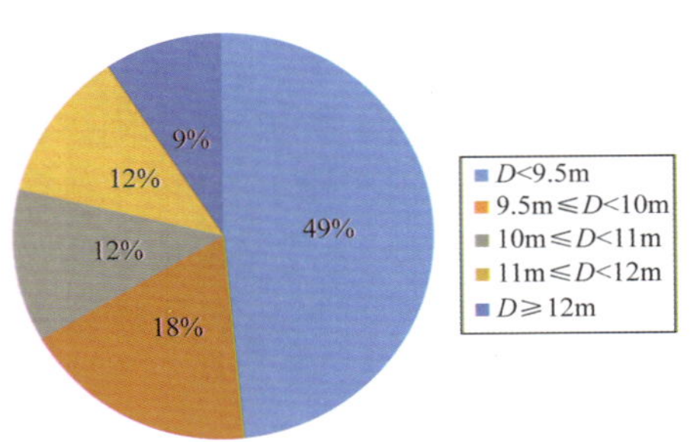

图 9-29　6×4 牵引车热衰退制动距离分布图

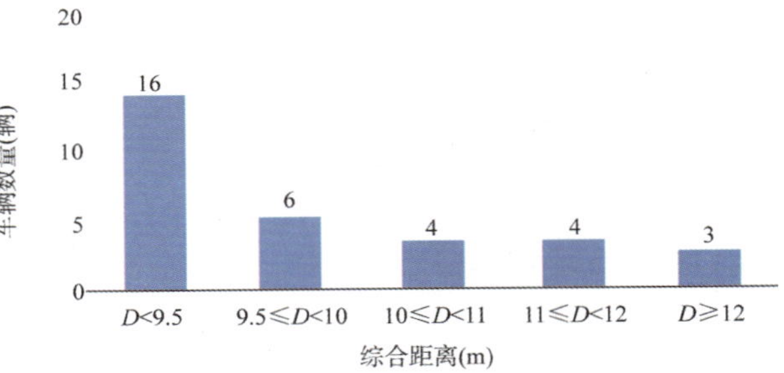

图 9-30　6×4 牵引车在热衰退后不同制动距离的车辆数量分布图

②4×2 牵引车汽车列车。4×2 牵引车汽车列车 30km/h 制动距离分布如图 9-31 所示，在不同制动距离车辆分布如图 9-32 所示。车辆热衰退后制动距离分布如图 9-33 所示，在热衰退后不同制动距离区间车辆分布如图 9-34 所示。在 33 组参加 30km/h 制动验证的 4×2 牵引车汽车列车中，1 组汽车列车制动距离不满足 GB 7258 要求，不予以推荐；约 94% 的汽车列车制动距离在 10.0m 以内，约 72% 的汽车列车制动距离在 9.5m 以内，表明汽车列车制动系匹配较好，制动有保障；在 17 组参加热衰退制动验证的 4×2 牵引车汽车列车中，64% 的汽车列车制动距离在 10.0m 以内，表明大部分汽车列车制动系热衰退性能较好，制动有保障。

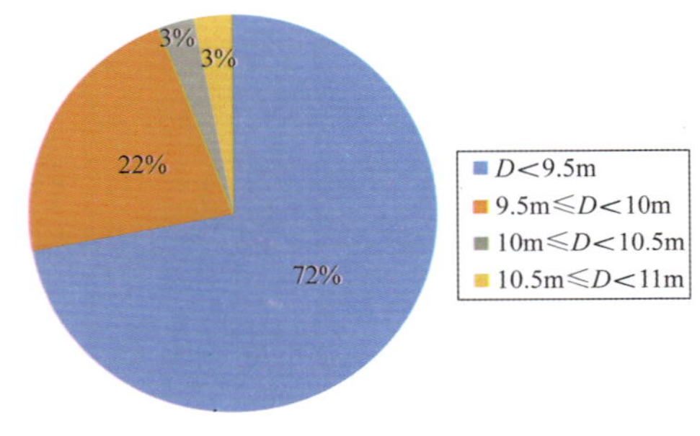

图 9-31　4×2 牵引车制动距离分布图

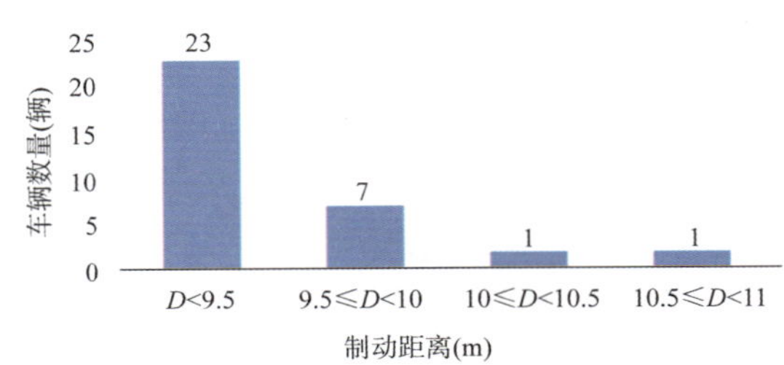

图 9-32　4×2 牵引车在不同制动距离的车辆数量分布图

③6×2 牵引车汽车列车。6×2 牵引车汽车列车 30km/h 制动距离分布如图 9-35 所示，在不同制动距离车辆分布如图 9-36 所示。车辆热衰退后制动距离分布如图 9-37 所示，在热衰退后不同制动距离区间车辆分布如图 9-38 所示。在 23 组参加 30km/h 制动验证的 6×2 牵引车汽车列车中，1 组汽车列车制动距离不满足 GB 7258 要求，不予以推荐，约 96% 的汽

车列车制动距离在 10.0m 以内,表明大部分汽车列车制动系匹配较好,制动有保障;在 33 组参加热衰退制动验证的 6×4 牵引车汽车列车中,73% 的汽车列车制动距离在 10.0m 以内,表明大部分汽车列车制动系热衰退性能较好,制动有保障。

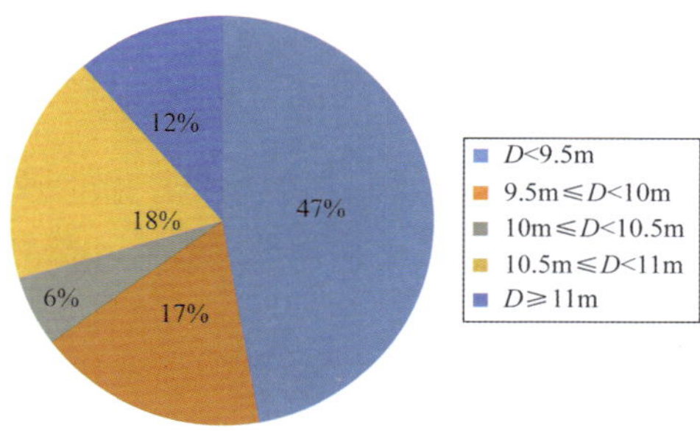

图 9-33　4×2 牵引车热衰退制动距离分布图

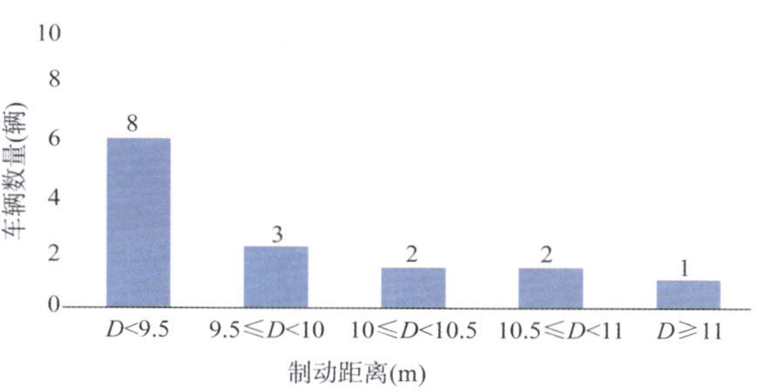

图 9-34　4×2 牵引车在热衰退后不同制动距离的车辆数量分布图

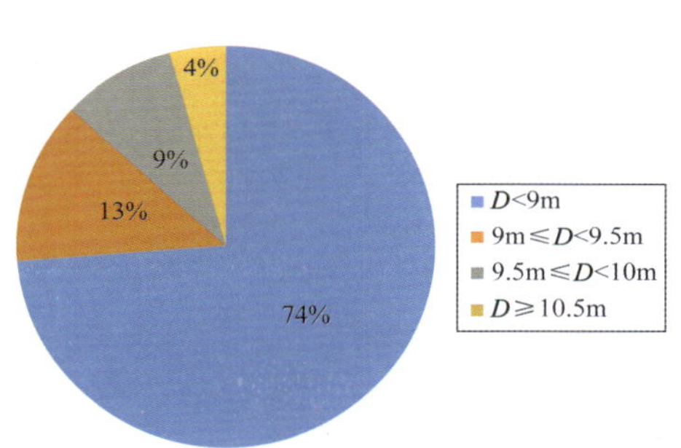

图 9-35　6×2 牵引车制动距离分布图

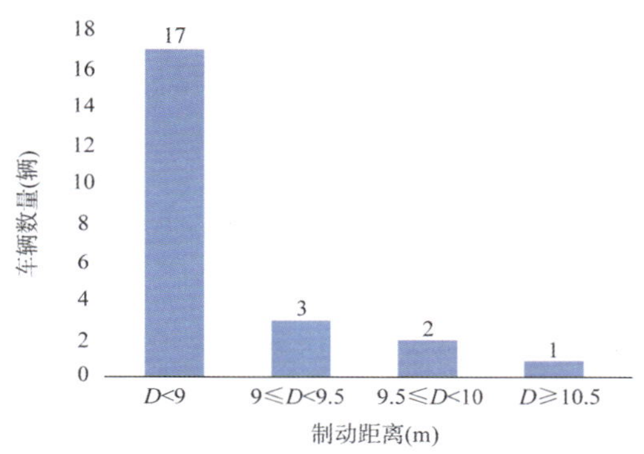

图 9-36　6×2 牵引车在不同制动距离的车辆数量分布图

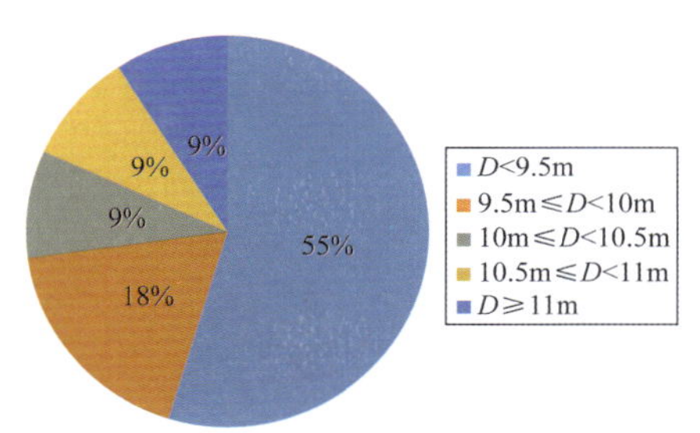

图 9-37　6×2 牵引车制动距离分布图

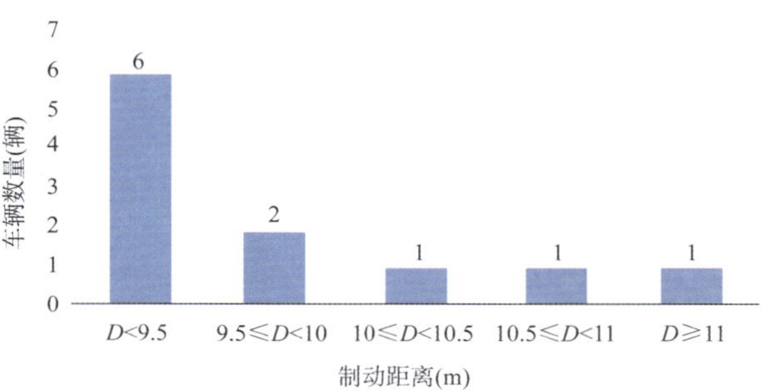

图 9-38　6×2 牵引车在热衰退后不同制动距离的车辆数量分布图

(4)汽车列车匹配主观评价分析。

根据半挂牵引车和不同的半挂汽车列车、半挂车和不同的半挂牵引车匹配连接,针对列车长度、灯光、匹配连接适应性进行主观评价。

(5)静态制动与灯光匹配分析。

静态制动与灯光匹配分析主要包括牵引车制动反应时间测试、牵引车密封性测试、挂车制动反应时间、挂车灯光测试、列车的密封性、列车前后轴滞后时间、制动管路断裂失效等发面的测试,主要用于设备开发检验、测试方法研究等。

(6)汽车列车制动协调性测试分析。

汽车列车制动协调性测试主要进行了30km/h紧急制动、各车轮制动效能滞后时间等方面的测试,主要用于设备开发检验、测试方法研究等。

(7)汽车列车行驶轨迹测试分析。

汽车列车行驶轨迹测试主要包括汽车列车的直线行驶稳定性、前摆后摆通道宽度、外摆值与通道圆宽度、最小转弯直径等方面的测试,主要用于设备开发检验、测试方法研究等。

(8)国产车辆与进口车关键指标对比。

交通运输部先后发布的3批推荐车型基本涵盖了我国运输市场中参与甩挂运输的高端车型。在第三批共69款甩挂运输推荐车型中,分别有54款牵引车车型和15款半挂车车型,其中包括5家外资车辆企业的15款进口牵引车车型(4款6×4牵引车、3款4×2牵引车和8款6×2牵引车)。经过对第三批推荐车型中的进口车辆和国产车辆在动力性和制动性能等关键指标进行数据分析,如图9-39和图9-40所示,表明目前我国国产高端车辆产品在动力性、制动性能方面已接近国际先进水平,但整体技术水平还存在一定差距。随着国际知名企业涌入国内货运车辆市场,以及国内车辆企业对先进技术的引进,国产车辆的技术水平将得到进一步的提升,更好地推动我国甩挂运输的发展。

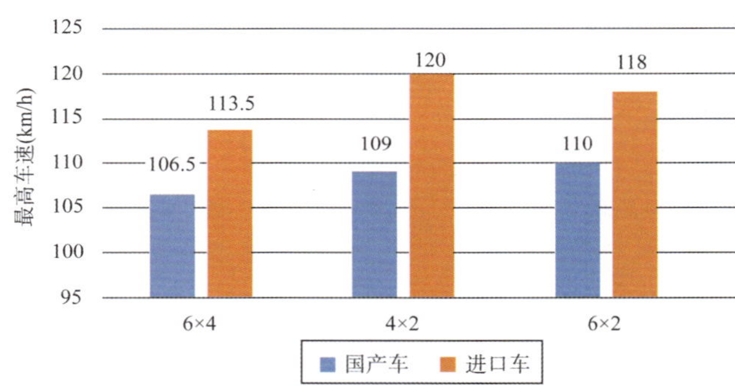

图9-39 国产牵引车和进口牵引车最高车速平均值对比

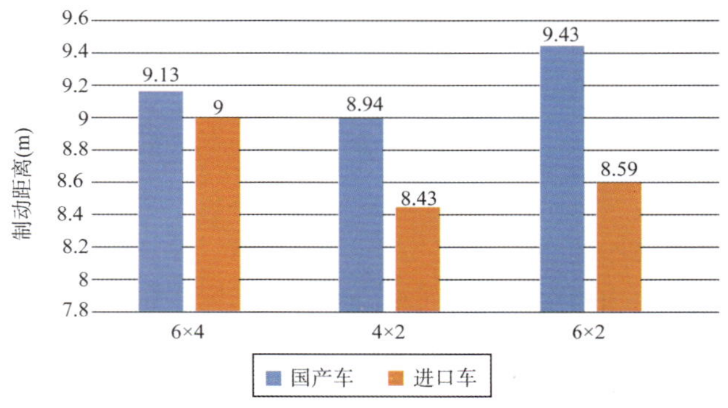

图9-40 国产牵引车和进口牵引车30km/h制动距离平均值对比

(四)推荐车型的推广应用

2012 年 4 月,交通运输部冯正霖副部长在交通运输部公路甩挂式点推进工作会的讲话中明确指出:"十二五"是我国加快转变经济发展方式的关键时期,是推动现代交通运输业发展的攻坚时期,也是实现道路运输业稳定发展的重要时期。在重点做好的 6 个方面工作中强调指出:要"进一步完善推荐车型制度—做好甩挂运输推荐车型工作是发展甩挂运输的必要条件,也是推动车型标准化、促进行业转型升级的重要内容。试点企业只有按照规定购置推荐车型才能获得资金补助。要严格按照《公路甩挂运输推荐车型管理办法》和甩挂运输推荐车型技术要求做好车型的申报、审定和发布工作"。同时还对推荐车型专用标识的使用、产品一致性监督检查、企业合理装载使用等提出了明确要求。为积极推广应用甩挂运输推荐车型应开展相关工作:

(1)加强宣传推广。在全行业广泛宣传推荐车型,组织开展推荐车型生产企业与甩挂运输试点企业间的技术交流。

(2)落实优惠政策。没有支持政策,使用推荐车型合法运输将在不规范的市场竞争中处于劣势。能否实现政策目标,落实优惠政策至关重要。

(3)使用专门标识。一方面是增强商用车制造企业的荣誉感和责任感,激发制造企业的积极性,另一方面通过示范效应,带动货运车型结构的调整和优化。

(4)加强监督检查。一是加强对推荐车型生产一致性的检查,二是加强对甩挂运输试点企业的监督,使试点企业不仅成为先进运输组织方式的先行者,也是行业诚信经营的示范者。

(5)净化市场环境。继续加大公路超限超载治理力度,深入推进货运源头治超,为合法运输创造公平、有序的市场环境。

依照行业主管部门的工作部署,结合项目研究工作的实施,项目组围绕甩挂运输推荐车型的遴选和推广应用组织开展了一系列技术交流、宣传推介等方面的具体工作。一方面,在行业主管部门的支持下项目组 2 年来组织召开或协助召开了 10 余次不同规模、不同主题、不同形式的技术研讨、座谈交流会议,共有数百个单位的近 700 人次参加,不仅系统介绍了甩挂运输推荐车型的技术特点、质量保证体系和产品分布,认真听取了车辆制造、质量检测、道路货运、运输管理及相关科研单位代表的意见和建议,还传达了行业主管部门对道路货运与车辆管理的思路、要求和部署,了解了国外车辆技术发展与应用的实际和我国道路运输业、车辆制造业能力现状与实际需求,同时摸清了问题原因、梳理出科学发展的对策。另一方面,通过编制、发布了两期共 75 个车型的《公路甩挂运输推荐车型—产品图册》、组织首批甩挂运输推荐车型企业制作了近 10 种样车车模并选送多款实车参展、策划实施在《中国交通报》、《专用汽车》、交通运输部政府网站、相关会议讲座等多种媒体的集中宣传、按要求进行了"甩挂运输推荐车型标识研究"等宣传活动。

项目组统计了 47 家推荐车型生产企业(21 家半挂牵引车生产企业,26 家半挂车生产企业)自 2012 年 1 月 1 日至 2015 年 3 月 31 日期间相关车型的车辆销售情况,期间共销售 880665 辆,其中半挂牵引车销售 734346 辆,半挂车销售 146319 辆,根据道路运输车辆燃料消耗量达标车型以及工业和信息化部对相关车型数量的统计,半挂牵引车共有 4923 个配置,半挂车共有 8362 个配置,平均每配置的销量为 149 辆(半挂牵引车)和 17.5 辆(半挂车)。其中93个配置的半挂牵引车推荐车型销量为29890辆,占半挂牵引车总销量的4.1%,单配置销量为321辆;51个配置的半挂车销量为11793辆,占半挂车总销量的8.1%,单配置销量为231辆,推荐车型产品集中度远高于其他同类产品。

第四节　甩挂运输站场优化技术的应用

根据研究确定的不同甩挂运输类型及作业特点,结合公路货运站场原有分类形式,以下着重围绕零担甩挂运输站场和集装箱甩挂站场两类典型案例,阐述了其功能设计、作业工艺、站场主要设施的参数确定、站场布局优化方法、装卸设备配置、装卸设施参数确定等方面的研究成果,对最终建立满足甩挂运输需求的站场标准体系,加快现有货运站场升级改造,形成布局合理、流程优化、功能完善、匹配衔接、管理高效的甩挂运输站场体系具有重要指导意义。

一、零担甩挂站场——福建盛辉福州甩挂站场

(一)调整站场功能

将福州盛辉站场确定为零担甩挂运输站,在原先偏重于信息服务功能的基础上,进一步加强基础物流服务功能,具体表现在:

(1)在原有站场4万m^2用地的基础上,积极争取新增了2.2万m^2土地,全部用于仓库、装卸区等基本物流功能区的规划建设。

(2)增加了零担仓库个数,加大了仓库面积。仓库个数由原来的1个零担库增加到5个零担库,仓库面积由15802m^2增加到17198m^2。

(3)租用附近1.46万m^2场地作为停车场,在土地极其有限的情况下,既最大限度的利用自有场地用于仓储装卸等生产作业设施,又满足了站场内甩挂作业所需的牵引车、挂车中转停放要求。

(二)优化站场工艺流程

本研究成果之一零担干线甩挂运输工艺流程在福州盛辉物流中心得到应用,企业结合研究成果,进一步优化原有作业流程,并实现作业流程的信息化。

(三)优化站场设施参数

福建盛辉福州甩挂站场中转仓库设施参数调整,见表9-3。

福建盛辉福州甩挂站场中转仓库设施参数调整一览表　　表9-3

项　　目	原工可设计参数	根据研究成果调整参数	调整原因
仓库单层高	9m	6.5m	既保证通风又保证采光
建筑结构	钢筋混凝土结构	钢架结构	相对工期短,造价低
仓库地面标高	1.3m	1.35m	综合多种甩挂车型底盘高度确定
柱间距	7.2m	6m	两个大车停车位改为一个大车停车位和一个小车停车位

续上表

项　　目	原工可设计参数	根据研究成果调整参数	调 整 原 因
仓库货门	2.5m×3m 电动升降钢门	无门	降低成本，通风防火，加装监控设施保障货物安全
装卸平台宽度	2.5m	3.0m	更利于货物堆放以及装卸机具往复回转
仓库通道宽度	未涉及	电动托盘叉车通道 2.5m，液压手动叉车通道 1.6m	根据不同装卸机具的性能、长度，确定不同区域的通道宽度
停车场面积	$1344m^2$	$14600m^2$	在站场附近采取租赁土地方式解决停车问题
道路宽度	7～20m	15～25m	15～25m

（四）优化站场布局

原工可报告站场布局如图 9-41 所示。

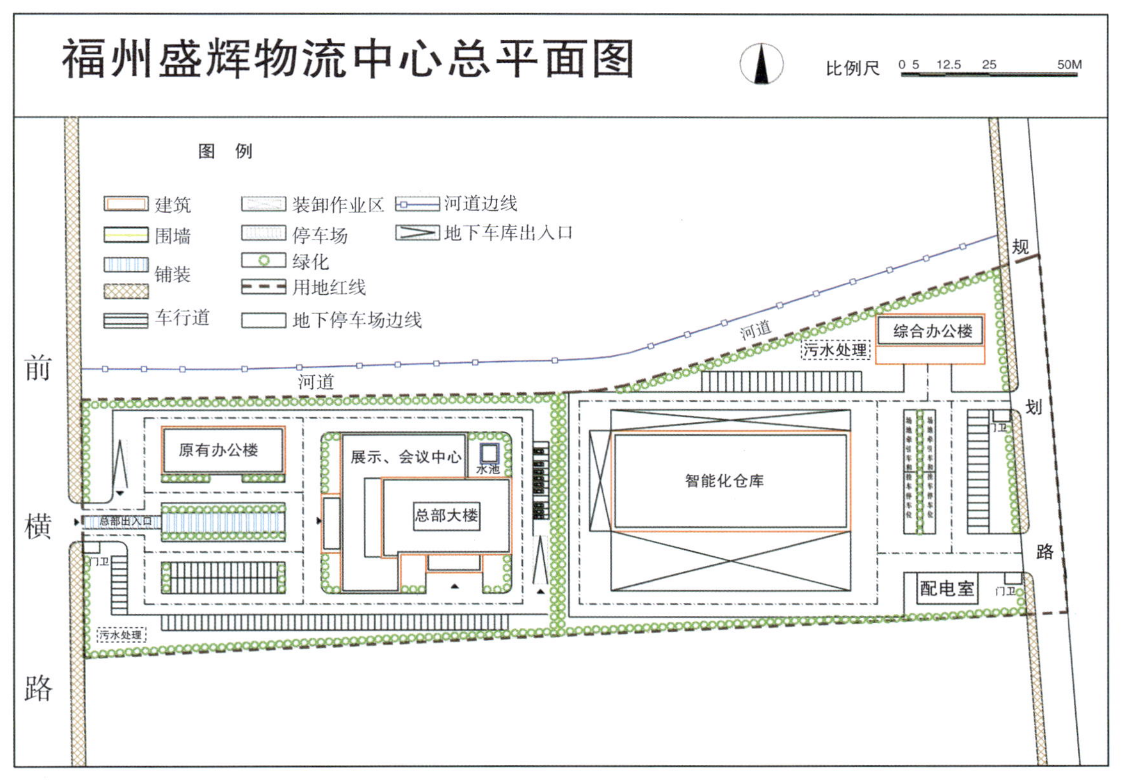

图 9-41　盛辉甩挂站场原工可总平面图

按照本研究的布局方法理论，将站场平面布局变更为图 9-42 所示。

按照盛辉福州站场的日作业量，将停车场设施迁出站场外，可以大幅度降低站场的拥挤程度，保障站场的有序作业。

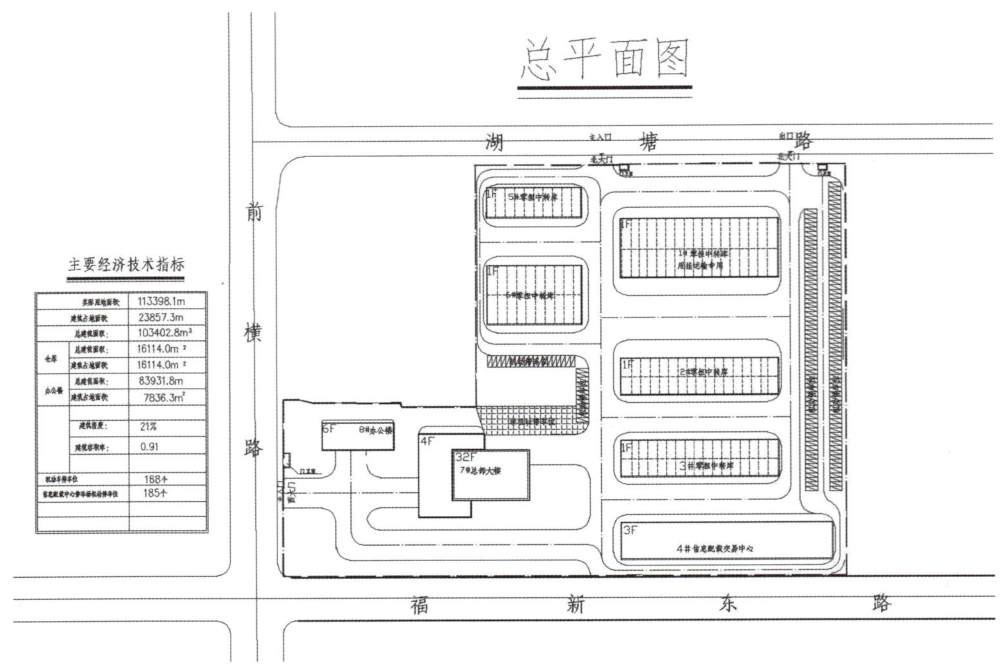

图 9-42　调整后的盛辉甩挂站场总平面图

(五)装卸设备种类和配置调整

福建盛辉福州甩挂站场装卸设备种类及配置数量调整,见表 9-4。

福建盛辉福州甩挂站场装卸设备种类及配置数量调整表　　表 9-4

序　号	设备名称	单　位	原工可数量	建议数量	实际购置数量
1	分拣设备	台	1	无	无
2	80t 汽车吊	台	1	无	无
3	传送带	套	4	无	无
4	电动叉车	台	50	40	40
5	液压手推车	台	80	85	85
6	托盘	个	17000	4000	4366
7	升降装卸平台	个	无	100	103
8	防撞带	个	无	900	883
9	托高架	个	无	100	103

二、集装箱甩挂站场——深圳美泰龙岗甩挂站场

(一)进一步明确了站场的功能定位

经多次探讨,项目组与深圳美泰物流将龙岗物流中心功能定位确定为零担甩挂运输站兼集装箱甩挂站场。

(二)优化了站内甩挂作业流程

本研究成果之一零担干线甩挂运输工艺流程和集装箱倒箱甩挂运输在深圳龙岗物流中心得到应用,企业结合研究成果,进一步优化原有作业流程。

(三)甩挂运输站场设施的设计参数调整

深圳美泰龙岗甩挂站场设施原工可参数调整,见表9-5。

深圳美泰龙岗甩挂站场设施参数调整表　　表9-5

序　号	设备名称	单　位	原工可值	建　议　值	实际建设值
1	装卸平台高度	m	1.2	1.35	1.30
2	装卸平台宽度	m	2.5	3.00	3.00
3	停车场面积	m^2	30000	15000	15780
4	道路宽度	m	15	20	20

(四)相关装卸设备配置调整

深圳美泰龙岗甩挂站场相关装卸设备种类及配置调整,见表9-6。

深圳美泰龙岗甩挂站场装卸设备种类及配置数量调整表　　表9-6

序　号	设备名称	单　位	原工可数量	建议数量	实际购置数量
1	集装箱吊机	辆	1	—	—
2	码垛机	台	2	—	—
3	7t叉车	台	10	—	—
4	5t叉车	台	10	—	—
5	2t叉车	台	20	15	14
6	手动搬运车	台	—	20	20
7	标准化托盘	个	60000	20000	16700

三、应用效果

对福建盛辉福州甩挂站场的优化调整,一是缩短等待时间,提高运达时效性。如福州至南京线路,未实行甩挂运输前,公司向客户承诺的送达时限为24h,开展甩挂运输后,仅需16h,整整缩短了8h。二是加快车辆周转,节约运营成本,如福州至广州线,可直接节约车辆采购成本约567万元,人力成本10.02万元/月。三是降低劳动强度,减少货损货差,据统计,采用甩挂运输方式与单车运输方式相比货损货差降低了40%,企业由此节约了大量的理赔金,而且相关人员的工作强度也下降了。四是节省油料消耗,实现效益双赢,实施甩挂运输以来,公司累计节省车辆购置成本高达3000多万元,月节约燃料3.8万L,月减少碳排放105t。

对深圳美泰龙岗甩挂站场的优化调整,对于提高货物运输效率以及节能减排有着重要的意义,根据试点企业实施数据测算,可以提高运输效率20%~50%,降低运输成本6%~15%;较传统运输方式减排16.4%。

站场优化技术研究成果通过在示范工程及3次甩挂试点工作中不断被使用和检验，形成的交通运输行业标准《甩挂运输站场作业要求》和《甩挂运输站场设施设备配置要求》已经报批。随着我国甩挂运输的蓬勃发展，甩挂运输站场的建设需求也将不断增长，本项目的研究对于甩挂运输站场的规划、设计和运营具有较好的指导意义，随着两个标准的发布实施，本项目推广应用前景广阔。

第五节　甩挂运输组织与管理技术的应用

结合我国甩挂运输发展现状、借鉴国外发展经验，研究提出基本型、循环型、网络型3种适合我国现阶段发展的甩挂运输组织模式，并以这3种基本模式为基础，在甩挂运输试点工程中进行应用。结合客户需求与企业自身条件，衍生出集装箱甩挂、多式联运甩挂、接驳甩挂等多个各具特点的甩挂运输组织模式。

一、甩挂运输组织流程优化技术

（一）基本型——无锡新东南物流有限公司

基本型甩挂模式以无锡新东南物流有限公司无锡—广州线路为例。

1.项目背景

新东南物流总部位于江苏省无锡市，已在全国主要省市成立20余家分支机构，开通了12条零担专线和6条甩挂运输专线，其中运作最为成熟的是锡穗线（无锡—广州）。

从无锡广石路站场到广州林安站场主要运输纺织品、零担货物，配有牵引车10辆，半挂车22辆。回程则主要是家电、食品、零担等货物，此线路上配有牵引车8辆，半挂车10辆。线路总运距1574km，在途运输时间30h左右，平均装货时间在2h左右，但是等待装卸时间往往高达15h甚至更长，原因是新东南物流货车到达客户仓库必须等候其仓管安排装卸货物。

2.具体组织流程

“两点一线”模式是指牵引车往复运行于两个装卸点之间，车辆在线路一端或两端装卸作业地点实行甩挂作业，在装卸作业地各预先配备一定数量的周转挂车，在牵引车进行运输作业时，装卸点对预先放置的挂车进行装载或卸载作业，以保证牵引车抵达后无需等待就能开始下一阶段运输任务。“两点一线”甩挂作业运营组织流程如图9-43所示。

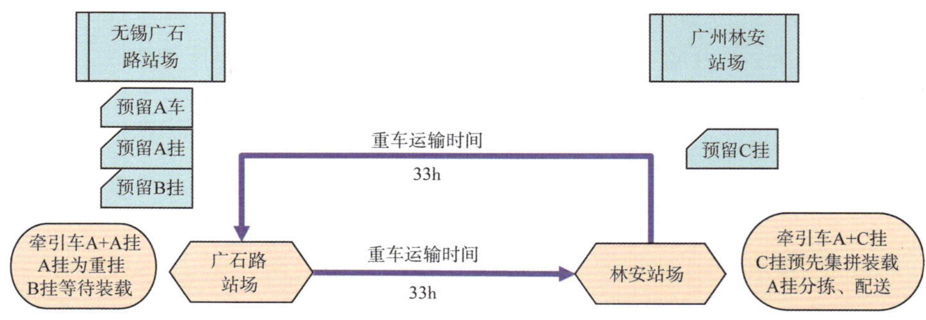

图9-43　“两点一线”甩挂作业运营组织流程

（二）网络型——上海佳吉快运有限公司

1. 项目背景

上海佳吉快运有限公司（以下简称佳吉快运）是一家主要从事公路零担货物运输、兼营快递和航空代理服务的民营企业。佳吉快运以高速公路和国家高等级公路为依托，以科学的货运模式、灵活的经营方式、先进的货运装备和现代化电脑管理技术相配套，发展建成以上海、天津、广州、武汉、杭州、西安、沈阳、淮安、成都、郑州、宁波、北京、石家庄、南昌、无锡、南京、济南17地为中转枢纽的全国性货运网络体系，以现代化的、科学的运营管理方式为客户提供全方位一条龙服务。

2. 具体组织流程

佳吉快运在全国除西藏以外的各省市，300多个主要城市，拥有直营服务网点1200余个，已形成以上海、天津、广州、武汉、杭州、西安、沈阳、淮安、成都、郑州、宁波、北京、石家庄、南昌、无锡、南京、济南17地为中转枢纽的全国性货运网络体系。佳吉快运货运网络辐射图如图9-44所示。

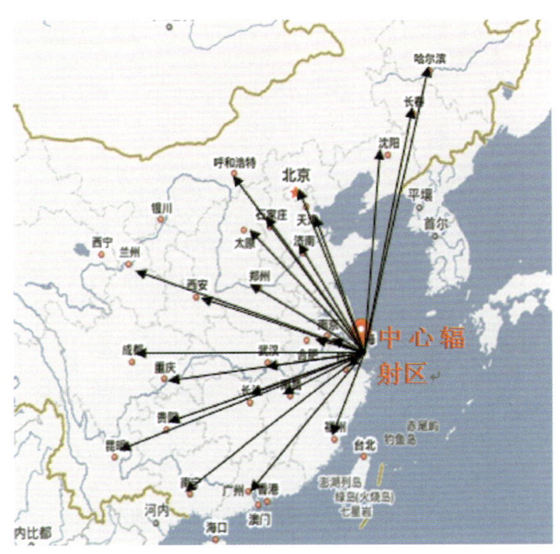

图9-44 上海佳吉货运网络辐射图

通过建设信息程控中心信息化平台，正式投入营运后公司将整合物流信息及车辆资源，能够对回程货运量进行有效匹配，对于长线甩挂运输，能够基本实现去程和回程的货运量保持相对稳定，实现了在所有甩挂运输线路的双重运输。

（三）循环型——上海北芳储运集团有限公司

1. 项目背景

上海北芳储运集团有限公司（以下简称北芳公司）是一家集商流、物流、信息流、资金流为一体的大型现代物流企业，目前的主要业务涉及国内运输、仓储（涉及危险品、剧毒品、保税等）、进出口代理、国际货运代理，多式联运、航次租船、普通品和危险品出口装箱、贸易代理和咨询等多项服务，满足各类客户的各种需求。北芳公司2004～2009年营业额处于持续增长趋势,2009 年销售总额达 7.5 亿元人民币,2010 年上半年销售总额同比增长 16%。北芳公司在全国各地设有 25 条干线运输,160 条配送支线、2000 多条地县配送线路。2010 年北芳公司被纳入国家首批甩挂运输试点企业。

2. 具体组织流程

根据北芳公司目前的运营情况,结合甩挂运输组织模式,将传统运输组织方案下的杭州工厂至金山货运站场与金山 BASF/BAYER 至杭州客户这两条线路糅合为一条线路,形成一个来回封闭的甩挂作业路径,并在各节点都预留一定量的挂车,该甩挂方式属于循环甩挂。这种形式一般是在闭合循环回路的各装卸点上,配备一定数量的周转集装箱或挂车,牵引车到达一个装卸点后,甩下所带的集装箱或挂车,装(挂)上预先准备好的集装箱或挂车继续行驶。采用循环甩挂运输模式能明显提高载运能力和行程利用率,压缩装卸作业时间,是甩挂运输中较为经济、运输效率较高的组织形式。试点项目线路的运输组织流程如图 9-45 所示。

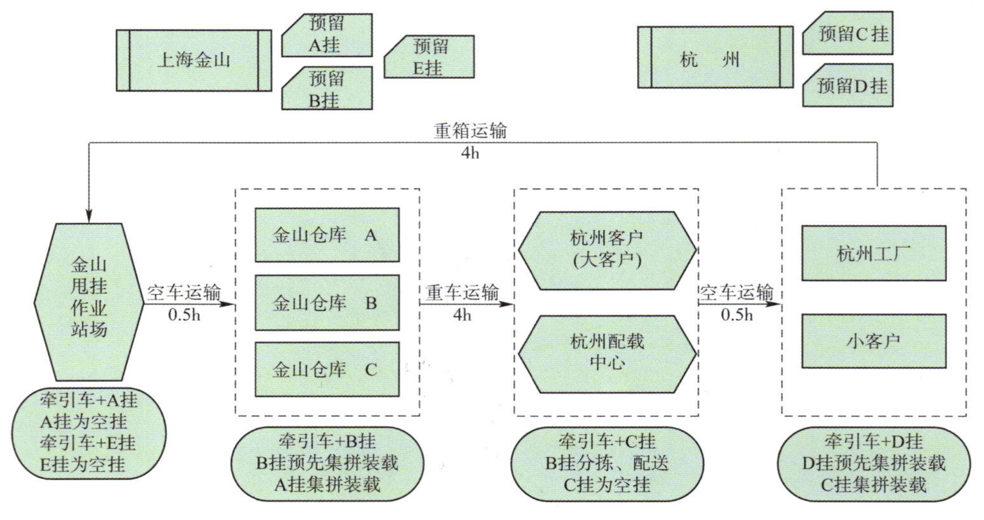

图 9-45　"一线四点"循环甩挂运输组织流程图

(四) 集装箱甩挂模式——上海康芸物流发展有限公司

1. 项目背景

上海康芸物流发展有限公司(以下简称康芸物流)是集普通货物运输、国际集装箱陆上运输、国际货运代理、报关、仓储、熏蒸、集装箱堆场经营资质为一体的现代物流企业。康芸物流以国际集装箱甩挂运输为主体,兼营国际集装箱堆存、货物仓储、集装箱出口熏蒸、国际集装箱货运代理、国际集装箱进出口报关、放箱等配套服务。

康芸物流采用陆港集装箱联运甩挂模式,并坚持不懈地整合物流资源,为客户提供现代物流服务,使制造商最大程度的降低整个商品的流通成本。康芸物流具有专业集装箱物流综合服务优势,采用甩挂运输的特殊物流服务模式,使客户实现产品的零库存管理,在物流供应链上实现资源互补与资源整合,取得了客户的信赖和赞誉。

2. 具体组织过程

集装箱甩挂模式就是对集装箱运输过程中采用甩挂作业的方式，表现形式有“甩挂”和“甩箱”及两者相结合的方式，主要应用于港口或内陆无水港周边，多涉及进出口业务。以线路昆山—外高桥（昆山—上海康芸甩挂基地—外高桥港—昆山）为例，如图 9-46 所示。

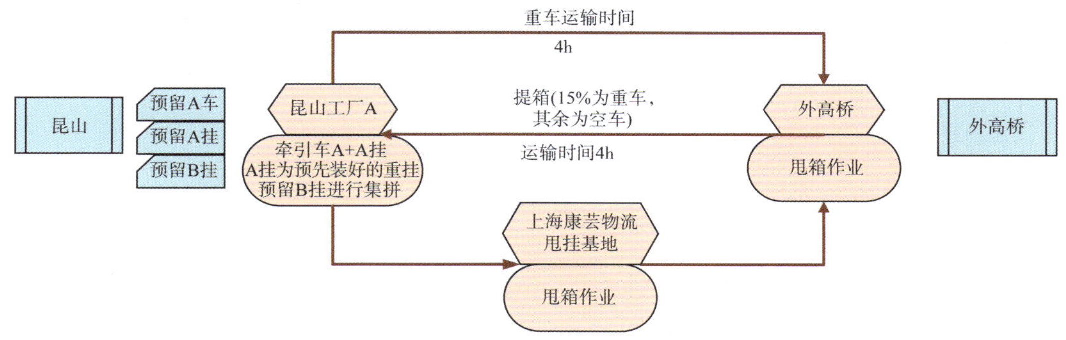

图 9-46　康芸物流集装箱甩挂作业运营组织流程

（五）多式联运甩挂——渤海湾滚装甩挂运输

1. 项目背景

本项目是以渤海湾滚装运输为基础开展的甩挂运输，参与单位为烟台打捞局和山东北明全程物流有限公司。烟台打捞局是交通运输部直属单位，主要承担着我国北方海域的非人命救助、沉船沉物及遇险航空器打捞、难船溢油清除等国家公益性职责，同时也是我国北方最大的海上救捞和海洋工程公司。北明全程物流有限公司是由全程物流（深圳）有限公司、烟台北明运业有限公司和烟台渤亚物流有限责任公司三方于 2002 年成立的合资公司，是国家 4A 级综合服务型物流企业，是一家提供集物流、商流、信息流、资金流为一体的集成式供应链管理服务商。公司拥有北明全程保税物流园和烟台出口加工 B 区海关监管保税仓库，保税仓库总面积 5 万 m^2，堆场 1.7 万 m^2，是烟台本地最大的保税仓库。在信息化建设和物流公共平台建设方面，也走在了行业的前列。

烟台至大连滚装运输线路已开行多年，双向货源充足，发展较为成熟。目前经营烟大航线滚装船运输的船公司有三家，铁路轮渡一家，三家船公司分别停靠在烟台港、打捞局港、烟台地方港，滚装船 18 艘。烟台和大连优越的地理位置是滚装运输拥有巨大需求的主要原因，滚装运输解决了绕行渤海湾长途陆路运输不经济的问题，促进了辽鲁两地的物流交流和经济交往。除烟台至大连滚装线路外，威海至大连也开展了滚装运输，相比于烟大线，威海至大连滚装运输量较小，主要由于地理位置因素影响，服务范围集中于威海及周边较近距离区域，运输需求较小。

2. 具体组织流程

滚装甩挂运输涉及环节、岗位、人员较多，流程较为复杂，需要信息系统全过程协助处理。主要参与方包括货主、运输企业、运输站场、滚装甩挂站场、滚装船公司等；滚装运输参与人员包括业务人员、车辆管理员、驾驶员等；主要作业环节包括信息服务、配货组货、仓储分拨等前期工作，甩挂上船、滚装运输、接货下船等中期服务，以及后期的运达服务等。具体业务流程如图 9-47 所示。

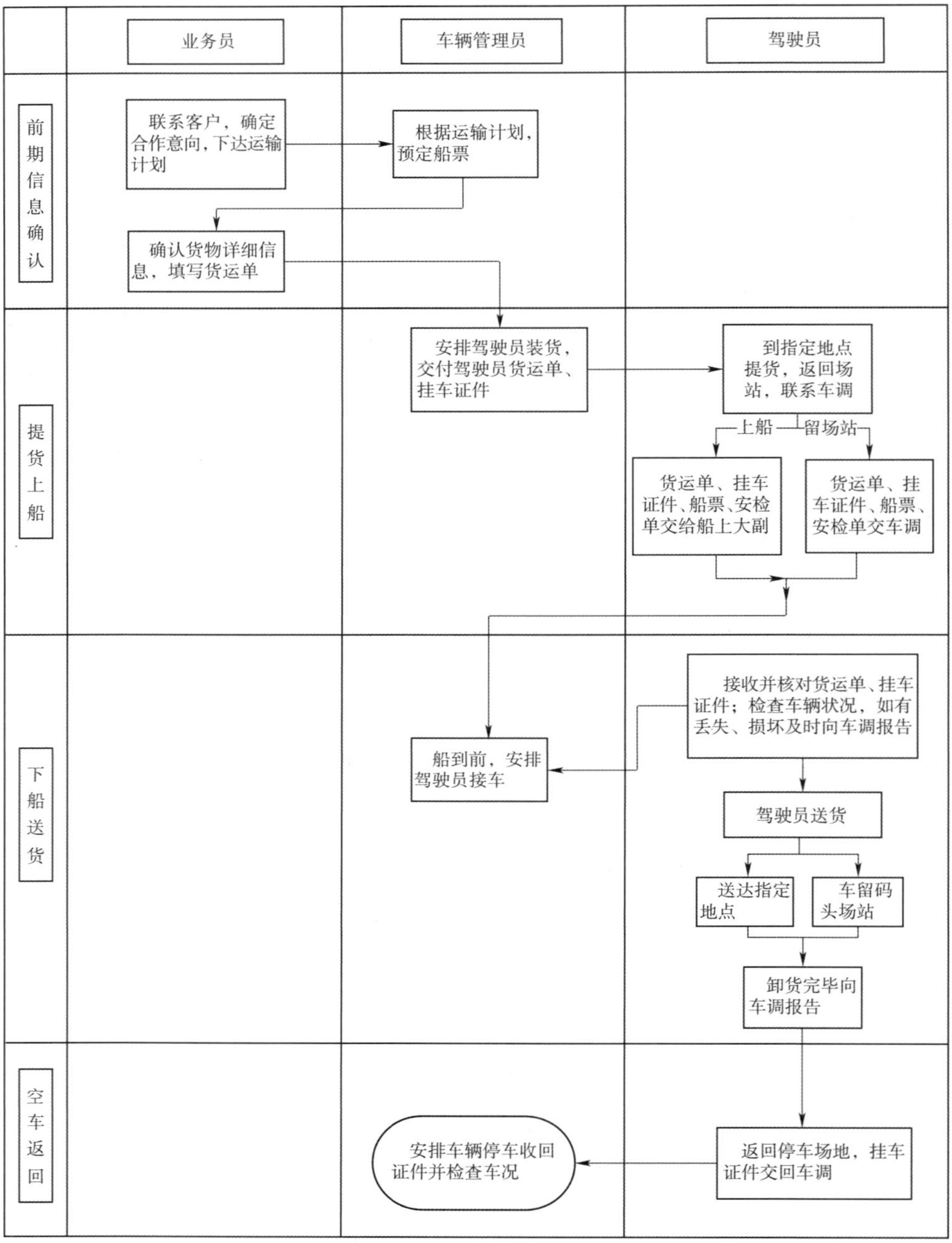

图 9-47 渤海湾甩挂业务组织流程图

（六）接驳甩挂模式——上海盛辉物流有限公司

1. 项目背景

上海盛辉货运有限公司成立于1997年，是集物流方案策划、货运代理、普通货物运输、甩挂箱运输、仓储配送、货物包装分拣为一体的第三方物流企业。公司具有较强的货源组织能力，拥有发往全国的多条运输专线，形成了较强的运输网络。近几年来公司业务一直保持强劲发展势头，物流总量均保持2位数的增长，2012年物流总量已超过60万t。目前，公司经营网络已辐射至长江三角洲、珠江三角洲、广东潮汕地区、福建省、湖北省、湖南省、江西省等。

上海盛辉货运有限公司依托盛辉物流集团的强大实力和品牌效力，在上海市各级政府的关心和支持下，经过15年的用心经营，已发展成为一家颇具规模的大型物流公司，与众多大中型企业建立了战略合作关系，如统一企业、阿迪达斯、爱普生、森马服饰、劲霸男装、万年青、杉杉科技、晨光文具、欧雅壁纸等。此次作为试点项目的五条线路以上海为中心，向泉州、厦门、汕头、深圳、温州、福州方向扩散，运输货物主要为电子产品、食品、药品、农副产品、电器、服装鞋帽、建材等。

2. 具体组织过程

上海盛辉货运有限公司甩挂运输作业项目包含五条试点线路，其采用了两种运作模式："一线两点，两端甩挂"和"一线三点，接驳甩挂"，如图9-48所示。其中，"一线三点，接驳甩挂"模式主要运用在上海—温州—福州线路。"接驳"甩挂以上海盛辉甩挂作业站场为中心，以温州盛辉公司甩挂作业站场为作为中转点，牵引车在上海、温州、福州3个甩挂作业站场动态配送货物。牵引车从始发站场将货物运抵目的站场卸货后，根据目的站场货运需求挂上预先满载的挂车前往下个站场。"一线三点，接驳甩挂"运营组织流程如图9-48所示。

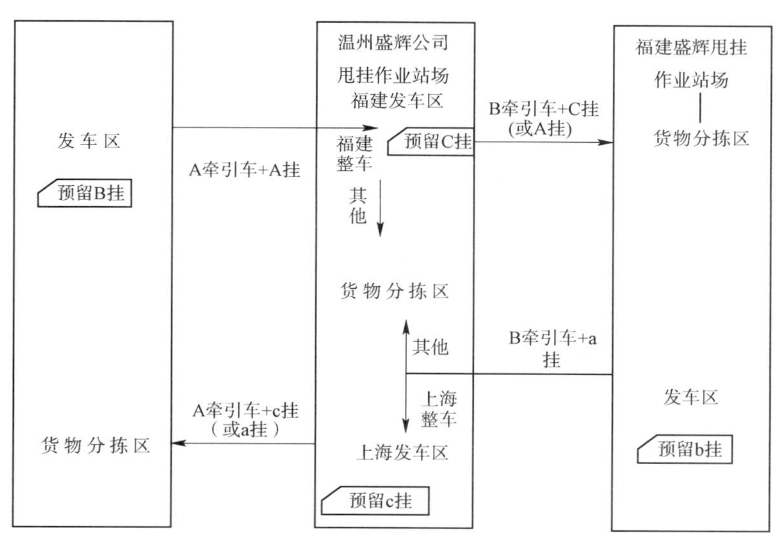

图9-48　"一线三点，接驳甩挂"运营组织流程

二、甩挂运输运行分析信息系统

利用本项目研究成果及开发部署的软件系统，对交通运输部及甩挂运输试点工作进行了有效的支撑。以项目研究成果，交通运输部于2013年7月印发《交通运输部办公厅关于做好公路甩挂运输试点项目运行信息报送工作的通知》(厅函运〔2013〕41号)，面向各省、自治区、直辖市、新疆生产建设兵团交通运输厅(局、委)，天津市、上海市交通运输和港口管理局，以及重点公路甩挂运输试点企业进行信息采集，并进行了运行分析。进一步加强了公路甩挂运输试点项目动态监管，准确掌握试点项目运行总体情况，及时解决试点项目运行过程中的实际困难和问题，确保了试点工作顺利推进，落实了《关于印发甩挂运输试点工作实施方案的通知》(交运发〔2010〕562号)和《交通运输部办公厅、财政部办公厅关于印发公路甩挂运输第二批试点工作方案的通知》(厅运字〔2012〕106号)有关要求，较好地完成了公路甩挂运输试点项目的运行信息报送工作。

项目研究过程中，项目组紧密跟踪甩挂运输试点工程的进展，与部、省各级交通运输主管部门、道路运输管理机构进行及时汇报和沟通，与试点工程中的部分企业进行交流和协作，提高了项目研究的实用性，而且为软件系统的研发提供扎实准确的业务需求基础。

甩挂运输运行分析评价模型和方法经过对首批20余个试点项目评价的实践检验，其结论具有较高的可信度，对于甩挂运输试点的行业主管部门评价、制定行业政策，试点承担单位运行监测和自评估等方面有重要的参考价值。目前，甩挂运输试点工程已经开展了3批共计148个项目，其中第二批、第三批试点正在进行中。该评价方法可以应用于首批26个试点项目的评价，也可以应用于第二批、第三批以及后续的试点工作的分析评价工作。通过个体、省级和总体3个维度，不仅可以对试点运行效果进行全面系统的评估，通过不同指标的对比分析，还可对指标值反映出的问题进行追根溯源，为提出解决方案奠定基础。

同时，通过对每一批次的评估结果之间的对比分析，可以判断整个甩挂运输试点的发展趋势，对于我国甩挂运输整个行业的发展具有重要的参考价值。

三、示范应用效益评价与前景分析

2010年10月开始，交通运输部联合国家发展和改革委员会、财政部在全国先后共筛选确定了148个试点项目。随着甩挂运输试点工作的逐步推进，各项研究成果正逐步实施，取得了显著的成效。

(一)项目运输效率

循环甩挂与单车调度的绩效比较，单车调度模式下的车辆利用程度指标计算结果见表9-7。由表9-7可以看出，按照目前的单车调度方法，车辆的时间利用率平均仅为56.99%，车辆平均营运速度仅为48.6km/h，实载率平均仅为50.13%，这说明目前运输车辆的利用率还相当低。

单车调度模式下车辆的利用率

表 9-7

线　路	出车时间利用系数(%)	营运速度(km/h)	实载率(%)	车辆运营时间(h)
1	61.04	51.9	41.25	30.8
2	60.26	51.3	51.25	30.2
3	43.93	37.4	51.25	21.4
4	35.14	29.7	46.25	18.5
5	62.50	53.1	68.75	32
6	52.94	45.1	61.25	25.5
7	63.19	53.7	46.25	32.6
8	74.74	63.6	47.50	47.5
9	63.19	55.2	58.75	48.9
10	52.94	45.1	28.75	25.5
平均值	56.99	48.6	50.13	31.3

计算循环甩挂运输模式下的牵引车利用程度指标,计算结果见表 9-8。

循环甩挂模式下牵引车的利用率

表 9-8

线　路	出车时间利用系数(%)	营运速度(km/h)	实载率(%)	车辆运营时间(h)
1	90.91	77.3	91.67	22.0
2	91.38	77.6	70.00	23.2
3	92.16	78.4	68.33	25.5
4	85.77	73.0	67.50	28.1
5	92.41	78.5	63.33	39.5
6	89.95	76.4	66.67	19.9
7	91.80	77.9	78.33	24.4
8	89.19	75.7	63.33	18.5
平均值	90.44	76.8	71.15	25.1

可以看出,实施循环甩挂后,相比目前的单车调度,车辆出车时间利用系数提高 33.46%,车辆营运速度提高 58.03%,车辆实载率提高 21.02%,车辆运营时间降低 5.8h。

(二)平均运输成本

采用甩挂运输模式,可以有效地节约运输成本,主要体现在以下几个方面。

1.减少牵引车购置成本

同一对一的单体运输相比,甩挂运输可以达到“一车多挂”,同时提升牵引车的运转效率,在完成相同周转量下,对牵引车需求数量将减少,从而节省车辆购置成本。

2.减少牵引车的运营成本

由于减少了牵引车数量,相应地牵引车运营的人工投入(司乘人员)、车辆维护费用等都将大幅度降低,从而促使企业总体运营成本的降低。

3. 周转量提升后单位运输成本降低

甩挂运输由于增加了牵引车的周转次数和里程利用率，加大了单车年完成的运输周转量，带来了单位运输量所分摊运输成本的下降。

在本调度模型实例中采用单车调度模式，完成19项运输任务一共使用货车10辆，驾驶员10人；若采用循环甩挂运输模式，一共需要使用牵引车8辆，挂车19辆，驾驶员8人。结合全年计算单车行程，单车周转量如下：

单车调度模式下：单车年总行程 = 车辆运行平均速度 × 全年运行时间 = 48.6 × 12 × 300 = 174960km，单车的里程利用率为0.8，年载重行驶里程为139968km，单车完成周转量 = 30t × 139968km = 4199040t · km。

甩挂模式下：单车年总行程 = 车辆运行平均速度 × 全年运行时间 = 48.6 × 20 × 300 = 291600km，单车的里程利用率为0.9，年载重行驶里程为262440km，单车完成周转量 = 30t × 262440km = 7873200t · km。

年总行程提高了67%，单车载重行驶里程上升了87.5%，单车年完成周转量提高了63%。以下是对甩挂运输模式与传统模式下，单车运输效率的对比分析见表9-9。

运输效率对比分析　　表9-9

运输组织方式	车辆平均吨位	单车年总行程（车 · km）	单车年载重行驶里程（重车 · km）	单车年完成周转量（t · km）
传统模式	30	174960	139968	4199040
甩挂模式	30	291600	262440	7873200
对比分析	—	+67%	+87.5%	+63%

（三）能源消耗分析

通过里程利用率的提升，项目能够有效降低空驶，减少车辆平均能耗。

传统模式下：每辆牵引车年完成周转量为4199040t · km，行驶里程为174960km，传统运输模式下每车每年消耗的柴油量为174960/100 × 32 = 55987.2L，单车吨百公里油耗为1.33 L/t · 100km。

甩挂模式下：每辆牵引车年完成周转量为7873200t · km，行驶里程为291600km，甩挂运输模式下每车每年消耗的柴油量为291600/100 × 33 = 96228L，单车吨百公里燃料消耗为1.22L/t · 100km。

由表9-10可以看出，采用甩挂运输模式，车辆吨百公里燃料消耗下降8%，按照甩挂运输模式下，单车年完成周转量7873200t · km测算，单车年节约燃料8486L。

单车节能对比分析表　　表9-10

运输方式	年周转量（t · km）	年总耗油量（L）	百公里燃料消耗（L/100km）	吨百公里燃料消耗（L/100t · km）
传统模式	4199040	55987.2	32	1.33
甩挂模式	7873200	96228	33	1.22
增减量	3674160	40240.8	+1	-0.11
增减率	+87.5%	+71.9%	+3.1%	-8%

(四)实际应用效益分析

以试点企业福建盛辉物流运输公司为例,其在服务质量、经济效益和社会效益方面取得了明显的效果。

一是缩短等待时间,提高运达时效性。以福州至南京为例,未实行甩挂运输前,公司向客户承诺的送达时限为24h,开展甩挂运输后,仅需16h,整整缩短了8h。

二是加快车辆周转,节约运营成本。以福州至广州线为例,两地每天四班甩挂班车准时对发,按每月26天计算,8辆甩挂牵引车完成208趟的运输量,每趟以载重30t计算,共完成6240t货量。按每2辆车配备5名驾驶员的定额,8辆车共计需要驾驶员20人。若采用普通运输模式,运送同样的货量,则需要普通车辆17辆,驾驶员34人。据统计,可直接节约车辆采购成本约567万元,人力成本10.02万元/月。

三是降低劳动强度,减少货损货差。据统计,采用甩挂运输方式与单车运输方式相比货损货差降低了40%,企业由此节约了大量的理赔金,而且相关人员的工作强度也下降了。

四是节省燃料消耗,实现效益双赢。据初步统计,与普通单车运输相比,甩挂运输月单车毛利增加2万多元,月单车节约燃料1100L,车辆利用率提高了85%,货物周转率提高了85%。实施甩挂运输以来,累计节省车辆购置成本高达3000多万元,月节约燃料3.80万L,月减少碳排放105t。

再如试点项目深圳美泰龙岗站场,根据已开展的项目甩挂运营数据表明,在运输效率方面,甩挂运输模式比传统运输模式完成的周转量提高了39.80%,单车完成周转量的时间节省35.30%;在运输成本方面,单车传统运输方式为0.36元/t·km,甩挂运输方式为0.32元/t·km,下降了10.70%;在节能减排指标方面,与传统单车运输方式相比,燃料消耗量下降了0.38L/100t·km,碳排放量降低率为22.61%。由此可见,本项目甩挂运输实施既有利于企业提高车辆使用效率、降低成本,又有助于实现节能减排的要求。

第六节 甩挂运输的成效与展望

2010年10月开始,交通运输部联合国家发展和改革委员会、财政部在全国先后组织开展了3批甩挂运输试点,共筛选确定了148个试点项目,覆盖了全国28个省(区、市),形成了东中西均衡发展、全面推进的局面,目前各试点项目顺利推进并已取得初步成效。随着甩挂运输试点工作的逐步推进,各项研究成果正逐步实施,取得了显著的成效。

一、成效

截至2015年4月,试点项目共完成投资257.15亿元,其中,场站建设(改造)和信息系统建设(改造)共完成投资186.43亿元,完成车辆购置投资70.72亿元。试点项目共开通甩挂运输线路757条,在试点线路上共配置牵引车7853辆、挂车14636辆,甩挂运输车辆拖挂比达到1:1.86,远高于1:1.20的行业平均水平。试点项目共完成甩挂运输量7.95亿t、周转量551.50亿t·km,2014年甩挂运输试点项目货运量占全国道路货运量比重提高到1.66%。

(一)车辆运行效率大幅提升

试点企业货运车辆周转次数和行驶里程显著增加,车辆日均行驶里程平均达到380km,车辆平均里程利用率达到90%,远高于行业平均水平。单车年均完成货物周转量达到351万t·km,是行业平均水平的2.5倍。其中广州城市之星运输有限公司单车年均完成货物周转量甚至超过了1000万t·km,与美国货运车辆的先进水平大体相当。

(二)平均运输成本明显降低

效率的提升与能效的下降推动了成本的降低,甩挂运输试点企业较传统运输模式平均单位运输成本下降了10%~20%。按照目前试点项目完成的货运周转量测算,甩挂运输共节约运输成本16.07亿元。

(三)行业节能减排效果明显

甩挂运输试点企业较传统运输模式单位运输周转量能耗下降了15%~20%。按试点项目完成的货物周转量进行测算,试点实施以来共为全社会节约燃料约16.20万t,折合二氧化碳排放约56.4万t,节能减排效果十分显著。

(四)减轻道路货运业税费负担的效果显著

为促进甩挂运输的发展,在试点带动下,国家和省级相关部门积极研究出台相关政策措施,进一步减轻企业在甩挂运输发展中的税费负担,增强了企业发展甩挂运输和转型发展的后劲。一是降低企业保险费用负担。按照2012年国务院下发的关于修改《机动车交通事故责任强制保险条例》的决定,从2013年3月1日起,挂车不再投保机动车交通事故责任强制保险,预计每年全国道路运输企业可减少保险费用支出约5.00亿元。二是降低企业各项税收负担。如吉林省对试点企业的甩挂运输站场建设用地按照70%作为仓储设施、30%作为综合配套设施的比例安排,综合配套项目用地价格按实际用途确定。对于甩挂运输试点企业缴纳房产税、城镇土地使用税确有困难的,经税务部门批准,给予减征或免征。

二、展望

项目开展3年以来,不仅培育了一批龙头企业、完善了一系列标准规范,破除了一批制度障碍,更为重要的是,依托甩挂运输促进货运物流行业提质增效的理念,得到了全行业和社会的广泛认同,形成了国家高度重视、多部门共同支持、各层级齐抓共管、全行业共同参与切实推进的良好氛围和态势。

(一)甩挂运输从一项部门行为上升为国家的战略要求

通过试点项目的政策引导和广泛宣传,公路甩挂运输逐步从一项行业引导的运输组织模式,发展成为支撑国家节能减排和现代物流发展战略的重要内容和载体,并上升为国家战略。2011年,公路甩挂运输发展纳入到了“国民经济和社会发展十二五规划”;国务院及国务院办公厅先后印发的《关于印发物流业调整和振兴规划的通知》、《关于促进物流业健康发展政策措施的意见》、《关于进一步促进道路运输行业健康稳定发展的通知》等多个重要文件,均对解决制约甩挂运输发展的政策障碍、加快甩挂运输发展等提出了明确要求。甩挂运输从一项行业的政策,上升为国家重视的战略要求,得到了各部门和社会各界的广泛支持,促进了长期制约甩挂运输发展的制度障碍的逐步解决,为甩挂运输发展营造了一个良好的外部发展环境,开创了甩挂运输发展的新局面。

(二)以甩挂运输引领道路货运转型升级的理念得到行业的广泛认同

通过示范项目的应用和推广,甩挂运输已经逐步从一个模糊的概念,变成了全行业共同认同的一种理念,行业管理部门和运输企业从最初的不了解到观望,再到试探,最后变成为甩挂运输坚定的支持和实践者。通过潜移默化的影响,进一步凝聚了行业发展的共识,并逐步形成了促进行业转型发展的强大内生动力。一方面改变了长期以来对道路货运行业放松管制、无为而治的理念和思维,在工作中逐步将发展甩挂运输作为引导和促进道路货运转型发展的一项自觉行动。多个省份行业管理部门将甩挂运输作为促进行业转型升级的重要抓手。截至目前,全国已有山东、江苏、浙江、广东、福建、辽宁、吉林、四川、湖南等 9 个省份结合本地实际开展了省级甩挂运输试点,湖北、河南、云南、宁夏、内蒙古等省(自治区)也出台了促进甩挂运输发展的政策措施。发展甩挂运输已成为改变道路货运行业的落后面貌,促进行业集约、高效、绿色发展的一个重要载体,也成为全行业共同认同、常抓不懈的一项重点工作。另一方面,广大运输企业也在观望和探索中进一步意识到,“谁甩挂、谁受益;谁落后,谁淘汰”,甩挂运输已逐步成为企业提高竞争实力、实现自身转型发展的一项重要抓手。

(三)各地对甩挂运输发展的支持力度进一步加大

各有关省份交通运输主管部门以部级甩挂运输试点为契机,积极争取省内相关部门的支持,相继出台了促进本地区公路甩挂运输发展的政策措施,积极开展省级甩挂运输试点、加大资金补助力度、落实通行费优惠政策,进一步扩大了试点的影响力和整体效果。其中山东、江苏省对甩挂运输试点企业车辆购置均按照牵引车 4 万元/辆、挂车 2 万元/辆的标准进行补助,江苏省迄今已经开展了 4 批共计 50 个省级甩挂运输试点项目,省级财政补助累计下达 1.5 亿元;福建省对试点企业牵引车给予购置总费用 15% ~25% 的补助,挂车每辆给予 2 万 ~3 万元的补助,对符合条件的甩挂运输企业给予 50 万 ~200 万元的奖励,目前已经累计下达省级补助资金 6300 万元;吉林省每年从成品油价格和税费改革转移支付中列支 1000 万元,用于对甩挂运输试点项目的补助;河南、青海、内蒙古三省(自治区)交通运输主管部门联合发改委、财政部门制定出台了对甩挂运输试点企业车辆通行费减免 30% 的优惠政策,河南省 2014 年每辆甩挂运输车辆平均减免通行费 10 万元。这些支持政策的出台,有力地引导和激发了企业发展甩挂运输的积极性。

(四)道路货运行业转型升级步伐明显加快

各试点企业积极探索和创新甩挂运输新模式,将试点工作与企业转型发展紧密结合,积极调整企业发展战略,转变经营理念,加大投入力度,探索合作共赢,加快促进向现代物流企业转型发展。在试点的带动下,逐步培育和涌现出了一批如盛辉物流、佳怡物流、佳吉物流等规模化的龙头骨干物流企业,成为带动全行业转型发展的主力军。如福建盛辉物流集团在覆盖长三角、珠三角、海西经济区中短途零担甩挂的基础上,逐步拓展衔接华中、华北、西南的干线甩挂运输,甩挂运输线路由 2009 年底的 25 条增加到目前的 50 余条,逐步形成了覆盖全国的干线甩挂运输网络,同时积极拓展公铁联运、陆海联运的多式联运甩挂作业。以甩挂运输试点为载体,盛辉物流从一家中小型的民营物流企业,成长为国家 5A 级的大型物流企业；河南长通物流公司依托自身网络和货源的优势，积极探索企业联盟发展的模式，以资本或契约为纽带，整合行业资源，实现运输企业之间的集约经营、资源共享、风险共担、合作共赢，通过有效整合中部各省的6家物流企业建立中中物流联盟，联盟内企业间实现网络互补、挂车互换、资源共享，形成了覆盖中部7省，99个地市、791个县的物流服务网络，有效带动和促进了区域货运物流的快速发展。

（五）有效支撑和带动了多式联运的发展

甩挂运输是支撑水陆滚装运输、公铁驮背运输等多式联运发展的重要基础。随着我国综合运输体系的逐步完善，各地积极依托公路甩挂运输，推进多式联运的发展。如山东、辽宁两省目前正依托目前已经开展的甩挂运输，积极推进连接山东半岛和辽东半岛的鲁辽陆海货滚甩挂运输大通道建设；重庆、湖北两省（市）也正加快推进长江沿线滚装甩挂运输作业；郑州交运集团与郑州铁路局签订战略合作框架协议，以门到站、站到门、门到门等运输服务形式，深入推进公铁联运。目前公铁合作业务已覆盖了郑州铁路局全路局所有的161个铁路货运站点。

科技专项研究采取示范/试点同步实施、开展的方式，依托全国甩挂运输试点工程开展了一系列的阶段性成果的验证、使用和示范应用。科技专项研究期间，交通运输部、国家发展和改革委员会、财政部共同确定了148个甩挂运输试点工程项目，相关研究成果已服务于甩挂运输试点工作的需要。

在研究过程中甩挂运输轻量化车辆已经被甩挂运输试点工程单位认可并选购；国家标准《道路车辆　牵引车与挂车之间的电气和气动连接位置》等多项标准的制定和甩挂运输标准体系的构建，有效地指导了甩挂运输试点工程建设，并为甩挂运输的标准化管理提供依据；相关车辆检测仪器设备已在推荐车型遴选过程中得到了应用，遴选出的推荐车型（含轻量化车型）获得甩挂运输试点单位认可并选购；车辆交强险、挂车报废制度、资金补贴管理办法促进了甩挂运输试点工程中得到了应用；标准规范的有效实施已明显提升了企业内部设施配备、作业与管理的科学性、规范性；站场优化技术以及运营组织相关技术已在甩挂运输试点工程工可方案的编制过程中进行应用，反馈效果良好；智能调度与运行分析系统在甩挂运输示范单位和交通运输行业主管部门进行应用，已为主管部门提供了一手可靠的数据来源。

附录

公路甩挂运输标准体系

（2016 年 8 月）

目　　录

前　言

公路甩挂运输是指牵引车按照预定的运行计划，在货物装卸作业点甩下所拖的挂车，换上其他挂车继续运行的运输组织方式。与传统运输方式相比，甩挂运输具有明显优势：一是减少装卸等待时间，加速牵引车周转，提高运输效率和劳动生产率；二是减少车辆空驶和无效运输，降低能耗和废气排放；三是节省货物仓储设施，方便货主，减少物流成本；四是便于组织水路滚装运输、铁路驮背运输等多式联运，促进综合交通运输的发展；五是优化货运组织管理模式和动力结构，规范货运市场秩序。

为贯彻落实国务院《关于进一步加强节油节电工作的通知》（国发〔2008〕23 号）和《物流业调整和振兴规划》（国发〔2009〕8 号），促进公路甩挂运输发展，2009 年 12 月，交通运输部、公安部、国家发改委等五部委联合印发了《关于促进甩挂运输发展的通知》（交运发〔2009〕808 号）；国家质检总局、国家标准化管理委员会立项了国家质检公益性项目《甩挂运输安全及节能减排标准化研究》（项目编号：201010234）；2011 年交通运输部设立重大科技专项《公路甩挂运输关键技术与示范》（项目编号：2011318223006）。通过对我国道路运输现状的研究和分析发现，现阶段在我国开展和促进公路甩挂运输发展，运输车辆与装备、运输组织与管理、运输站场设施及信息化等基本要素标准化是必要的基础条件。一定时期内，我国发展公路甩挂运输迫切需要标准化工作的强力跟进和支持。

在我国大力发展和积极推进公路甩挂运输事业的进程中，交通运输行业一定时期内将标准化工作作为规范和促进公路甩挂运输发展的重要有效手段。在《交通运输“十三五”标准化发展规划》中，交通运输部将“制定与完善标准规范体系”作为提高综合运输服务保障能力的重要环节，明确提出了要强化科技标准化建设，加强标准的制定、修订和宣贯实施。《公路水路交通运输“十三五”科技发展规划》更是明确地把标准化建设与创新能力建设、科技研发、成果推广应用放在了同等重要的地位。标准化工作不仅是公路甩挂运输发展的技术基础，更是政府引导和规范公路甩挂运输发展的重要依据和手段。

本标准体系是以科学发展观为指导，以构建安全、快捷、高效的公路甩挂运输体系建设为目的，通过系统研究分析我国公路甩挂运输的标准化现状和特点，提出近期公路甩挂运输标准的需求，构建起结构合理、层次分明、划分明确、科学有序的公路甩挂运输标准体系。

一、标准体系结构图

标准体系结构如附图1所示。

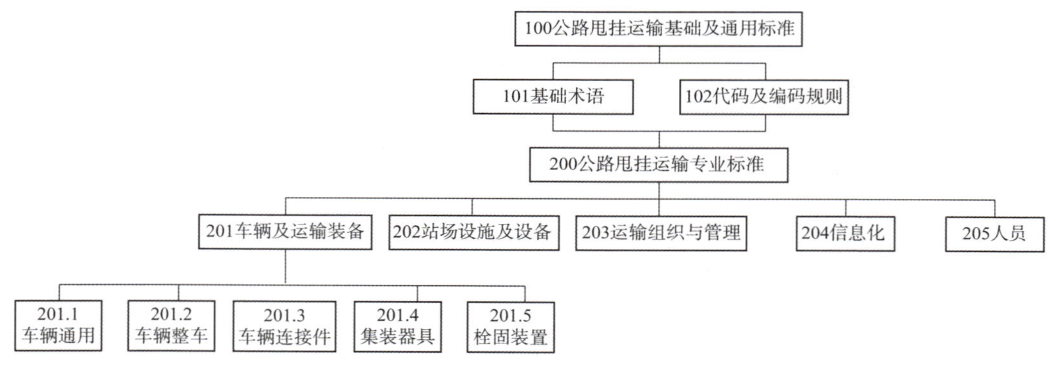

附图1　标准体系结构

二、标准体系类别说明

标准体系类别见附表1、附表2。

100 公路甩挂运输基础及通用标准　　附表1

分类号	标准类别	标准类别内容说明
101	基础术语	导则、标志、术语等基础标准
102	代码及编号规则	分类、代码和编码规则等标准

200 公路甩挂运输专业标准　　附表2

分类号	标准类别	标准类别内容说明
201	车辆及运输装备	车辆通用、整车、连接件、集装器具及栓固装置等标准
201.1	车辆通用	与牵引车、挂车及主要部件相关的车辆通用技术标准
201.2	车辆整车	牵引车、挂车及汽车列车技术要求等标准
201.3	车辆连接件	牵引车与挂车之间主要连接件的要求标准
201.4	集装器具	货运托盘、货物包装等相关技术标准
201.5	栓固装置	货物在车辆上栓固要求、装载要求及栓固装置等相关技术标准
202	站场设施及设备	货运站场的级别划分、建设、设施设备要求、功能设置、工艺要求等标准
203	运输组织与管理	运输企业开业、考核评定及内部运营管理等标准
204	信息化	运输计划、货物信息及交易结算等标准
205	人员	人员资质、评价、考核及安全等标准

三、公路甩挂运输标准体系明细表

1.100 公路甩挂运输基础及通用标准

(1)101 基础术语见附表3。

101 基础术语

附表3

序号	标准号	标准名称	宜定级别	实施日期	国际国外标准号及采用关系	被代替标准号或作废	备注
1	GB/T 3716—2000	托盘术语		2000-08-01		GB/T 3716—1983	
2	GB/T 3730.1—2001	汽车和挂车类型的术语和定义		2002-03-01		GB/T 3730.1—1988	
3	GB/T 3730.2—1996	道路车辆　质量　词汇和代码		1993-04-01		GB/T 3730.2—1983	
4	GB/T 3730.3—1992	汽车和挂车的术语及其定义　车辆尺寸		1993-04-01		GB/T 3730.3—1984	
5	GB/T 5620—2002	道路车辆　汽车和挂车　制动名词术语及其定义		2003-01-01		GB/T 5620.1—1985 GB/T 5620.2—1985	
6	GB/T 8226—2008	道路运输术语		2009-05-01		GB/T 8226—1987	
7	GB 13392—2005	道路运输危险货物车辆标志		2005-08-01			申报2015年国家标准修订
8	GB/T 15089—2001	机动车辆及挂车分类		2002-03-01			
9	GB/T 17350—2009	专用汽车和专用半挂车术语、代号和编制方法		2010-01-01			
10	GB/T 18411—2001	道路车辆　产品标牌		2002-05-01			
11	GB/T 24419—2009	国际道路运输车辆国籍识别标志		2010-02-01			
12	GB/T 25978—2010	道路车辆　标牌和标签		2011-05-01			
13	JT/T	道路甩挂运输标准化导则	JT				制定计划编号JT 2010—04
14		道路运输费目术语	JT				

(2)102 代码及编码规则标准见附表 4。

102 代码及编码规则标准

附表 4

序号	标　准　号	标 准 名 称	宜定级别	实 施 日 期	国际国外标准号及采用关系	被代替标准号或作废	备　　注
1	GB/T 918.1—1989	道路车辆分类与代码　机动车		1989－10－01			
2	GB 16735—2004	道路车辆　车辆识别代码(VIN)		2004－10－01			
3	GB 16737—2004	道路车辆　世界制造厂识别代码(WMI)		2004－10－01			
4	GB/T 18410—2001	车辆识别代码标签		2002－05－01			
5	GB/T 19946—2005	包装　用于发货、运输和收货标签的一维条码和二维条码		2006－04－01			
6	JT/T 19—2001	运输货物分类和代码		2001－08－01			
7	JT/T 473—2002	汽车货运站(场)代码编制规则		2002－07－01			
8	JT/T 648—2006	汽车运输货物条码编码规则		2006－05－01			

2.200 公路甩挂运输专业标准

(1)201 车辆及运输装备。

①201.1 车辆通用见附表 5。

201.1 车 辆 通 用

附表 5

序号	标　准　号	标 准 名 称	宜定级别	实 施 日 期	国际国外标准号及采用关系	被代替标准号或作废	备　　注
1	GB 1589—2016	汽车、挂车及汽车列车外廓尺寸、轴荷及质量限值		2016－07－26		GB 1589—2004	
2	GB 4785—2007	汽车及挂车外部照明和光信号装置的安装规定		2008－06－01			
3	GB 7258—2012	机动车运行安全技术条件		2012－09－01			修订计划编号 20141742－Q－312

续上表

序号	标准号	标准名称	宜定级别	实施日期	国际国外标准号及采用关系	被代替标准号或作废	备注
4	GB 11564—2008	机动车回复反射器		2009-05-01			
5	GB 11567.1—2011	汽车和挂车侧面防护要求		2002-05-01			
6	GB 11567.2—2011	汽车和挂车后下部防护要求		2002-05-01			
7	GB/T 13594—2003	机动车和挂车防抱制动性能和试验方法		2003-12-01			
8	GB 15084—2006	机动车后视镜的性能和安装要求		2007-01-01			
9	GB 15741—1995	汽车和挂车号牌板(架)及其位置		1997-01-01			
10	GB 18565—2016	营运车辆综合性能要求和检测方法		2017-01-01		GB 18565—2001	
11	GB 19151—2003	机动车用三角警告牌		2003-11-01			
12	GB/T 21085—2007	机动车出厂合格证		2008-04-01			
13	GB 21861—2008	机动车安全技术检验项目和方法		2009-06-01			
14	GB 23254—2009	货车及挂车　车身反光标识		2009-07-01			
15	GB/T 25990—2010	车辆尾部标志板		2012-01-01			
16	GB/T 32861—2016	道路车辆　牵引车与挂车之间的电气和气动连接位置		2016-07-26	ISO 4009:2000MOD		
17	JT/T 198—2016	营运车辆技术等级划分和评定要求		2016-07-01		JT/T 198—2004	
18	JT/T 789—2010	道路甩挂运输车辆技术条件	GB	2011-03-01			制定计划编号 20110922-T-348
19	GB/T	道路运输货车安全技术条件	GB				GB 2010—02

②201.2 车辆整车见附表6。

201.2 车辆整车

附表6

序号	标准号	标准名称	宜定级别	实施日期	国际国外标准号及采用关系	被代替标准号或作废	备注
1	GB/T 6420—2004	货运挂车系列型谱		2004-10-01			修订计划编号 20101242-T-339
2	GB/T 12544—2012	汽车最高车速试验方法		2013-07-01			
3	GB/T 13872—2002	货运挂车产品质量检查　试验规程		2003-01-01			修订计划编号 20062169-T-303
4	GB/T 13873—2015	道路车辆　货运挂车试验方法		2015-12-01		GB/T 13873—2009	
5	GB/T 17275—1998	货运全挂车通用技术条件		1998-10-01			修订计划编号 20064677-T-303
6	GB/T 18566—2011	道路运输车辆燃料消耗量检测评价方法		2012-03-01			
7	GB/T 20070—2006	道路车辆　牵引车与半挂车之间机械连接互换性		2006-06-01			
8	GB/T 23336—2009	半挂车通用技术条件		2010-01-01			
9	GB/T 25979—2010	道路车辆　重型商用汽车列车和铰接客车横向稳定性试验方法		2011-05-01			
10	GB/T 26774—2016	车辆运输车通用技术条件		2016-07-26		GB/T 26774—2011	
11	GB/T 26778—2011	汽车列车性能要求及试验方法		2012-01-01			
12	GB/T 29125—2012	压缩天然气汽车燃料消耗量试验方法		2013-07-01			
13	JT/T 316—2010	货运挂车产品质量检验评定方法		2010-03-01			
14	JT/T 389—2010	厢式挂车技术条件		2010-03-01			
15	JT/T 487—2003	货运挂车气压制动系统技术要求和试验方法		2003-03-01			

续上表

序号	标准号	标准名称	宜定级别	实施日期	国际国外标准号及采用关系	被代替标准号或作废	备注
16	JT 719—2008	营运货车燃料消耗量限值及测量方法		2008-09-01			国家标准制定计划 20111742-Q-348
17	JT/T 885—2014	营运半挂车安全性能要求与检测方法		2014-09-01			
18	JT/T 886—2014	道路甩挂运输车辆技术要求 第1部分:半挂牵引车 第2部分:半挂车		2014-09-01			
19	QC/T 912—2013	半挂牵引车与半挂车匹配技术要求		2013-09-01			
20		中置轴挂车通用技术条件	GB				国家标准制定计划 20160559-T-339

③201.3 车辆连接件见附表 7。

附表 7

201.3 车辆连接件

序号	标准号	标准名称	宜定级别	实施日期	国际国外标准号及采用关系	被代替标准号或作废	备注
1	GB/T 4606—2006	道路车辆　半挂车牵引座 50 号牵引销的基本尺寸和安装、互换性尺寸		2006-06-01			
2	GB/T 5053.1—2006	道路车辆　牵引车与挂车之间电连接器　7 芯 24V 标准型(24N)		2007-08-01			拟修订
3	GB/T 5053.3—2006	道路车辆　牵引车与挂车之间电连接器定义、试验方法和要求		2007-08-01			
4	GB/T 5922—2008	道路车辆　气压制动装置压力测试连接器		2009-04-01	ISO 3583:1984(MOD)	GB/T 5922—1986	
5	GB/T 13880—2007	道路车辆　牵引座互换性		2007-11-01			

续上表

序号	标准号	标准名称	宜定级别	实施日期	国际国外标准号及采用关系	被代替标准号或作废	备注
6	GB/T 13881—1992	牵引车与挂车之间气制动管连接器		1993-07-15			修订计划编号 20131547-T-339
7	GB/T 15088—2009	道路车辆　牵引销强度试验		2010-01-01			
8	GB/T 20069—2006	道路车辆　牵引座强度试验		2006-06-01			
9	GB/T 20716.1—2006	道路车辆　牵引车和挂车之间的电连接器 第1部分:24V标称电压车辆的制动系统和行走系的连接		2007-08-01			
10	GB/T 26777—2011	挂车支承装置		2012-01-01			
11	GB/T 31879—2015	道路车辆　牵引座通用技术条件		2015-12-01			
12	GB/T 31883—2015	道路车辆　牵引连接件、牵引杆孔、牵引座牵引销、连接钩及环形孔机械连接件使用磨损极限		2015-12-01	ISO/TS 20825:2003(MOD)		
13	GB/T 32860—2016	道路车辆　牵引杆连接器的互换性		2016-07-26	ISO 3584:2001(MOD)		
14	JT/T 475—2002	挂车车轴		2002-07-01			
15	QC/T 79.1—2008	道路车辆　牵引车和挂车之间气制动连接用螺旋管总成第1部分:尺寸		2008-11-01			
16	QC/T 79.2—2008	道路车辆　牵引车和挂车之间气制动连接用螺旋管总成第2部分:性能要求		2008-11-01			
17		牵引车与挂车之间气制动管连接器技术要求	GB				

④201.4 集装器具见附表8。

201.4 集装器具

附表8

序号	标准号	标准名称	宜定级别	实施日期	国际国外标准号及采用关系	被代替标准号或作废	备注
1	GB/T 2934—2007	联运通用平托盘　主要尺寸及公差		2008-03-01		GB/T 2934—1996	
2	GB/T 4995—1996	联运通用平托盘　性能要求		1997-08-01		GB/T 4995—1985	
3	GB/T 4996—1996	联运通用托盘　试验方法		1997-08-01		GB/T 4996—1985	
4	GB/T 5737—1995	食品塑料周转箱		1996-08-01		GB 5737—1985	
5	GB/T 5738—1995	瓶装酒、饮料塑料周转箱		1996-08-01		GB 5739—1985，GB 5738—1985	
6	GB/T 10454—2000	集装袋		2000-12-01		GB/T 10454—1989	
7	GB/T 15234—1994	塑料平托盘		1995-05-01			
8	GB/T 16470—2008	托盘单元货载		2009-01-01		GB/T 16470—1996	
9	GB/T 17448—1998	集装袋运输包装尺寸系列		1999-10-01			
10	GB/T 18832—2002	箱式、立柱式托盘		2003-03-01			
11	GB/T 19450—2004	纸基平托盘		2004-08-01	ASTM D 1185—1998a(NEQ)		
12	GB/T 20077—2006	一次性托盘		2006-07-01			
13	GB/T 27915—2011	组合式塑料托盘		2012-02-01			
14	BB/T 0020—2001	组合型塑木平托盘		2001-11-01			
15	BB/T 0043—2007	塑料物流周转箱		2007-09-01			
16	JB/T 9017—1999	气垫托盘		2000-01-01		ZB J81009—1989	
17	YC/T 215—2007	烟草行业联运通用平托盘		2007-05-01			

⑤201.5 栓固装置见附表 9。

201.5 栓固装置

附表 9

序号	标准号	标准名称	宜定级别	实施日期	国际国外标准号及采用关系	被代替标准号或作废	备注
1	GB/T 23914.2—2009	道路车辆装载物固定装置 安全性 第 2 部分:合成纤维栓紧带总成		2010-01-01			
2	JT/T 882—2014	道路甩挂运输货物装载与栓固技术要求		2014-09-01			
3	GB/T	道路车辆装载物固定装置 安全性 第 1 部分:栓紧力的计算	GB				GB 2008—04
4	GB/T	道路车辆装载物固定装置 安全性 第 3 部分:捆绑链条	GB				GB 2010—05
5	GB/T	道路车辆装载物固定装置 安全性 第 4 部分:捆绑钢丝绳	GB				GB 2010—06
6		钢卷板道路运输固定技术要求	GB				
7		适宜滚装船舶运输的道路车辆上的栓固点布置和固定方式 一般要求 第 2 部分:半挂车	GB		ISO 9367—2:1994		
8		道路车辆货物安全性 货物运输用商用货车系固点 最低要求和试验方法	JT		BS EN 12640:2001		
9		与合成纤维栓紧带相匹配的紧绳器结构形式与试验方法	JT		WSTDA-T-3		

(2)202 站场设施及设备见附表 10。

202 站场设施及设备

附表 10

序号	标准号	标准名称	宜定级别	实施日期	国际国外标准号及采用关系	被代替标准号或作废	备注
1	GB/T 12419—2005	集装箱公路中转站级别划分、设备配备及建设要求		2006-04-01			

续上表

序号	标　准　号	标准名称	宜定级别	实施日期	国际国外标准号及采用关系	被代替标准号或作废	备　注
2	JT/T 402—1999	汽车货运站(场)级别划分和建设要求		1999-12-01			JT 2014—5
3	JT/T 869—2013	汽车货运站(场)节能评价方法		2014-01-01			
4	JT/T 1047—2016	道路甩挂运输站场作业要求		2016-07-01			
5	JT/T 1048—2016	道路甩挂运输站场设施设备配置要求		2016-07-01			
6		公路货运站货物堆垛规范	JT				
7		货运站动态车辆称重系统使用要求和测试方法	JT				
8		货运站计算机管理及信息系统规范	JT				
9		出入境货运站场建设要求	JT				
10		道路货物运输装卸业开业条件	JT				

(3)203运输组织与管理见附表11。

203 运输组织与管理

附表11

序号	标　准　号	标准名称	宜定级别	实施日期	国际国外标准号及采用关系	被代替标准号或作废	备　注
1	GB/T 20923—2007	道路货物运输评价指标		2007-12-01			
2	GB/T 20924—2007	道路货物运输服务质量评定		2007-12-01			
3	GB/T 21393—2008	公路运输能源消耗统计及分析方法		2008-08-01			
4	JT/T 619—2005	汽车货物运输质量主要考核指标		2005-06-15			
5	JT/T 631—2005	道路货物运输企业等级		2006-01-01			
6	JT/T 856—2013	道路运输行业节能评价方法		2014-01-01			
7	JT/T 857—2013	道路运输企业节能评价方法		2014-01-01			

续上表

序号	标 准 号	标 准 名 称	宜定级别	实 施 日 期	国际国外标准号及采用关系	被代替标准号或作废	备 注
8		道路货物运输业开业条件	GB/T				GB 2010—01
9		道路运输企业安全管理评价规范	JT				JT 2010—42
10		道路货物运单格式	JT				
11		汽车租赁业开业条件	JT				

（4）204 信息化见附表 12。

204 信 息 化

附表 12

序号	标 准 号	标 准 名 称	宜定级别	实 施 日 期	国际国外标准号及采用关系	被代替标准号或作废	备 注
1	GB/T 19947—2005	运输指示报文 XML 格式		2006 - 04 - 01			
2	GB/T 19948—2005	运输计划及实施信息报文 XML 格式		2006 - 04 - 01			
3	JT/T 481—2002	道路货物运输交易信息服务系统技术要求		2002 - 10 - 10			
4	JT/T 656—2006	基于 XML 的货物装卸和搬移报告报文		2006 - 10 - 01			
5	JT/T 794—2011	道路运输车辆卫星定位系统　车载终端技术要求		2011 - 05 - 08			JT 2015—90
6	JT/T 796—2011	道路运输车辆卫星定位系统　平台技术要求	GB/T	2011 - 07 - 01			
7	JT/T 808—2011	道路运输车辆卫星定位系统　终端通讯协议及数据格式		2011 - 08 - 01			JT 2015—91
8	JT/T 809—2011	道路运输车辆卫星定位系统　平台数据交换		2011 - 08 - 01			JT 2015—92
9	JT/T 931.1—2014	国际道路运输电子单证格式　第 1 部分：货物运单		2015 - 04 - 05			
10	JT/T 932.1—2014	甩挂运输数据交换　第 1 部分　运输场站信息		2015 - 04 - 05			

续上表

序号	标　准　号	标 准 名 称	宜定级别	实 施 日 期	国际国外标准号及采用关系	被代替标准号或作废	备　　注
11	JT/T 932.2—2014	甩挂运输数据交换　第2部分　运单信息		2015-04-05			
12		国际道路运输电子单证格式　第2部分：行车路单	JT				JT 2012—66
13		甩挂运输数据交换　第3部分　车辆信息	JT				
14		甩挂运输数据交换　第4部分　从业人员信息	JT				
15		道路货物运输计算机管理信息系统规范	JT				

（5）205 人员见附表13。

205　人　员

附表13

序号	标　准　号	标 准 名 称	宜定级别	实 施 日 期	国际国外标准号及采用关系	被代替标准号或作废	备　　注
1	JT/T 442—2014	职业汽车驾驶员适宜性检测评价方法		2001-08-01		JT/T 442—2001	
2	JT/T 620—2005	汽车快件货物运输操作规程		2005-06-15			JT 2015—23
3	JT/T 807—2011	汽车驾驶节能操作规范		2011-06-15			
4	JT/T 917.2—2014	道路运输驾驶员技能和素质要求　第2部分：货物运输驾驶员		2014-11-01			
5		道路运输驾驶员　特殊环境与情境下安全驾驶技能培训、评价方法	JT				JT 2011—08
6		道路运输驾驶员行车规范	JT				
7		营运车辆驾驶人从业资格证IC卡通信协议	JT				
8		道路运输驾驶员夜间行车安全要求	JT				

四、标准统计表

标准统计表见附表14。

标准统计表　　附表14

代码	分　类	已发布项目数		新增项目数		合　计
		国　标	行　标	国　标	行　标	
100	基础及通用标准	17	3		1	21
101	基础术语	12			1	13
102	代码及编号规则	5	3			8
200	专业标准	61	36	5(+2)	3	105(+2)
201	车辆及运输装备	55	15	4(+2)		74(+2)
201.1	车辆通用	16	2	(+1)		18(+1)
201.2	车辆整车	12	5	1(+1)		18(+1)
201.3	车辆连接件	13	3			16
201.4	集装器具	13	4			17
201.5	栓固装置	1	1	3		5
202	场站设施及设备	1	4			5
203	运输组织与管理	3	4	1	1	9
204	信息化	2	9		1	12
205	人员		4		1	5
	总　计	78	39	5(+2)	4	126(+2)

注:(　)内的数字为现有行标升为国标的计划数量,不增加标准总量。

五、编制说明

1.编制依据及目标

本项目根据甩挂运输发展的实际需要,在充分学习和借鉴国际先进经验的基础上,紧密结合我国实际,开展甩挂运输标准化研究,建立健全甩挂运输标准化体系,为我国发展甩挂运输提供运输组织保障和车辆技术保障,并指明甩挂运输标准的发展规划。本项目的研究应达到以下目的:

(1)系统地了解国内外甩挂运输标准技术,了解国际上现有标准体系的组成、标准内容、特点和水平;找出我国甩挂运输领域内标准的现状、与国际标准之间的差距,从而提出发展规划。

(2)指导甩挂运输标准制定、修订计划的编制。做到有目的地抓住主攻方向,安排好轻重缓急,避免计划的盲目性,减少重复劳动,节省人力、物力、财力,加快标准的制定速度。

(3)标准体系的制定能给甩挂运输行业内企业提供便利,可以快速地查询甩挂运输相关标准,有利于甩挂运输企业的标准化建设。

2.公路甩挂运输标准体系构建

标准体系的建立是甩挂运输标准规划的基础性工作,首先需要建立甩挂运输标准体系的基本框架，为甩挂运输标准的全面制定提供方向和思路，相关甩挂运输的标准化工作将在标准体系框架的前提下相继展开。通过对国内外甩挂运输现状及其标准对比分析，结合对甩挂运输全过程的研究，建立甩挂运输标准体系（附图1）。

公路甩挂运输标准体系框架是甩挂运输体系核心内容的提炼，其中专业标准是主体部分，它主要包括车辆及运输装备、场站设施及设备、运输组织与管理、信息化和人员等5个方面，其中，车辆及运输装备还包含了车辆通用、车辆整车、车辆连接件、集装器具和栓固装置5个分部分。这5个方面涵盖了公路甩挂运输作业的各个主要环节，贯穿公路甩挂运输的全过程，它们从硬、软两个层面共同支撑着我国公路甩挂运输的发展。体系框架图清晰地展示了公路甩挂运输标准化工作的主要方向和内容，为未来相关工作的开展提供了依据。

3. 标准明细表的排列说明

标准体系明细表中宜定级别指该标准宜制定为国家标准或行业标准。

（1）“GB/T”指该标准宜制定为国家推荐性标准。

（2）“JT/T”指该标准宜制定为交通运输行业推荐性标准。

（3）“JT”指该标准宜制定为交通运输行业强制性标准。

体系表中的每个部分按标准的体系结构分类单独列表表达，其标准的排列顺序遵循以下原则：

（1）国家标准在前，行业标准在后。

（2）同类标准，按照标准序号顺序由小到大排列。

（3）不同的行业标准按行业标准代号的首位字母顺序排列。

（4）已发布标准在前，建议制定标准在后。

（5）在宜定级别栏注明建议制定标准的级别。

索　　引

第一章

第二章

第三章

第四章

第五章

第六章

第七章

第八章

第九章